中国社会科学院　学者文选

黄绍湘集

中国社会科学院科研局组织编选

中国社会科学出版社

图书在版编目（CIP）数据

黄绍湘集／中国社会科学院科研局组织编选. —北京：中国社会科学出版社，2001.9（2018.8 重印）

（中国社会科学院学者文选）

ISBN 978-7-5004-2977-7

Ⅰ.①黄…　Ⅱ.①中…　Ⅲ.①黄绍湘—文集②美国—研究—文集　Ⅳ.①D771.2-53

中国版本图书馆 CIP 数据核字（2001）第 013953 号

出 版 人	赵剑英
责任编辑	冯　斌
责任校对	李小冰
责任印制	王　超

出　　　版	中国社会科学出版社
社　　　址	北京鼓楼西大街甲 158 号
邮　　　编	100720
网　　　址	http：//www.csspw.cn
发 行 部	010-84083685
门 市 部	010-84029450
经　　　销	新华书店及其他书店

印刷装订	北京市十月印刷有限公司
版　　　次	2001 年 9 月第 1 版
印　　　次	2018 年 8 月第 2 次印刷

开　　　本	880×1230　1/32
印　　　张	16.625
字　　　数	409 千字
定　　　价	99.00 元

凡购买中国社会科学出版社图书，如有质量问题请与本社营销中心联系调换
电话：010-84083683

出 版 说 明

一、《中国社会科学院学者文选》是根据李铁映院长的倡议和院务会议的决定，由科研局组织编选的大型学术性丛书。它的出版，旨在积累本院学者的重要学术成果，展示他们具有代表性的学术成就。

二、《文选》的作者都是中国社会科学院具有正高级专业技术职称的资深专家、学者。他们在长期的学术生涯中，对于人文社会科学的发展作出了贡献。

三、《文选》中所收学术论文，以作者在社科院工作期间的作品为主，同时也兼顾了作者在院外工作期间的代表作；对少数在建国前成名的学者，文章选收的时间范围更宽。

中国社会科学院

科研局

1999 年 11 月 14 日

目　录

序　言

　　奉献给读者的这本文选，记录了半个世纪以来我在美国史研究领域艰难跋涉的历程。它是我研究美国史的部分成果。改革开放以来，美国史研究逐渐成为世界史学科中的热门课程，思想活跃，论争迭起。本文选从一个侧面，反映了这一时期国内美国史研究的主要争论和我个人的学术观点。

　　文选的结构是按文章的性质和内容，划分为论述、书评、史学史和争鸣四个部分编纂的，有些争鸣文章是书评形式，其内容涉及史学史的话题，则按其主要性质和内容归类。

　　20世纪40年代中期，受党的培养，我远涉重洋，赴美国哥伦比亚大学研究生院专攻美国史，就读于进步学派学者，并接触其他学术派别。由于自己青年时期即对共产主义抱有坚定的信念和理想，我在学习、学成回国、新中国成立直至今日，始终如一地认真学习马克思主义的主要经典著作，尝试运用马克思主义的立场、观点、方法，结合美国历史各阶段的实际，进行钻研、探索和表述。对主要美国史学流派，从史料到观点进行鉴别、筛选，不囿于一家之言。编入本文选中的文章和拙著4本美国史专著，其学术观点有密切联系，互补性较强。

我坚信：马克思主义关于历史唯物主义基本理论的内涵，是适用于研究美国的历史进程和社会现实的。国内美国史研究中，出现了个别同志片面颂扬美国高生产力、政治民主和改革，并赞许"这两大线索事实上始终是主旋律"等议论，这实际上是在新的历史时期"美国例外论"的折射。邓小平同志早已指出："我们拨乱反正，就是要纠正极左思潮。同时我们提出还是要坚持马列主义、毛泽东思想。……如果不坚持这四项基本原则，纠正极左就会变成'纠正'马列主义，'纠正'社会主义。"① 在学术争鸣中，我本着坚持真理、修正错误的原则，以求实的态度，认真参与。

多年来，我治学力求严谨，行文朴实，以适合广大读者阅读参考。但限于个人理论水平，本文选中，特别是注释部分，疏漏、缺点以至错误仍在所难免。恳请读者、专家不吝指正，以匡不逮。

我年高体弱，但仍坚持学习，笔耕不辍。我国的美国史研究任重而道远。我期望广大的美国史中、青年研究工作者们，在马克思主义指导下，不断完成有中国特色的美国研究著述，以达到世界先进水平。

本文集出版，承世界历史研究所阎立人同志做了大量组织工作；吴增菲教授对清样做了详尽的校对；中国社会科学出版社冯斌同志对文稿详加审阅核定，在此谨表谢意。为了尊重历史，本文集未对译名作硬性统一，特此说明。

黄绍湘
二〇〇〇年夏于北京

---

① 《邓小平文选》第3卷，人民出版社1993年版，第137页。

追悼、纪念美国进步女作家史沫特莱

　　美国进步女作家——史沫特莱，因长期从事反对美帝援蒋侵华政策，在去年二月，麦克阿瑟制造的所谓"苏联间谍案"中，史沫特莱被诬以莫须有的罪名，由美国法西斯的非美活动调查委员会屡次审问，去年11月被迫流亡英国，本月6日逝世了。

　　史沫莱特的逝世消息，引起全中国人民的悲伤，全世界爱好和平的人士的哀悼，更使全世界进步人士对美帝国主义有进一步的认识，因为史沫特莱不为美帝毒辣政策和反动势力所迫，决不会离开祖国，也不会有今天的死的！

　　史沫特莱从1928年到1941年就停留在中国苏区，和中国劳动人民生活在一起，她不断地向美国发稿，报导中国革命胜利的消息。她曾在中国革命"圣地"延安长期地居住，艰苦而愉快地参加实际革命工作。回国以后，她的生活很贫困，住在纽约附近 Saratoga Springs 的乡村——那是一个在美国独立革命时，美国人民英勇地反抗压迫者——英国强盗的地方，洋溢着民主精神。她在这里住下来，埋头写作，忠实地报导新中国的成长情形。但是史沫特莱虽然把大部时间用在写作方面，却不忘记参加实际工作。每一次纽约有大规模集会，她总从乡下赶来。1945年春天，在纽约市黑森河畔河边路的一所公共集会场所里举行了中国问题讲座，由史沫特莱主讲自由中国的实际状况，我才认识了她。随后，在纽约市美国进步人民拥护世界和平大会中，和许多群众集会里，便常看到史沫特莱，听到她动人的讲演。她的身材在美国女人中很平常，但与中国女人比较却很高大，她的面容为中国革命艰苦消磨得很清癯，她的眼睛总带些红润，像缺乏睡眠似的。她的讲演很有号召力，激动有力，充满着对中国革命的无限热爱，口齿很犀利，声调极清脆，她每一次讲演，都能对国民党反动派的黑暗无耻加以更多无情的揭露，对新中国的光明给予忠实的报导，燃起美国人民对于蒋介石反动派的愤恨，激起美国人民对于新中国的感情。美国的一般讲演会，都售门票，票价最低是由五角至一元，史沫特莱个人举行的讲演会的收入，几乎全部都交给美国进步人士主办的援华会，汇往自由中国（除了援华会外，美国另外有一个由资本家主办的中国救济会，所有收到的捐款汇交"蒋管区"）。有一次，史沫特莱曾和国民党反动派的文化人林语堂展开激烈的辩论，题目是中国的民主问题。先是林语堂为国民党的统治吹嘘了一番，把国民党的反动统治描绘成一个充满着资产阶级民主主义的世界。史沫特莱无情地揭发林语堂的谎言，她揭露国民党的集中营对被囚学生思想统治，对外国记者向本国拍电进行封锁等情形，证明林语堂在捏造事实。她在驳斥林语堂的谎言后，随即指出只有自由中国是真正民主的：人民的军队官兵生活怎样一致，朱德将军怎样和士兵一样担水种菜，自由中国怎样消灭了贫穷，使中国人民丰衣足食，又怎样改造二流子和旧知识分子，又怎样暴露国民党派去的特务分子，改造他们。她的锐利的口才，为真理而不屈不挠的奋斗的言论，和对于自由中国的尽情歌颂，使林语堂面红耳赤，说不出话来。

除了举行演讲会外，史沫特莱经常地推动美国中国问题委员会（现在扩大为美国远东委员会）的工作，发动反对美帝援蒋的广泛签名运动；她了解这一运动的积极意义：知道多一个美国进步人士的签名，就多一份阻止美帝露骨地干涉中国的力量。

为了使中国劳动人民的不朽事迹永远被美国人民记忆着，史沫特莱近几年来正在从事写作一本《朱德传》，她搜集的材料非常丰富，包括朱德将军的亲笔书信，对于时局的言论，朱德将军在二万五千里长征时的文字，对国际局势的言论，例如对阿比西尼亚的反意战争，对西班牙战争发表的言论，各解放区——中原解放区、苏北解放区、华北解放区的战斗报导，人民生活实录，甚至于瑞金的苏维埃中华报纸，延安的新文学报、大众报。她的中文程度不很好，她逢到难懂的文字就棘手，可是她用极大的毅力来克服困难。她虚心地向在美国谈得上来的中国朋友请教，请他们翻译——笔译或口译一些材料，1945年夏，她曾找我翻译一本关于湘鄂赣边区的战事和人民抗日军队在敌后的生长情形的报导的小册子。1946年秋，为了翻译瑞金中华苏维埃里面一些建军和建立苏维埃政权的文告，和朱德将军对于阿比西尼亚战事和国际形势的言论，她曾在纽约市朋友家住上一个多星期，每天约我去口译这些材料给她听。她对朱德将军早在1935年，就已预示阿比西尼亚战事就是第二次世界大战的前奏曲的远见感到敬佩，细心地倾听着翻译内容，用速记立刻笔记下来。由于史沫特莱和我有这样一段友谊关系，史沫特莱的死使我悲伤，甚至于震动。几天来心情不能平静下来。她的全部精神都贯注在《朱德传》的写作里，由此可知，她在遗嘱里，嘱将遗体火化，将骨灰送交朱德将军处置，并不是一件突兀的事。她热爱着这位中国伟大的劳动人民的领袖，因为她深刻地知道：他的不朽事业，足以反映了伟大的新生的一代中国人民。不只朱德将军，她和中国革命领袖都很好，1945 年春，当董老、陈家康、张汉甫由三藩市到纽约的时候，她在纽约乡下的住宅又成为他们的温暖的"家庭"。

美国的进步人士都同情自由中国，热望她的发展，是无疑问的，可是像史沫特莱这样曾长期地在中国居住过，忘我地以全副精神贡献于中国革命的作家，毕竟是不多的。曾经访问过自由中国的美国名记者和作家中，史沫特莱是最努力的一个。她超过了斯诺，因为斯诺只从事于文字报导，不参加实际工作；她超过了另一女作家若夫·苏怡——她在中国居住的时间不长，只有一部描写蒋介石黑暗统治和中国社会贫富两极化的小说《鱼翅和小米》问世，所作实际援华工作也远不及史沫特莱多。只有矮小的名记者爱泼斯坦是可以和史沫特莱比拟的，爱泼斯坦不独自己为中国革命努力工作着，他的英籍夫人也不懈地在美国中国问题委员会中积极工作着。史沫特莱为中国革命曾贡献出一切：她不仅使用她的笔，也使用她的口，不断地宣传、报导，并为扩大中国革命在美国人中间的影响而到处奔波。史沫特莱应该永远活在中国人民的记忆里。

由于她对中国革命的热情，对巩固国际和平民主运动的努力，和对美国战争贩子、帝国主义制度的痛恨，她被美帝政府所不容、所迫害，流亡到英国，以至于死去。史沫特莱的死不独是美国民主力量的损失，中国劳动人民的损失，也是国际反侵略的和平力量的损失。"苏联间谍"的莫须有的罪名戕害了史沫特莱的生命，但是国际和平民主力量已足够澎湃壮大，全世界的进步人类，将因对于这样一位国际文化战士的追念而加倍努力。我们中国人民更不会忘记这位在苦难中和我们共同生活、共同战斗的朋友。为了有效地纪念史沫特莱的死，我们要以加倍的战斗精神，为反对帝国主义、殖民制度而奋斗！我们不仅要积极建设新中国，并且要以实际的行动响应国际一切拥护世界和平运动、反帝运动的号召，有力地打击着为史沫特莱所毕生痛恨的美帝国主义制度。

（原载《青岛日报》1950 年 5 月 18 日）

从历史上看美国的殖民主义

　　当拥有 14.4 亿人口的 29 个亚非国家的代表，在没有西方殖民国家参加的情形下，举行了自己的会议，并庄严地宣布反对殖民主义作为一项鲜明的斗争目标时，美国慌忙地编制了神话。美国官方宣传机关美国新闻处连续发表"专门背景材料"，伪造历史。它 4 月 3 日的"背景材料"竟把美国说成是反对殖民主义的"战士"，民族自决的"卫护者"，企图继续欺骗亚非人民。但是，美国的谎话是起不了欺骗作用的。

　　列宁早就指出：帝国主义是垄断的资本主义；帝国主义的垄断，是从殖民政策中长成的。不过，美帝国主义的殖民主义的历史，是一贯在"道义""和平"等伪装下进行的，其特点在于采取了更狡猾的形式。

一

　　现今美国是英国资本原始积累时期建立的殖民地。美国摆脱了英国的压迫，成为独立国家以后，由于美国资本主义发展较其他资本主义国家为晚，建国初期，13 州以西，处于创榛辟莽阶段。英国势力仍盘踞在俄亥俄河流域以北一带；西班牙控制了密西西比河下游，新奥尔良和佛罗里达。处于这种劣势条件下，经济上美国仍然完全依赖欧洲资本主义国家。当时，美国要建立海外殖民地自然为实力所不许可。因此，美国资产阶级除使用国债、捐税、关税制度等方法发展农、工、矿业以外，更采取了残酷的民族压迫与种族压迫手段，同时向西部大陆逐渐扩张，通过西部殖民地化的方式，完成了资本原始积累，使美国迅速进入资本主义高度发展的境地。美国领土迅速西扩，建国后短短数十年内，美国边疆从密西西比河以东直抵太平洋沿岸，囊括加拿大以南的北美大陆。美国资产阶级为了兼并土地是不择手段的，除购买路易西安那纯属侥幸外，采用欺诈、掠夺、策动政变到发动战争等种种方式，在美国南部更实行奴隶制的压榨，提供了在一个国度内进行种族剥削的典型。美国资产阶级拐骗非洲人口，进行奴隶贸易，南部建立了奴隶制大领地。随着领土西扩、"棉花王国"的崛起，奴隶制压迫扩大化。奴隶制剥削虽被 19 世纪中叶南北战争中的"解放宣言"所解除，但直到 20 世纪中叶，黑人分成制佃农仍然存在，80 年代"新南方"还有封建残余，且盛行种族隔离制度，私刑猖獗，成为美国最严重的社会问题。

美国向西扩张，是一部对印第安人实行残酷的殖民剥削的血腥历史。美国资产阶级公开劫掠与杀戮印第安人，侵占他们的土地，是世界历史上最残酷的民族压迫形式。

19 世纪美国西部领土的开发建设，固然是西进移民艰苦劳动的成果，但它毕竟是以掠夺印第安人土地、摧毁印第安人的社会制度和文化为代价的。尤以大平原"牧牛王国"的兴起，灭绝印第安人赖以为生的野生动物资源北美野牛最为典型。这一残酷行径破坏了自然生态平衡，造成水土流失，土壤沙漠化。直到1934 年 5 月美国发生历史上最严重的黑风暴，使堪萨斯、科罗拉多、新墨西哥、俄克拉荷马诸州受到灾害时，才引起美国统治阶级重视加以补救。美国著名经济学家毕宁正确地指出："19 世纪美国领土的扩张可以看为含有旧式帝国主义成分。"印第安人和黑人遭受的剥削和压迫，与西欧列强推行的殖民主义暴行相比较，并无逊色。

在本国内进行殖民剥削是使美国资本主义获得迅速而又广泛发展的原因，仅此一端已足以击破美国在历史上反殖民主义的谎言。

<h1 style="text-align:center">二</h1>

19 世纪前半叶，美国虽然经济实力薄弱，但是已经开始向海外扩张。美国进步记者乔治·马里昂在《美帝国主义的扩张》一书中指出当时美国采取的侵略方式是较为隐蔽的渗透方式，以海军为主角，通过商人、捕鲸队、传教士和船主的侵略活动，向海外不断占据据点，终于建立了非正式的殖民基地。

在美国建国初期，美国就打起了"小海军原则"与"最惠国"条款这两面旗帜，向太平洋、印度洋和拉丁美洲渗透。在向太平洋、印度洋渗透方面，早在 1793 年，美国商船便航行到夏威夷，掠夺岛上檀香木，以它作为与中国最早进行贸易的资本。1805 年，开始将土耳其鸦片运到中国来贩卖，1826 年胁迫夏威夷订立条约。1853 年，以炮舰胁迫暹罗（今泰国）与马斯卡特（今阿曼）苏丹订约。1839 年，美国海军提督韦克斯"访问"萨摩亚群岛中土土伊拉岛的巴哥巴哥港。1840 年，当英国以大炮向清政府进攻时，顾盛在美国众议院演讲大骂英国这种"无法无天的错误行为"。但 1844 年，就是这同一位顾盛，胁迫清政府签订《望厦条约》，包括"领事裁判权"、"最惠国"待遇等条款。

1858 年，在英、法联军之役趁火打劫强迫清政府订立天津条约与中美通商章程。1853 年，美国侵略者以兵舰强迫日本开放，并进入琉球的那霸港，取得该港作为舰队基地。

在向拉丁美洲渗透方面，1823 年美国宣布"门罗主义"，当时曾以反殖民主义为号召，而在历史的发展中它成为侵略中南美的犀利武器。1823—1860 年，美国与拉丁美洲各国订定商约。19 世纪 40 年代，美国本身实力有限，就已企图向中美、南美继续扩张，与英国在中美争夺霸权。它与尼加拉瓜、洪都拉斯分别订立条约，获得穿越两国国境开凿运河的权利。同时，又与新格兰得（即今哥伦比亚）订定条约，获得穿越它的地峡建立公路、铁路或运河的权利。在这些商约中，美国牢牢地掌握了"小海军原则"攫获了"最惠国"条款的待遇。美国虽然没有建立法律上的殖民地，但这种向海外渗透建立零星据点的活动，正是为以后的继续扩张铺平道路。

南北战争后，美国资本主义迅速发展，获得了巨额利润，这就使它加强了向海外渗透的侵略活动。美国向朝鲜及台湾进行试探性的攻击，1882 年胁迫朝鲜与美国订立《美韩条约》，攫取朝鲜的领事裁判权等特权，创西方殖民帝国插足朝鲜的恶例。在太平洋中，美殖民主义者也取得更多的据点。1859 年取得中途岛。1867 年从帝俄手中购买了阿拉斯加，取得了向太平洋推进的根据地。1878 年胁迫萨摩亚土酋订立最惠国条约，在巴哥巴哥设立海军军港。1870 年和 1880 年，攫取萨摩亚群岛的一部分。1887 年攫取了珍珠港为军事基地。这样，美国为攫取夏威夷和菲律宾的战略准备，已经就绪了。

19 世纪 70 年代，美国资本主义向垄断阶段过渡，美国对外侵略更加强了。1889 年，美国召集第一次泛美会议，这是美国攫有拉丁美洲霸权的鲜明标志。美国资产阶级著名外交史作者贝米斯供称："这个会议的主要动机就是美国商业的扩张……"也即是开始获得了经济上的垄断权。

正如斯大林所着重指出的："帝国主义就是极少数'先进'国用财政资本奴役，用殖民政策压迫地球上极大多数居民的全世界体系。"19世纪末，美国垄断资本成熟，美国成为帝国主义的国家，采取虚伪的手法，创立了特殊的殖民制度，用财政资本和殖民政策控制世界许多国家，就成为实质上凶狠、野蛮的殖民压迫者与奴役者了。

三

在垄断前的资本主义时期，美国虽然没有建立殖民地，但它已成为一个很大的殖民剥削者。19世纪末20世纪初，美国逐渐发展成熟，已成为一个贪婪的帝国主义国家，它发动了帝国主义时期第一次重新分割殖民地的战争——1898年美西战争，结果美国侵占了菲律宾群岛、关岛和波多黎各。在战争中，美国又占领了夏威夷。列宁在1918年《致美国工人的信》中指出，美国"于1898年藉口要'解放'菲律宾而扼杀了菲律宾……"菲律宾在所谓美菲"自由贸易法"的控制下，片面地发展了农业。1930年，菲律宾每年对美贸易已占贸易总额的70％以上。在美西战争后，古巴虽脱离西班牙而在形式上宣布独立，实际上也成了美国的殖民地。

美国占领菲律宾的战略目的，显然是把它作为侵略中国及东南亚的跳板。比佛利治早在1900年在参院中演说，就明白地表示："菲律宾永远是我们的了……而紧接着菲律宾之后的是中国无涯际的市场。"

美国并吞菲律宾之后，侵略矛头立即指向中国。不过，当时美国经济力量虽然大大膨胀，但因步入侵略舞台较晚，在中国没有能攫得任何势力范围；因此，当时美国对中国进行侵略，是在"门户开放政策"的伪装下进行的。这个政策，一向被美帝国主义者、也即是现在被美国新闻处制造"专门背景材料"所吹嘘成是为维护中国领土完整的"道义"行为。而所谓"门户开放政策"，实际上是当时美国帝国主义要求其他列强将在中国已建立的势力范围进行重新分割，以便美国插足和获得"利益均沾"，决不是要求取消帝国主义在华特权，而是要求与其他帝国主义分享特权。它是美帝国主义蔑视中国主权与领土完整，与其他帝国主义一道加紧侵略中国的一副铁链。当一有公开侵略的机会，美帝国主义者自己就会扯下这件披上的假仁假义的"门户开放政策"的外衣，挥动血腥的手，在中国进行直接的侵略。1900年美国参加八国联军，烧杀劫掠，就是一个极好的例证。及至第一次世界大战爆发，趁欧洲各国无暇东顾的时候，美国通过金元的力量加紧控制中国，并且拟定了在中国兴建铁路、修建运河准备进一步扩大侵略的计划，但由于英、法、日、俄各国的严重抗议，并未成功。

在美国资本主义进入垄断阶段以后，它扩张的方向：一方面，是远东的中国，用"门户开放政策"作为向中国进行殖民侵略的一把利刃；另一方面，矛头指向中南美洲，用"门罗主义"作为向拉丁美洲进行殖民侵略的武器。美国历史上著名的扩张主义者西奥多·罗斯福在推广"门罗主义"的招牌下，以粗暴的形式，在1902—1905年建立了对加勒比海大多数国家的控制权。其中以1903年罗斯福为了攫取巴拿马运河区，制造巴拿马政变是最突出的强盗的殖民侵略行为。罗斯福曾自己夸口说："我拿过来了巴拿马。"1904年干涉委内瑞拉；1904年攫取多米尼加共和国的关税权；自1902年古巴名义上独立后，美国不止一次地出兵侵占古巴；1905、1907 年干涉洪都拉斯；1907、1909 年干涉尼加拉瓜。第一次世界大战前，美国在拉丁美洲的势力已迅速扩张了。

列宁曾在分析第一次世界大战前美国的经济发展比其他资本主义国家更为迅速时着重地指出："现代美国资本主义的寄生性也就因此而表现得特别明显。"这种寄生性，表现于资本输出。第一次世界大战以后，美国资本主义空前发展，已成为资本主义世界经济最强大的国家。美国垄断资本日益向拉丁美洲国家输出资本，成为操纵拉丁美洲国家经济的巨大势力。1930 年美国私人资本在南美洲投资共达 30 亿美元；美国资本在加拿大投资超过英国投资数目，达 39 亿美元。在华投资也蒸蒸日上，1931 年已近两亿美元。美国对落后国家以经济和财政上的控制来达到其在政治上的控制，从而建立了新型的殖民帝国。

1902 年，英国资产阶级经济学者霍柏森在《帝国主义研究》中，把美国列为 13 个帝国主义国家之一。据他很保守的估计，美国有 6 个殖民地，面积将近 17 万平方英里，居民在 1000 万人左右。当时美国的人口仅 7700 万，这样，与美国人口相比较，殖民地人口的数字已不算小了。第二次世界大战以前，美帝国主义更大加扩张，根据美国哥伦比亚大学慕温教授在他的《帝国主义与世界政治》一书中的材料，1939 年，美帝国主义除本土以外，已有 90 万平方英里的土地和 2200 万居民了。第二次世界大战后，美国已在 63 个国家和地区建立了"基地和据点"。在"援助"的幌子下，美国垄断资本流入许多国家，使它们对美国在政治上和经济上的依赖性日益加强。与此同时，美帝国主义者没有停止过建立军事帝国的活动。此外它发动侵朝战争，支持法国侵略印度支那的战争，重新武装西德与日本，策动拉丁美洲许多国家的政变，支持台湾政权。这一系列企图独霸世界的侵略活动，都说明，美国在第二次世界大战以后积极推行殖民政策。美国帝国主义发展的历史同时也就是对外扩张，推行殖民主义的历史。综合以上简略的叙述，证据确凿，足以粉碎美国新闻处发表的"专门背景材料"里捏造的美国是反殖民主义者的谰言。

　　第二次世界大战后，亚洲、非洲所发生的巨大变化，尤其是中国人民的伟大胜利，已使殖民体系实际上解体了。西方殖民国家任意摆布亚非国家和人民的命运的时代，已经永远地结束了。美帝国主义任何谎言，都欺骗不了觉醒了的世界人民。亚非国家人民必将更勇猛地展开反殖民主义、争取民族解放斗争的彻底胜利。他们将和全世界被压迫、被奴役的人民一道，更加坚决地为反对美帝国主义企图独霸全世界的侵略而斗争。

　　　　（原载《光明日报》1955 年 5 月 17 日，收入本集时有增删）

纪念美国诗人惠特曼的《草叶集》初版 100 周年

　　世界和平理事会号召全世界进步人民，纪念世界文化遗产的伟大代表，其中之一是纪念美国民主诗人惠特曼的《草叶集》初版 100 周年。在第二次世界大战期间，美国进步人士曾经大量印行惠特曼的诗集，以诗人动人的言语，对德、日、意法西斯主义提出控诉。今天，世界和平理事会号召我们纪念这位伟大诗人的宣扬民主、反对战争的著作，是具有更大的现实意义的。

　　惠特曼（1819—1892）的一生，反映了美国资本主义的整个发展过程。惠特曼诞生时，正值美国商业资本衰落、工业资本开始蓬勃发展的年代。惠特曼的青年、壮年时期，正值美国资本主义向上发展时期——美国工业革命以迅速的步伐向前推进，领土迅速扩张，由美国中部近大西洋诸州扩展到太平洋海岸；国内市场形成，对外贸易膨胀。惠特曼亲身经历了自由劳动制战胜奴隶制的斗争——南北战争。他在晚年时，目睹了美国资本主义过渡到帝国主义，阶级斗争日趋激烈，无产阶级作为社会巨大的政治力量出现了。惠特曼以一个现实主义的诗人，面对着社会的巨大变化，就不能不在他的诗篇中留下强烈的时代的烙印。

　　惠特曼个人的阶级出身和他复杂的经历，也决定了他的创作的倾向。惠特曼生在纽约长岛杭丁顿附近西山的木匠家庭里。他的祖先有着英吉利人、荷兰人和威尔士人的血统。12 岁失学，学习印刷业。20 岁时自己创办小报，担任主笔，以后在长岛教书。当时美国工人阶级为了组织工人政党和推动社会改革运动，而进行斗争，惠特曼积极地参加了战斗。1846 年，他担任纽约布碌克林鹰报的编辑，他抨击对女工支付较低工资，主张制定法律，惩罚奴隶贩子及一切帮助他们的人，要求制定开明的初级教育制度，废止鞭笞刑罚。1848 年，为了奴隶制问题他和鹰报社长决裂，脱离了鹰报，担任当时反对将奴隶制扩展到新领土去的"自由领地派"报纸的主编，以积极的战斗姿态参加了反对奴隶制的政治活动。从此，他就成为反对奴隶制和争取民主的中坚战士了。

1855 年 7 月 4 日，在自由劳动制与奴隶制决斗的前夕，惠特曼自己出版了《草叶集》。这本诗集洋溢着对劳动人民的热爱、对民主与自由的憧憬和对和平的向往，它打破了美国诗坛一贯模拟英国诗歌体裁的呆板作风，运用了人民简单朴素的语言和俚语，创造了新颖的风格。惠特曼的社会实践和生活经验，赋予《草叶集》以广阔的思想内容，他的丰富的想像力、艺术形象的表现方法和明朗的笔调更给予《草叶集》以高度的艺术性。

《草叶集》初版时，包括 12 首诗，只有 95 页，印数不过1000 册。经过不断补充、修改和删节，到了 1892 年，惠特曼病逝时，《草叶集》已出版 11 版，成为包括 296 首诗篇的一本厚厚的诗集了。初版的《草叶集》虽只有 12 首诗，但包括了惠特曼的主要代表作品——《欧罗巴》、《自己之歌》、《职业之歌》、《我歌唱有电力的肉体》等诗。

《欧罗巴》写于 1850 年，是歌颂 1848 年欧洲革命风暴的。惠特曼对于这一次革命性质虽然认识很模糊，但欧洲无产阶级的汹涌的力量已经引起了他的喜悦。惠特曼在《欧罗巴》一诗中写道："自由，让旁人对你失望吧——我是永远不对你失望的。"1856 年，惠特曼重新以歌颂欧洲革命为主题，写出了《致一位失败的欧洲革命者》一诗，鼓励他们再接再厉，争取胜利的明天。

《自己之歌》作于 1855 年。在《自己之歌》里，惠特曼热情地歌唱："我赞美我自己，凡我以为是的，你必也将以为是，因为属于我的每一粒原子，正像属于你的一样美好。"诗人的"我"，决不是指他个人，他是借一个"我"字来传达一个整个时代人民的感情和热望的。在《自己之歌》里，惠特曼歌唱了各式各样的普通人——铁匠、木匠、混血儿、逃奴、印第安人、女人，甚至卖淫妇。《自己之歌》充满着诗人对于广大劳动人民的热爱，是被压迫者的心声，实际上是一首"人民之歌"。

《我歌唱有电力的肉体》（1855 年），歌唱人的平等和尊严。诗人写道："不管他是谁，他都是圣洁的，他是奴隶吗？他是一个才踏上码头的呆钝的移民吗？每一个属于此地或任何地方的人，都和富有者一样，和你一样；每一个人在行列中都占有他的或她的地位。"显然，诗句里燃烧着对于种族歧视的憎恨，对于人类自由平等的赞颂。因此，直到今天，这诗篇还受到全世界进步人民的珍爱。

反对奴隶制的划时代的伟大斗争——南北战争爆发了，诗人尽情地为参加正义战争的美国人民而歌唱，1856 年，《桴鼓集》出版了，后收入《草叶集》里。其中脍炙人口的诗篇《敲呀！敲呀！鼓啊》成为鲜明的战斗号召。在伟大的十月革命中，它曾鼓舞着红军战士英勇地进行战斗。

南北战争结束后，美国的工业大众、新到的欧洲移民为饥寒所迫，汹涌地向西移进，以辛勤的劳动开拓西部的荒土，惠特曼写出《开拓者哟！开拓者哟！》来歌颂劳动人民的成就。

19 世纪 70 年代起，美国资本主义从自由竞争过渡到垄断，惠特曼目睹了政治的腐败与黑暗、开拓者的劳动成果被资产阶级所攫取、社会阶级分化的剧烈、无产阶级斗争规模的波澜壮阔，他开始认识了资产阶级民主的虚伪性。

1871 年，他写出了《民主的展望》一文，对于资产阶级民主提出控诉。他说："我们最富有的阶级，不过是一群穿得很时髦的投机家和庸夫俗子。""美国注定……要成为时代的最可怕的失败。"惠特曼对于资产阶级残酷地镇压罢工的手段是感到气愤的，他对于资本主义统治日益感到绝望，他的《游民和罢工问题》短文，不但捍卫了无产阶级的政治自由和经济权利，而且也提出了社会与经济的重新组织问题。

惠特曼的《草叶集》之所以值得我们珍视和纪念，是由于它是美国人民的优秀作品的代表，它曾抨击美国资本主义制度的黑暗面，发出追求正义和人类尊严的呼声，为捍卫民主、自由而进行战斗。列宁曾经指出："在每个民族文化里有两种民族文化。有普列克维支们的、古秩可夫们和司徒鲁威们的大俄罗斯文化，——但也有以车尔尼雪夫斯基和普列汉诺夫的名字为特征的大俄罗斯文化。"又说："在每个民族里都有哪怕是不发展的民主的和社会主义的成分。"惠特曼的《草叶集》，是属于美国人民的包含民主和社会主义成分的文化的著作。可是，美国的反动资产阶级却尽量贬低了这位代表美国民主传统的战士的作品，他们今天所需要的是黄色的腐朽的倒退的文化。今天，只有为世界民主、自由、和平事业而奋斗的人们才能够热烈地来纪念它。

（原载《光明日报》1955 年 7 月 4 日）

美国独立战争是怎样对待反革命
和怎样取得国际援助的

——答读者问

问：(1)"艾森豪威尔15日演说污蔑伊拉克革命是十分野蛮的。"我们从西方记者从巴格达发出的电讯中，得不到这个印象。但是我们希望知道，美国独立战争期间对于国内外敌人采取了怎样的手段？他们所采取的手段同今天伊拉克人民对反动王朝所采取的手段比较起来是否有所不同？

(2)艾森豪威尔指责伊拉克和黎巴嫩人民的斗争是受外国军事援助的结果，这同样没有根据，《人民日报》社论已经驳斥了。社论中提到美国独立战争得到外国军事援助并且有外国志愿军参战，这一点我们很希望得到比较详细的说明。

读者汝颖、何汉

答：你们提出的两个问题分别答复如下：

(1)美国的独立是通过激烈的革命斗争和战争获得的。在革命运动酝酿时期，美国人民就曾采取种种"非法"的革命"暴动"来反抗英国统治者。1765年在反抗印花税条例时，美国的爱国人民毁坏了英国关税巡逻船，封闭了法庭，并捣毁了税吏的住宅，把税吏脸上涂上柏油、粘上羽毛，牵到街上去游行。1772

年英国派遣武装帆船"葛斯比号"巡逻罗得岛海岸，取缔走私。
美国的爱国志士在盛怒之下，把这只船捣毁了。1773 年波士顿
爱国青年，化妆成印第安人，踏上东印度公司的茶船，把全部茶
叶倒在海里。等到独立战争爆发，13 个州的人民赶走了英国的
总督和官吏，推翻英国的殖民政权，建立起革命政权，并采取紧
急的革命措施，对当时在美国内部表示拥护英王的反革命分子
"效忠派"实施了专政。各州设立了公安委员会，褫夺了"效忠
派"的公民权，没收了"效忠派"的财产，限制他们的言论出版
自由，禁止他们进行拥护英王和反对独立的反革命宣传。由各州
公安委员会没收的"效忠派"财产达 4000 万美元。有的州对有
"投敌行为的""效忠派"处以死刑。在纽约和新泽西，"效忠派"
的律师不准开业，在宾夕法尼亚，"效忠派"药剂师不准营业。
北部诸州大批逮捕"效忠派"，并将他们驱逐出境。战时被驱逐、
战后逃回英国或逃往加拿大、西印度群岛的"效忠派"共 8 万人
之多。南部诸州斗争激烈，在革命政权控制的地区，主要依靠镇
压手段来维持革命秩序。对罪情较轻的"效忠派"，各州的公安
委员会也是把他们涂上柏油，粘上羽毛，勒令游行示众。在战争
期间，像纽约州南郊，"效忠派"聚集如麻，英军依靠"效忠派"
的帮助，得以暂时维持其血腥统治。很明显，美国人民用革命行
动推翻"合法的"宗主国政权，并且采取革命措施，镇压内部反
革命分子的行为，是正确的和必要的。同样，今天的伊拉克人民
对费萨尔王朝采取的革命措施，也是完全正确和必要的。事实
上，伊拉克人民所采取的手段，无论同美国人民在独立战争时所
采取的手段，或是同费萨尔王朝对付伊拉克人民所采取的手段相
比较，都应该说是"宽大"和"文明"的。费萨尔王朝在他们统
治伊拉克期间，曾经用各种残酷的手段，杀死和监禁了成千上万
的革命烈士和爱国人民，仅仅在最近十年内，就杀死伊拉克共产

党员 2.5 万人，并且在 1949 年 2 月绞死伊共总书记费哈德和政治局委员柏西姆和沙比比。伊拉克革命政府成立后，对这些卖国贼和刽子手们，也仅仅是依法进行审讯。原来的国王费萨尔、王储伊拉和首相赛以德等人之所以被杀，是因为他们首先向群众开枪或下令开枪。艾森豪威尔污蔑伊拉克革命野蛮，其实他自己出兵中东，镇压阿拉伯人民的民族解放运动（这种运动的性质同美国独立战争一样），才是十足野蛮的，非正义的。

（2）美国独立战争的胜利同国际多方面的援助，特别是法国的军事援助分不开。美国独立战争发动以前，北美政要就积极争取国际援助。大陆会议曾在 1775 年派代表和法国一位著名剧作家联系，通过他的活动，取得法国政府的帮助。1776 年 3 月，大陆会议派遣锡拉斯·狄安出使法国，派遣富兰克林和萨弥尔·蔡司等人出使加拿大进行活动，争取这两个国家的援助。同年 9月，大陆会议又派富兰克林和亚塞·李到法国去，争取和法国订定商务条约和同盟条约。10 月，狄安从法国政府方面获得足供 2万名士兵穿用的军服和 3 万名士兵使用的武器。1776 年 7 月 4日，大陆会议通过《独立宣言》，宣告对英国独立。1778 年 2月，美国与法国正式签订了美法友好商务条约。法国承认美国独立，并正式承担在军事上援助美国的义务。在独立战争头两年中，美国士兵所使用的武器有 90 % 是从欧洲、特别是从法国运去的。此外，美国更从法、西、荷等国获得了大量的经济援助。从 1777 年到 1783 年，美国共向法国借款 635 万美元，向西班牙借款 17 万美元，向荷兰借款 130 余万美元。欧洲先进人士共筹集 200 万美元来支援美国人民的斗争。欧洲有 7000 余志愿者参加了美国的独立战争。法国的空想社会主义者圣西门、波兰志士普拉斯基和科希秋士科都来美参加了革命斗争。普拉斯基光荣地牺牲在美国独立战争的战场上。当时来到美国参战的还有法国的拉法叶侯爵、罗尚博伯爵、卢瑞尔等，和普鲁士军官斯徒本等人。罗尚博曾率领 5500 人到美国参战，卢瑞尔和斯徒本都替美国分别训练了步兵和骑兵。俄国的民主主义者拉吉谢夫等人也对美国革命表示同情，国际友人的援助对美国独立战争的胜利起了一定的作用。

　　至于法国的军事援助，更是促进美国独立战争胜利的重要因素。1778 年 6 月，法国战舰在法兰西濒海与英国战舰开火，1780 年法国派遣远征部队抵达美国参战。西班牙由于在 1779 年与法国有结盟关系，也参加了对英国的战争。在 1780 年美国又取得了宣布"武装中立"的诸国（俄国、丹麦、瑞典、荷兰、普鲁士、奥地利和西西里王国）的道义援助。1782 年荷兰参加了对英战争，在加勒比海附近与英军发生战斗，牵制了英国舰队的行动。在美国独立战争最后阶段，法国海军大将第格拉斯自西西里岛驶往弗吉尼亚约克镇附近海域，协助美法联军作战，围攻约克镇，迫使英军最后放下武器，英国被迫同美国议和。

　　由此可见，艾森豪威尔攻击外国援助中东人民斗争的行动是完全站不住脚的。既然美国在独立战争时可以要求外援并且得到外援（包括外国志愿军、外国军火的援助等等），为什么中东人民没有同样的权利呢？何况美英侵略者已经干涉黎巴嫩和约旦内政，这就使他们更没有理由来反对阿拉伯人民对黎巴嫩、约旦、伊拉克人民的援助了。

（原载《人民日报》1958 年 7 月.23 日）

中美人民之间的传统友谊

中美两国人民，都是勤劳勇敢伟大的人民。中国劳动人民为美国西部的开拓、建设出过力，美国人民对中国抗日战争的正义事业，也作出过贡献。中美两国人民有着传统的友谊，它是在两国人民长期往来的基础上发展起来的。

早在1784年，正当清政府顽固地坚持闭关自守政策的时候，资本主义发展较迟的美国建国不久，就打开了中美贸易的大门。美国一艘载重约360吨的名为"中国皇后号"的商船，从纽约港口起程，绕道好望角经印度洋，在海上航行了六个多月，终于到达广州，满载着中国的生丝、茶叶回国。这件事，在美国引起了一阵"中国热"，此后美国的中产之家，都以陈列中国摆设为荣。有些美国人开始研究中国。不久，在美国畅销一时的《奈尔斯纪事》周刊①和其他杂志，常常报导一些中国的消息。许多美国人来到中国。与此同时，也有少数中国人到美国去。两国人民开

① 《奈尔斯纪事》"Niles's Register"周刊，由赫泽卡亚·奈尔斯（Hezekiah Niles）于1811年在巴尔的摩创办，1849年停刊。它搜集了当时经济、政治方面的大量文献，反映着美国商业资本兴盛时期美国的社会面貌。奈尔斯周刊所载文献，经常为美国历史学者所选用。

始了交往。1796 年，荷属东印度公司驻广东的代理人，带了 5
名中国人赴美，这是有记载的最早到达美国的中国人。① 1800
年，美国人詹姆斯·马基（James Magee）带了 1 名中国学生到美
国去学习英语。1819 年，有 1 个中国人在波士顿已住了两三年，
另有 1 位中国人在美国受了教育。② 1818 年到 1825 年，在康涅
狄格州的一所教会学校中，就有 5 名中国学生。③ 1845 年，一个
名叫阿悌（Atit）的广东省的中国人，在波士顿住了 8 年以后，
加入了美国籍。④ 在中美人民早期交往中，中国人去美国的人数
很少；美国社会对有着古老文明的中国是尊重的，对中国人是友
好的。美国哲学会第一期会刊曾发表文章，表示希望美国能够像
中国那样兴旺、那样富庶。直到 1840 年，美国一家著名杂志上
还登了赞扬中国社会、推崇中国文明的报道。⑤ 鸦片战争以后，
美国政府看到清政府的窳败与无能，开始对中国进行侵略活动。

　　在美国资本主义发展过程中，1848 年，加利福尼亚地域萨
克拉门托谷发现金矿砂，50 年代，加利福尼亚州有名的淘金热
盛极一时。50 年代起，大批华工来到加利福尼亚，中国人占加
利福尼亚州总人口的 10%，从事掏矿工作，在旧金山建立了唐

---

　　① 托马斯·秦等编：《加利福尼亚华工简史》，美国研究中国历史学会出版，旧
金山 1971 年版，第 7 页。

　　Thomas W. Chinn（Editor），H. Mark Lai，Philip P. Choy（Associated editors）：
A History of the Chinese in California，*a Syllabus*，Chinese Historical Society of Ameri-
ca，San Francisco，California，1971.

　　② 肯尼思·斯科特·拉图雷特：《美中早期关系史 1784—1844 年》，康涅狄格，
新黑文 1917 年版，第 123 页。

　　Kenneth Scott Latourette：*The History of Early Relations between the United States
and China*，*1784—1844*，New Haven，Connecticut，1917.

　　③ 同上。

　　④ 同上。

　　⑤ 同上书，第 124 页。

人街。1863 年，美国开始修建横贯大陆的铁路时，需要大批劳动力。当时我国广东、福建沿海一带的劳动人民，在封建制度压迫下，生活颠沛流离，赴美华工的人数由此激增。如 1869 年，中央太平洋铁路公司雇佣的 1 万名筑路工人中，华工即占 9000 人。[①] 华工在最恶劣的自然条件下艰苦劳动，为建设美国西部地区作出了贡献。此外，华工还受雇开垦荒地，从事农业生产劳动。"没有华工，就没有西部的垦殖，华工使荒土变为良田"，使"整个加利福尼亚变成一座花园，一个果木园。"[②] 由华工开辟的土地面积达 550 万英亩。[③] 加州之所以成为美国盛产小麦的地区之一，也是与华工的艰苦劳动分不开的。据估计，由于华工筑路及开垦荒地，在这一时期使加利福尼亚州共增加的财富价值 2.897 亿美元。[④] 这是一项巨大的贡献。华工开拓美国西部地区的英雄业绩和艰苦劳动，将永远为具有正义感的美国人民所怀念。

在中美关系史上，美国政府曾多次协同其他帝国主义国家对中国的主权进行过侵犯。但是，在中美关系的历史长河中，不断闪烁着中美人民的友谊浪花。20 世纪 20 年代中期，革命风暴席卷中国大地。1925 年 5 月 30 日，中国人民因抗议上海英国巡捕屠杀中国人民，掀起反帝运动时，从 7 月 15 日到 25 日，美国纽约、费城、波士顿等 25 个大城市，都举行了声援中国人民反帝运动的群众集会和示威游行。同年 6 月，美国人民组织援华会，

---

① 库律治:《中国移民》，纽约 1909 年版，第 63 页。（Mary Roberts Coolidge: *Chinese Immigration* New York, 1909.）

② 美国参议院档案 *The Senate Excutive Documents*，报告第 680 号，第 48、53 页。

③ 同上书，第 55 页。

④ 同上书，第 54 页。

7月，芝加哥人民举行"反对帝国主义侵略中国"的示威大会。对于美国人民的正义支援和革命情谊，中国人民铭记不忘。

中国抗日战争以其特有的艰巨性和长期性，载入了反法西斯战争的光辉史册。在中国抗日战争期间，美国人民给予中国人民以巨大支持，曾发起一碗饭、一元钱运动，来救济因抗战而流离失所的中国难民。1939年1月20日，美国加利福尼亚州朗比区的码头工人，拒绝将1200吨废铁装上两艘赴日本的货轮，群众约3000人为此游行，支援这一正义行动，结果获得了胜利。美国海员也拒绝将废钢、废铁运往日本，去制造枪炮，残害中国人民。广大群众举行游行示威，声援中国人民的抗日斗争。美国友人远涉重洋来到中国，有的冲破国民党反动派的重重封锁，到达当时为世界革命人民瞩目的中共陕北根据地和其他抗日根据地进行采访，如美国进步记者埃德加·斯诺、艾格尼丝·史沫特莱和安娜·路易斯·斯特朗等。他们以饱满的政治热情，大量地报导了中国人民的革命事迹，引起了全世界人民的注意和重视，为中美两国人民的革命友谊作出了宝贵的贡献。

斯诺从1928年来到中国的上海。先后受聘为好几家美、英报刊杂志驻上海的记者。1933年初来到北平，在当时的燕京大学任教，接触了一些革命学生和共产党的地下工作者。他当时和鲁迅、宋庆龄等建立了深厚的友谊，还和别人合作，将鲁迅的小说译成英文，向国外介绍。

1935年10月，毛主席亲自率领的红一方面军，经过二万五千里长征，转战到达陕北，同在那里坚持斗争的陕北红军和先期到达的红二十五军相会合。斯诺作为第一个外国记者，冲破国民党重重封锁线，来到陕北根据地，在保安窑洞里，他和毛主席通宵促膝长谈，也曾和周恩来副主席以及其他老一辈无产阶级革命家多次谈心，建立了深厚的友谊。1937年10月，他完成了《红星照耀着中国》的著述。当时为了避免国民党反动派的注意，用了较隐晦的名称《西行漫记》问世。在这部书里，他出色地描绘了中国红军二万五千里长征的奇迹般的史实，介绍了中国人民革命的理论、路线、战略战术，记述了毛主席、周副主席、朱德总司令的革命实践活动。

1939年，他又来到陕北革命根据地进行访问。再次向全世界人民报道了在毛主席和中国共产党领导下，八路军和抗日根据地的广大人民，同日本侵略者和国民党反动派所进行的顽强斗争。斯诺在旧中国度过了整整13年，他目睹疮痍满目的旧中国人民的悲惨生活，也看到中国共产党领导的抗日根据地从事建设新中国的壮丽事业，新旧两个中国的对比使他感受很深，因而他的作品直到今天，还具有深湛的感染力。新中国成立后，斯诺曾多次访华。1972年2月15日病逝。遵照斯诺的遗嘱，他的一半骨灰，在1973年10月，安葬在北京大学（就是他过去任过教的燕京大学旧址）景色秀丽的未名湖畔。敬爱的周总理参加了安葬仪式。斯诺的墓碑镌刻着英文和叶剑英副主席题字的中文："中国人民的美国朋友埃德加·斯诺之墓"。

史沫特莱是美国密苏里州北部一个矿工的女儿，从小住在矿区的窝棚里，12岁就给人当家庭仆役。长期的艰苦生活，使她成为一个革命者。1918年她曾参加过社会党，并参加劳动人民的英勇反抗斗争。在威尔逊实施惩治间谍法时，她曾被捕入狱。1929年赴德国，从事印度民族解放运动，后以德国法兰克福记者的身份，冒着中国内战炮火的危险，到中国东北、华北旅行。1930年后，到华南旅行，曾步行数周，研究中国农村土地占有情况，并在广东调查，了解中国农民的苦况。这时她以亲身调查所得，写成短文，载入她出版的第一本有关中国的书《中国人民的命运》（1933）中。1930年秋，她在上海和鲁迅、茅盾相识。

鲁迅翻译她的作品，她也翻译鲁迅的作品，为中美文化交流作出了贡献。1933 年，她在上海参加宋庆龄、鲁迅、蔡元培、杨杏佛、茅盾等人组成的"中国民权保障大同盟"，进行要求释放政治犯、争取言论、出版、集会、结社自由的政治斗争。旋因病去苏联治疗，写了《中国红军在前进》一书。1936 年，她曾在鲁迅选印的德国进步女版画家凯绥·珂勒惠支的版画集上作序。①1934 年曾回到美国，由于对中国人民的热爱，她又返回中国。1936 年 12 月，她在西安目睹了"双十二事变"。1937 年进入延安，随同八路军亲赴前线进行宣传。1938 年，她在山西八路军前线总司令部当记者。1938 年秋，她从八路军驻防地赶到长沙，向长沙人民报告八路军英勇抗战的实况，并募捐药品送到抗日前线救护医治伤病员。1938 年 10 月，汉口沦陷后，她参加新四军，过着军队的艰苦生活，吃青菜饭，穿粗布衣，以苦为乐，忘我地和中国人民共同呼吸，共同战斗。她当时被日本特务机关列入黑名单，也为国民党警察所注意。她冒着危险，把中国共产党领导的革命根据地的活动、抗日战争的真实情况，及时向国外发稿。1939 年夏，她到大别山作宣传工作。她在新四军的生活和这一时期的报导，后来都载入她写的《中国的战歌》一书中。1940 年，由于她健康恶化，离开新四军到重庆，1941 年转道香港回国，从事写作。1943 年发表她的《中国的战歌》；1945 年，在纽约整理她收集到的中共苏区和陕北及其他根据地的革命文件、报刊等大批珍贵史料，准备撰写《朱德传》（于 1956 年出版）。笔者曾帮助她翻译上述革命历史文献和资料。史沫特莱是在全世界还被中外反动派谎言所蒙蔽的时候，不顾个人安危，仗

---

　　①　史沫特莱为这个版画选集写的序，见鲁迅：《死》，《且介亭杂文集末编》，《鲁迅全集》第 6 卷，人民文学出版社 1957 年版，第 492 页。

义执笔，把"红色中国"的真相，向全世界人民揭示的美国进步记者之一。她热爱中国革命事业，深信中国人民的正义事业必胜。她在美国报刊论坛上，在无线电台上，不断宣传中国人民的革命活动；她曾以满腔的革命义愤，在纽约和国民党反动文人林语堂进行面对面的激烈的辩论，痛斥林语堂对中国共产党的诽谤，笔者当时曾亲聆她从容不迫进行慷慨激昂的论战。新中国成立后，她欢欣鼓舞，但因当时美国正处于麦卡锡主义迫害狂时期，她有病也得不到来中国治疗、访问的护照。只能于1950年到伦敦避难和治疗。终因患胃癌，动手术后病情恶化，于同年5月6日病逝。史沫特莱是中国革命人民早期的患难朋友，她永远活在中国人民的心里。

安娜·路易斯·斯特朗，也是美国进步作家、记者。她于1885年生在内布拉斯加州一个早期英国移民后裔的家庭里。1919年，曾参加西雅图反对垄断资本的总同盟罢工。1925年首次访问中国，到达广州，支持和报道著名的省港大罢工。1927年，深入湖南农村，歌颂毛主席亲自点燃的湖南农民的反抗斗争。1928年，她将在中国所收集的材料，写成《中国千百万大众》一书，把中国千百万贫苦大众的呼声，向英语国家传播。在中国抗日战争期间，她两次来中国，热情报导了中国共产党领导的人民军队英勇抗战的壮丽史实；1941年1月，发生震惊中外的"皖南事变"后，她来到重庆会见了中共代表周恩来副主席，获得了有关"皖南事变"的第一手材料。她回到纽约后，有力地揭露了蒋介石反动集团猖狂反共破坏抗日的罪行。1946年第五次来到中国，访问了革命圣地延安和其他解放区。这次她在中国住了三年，曾在中国华北、东北旅行。1946年8月，在延安杨家岭，毛主席同她作了一次关于国际形势和国内形势的重要谈话，发表了"一切反动派都是纸老虎"的著名论断。斯特朗称颂毛主席的这一论断是"现时代的伟大真理"、"照亮了世界大事的进程"。她根据 1946 年 7 月到 1947 年访问中国期间的亲身经历，写成一系列的连载文章《中国现出黎明》，曾由英国通讯社向 47 个国家发稿。1949 年，她写出了《中国人征服中国人》一书，详尽地叙述了她在中国解放区的旅行见闻。1958 年，在她 72 岁高龄的时候，第八次来到中国，并在北京定居下来，经常报导中国社会主义革命、社会主义建设的成就，为增进中美两国人民的相互了解和友谊，作出了贡献。1970 年 3 月，她在北京逝世。

此外，在抗日战争时期，因执行任务来中国的美国官方人员，为中国革命人民不屈不挠的斗争所感动，对中国共产党所领导的正义事业，寄予同情与支持。如 1942 年 3 月，由罗斯福政府派到中国担任美军中国战区司令和国民党军队参谋长的史迪威将军，他亲身了解到国民党政府消极抗日，政治腐败，经济混乱，民不聊生，因而主张将美国的对华军援，分配一部分给我党领导的抗日武装力量，并建议美国政府对蒋介石施加压力。为此，史迪威将军与蒋介石发生严重争执。美国政府终于同意蒋介石的请求，于 1944 年 10 月 24 日，宣布从中国召回史迪威将军。1944 年 7 月，驻华美军总司令部派遣美军观察组至延安。他们看到延安、晋察冀边区的八路军士气高昂，军民合作如一家，对比国民党统治区政治腐败、黑暗的情景，对中国解放区的革命斗争，表示钦佩。中国解放区军民对于美国观察组成员，也爱护备至。美军观察组成员惠特尔赛上尉，于 1944 年在太行山被日寇杀害，朱德总司令对他的家属表示深切关怀；曾将延安美军观察组使用的食堂，命名为"惠特尔赛纪念堂"，并亲自为纪念堂题字。1944 年，美军飞行员奥利渥·欣斯德尔在执行任务中受伤，后来被我游击队人民营救，并护送他到延安。毛主席、朱德总司令都接见过他。欣斯德尔在延安一直住到抗日战争结束。

抗日战争胜利结束后，蒋介石政府违背广大人民的利益，走独裁、内战的道路，而美国杜鲁门政府，采取了扶蒋反共的错误政策，中国人民不得不奋起反抗，为打败中国反动倒退势力、建立人民的新中国而战斗。在中国人民艰苦奋战的日子里，美国人民也曾给予道义上的声援。现在，中美两国已建立了外交关系，可以预期，中美两国人民的传统友谊，必将有巨大的发展。

（原载《世界历史》1979年第1期，第20—25页，

后收入《美国史论文选》，天津人民出版社1984年版）

杰 斐 逊

托马斯·杰斐逊（Thomas Jefferson，1743—1826），美国杰出的启蒙思想家、资产阶级民主革命家和美国民主传统的奠基人。他曾任美国驻法公使、美国第一任国务卿、美国第三任总统。杰斐逊知识渊博，熟习多种学科，造诣深湛，并精通工程设计，是美国历史上出类拔萃的人物。在美国创建半个多世纪内，杰斐逊在政治生活中起了积极的推动作用。

托马斯·杰斐逊1743年4月13日出生于弗吉尼亚阿尔贝马郡的沙得韦尔乡村。他父亲彼得·杰斐逊是一个中等烟草种植园主，祖先是从英国威尔士迁入的移民。母亲祖先是苏格兰贵族。杰斐逊的外祖父在弗吉尼亚拥有大种植园。当时沙得韦尔乡村是英国殖民地的边疆。杰斐逊自幼熟悉边疆小农、猎民的生活，同情拓荒者的艰苦创业精神。1760年他进入威廉—玛丽学院学习数学、哲学、文艺，1762年毕业后又习法律五年。杰斐逊勇于探索，勤奋好学，广泛地阅读希腊罗马的古典著作，浏览英法著名文学家的作品，视野开阔。

1769年，他当选弗吉尼亚议会议员，开始政治生涯。这年，他提出一个允许奴隶主释放奴隶的议案，虽然没有通过，但他倾向民主自由的政治思想已露端倪。

随着北美殖民地经济的发展与英国对殖民地压迫政策的加强，北美殖民地与英国的矛盾日益尖锐，爆发了殖民地人民争取独立的革命风暴。在疾风暴雨中，杰斐逊坚定不移地把推翻英国统治、争取殖民地解放作为奋斗目标，同被宗主国奴役的群众站在一条战线上，在群众中具有广泛的社会基础，成为争取独立的殖民地人民的左翼领导人之一。

1773 年春，杰斐逊和帕特里克·亨利等人在威廉斯堡的密室里，讨论响应萨缪尔·亚当斯的号召，成立通讯委员会① 问题，随即由弗吉尼亚议会通过决议正式建立。当时弗吉尼亚总督邓莫尔下令解散它。杰斐逊等坚持召开通讯委员会，并批了一个传阅文件，与其他殖民地密切联系，广泛交换政见和互通消息，对反英群众运动起了促进作用。

波士顿倾茶事件② 后，1774 年英国政府颁布了封闭波士顿港法令，杰斐逊得知这个消息，向弗吉尼亚议会提议并通过决议，规定议会用一天斋戒和祈祷，以表示对波士顿人民的同情与支持。弗吉尼亚总督邓莫尔再次解散议会。

杰斐逊深信英国哲学家洛克"天赋权利说"和法国启蒙思想家卢梭"社会契约说"，认为被压迫人民具有天赋的自由与平等的权利。他草拟了《英属美洲权利综论》，提出："作为自由的人

---

① 通讯委员会，最初是殖民地议会与它们在英国的代理人联系的机构。1772年从麻萨诸塞开始，通讯委员会成为殖民地之间秘密联系、互通消息、推动革命运动的组织。

② 倾茶事件：1773 年，英国准许东印度公司将茶叶直接售给北美殖民地零售商，企图垄断北美殖民地的茶叶贸易。1773 年 12 月 16 日，波士顿市民 8000 人集会，要求抵达港口的东印度公司茶船撤离港口返航，未果。当晚，波士顿青年化装成印第安人，抢登三艘运茶船，将 342 箱茶叶全部倾入海中。次年，引起英国封闭波士顿港。

民，我们有权利要求承认自然法则赋予我们的权利，而不是长官的恩赐。"文中还痛斥英国统治阶级对北美殖民地所采取的高压政策和法令。这个文件作为州议会的指令，发给参加第一届大陆会议的弗吉尼亚代表，由于内容精辟，广泛传播，成为讨伐英国殖民者的檄文，有力地增强了民族意识，激发了殖民地人民的爱国热情。

1775 年 4 月，列克星敦和康科德的人民对英军进行了武装反抗，打响了美国独立战争的第一枪。革命战争的烈火锤炼了杰斐逊的意志，增强了他对人民力量的认识，使他的思想成熟起来。

同年 5 月，杰斐逊作为弗吉尼亚代表参加了在费城举行的第二届大陆会议。在殖民地宣布独立的问题上，进步派与保守派展开了激烈的论争。大陆会议指定杰斐逊、富兰克林、约翰·亚当斯等五人组成委员会，起草宣言。杰斐逊年方 33 岁，以大气磅礴的笔调，起草了《独立宣言》，概括了英法思想家提出的资产阶级民主主义所依据的政治理论和革命原则，庄严地向全世界宣告："人人是生而平等的，他们都被造物主赋予某些不可让渡的权利，其中包括生存权、自由权和追求幸福等权利。……当任何形式的政体妨碍了这种目的时，人民有权力去改变它，或废除它。"《独立宣言》指控英王倒行逆施，综述了迫使美国人民争取独立的原因。它不仅是美国宣告独立的正式文件，也是资产阶级上升时期人民要求民主主权的宣言书。它起了动员人民群众为争取民主权利、民族独立的斗争的积极作用，成为当时美国人民反抗英国奴役、进行革命的有力武器。马克思在致美国总统林肯的信中曾经指出：《独立宣言》是"第一个人权宣言"。[①] 其历史进

---

① 《马克思恩格斯全集》第 16 卷，人民出版社 1964 年版，第 20 页。

步作用十分突出。

在独立宣言中，原有一段痛斥英王乔治三世开创非洲黑奴贸易，煽动黑人和白人之间种族战争的文字，被认为过激，在南卡罗来纳、乔治亚代表的反对下删掉了。《独立宣言》是杰斐逊思想成熟的标志。杰斐逊在《独立宣言》中扬弃了洛克"追求财产"的字句，突出了"追求幸福"，说明他的思想更富于民主性。

杰斐逊不是在写历史，而是用实践来影响历史的进程。1776年10月，杰斐逊回到弗吉尼亚，立即投入改革弗吉尼亚州的立法工作，提出废除长子继承法和续嗣限定法等两项封建性法令，并提出宗教信仰自由法案。

1779年6月，杰斐逊当选为战时州长。当时英国控制海面，可以随时派兵袭击弗吉尼亚领土，掠夺食物、武器。弗吉尼亚财政拮据，既需为南北卡罗来纳提供兵员、补给，又需招募民兵保卫本土。作为州长，杰斐逊的任务是艰巨的。他虽然恪尽职守，但由于没有军事领导才能，当1780年英军进攻弗吉尼亚时，杰斐逊束手无策，以致弗吉尼亚议会遭破坏，杰斐逊本人险落敌手，因此受到各方面严厉的批评甚至诋毁。1781年杰斐逊辞去州长职务，回到蒙蒂塞洛私邸。他仔细考察弗吉尼亚周围环境，对于当地的气候、物产、水源分布以及政权建设、风土人情都密切关注，还了解当地宗教、奴隶制和印第安人情况。他将几年的调查所写的手稿，辑为《弗吉尼亚纪事》一书。该书用很大篇幅驳斥法国哲学家巴丰等人关于美国各方面都比欧洲低劣的论点，充分表达了杰斐逊的民族自豪感和创建一个崭新国家的坚定信念。

1784年5月，杰斐逊被派往法国，协助富兰克林和约翰·亚当斯签订商约。1785年杰斐逊担任驻法全权公使。他驻法期间正值法国革命由酝酿而爆发，他以极大的兴趣和满腔热情密切地关注着法国革命的进程。在这期间，美国国内形势也起了重大的变化：阶级矛盾日趋尖锐，谢司起义被镇压。杰斐逊闻讯后发表议论说："不时有点小小叛乱乃是一件好事，……自由之树是必须常常用爱国者和暴君的鲜血来浇灌的。"谢司起义被镇压后，汉密尔顿等资产阶级保守派鉴于邦联政府权力分散，对镇压人民的起义很不得力，积极策划成立中央集权政府，于1787年5月在费城秘密集会，以修改邦联宪法为名，另行制定宪法。杰斐逊看到宪法草案中没有写上保障人民权利的人权法案的条款，表示不满。1789年4月，联邦政府成立，华盛顿就任第一届总统，9月杰斐逊被任命为国务卿。1790年3月杰斐逊抵达纽约，目睹上层社会争权夺利和反对共和制、民主制，深为忧虑，对劳动人民受欺压和生活困苦深表同情，憧憬着建立一个以农民为主的理想民主共和国。他对当时美国现实政治极为不满，因而能与城乡劳动人民争取民主的力量结合起来进行斗争。

1791年夏，杰斐逊和麦迪逊以考察植物为名，沿哈得逊河北上作了一次旅行。实际是为抵制汉密尔顿的保守政策并建立民主共和党进行策划。形势的要求，历史的发展，使他的名字和政党的组成结合在一起了。

法国革命形势激荡，也影响着美国国内的政治斗争。杰斐逊派把法国革命看作是美国革命的继续，同情法国革命人民。汉密尔顿派崇拜专制主义，主张和英国统治者联合共同镇压法国革命。美国的民间会社纷纷通过决议，表示支持革命中的法国人民。杰斐逊领导的民主共和党和汉密尔顿领导的联邦党为此互相攻击，对立日益加深。1793年年底，杰斐逊辞去了国务卿职务，回到蒙蒂塞洛家中。汉密尔顿控制了联邦政府机构。

1796年的总统选举成为联邦党和民主共和党之间的一次激烈的政治斗争。杰斐逊被民主共和党提名为该党的总统候选人。

选举结果，联邦党的总统候选人约翰·亚当斯当选总统，杰斐逊当选副总统。

1798 年，亚当斯政府颁布了四项摧残人民民主权利的法令，[①] 引起人民群众和资产阶级民主派的不满。于是，麦迪逊起草《弗吉尼亚决议案》，杰斐逊起草《肯塔基决议案》，以伸张州权为号召，重申"天赋权利说"、"社会契约说"，抨击联邦政府上述法令违反宪法。群众反抗运动逐渐高涨，1793—1800 年，全国共组成了 48 个民主共和会社，进行争取民主的艰苦斗争。杰斐逊对人民的力量有所认识，因而能团结一切民主力量，并取得胜利。1800 年当选为美国第三届总统。

杰斐逊执政后，废除了亚当斯政府颁布的四项摧残民权的法令，呼吁消弭党派斗争。他在担任两届总统期间（1801—1809），厉行精简节约，在奖励农业生产的同时，主张相应地发展工商业。在他执政期间，将美国疆土向西部扩展，1803 年自拿破仑手中购买了路易西安那（当时的路易西安那包括自墨西哥湾到加拿大、自密西西比河西岸到洛基山约 100 多万平方英里的土地），为美国资本主义的发展提供了有利条件。杰斐逊政府废除了国产税，减轻对劳动人民的税收，扩大了白种男子享有选举权的范围，颁布了新土地法，将购买土地的最小面积由 640 英亩降低到 160 英亩，并且宣布禁止奴隶贸易。这些措施具有一定的进步意义。

杰斐逊生活简朴，指示白宫每天早晨向来访者开放，以便不脱离群众，保持民主作风。1809 年，杰斐逊退职返蒙蒂塞洛私邸。他 66 岁高龄仍孜孜不倦地钻研哲学、历史学、古生物学和自然科学。杰斐逊一贯重视教育，主张用教育手段培养德才兼备

---

①　1798 年四项摧残人民民主权利的法令是：《归化法》、《客籍法》、《敌对外侨法》和《镇压叛乱法》。

的"自然贵族"，以别于"人为的贵族"。晚年献身于教育事业，制定一套大、中、小三级教育制度，成为美国国民教育的规范。1818年，他为建立弗吉尼亚大学，骑马到兰岭勘察校址，从绘图设计到施工，聘请学者讲学，付出了艰巨的劳动。弗吉尼亚大学终于在他逝世前一年建成。

杰斐逊对图书馆事业也很关注。1814年国会图书馆在反英战争中被焚。他将50多年来在国内和欧洲各国搜集的文献资料、手稿近一万册，售与国会图书馆，帮助它重建。

1826年7月4日杰斐逊逝世，终年83岁。这天恰好是《独立宣言》发表50周年纪念日。杰斐逊死后，人们发现他生前为自己写的墓碑铭文："美国独立宣言的起草人、弗吉尼亚宗教自由法令的作者和弗吉尼亚大学之父"，表示他的事业的重点所在。

美国第32任总统罗斯福赞扬杰斐逊"是所有的民主主义者中最伟大的一位"。但杰斐逊毕竟是资产阶级民主主义者。他受到所属的阶级和所处的时代的限制。他的民主主义并不是彻底的。杰斐逊并不认为黑人、印第安人是和白人生而平等的。他对黑白种人通婚产生混血种非常害怕，主张把解放后的黑人迁到内地，甚至倡导遣送黑人出境，并在非洲建立殖民地。他执政时同样采取和印第安人订定条约、诱购他们的土地或用武力剿杀、使印第安人日趋衰落的政策。杰斐逊的白种优越论，对于美国种族歧视、民族压迫起了一定的影响。不仅如此，杰斐逊天赋民权的思想，也是不包括妇女在内的。他从未考虑过广大妇女受教育这一重大问题，认为她们不应有独立的意志，只能以丈夫的意志为行动准绳。从这些方面可以看到：杰斐逊并非超越时代的完人。

（原载《外国历史名人传》近代部分上册，

中国社会科学出版社1981年版）

汉密尔顿

亚历山大·汉密尔顿（Alexander Hamilton, 1755—1804），美国建国初期著名的政治活动家，联邦政府重要领导人之一，曾参加制定美国宪法，任财政部长多年，又是美国政党制度的创建者，在美国金融、财政和工业发展史上，占有重要地位。

汉密尔顿于 1755 年 1 月[①] 诞生于英属西印度群岛的尼维斯岛。当时，奴隶劳动盛行于该岛，大批住在伦敦的英国遥领地主，掌握着该岛的政治经济实权。汉密尔顿的母亲是一位原法国籍赴该岛行医的胡格诺教徒的女儿，其祖先是种植园主。他的父亲詹姆斯·汉密尔顿虽然也出身于苏格兰望族，但终生潦倒，一事无成。汉密尔顿是他们俩人的私生子。1765 年，其父把他和他的母亲遗弃在西印度群岛的圣克罗岛上，自己到英属西印度群岛的圣文森岛经商。[②] 汉密尔顿依靠母亲经营的小商店不能维持

---

① 汉密尔顿自认为出生于 1757 年 1 月 11 日，但美国历史学家，经过考证，多认为是 1755 年。

② 美大百科全书（1977 年版）和大英百科全书（1973 年版）中的《汉密尔顿传》都说汉密尔顿母子被遗弃。福特：《亚历山大·汉密尔顿》（纽约 1920 年版）说法有所不同。福特认为：汉密尔顿的母亲逝世，才使他们夫妻关系终结。汉密尔顿与其父直到 1799 年都有书信往来，并曾寄钱给他。其父于 1799 年 6 月 3 日死于圣文森岛。

生活，12岁时就到两个纽约商人开设的店铺作伙计，13岁时母亲逝世。1771年11月到1772年3月，在店主生病期间，他曾代为经营，因他表现出管理才能且勤奋好学，被送到纽约市受教育。他在一家私立中学读了一年，就进入英王学院（今哥伦比亚大学的前身）读书。

当时英国的高压政策，激起了北美殖民地人民的反抗，革命形势日益成熟。汉密尔顿在1774年7月作了一次公开反抗英国暴虐统治的讲演。1774到1775年间，他写了三本鼓吹爱国主义的小册子，支持大陆会议通过的对英国货物采取不输入、不转口输出、不消费的决议，并抨击英国横蛮无理地以牺牲殖民地利益，扩大魁北克领土的政策。这使他崭露头角。同时，他在英王学院还参加了一个名为"科西嘉人"的爱国义勇军组织，每天操练，准备投军从戎。独立战争爆发后，1776年8月，他参加了长岛战役，10月又参加了白平原战役，掩护民兵的撤退。1777年3月，汉密尔顿被华盛顿提升为陆军中校，担任华盛顿参谋部的副官4年。这一时期是他政治生涯的转折点。

在读书时期，汉密尔顿特别喜爱读英国早期思想家霍布斯的著作，笃信他的"在自然状态下"人和人像狼一样进行残酷斗争的理论。在独立战争进程中，社会秩序动荡不安，人民群众反抗情绪高涨，有时也危及有产者的利益。他惴惴不安，认为正像霍布斯所指出的那样，人的本性是恶的，民主的结局只能导致无政府状态。他主张建立一个符合资产阶级利益的，实行强有力的中央集权的政府，采用铁腕手段把群众管束起来，不致犯上作乱。汉密尔顿利用在华盛顿参谋部担任军官职位的便利，结识了一大批有钱有势的豪富、社会名流。1780年2月他因与纽约最显赫的望族舒勒将军的女儿伊莉莎白结婚，跻身于特权阶级社会。1781年4月，他向华盛顿要求授予军队要职遭到拒绝，因而离开华盛顿的参谋部。同年 7 月，华盛顿让他指挥一个步兵营。10月他在约克镇战役中，因攻下英军的一个堡垒而获得声誉。

1782 到 1783 年间，汉密尔顿作为纽约州代表在邦联议会中任过短时期的议员。1783 年 11 月，他回到纽约操律师业。纽约州在独立战争期间曾长期被英军占领，效忠派势力十分猖獗。革命战争结束后，纽约州议会为惩治效忠派，于 1784 年颁布惩治非法侵占财产法，允许爱国者恢复其被效忠派占领的房产、土地。汉密尔顿站在效忠派立场上，为效忠派寡妇拉特格斯太太辩护，指斥该法不合理。这一行动激起群众的公愤。汉密尔顿又用"菲科伊"的假名，发表两个小册子，主张对效忠派宽容。他对"群众暴乱"早就表示反感，在独立战争前夕，伊萨克·西尔斯领导绑架一名效忠派牧师时，他曾咒骂"人民是野兽"。在汉密尔顿的影响下，纽约州议会终于通过法律，取消禁止效忠派操律师业和剥夺效忠派选举权的规定。1786 年 9 月，美国爆发了声势浩大的农民起义——谢司起义。当起义被镇压后，华盛顿在人民群众的舆论压力下，对起义领袖撤销了处以绞刑的判决，把他们释放了。汉密尔顿对华盛顿采取宽大政策表示愤怒。谢司起义引起统治者的恐慌，资产阶级和奴隶主迫切地希望建立强有力的中央集权的国家机器，强化对劳动人民的专政职能，以保护他们的财产，促进经济的发展，因而以修改《邦联条款》为名，于1787 年 5 月秘密在费城召开制宪会议。汉密尔顿凭借他岳父的威望，参加了这次制宪会议。在会议中，他是最保守的人物之一。他一贯服膺休谟支持英国王权的思想，崇拜君主制，以英王乔治三世为楷模。他说："我毫不犹豫地宣称：英国政府是世界上最好的政府。"他认为美国应仿照英国，建立一个以特权阶级为基础，与英国传统相蝉联的政治制度，有一个世袭的最高当局，最好是君主；还必须有一批拥有大资产的终身任职的参议员，以对抗只有小资产的众议员。这次会议在制宪重大原则方面比较一致，但在大州与小州间的权力分配上意见分歧，经过长期激烈争论，达成妥协，制定了一个宪法草案。汉密尔顿在制宪会议开幕时，曾提出实行最高行政首脑终身制和高度中央集权政府的宪法草案，因其主张过于保守，未被采纳列入议程。汉密尔顿虽然对联邦宪法草案并不满意，但当他认识到自己的主张并不能被与会代表和美国人民所接受，就改变了政治态度，全力支持新宪法草案，以便日后在联邦政府中取得重要职位。因此，9月初在会议结束前，汉密尔顿作了一次发言，强调制宪的重要性，请求全体与会代表一致支持宪法的通过。之后，在纽约批准宪法运动中，他十分出力。

在1787年10月到1788年5月间，汉密尔顿、麦迪逊、杰伊等三人前后写了85篇论文，以"普布利厄斯"署名发表。后印为专集，名为《联邦党人》。其中一半以上的论文是由汉密尔顿执笔的。汉密尔顿在文集中大力宣扬美国"三权分立"的总统制。他认为，国家权力应集中于联邦政府，行政权力不应属于集体而应当属于总统一人；总统对国会通过的法案有否决权；参议院的权限应凌驾于众议院之上；总统、参议员均由间接选举制选出；司法独立，最高法院有权根据宪法精神解释法令；法官是终身制等等。

《联邦党人》成为论证联邦宪法的性质和作用的文献，对于联邦宪法的批准起了重要的作用。在批准宪法运动中，汉密尔顿及其追随者以拥护联邦宪法自居，自称"联邦党人"而将其他政治上持异议者称为反联邦党人，从而开始发挥政党的作用。

联邦宪法被大多数州批准以后，共和制的联邦政府成立。1789年4月30日，华盛顿就任第一届总统。9月华盛顿任命汉密尔顿为财政部长，任命驻法大使杰斐逊为国务卿。时正值币值惨跌，国库空虚。汉密尔顿提出举债筹款的办法，征集包括劳动者的资金，增加国家收入，以稳定国家的财政、金融和信用。他在1790到1791年间，作过4个有关财政和经济的报告。汉密尔顿的第一个报告是关于国债问题。他主张凡是革命战争中所欠的外债和内债（国债和州债），都应按票面金额偿还，以巩固国家在金融方面的信用。他的建议由国会采纳，并作为法案通过，原来持有债券的工人、农民和退伍士兵，因为生活所迫，早已将债券廉价出售给投机者。等到联邦政府发行新证券按票面金额偿还时，达官显贵和投机家们就都发了大财。如麻萨诸塞州的旧州债券，统统变成了一小撮人的财产。

汉密尔顿关于征收消费税的第二个报告，也作为国会法案通过。这项法律生效后，首先征收了国产税。[①] 当时，边疆的农民往往把体积庞大的玉蜀黍等谷物酿制成浓缩的威士忌酒，拿到市场贩卖。征收国产税，对农民是很不利的。

汉密尔顿的第三个报告是建议成立一家国民银行。1791年，根据国会通过的银行法，成立了第一合众国银行，营业期限20年，资本总额为1000万元，其中政府承担20％。资本的1/4为现金，3/4是政府公债。这样，许多新贵将由旧公债券变换来的新公债，充作银行的资本额。银行既帮助政府征税，也可向政府贷款。银行的设置有利于商业资本家，主要证券集中在北方少数商业集团之手。

汉密尔顿所作的第四个报告，即《关于制造业的报告》。阐述了工业发展和财政的关系，描绘了19世纪美国资本主义发展的蓝图。它当时并未立即被采纳，但在1812到1814年第二次反

---

① 国产税是从荷兰承袭来的一种税收，对国内自制的某些商品出售和消费，征收一定的税额，以增加国库收入。

英战争以后，成为发展工业与巩固财政的蓝本。这一报告提出，政府给予制造商以奖金，实行保护关税政策，采用机器，鼓励移民，吸收外资，雇佣妇女与儿童等一整套办法来发展经济。汉密尔顿在报告中提出：不仅一个国家的财富，而且一个国家的独立和安全，也都是和制造业的繁荣紧密地联系着的。这一论点对于美国资本主义生产的发展是有远见的。

汉密尔顿是资产阶级保守主义的政治家。他的财政措施有助于结束美国独立战争后财政的紊乱状况，增加了联邦政府的税收，促使商业集团、证券持有者、股票经纪人、投机家获取暴利致富，但严重地损害了农民、手工业者、退伍士兵和小店主等阶层的利益。汉密尔顿的财政措施，激化了国内的阶级矛盾。广大的城乡劳动者对商业集团、投机家的巧取豪夺，表示极大的愤怒。汉密尔顿的财政措施也导致资产阶级内部代表两种不同利益的政治派别的斗争。杰斐逊服膺天赋人权思想，主张给予人民以一定的自由、民主权利，同城乡劳动者的反抗结合起来，对汉密尔顿派有利于少数富有商业资本家、投机家进行掠夺的政策展开了斗争。

杰斐逊派组织的民主共和党同汉密尔顿派领导下的联邦党，在美国政治斗争日趋激化的形势下出现，遂使两党制开始形成。双方互相攻讦，力图将对方驱逐出政府。汉密尔顿因其财政措施得到华盛顿的支持，在联邦政府中的地位较为巩固。1793 年底，杰斐逊辞去国务卿的职务，汉密尔顿派垄断了政府的权力。

1794 年，在宾夕法尼亚西部边疆，爆发了威士忌酒事件的农民起义。汉密尔顿从邻近几个州挑选了 1.5 万名民兵，亲赴现场，镇压逮捕了没有来得及向西部撤退的起义领袖 18 人，送到首府华盛顿。汉密尔顿这一措施激起广大劳动者的愤怒。

法国资产阶级革命，引起英、俄、普、奥等国的武装干涉。

随着法国革命的起伏跌宕，英法矛盾激化。在英法的冲突中，从1792到1794年，汉密尔顿派与杰斐逊派的斗争又扩大到了外交方面。亲英与亲法就成为两个党派外交政策的分野。杰斐逊派赞扬法国革命，主张支持革命的法国人民。汉密尔顿派仇恨法国革命，重视同英国的贸易，认为对英贸易的入口税有助于推行他的财政措施。当时，英国经常截获美国船只，并拘捕美国海员，英法冲突即将引起英美冲突。汉密尔顿坚信对英国作战无异于全国性的自杀行为。联邦党人控制的政府，于1794年派遣最高法院首席法官杰伊赴英，11月签订妥协性的约翰·杰伊条约。[①] 英国同意放弃北美西北地区的若干贸易据点，杰伊允诺替英国债权人清理旧债务，主要是南部种植园主欠下的。杰伊条约对美国出口加以种种限制，且没有使英国同意停止对美船的拦截活动。杰伊条约引起全国人民的广泛反对。汉密尔顿公开地为这个条约辩护。至此，汉密尔顿的对内对外政策，都引起杰斐逊派和劳动人民的反对。1795年，汉密尔顿不得不辞职，但他的财政政策措施，由他的朋友、新财政部长奥利弗·沃尔科特贯彻下去。

1795到1796年，汉密尔顿虽致力于法律和经营生意，仍写了《卡米勒斯信件》的政论文章继续为杰伊条约辩护。

1796年华盛顿卸职，联邦党人约翰·亚当斯当选为总统。1798年，亚当斯政府颁布了4项摧残人权的法令，即归化法、客籍法、敌对外侨法和镇压叛乱法，企图摧毁国内的民主政治。广大人民在杰斐逊民主派的领导下进行了反击，为1800年杰斐逊当选为总统创造了条件，使美国的民主政治得以延续。

---

① 美国著名历史学家理查德·摩理士指出：华盛顿本来同意汉密尔顿的意见，准备派他作为特使到英国去谈判，由于杰斐逊派的抗议，只得改派杰伊去英国，在杰伊启程前，汉密尔顿亲自写指令给杰伊。如果把杰伊条约称作汉密尔顿条约，也是合适的。

1798 年 7 月，同法国作战的气氛很浓厚，在华盛顿的要求下，亚当斯不得不任命汉密尔顿为督察将军。这是仅次于华盛顿享有的荣誉。汉密尔顿占有这一职位直到 1800 年 6 月 2 日。亚当斯对汉密尔顿身居这样的高位很不满意，力图摆脱汉密尔顿的控制。当时汉密尔顿气势凌人，准备在英国的配合下，进占新奥尔良、路易西安那和东、西佛罗里达，并进军墨西哥。① 而在 1799 年，亚当斯任命一个 3 人使节团赴法，磋商如何调解两国纠纷的问题。通过谈判，美法关系迅速趋向缓和。亚当斯的这一外交成就，激怒了汉密尔顿。他积极在联邦党内策划，在 1800 年总统选举中另行推选平克理为总统候选人。联邦党至此分裂。

在这次总统选举中，竞争很激烈。选举结果，民主共和党杰斐逊和伯尔各得 73 张总统选举人选票，同居首位，联邦党亚当斯获得 65 票，平克理 64 票。当时总统、副总统没有分开选举，两个总统候选人得票相等，根据宪法，应提交众议院投票选举其中一人为总统。②

联邦党人支持伯尔，以便挫败他们的政敌杰斐逊。众议院在 1801 年 2 月 17 日以前，举行了 35 次无记名投票，一直处于僵局状态。汉密尔顿从国家前途的大局出发，说服佛蒙特、特拉华和马里兰等州的若干联邦党人议员，投了空白票，使杰斐逊当选为总统。1804 年总统选举时，伯尔没有能列入总统候选人名单。当时新英格兰的联邦党人平克理等人正策划脱离联邦，组织北方邦联，许愿帮助伯尔当选为纽约州的州长，以后再推定他担任北方邦联总统。汉密尔顿尽其全力在投票时挫败了伯尔，并揭发了伯尔的卑鄙行径。伯尔大为恼怒，邀汉密尔顿决斗。1804 年 7

---

① 当时都是西班牙的殖民地，从 1796 年起西班牙和法国是公开的盟国。

② 1804 年通过第十二条修正案，正副总统就分别选举了。

月11日，两人在新泽西州东北部的帕利塞兹丘陵决斗。汉密尔顿身受重伤，次日逝世，时年49岁。

汉密尔顿是代表商业集团、投机者、航运商和银行家利益的政治家。他幼年遭遇坎坷，青年时代投身美国革命，立过战功，因联姻关系跻身于豪门阶层。当他在1789年被任命为财政部长时，年方34岁，因富有行政组织才能，掌握联邦政府权力达6年之久，并控制着一个政党——联邦党。最后因支持杰斐逊当选总统而死于非命。汉密尔顿才华出众，但在与杰斐逊的政治斗争中，是失败者。他之所以失败，其根本原因在于：第一，他笃信君主立宪制是理想的政体，美国必须以英国为楷模，建立一个以特权为基础与英国传统相蝉联的社会结构；第二，由于阶级偏见，他对美国民主政治丧失信心，蔑视人民群众，并派兵镇压人民起义；第三，他的财政措施有损于广大劳动者的利益；并执行了屈从于英国的外交路线。他的种种政治措施，既背离了美国革命的根本原则，也有碍于美国资本主义经济的独立发展。最后，在人民群众普遍不满下，他离开联邦政府，决非偶然。汉密尔顿在1800年总统选举陷入僵局时，能果断地选择自己的政治宿敌——杰斐逊，使美国的政权不致陷入野心家、阴谋家伯尔之手，他的这一行为是从国家前途着想，不计个人恩怨，使美国民主政治传统得以延续，表现了他的坦荡胸襟。因此，汉密尔顿不失为美国建国初期著名的政治家之一。

（原载《外国历史名人传（近代部分）》上册，

中国社会科学出版社1981年版）

美 国 史

——1982 年在中国的研究概况

1982 年的美国史研究收获较为丰富,涉及内容亦广。有的文章提出新的看法可供讨论。某些论文在理论上和资料运用方面达到了较好的水平。论文主要内容涉及以下诸方面:美国殖民地时代的议会制度、教育概况、官制,美国州权的演化,19 世纪的美国科技,近代华工情况,美国的资本主义发展道路,两次资产阶级革命,内战后南部重建问题,南部种植园租佃制,乔治·华盛顿二任引退,林肯是不是废奴主义者,布克·华盛顿和美国黑人运动,罗斯福的新政、关于德布斯的评价与他的活动,杜鲁门与其对外扩张,1812 年反英战争的起因及其性质,美国吞并夏威夷始末,美国的睦邻政策,罗斯福与珍珠港事变,还发表了一些历史人物的通俗性简介文章。对美国史学史研究有两篇论文;译述方面中国美国史研究会出版了《美国史学史》专刊,武汉大学世界史研究所美国史研究室、北京师范大学历史系编译了一些美国史学史方面的文章,其他报刊还有几篇有关美国史学方面的报导。专著方面,甘肃人民出版社出版了曹绍濂的《美国政治制度》(此书《外国史知识》1982 年第 12 期有简介),上海人民出版社出版了邓蜀生的《哈德罗·威尔逊》。

现就几个主要方面，分别加以简述：

在美国殖民地时期议会制度的创建问题方面，刘祚昌发表了《美国殖民地时代的议会制度》① 一文，认为："北美议会制度是英国背景与北美特定环境相结合的产物。因为北美有文化历史深厚的英国背景，在北美又存在有利的特殊环境，再加上人民的主观努力和斗争，所以才能在北美形成和发展了议会制度。……议会权力之增长意味着殖民地在自治的道路上阔步前进，而这对殖民地社会经济向前发展是有利的。……议会之能在北美的荒野上茁壮成长，肯定是有进步意义的。"吴亦明在《美国殖民地时期资产阶级民主政治产生的经济基础》② 一文中认为："殖民地资产阶级民主政治制度完全是社会经济关系的产物"。吴文指出："17 世纪初，北美殖民地还在草创时期，就出现了以代议制和移民自治团体为标志的资产阶级民主共和制的雏形"。"资本主义生产关系的这种发展，就是资产阶级民主政治在殖民地产生的直接经济基础"。"正是小土地制为资产阶级民主政治之产生提供了重要的经济基础和阶级力量"。

美国两次资产阶级革命（美国独立战争与南北战争）在国内外始终是引人注目的专题。张友伦：《试论北美独立战争的必然性》③ 一文指出："美国史学界关于独立战争起因的争论……不外乎偶然论者和必然论者两大派。偶然论者主要是帝国学派和新保守主义学派……都是美国史学流派中倾向于保守和反动的派别。这两个派别都是在美国政府向外扩张高潮时期出现的，而且在不同程度上反映了官方的观点。他们为了替帝国主义国家的殖

---

① 《历史研究》1982 年第 1 期。
② 《史学月刊》1982 年第 5 期。
③ 《历史教学》1982 年第 8 期。

民政策辩护，不惜贬低独立战争的意义和歪曲战争的性质，竭力把它说成是一种偶然事情，甚至是一场历史误会。……偶然派的论点是站不住脚的。……必然派的观点……有许多可取之处，但又都没有同资本主义制度直接联系起来，因而也就不可能科学地、全面地说明战争的必然性。"作者从历史发展过程，殖民地和英国间种种矛盾的深化，论证了北美独立战争"决不是什么偶然发生的战争。它有着深刻的社会历史原因，是当时欧美资本主义发展的必然产物。"郭宁杻、霍光汉发表了《论美国内战的爆发》[①] 一文，提出不同意有的美国历史学家如内文斯、唐纳德、普列斯利等人将内战的原因归之于"社会的、道德的政治力量"或"民主过渡"，论证了两种生产方式冲突的不可避免和内战爆发的必然性。

金波在《土地问题与美国资产阶级革命》[②] 一文中，从独立战争中土地奖赏办法以及南北战争中《宅地法》的颁布，分析土地问题的解决对资产阶级革命的作用。

关于林肯评价方面，《世界历史》1982 年第 1 期发表了一组题为《关于林肯对奴隶制的态度问题》的争鸣文章。论点主要集中在林肯是不是废奴主义者。说林肯不是废奴主义者的有黄颂康、严钟奎、李青等。黄文认为"是否拥护和促进立即、无偿和普遍的解放奴隶，是内战前当时公认的对废奴主义者和一般奴隶制的反对者的重要区别。……林肯的言行和政策从来不代表共和党激进派，或废奴主义者。……林肯不是废奴主义者无损他的光辉形象和历史上的崇高地位"。严文认为："林肯关于解决奴隶制问题的考虑，是从解决国内矛盾、维护国家统一安定出发的，这

---

①　《郑州大学学报》1982 年第 2 期。

②　《中学历史》1982 年第 2 期。

同废奴主义者的想法和主张是根本不同的。"李文认为：林肯
"解决奴隶制问题的主张，是'限制'而不是废除，是'赎买'
而不是解放。这种主张同废奴主义相去甚远。……不过，人是可
以变的……他从1861年底开始谨慎地徐缓地摸索着向前迈进"。
另一种意见说林肯是废奴主义者，王洪慈认为"他是废奴主义
者，但他的思想有一个演变过程。从1862年7月至12月，决定
释奴……有的学者认为林肯释奴完全是形势所迫与他的本意不
符，只是出于军事的需要，认定他虽然释放了奴隶，但也不是一
个废奴主义者。这是值得商榷的。"第三种意见认为"林肯在反
对奴隶制的斗争中，有其独特的斗争策略"，持这种意见的汪仪
的理由是："他有意回避立即提出消灭奴隶制、解放奴隶的问题，
是因为他看到：（一）时机尚不成熟，（二）这样做本身又将很不
策略。"

　　黄绍湘、毕中杰的《关于林肯评价问题的商榷——兼论评价
美国历史人物的几点意见》[①] 一文，对自1979年以来国内评价
林肯所提出的问题，进一步作了探讨。文中提出评价历史人物要
放在历史具体发展过程和历史本身的矛盾斗争中去观察和分析。
林肯所处的时代正是美国工业资本主义经济和南部种植园奴隶制
经济两种社会制度之间的斗争日趋激化的时期。随着废奴主义运
动高潮的到来，林肯被共和党推上总统的宝座，这是时代的需要
和偶合。评价林肯的一生必须用发展的辩证的观点：林肯之所以
伟大，是由于他在人民群众的推动下，在国内外政治压力下，能
够顺应历史潮流的需要，领导南北战争取得胜利，维护了联邦的
统一，废除了奴隶制，从而起到了推动社会发展的作用。作者认
为，林肯的政治活动，决不仅仅是林肯个人的社会实践，而是揭

---

　　①　《社会科学战线》1982年第1期。

示了当时美国社会实践的整体和动向，反映了时代的脉搏。19世纪中叶，要求废除奴隶制，使黑人得到解放，正是废奴主义的中心思想、历史的主流、时代的最强音。作者最后从（一）林肯的思想、言论及基本政治倾向；（二）从马克思经典著作对林肯的论述；（三）从美国一些主要史学流派对废奴主义者的评价三个方面，论证了林肯不是废奴主义者。

关于南部农业经济的发展问题，田锡国发表了《关于美国南部重建时期的历史评价问题》[①] 一文涉及这一问题。主要论点是：（一）"内战后的重建时期（1865—1877），在美国历史上占有重要地位，在重建的12年间，美国社会，特别是南部社会发生了许多根本性变化。'这些变化从根本上改变了美国历史未来的进程。正是从重建时期开始，美国经济中显示了工业支配农业势力的时代特征' （兰德尔和唐纳德《内战与重建》，第535页）。……重建时期在美国南部发展起来的分成租佃制种植园经济，……虽然它在某些方面仍旧保留着浓厚的奴隶制残余，但资本主义经济关系已逐渐取得主导和支配地位。" （二） "内战（1861—1865）与重建不仅引起了南部农业经济性质的变化，而且也引起了南部整个经济结构与阶级结构的巨大变化。……原来的奴隶也开始变成了一个新的主要遭受资本主义剥削的劳动阶级。"（三）"北部资产阶级……在经济上完成了对南部奴隶制种植园经济的资本主义改造，把南部纳入国内统一的资本主义市场。"霍震和杨惠萍发表了《美国内战后至二十世纪初期南部种植园制度》[②] 一文，提出重建后南部经济的高速度发展，较详细地叙述了南部租佃制种植园经济的形成过程以及它所包括的分成

---

① 《世界历史》1982 年第 5 期。

② 《世界历史》1982 年第 4 期。

雇农制、分成佃农制与租金制三种形式。作者认为：（一）"分成
雇农制所体现的主要是雇佣劳动关系；"（二）"资本主义生产关
系已在战后种植园经济中占主导地位"，"租佃制取代奴隶制，标
志奴隶制经济向资本主义经济的转化。它不仅形成了新的生产关
系，并且在一定程度上推动了南部农业的发展。"（三）"随着奴
隶制的废除，种植园制度发生了重要变化，南部农业经济出现了
一个新的发展时期。"此外，张友伦还发表了《美国农业资本主
义发展道路初探》① 一文，论述了南部以外地区的农业发展道路
问题。

罗斯福"新政"是我国美国史研究、教学工作者十分感兴趣
的问题之一。1982 年发表的关于罗斯福"新政"的文章比较多，
实际上是 1980 年会讨论的继续。黄安年发表了《罗斯福新政的
历史地位和阶级性质》② 一文。作者说："我以为评价一项政策
归根结底主要看它对社会生产力的发展起的作用如何，而不应该
只是强调它所代表的阶级利益。……评论一项政策所代表的阶级
利益是一回事，而它所起的历史作用则是另一回事。不能用对新
政阶级实质的分析来代替对新政历史作用的全面评价。"因而作
者认为："罗斯福新政在美国现代历史上基本上是一个进步现象，
起着积极的、肯定的作用。"作者认为新政的"历史作用主要有
下列四点：首先，实施新政缓和了经济危机的严重恶果和由此激
化了的阶级矛盾，部分地改善了劳动人民的生活困境，使国民经
济免于彻底崩溃，恢复了社会生产力。其次，新政的实施避免了
美国走上法西斯道路，为美国参加反法西斯阵营并取得世界反法
西斯战争的胜利打下了巩固的基础。……第三，新政的实施为垄

---

① 《世界历史》1982 年第 2 期。
② 《北京师范大学学报》1982 年第 4 期。

断资产阶级维护资本主义的统治提供了宝贵的经验，为以后美国和其他许多西方国家的资产阶级政府所效法。……第四，新政的实施是美国历史上资产阶级某些民主传统的继承和发展。……杜鲁门的公平施政、肯尼迪、约翰逊的民权政治以至卡特的人权运动都在不同程度上和罗斯福新政某些主张一脉相承。"作者认为："罗斯福新政……着重代表的是垄断资产阶级民主派的利益"，"事实上垄断资产阶级民主派是一个客观存在"。作者说："抗日战争时期……地主阶级中有李鼎铭先生这样的开明绅士，为什么垄断资产阶级中就不能出现开明人士呢？"张谦让发表了《谈罗斯福"新政"的历史作用》① 一文，作者有些新的提法："在党的十一届三中全会以前，就我国史学界来说，对'新政'的正确评价实际上却是一个禁区，"是"简单地称罗斯福是'垄断资产阶级的代表人物'，推行的'新政'是国家垄断资本主义"；"近年来，虽然有些文章指出对'新政'的评价应适当地肯定积极方面，但不少文章依然未能超脱功过参半论"；作者说："对'新政'评价的'功过参半论'也是欠妥的。"作者认为：罗斯福"是垄断资产阶级民主派的代表人物"，对"新政"的进步作用，与上文作了类似的估计，提出了五点，前四点强调新政使美国经济恢复和发展，使美国避免走上法西斯道路，对反法西斯战争的胜利起了巨大作用，第五点认为："1933 年，罗斯福上台不久就承认苏联，苏美建立了外交关系；与拉美各国实行'睦邻政策'"，"'新政'在对外政策……方面，也采取了具有历史意义的措施"。作者对罗斯福实行"新政"的期限也有自己的看法，指出："我们紧紧把握住'新政'实施的 20 世纪 30 年代和它的影响所及的 40 年代上半期这个人类历史的特定时期，就会发现

---

① 《山西大学学报》1982 年第 1 期。

'新政'对美国历史的发展和国际政治都有极为深远的影响。"
《历史教学》1982 年第 9 期报导了刘绪贻提交给中国美国史研究
会第三届年会的论文中，对"新政"历史作用的评价。作者说：
"'新政'是根据当时美国垄断资本主义发展的需要，采用资产阶
级改良的办法，将美国的私人垄断资本主义迅速地、全面地推向
非法西斯式的国家垄断资本主义……它虽然暂时挽救和加强了美
国的垄断资本主义制度，但终又加深了资本主义的矛盾，造成了
新的、更深刻的危机。"

关于罗斯福的对日政策，邓蜀生发表了《罗斯福与珍珠港事
件》[①] 一文，利用了战前美日秘密谈判的揭露性材料说明，"珍
珠港被袭，美国疏于防范，这不是罗斯福执行绥靖政策的结果，
而是战术上的失误。"另一种意见认为：美国采取过绥靖政策。
周希奋在《浅析太平洋战争的起因》[②] 一文中认为：美国（和英
法）"在日本发动侵略的过程中，采取过绥靖政策，助长了法西
斯战争侵略势力，到头来自食其果。"王贵正在《美国三十年代
中立法》[③] 一文中认为："美国的绥靖政策表现为打着孤立主义
旗号的中立政策。"从 1934 年开始制定到 1937 年 5 月完成的中
立法，是"绥靖政策的变种。"严钟奎在《太平洋战争的发生》[④]
一文中，介绍了日本偷袭珍珠港所以成功的历史事实，批评了
《光明日报》1980 年 12 月 2 日刊载的中国美国史研究会在烟台
召开的第二届年会报道中的一个论点，即日本偷袭珍珠港的成
功，是罗斯福总统为激起美国公众义愤而有意疏忽的结果的论点。

在罗斯福"睦邻政策"方面，《世界史研究动态》1982 年第

① 《复旦学报》1982 年第 2 期。
② 《中学历史教学》1982 年第 2 期。
③ 《世界历史》1982 年第 2 期。
④ 《历史教学》1982 年第 10 期。

8 期发表了丁金光的《罗斯福的"睦邻政策"与美洲反法西斯同盟的形成》一文，认为"'睦邻政策'导致 1942 年 1 月 1 日美洲 11 个国家签署了《联合国家宣言》……加入世界反法西斯战争的行列，……不过战争结束后，美国应及时从这些地方撤军，但美国没有这样做。然而，这不能算在罗斯福'睦邻政策'的账上。"王贵正则持另一种看法，认为："在拉丁美洲，美国奉行和鼓吹的'睦邻政策'和泛美主义，在孤立主义推动下把美国一国的中立变成美洲国家集体中立，用美国统治集团自己的话说，这叫做'保持门罗主义而预防美洲以外各国之侵略'"。①

在美国史学史研究方面，丁则民发表了《查尔斯·比尔德与美国宪法——美国史学对比尔德关于美国宪法的解释的评论》，②杨生茂发表了《试论弗雷德里克·杰克逊·特纳及其学派》。③ 比尔德和特纳都是本世纪初"进步史学派"的创立者，上述两文都能结合美国史学界的研究现状，对一些重要的争论进行阐述。张友伦的《丰纳教授谈美国现代史学》、④《丰纳教授谈美国工人运动史学》⑤ 和罗荣渠的《当前美国历史学的状况和动向》⑥ 也都介绍了美国现代史学的一些情况。

丁则民文中指出：美国著名历史学家查尔斯·A. 比尔德的《美国宪法的经济解释》，自 1913 年出版后，一直是"一部探讨美国宪法制定过程的权威性著作"，但自第二次世界大战后，比尔德的这部著作在以下三方面受到了美国史学界的批评和质疑：

---

① 王贵正：《美国三十年代中立法》，《世界历史》1982 年第 2 期。

② 《东北师大学报》1982 年第 2 期。

③ 《南开学报》1982 年第 2、3 期。

④ 《山东师大学报》1982 年第 5 期。

⑤ 《西北大学学报》1982 年第 2 期。

⑥ 《世界历史》1982 年第 5 期。

（一）认为比尔德将制宪会议成员划分为投资于"动产"和"不动产"两大类，并断言支持宪法的是富有的"动产"集团，反对宪法的主要是投资于"不动产"的、代表乡村农业利益的集团，这提法不符合实际。当代历史学家约翰·海厄姆、新左派斯托顿·林德以及著名历史学家奥林·利比和杰克逊·梅因都提出这方面的质疑。（二）不同意比尔德缩小了奴隶制在内战前的作用，认为：其思想根源，是从"本世纪初到第二次世界大战期间，美国史学界盛行的忽视奴隶制在美国历史中作用的思潮。"（三）不同意比尔德断言宪法的制定是城市资产阶级对种植园主的胜利。新左派斯托顿·林德和一些历史学家都认为，宪法是两个剥削阶级集团之间妥协的产物。

　　杨生茂这篇文章有丰富的内容。首先分析了特纳的"边疆论"产生的时代背景、思想渊源，以及它的巨大影响。作者指出：特纳强调美国西部对美国历史的特殊作用，倡导抛弃"放任主义"，建立"大企业政治经济"，宣扬边疆扩张论、种族优秀论等主张，都是适应了早期帝国主义政治上的需要；到了30年代初期，美国遇到前所未有的经济恐慌，社会动荡不安，特纳的边疆论、安全阀论等都受到了美国史学界的批判。作者认为："西部环境对早期移民的思想、传统、风尚和习惯甚至机构组织都有影响，但不应强调到不适当的程度。……只一味强调西部地理环境，那就陷入荒谬的境地了。"而实际上，"特纳对于西进运动在美国社会发展特别是在经济发展方面所起的巨大的促进作用，语焉不详。对于西进运动所表现的残酷性也未置一词。这是特纳假说的两个弱点。"作者着重指出："美国的'西进运动'是受着资本主义剥削制度制约的。剥削与扩张是资本主义发展的必备条件。在资产阶级世界观中，这本是天经地义之事。他们对待印第安人的手段只能是掠夺和屠杀，不可能是提倡平等互助的民族政策。西部固然对移民提供了机会，但也不若特纳渲染的那样美好。西去的移民是受着无情的资本主义经济法则的支配和驱使的。生产资料的私有制在西进过程中，造成极大的物质和人力上的浪费，无数劳动者在精神和生命上付出了高昂的代价。"作者在文中又从美国历史编纂学角度，论述了美国史学的发展，指出：特纳边疆史学相当于美国史学发展的中间阶段，美国史学由文史不分而开始跻身于科学之林，特纳着重宏观历史，着重社会经济因素，成为"新史学"（即"进步史学派"）的开创人之一。30 年代经济大恐慌时期，特纳边疆论开始衰落。第二次世界大战后，特纳学说因适应一定的政治需要又甚嚣尘上，"从侵略朝鲜的哈里·杜鲁门到加紧推行侵越战争政策的约翰·肯尼迪与林登·约翰逊，无一不是边疆扩张论的倡导者。……杜鲁门、腊斯克、肯尼迪等都曾出席过美国历史协会，把扩张论直接带到史学界的讲坛之上。"特纳学派的继承者为适应战后美国对外扩张政策的需要，重新塑造了特纳的学说和形象，形成了新特纳学派，"改弦更张，把研究重点移到行为社会学。他们以社会学为蓝图，以 IBM 为工具，从新的角度对西部历史进行研究。他们着重微观历史，即实例研究，研究的范围缩小了，研究的方面集中了。总的趋势是越来越就事论事，抹杀历史发展的研究，否认历史规律的研究，大有见木不见林之势。在历史观方面，新特纳学派比旧特纳学派倒退了一步。"本文同时以较多的篇幅对当代几个冠以"新"字号的史学流派如新左派史学、新社会史学、计量史学（即新经济史）、新城市史、和谐史学（即新保守主义）等作了适当的评介。

（与毕中杰合写，原载《中国历史学年鉴（1983 年）》，

人民出版社 1983 年版）

关于罗斯福实施"新政"
的经济指导思想
——答读者问

现代资产阶级各派经济学家，对资本主义世界和本国的经济动向以及重要的经济政策措施，站在不同角度，从理论观点、分析方法和政策主张上，经常不断发表见解，建议当政者或政府实行哪些政策措施，修改哪些政策措施，或取消哪些政策措施。罗斯福1933年3月初任总统时，正值美国处于严重经济危机之中。罗斯福面对现实，实施"新政"，在经济上采取了许多重要措施，收到了较好的效果，摆脱了危机。关于"新政"的理论依据，我在拙著《美国通史简编》中指出："罗斯福及其'智囊团'实行'新政'的指导思想，是采用当时美国芝加哥学派的观点，它是和英国资产阶级经济学者凯恩斯的理论或"凯恩斯主义'相吻合的。"① 从1980年上半年此书出版后，1980年8月23日，收到贵州大学历史系宋子海讲师来信，提出1980年6月28日《光明日报》载有对芝加哥学派的简短介绍，指明它是与凯恩斯学说相对立的学派，希望我答复。我立即给宋子海同志回信，作了说明。以后，又接到武汉大学历史系美国史研究室的同志来信，问

---

① 黄绍湘：《美国通史简编》，人民出版社1979年版，第563页。

我为什么罗斯福"新政"的理论依据是芝加哥经济学派等问题，我也作了答复。

近两年来，我国发表了不少讨论罗斯福"新政"的文章，内容都着重于讨论"新政"的各种措施、影响和对罗斯福本人的评价方面，关于"新政"经济思想的理论依据，至今还没有见到美国史研究者在这方面进行论述。最近读了北京大学经济系胡代光、厉以宁教授编著的《当代资产阶级经济学主要流派》① 一书，和厉以宁教授发表的《三十年代美国"新政"经济学评介》② 和《凯恩斯理论是怎样成为战后西方国家经济政策的指导思想的?》③ 两篇文章，对上述问题，自己有了新的体会。

1983 年年底，又曾收到吉林大学历史系邱继洲同志的来信，不同意《美国通史简编》中提出的"罗斯福及其智囊团实行'新政'的指导思想，是采用当时芝加哥经济学派的观点"，并提出他的理由是：（一）芝加哥经济学派倡导"自由放任"和市场竞争的理论和政策，它是和凯恩斯主义的理论和政策相对立的。（二）有大量材料可以证明罗斯福实行的"新政"，是以凯恩斯主义理论为基础的，而不是采用当时芝加哥学派的观点。由此感到，有必要将自己对这个问题重新学习的体会，公诸读者，并就教于对此有兴趣的同事，以期得到指正。

（一）芝加哥经济学派有一个历史发展、演变的过程。30 年代的芝加哥学派（即早期芝加哥学派）是当前芝加哥学派的前身，两者的观点并不一致。《光明日报》1980 年 6 月 28 日一文所介绍的是当前的芝加哥经济学派，又称货币学派，其代表人物

---

① 厉以宁：《当代资产阶级经济学主要流派》，商务印书馆 1982 年版。
② 《社会科学辑刊》1983 年第 2 期。
③ 《北方论丛》1983 年第 1 期。

是弗里德曼。货币学派或货币主义作为当代资产阶级经济学的一个重要流派出现，是最近二十多年的事。

美国芝加哥学派在经济理论方面，20世纪初具有两个传统的特征：一是重视货币理论的研究；二是坚持自由主义思想，反对政府直接干预市场经济活动。但是事物总是发展变化的，芝加哥学派随着美国资本主义经济的发展，也在演变。1929—1933年空前严重的经济危机，使美国许多原来信奉经济自由主义传统的资产阶级经济学家，由教训中改变认识，把国家干预看成是医治失业的对策；主张国家采取干预经济的措施，成为30年代美国经济界的一股强大的思潮。芝加哥学派在这种形势下，开始认为依靠市场调节不能解决严重的失业问题，提出政府用财政手段进行国家干预。早在1931年，怀纳① 就提出运用财政措施调节经济的模式。芝加哥学派另一经济学家保罗·道格拉斯，提出萧条时期政府应当采用对公共工程的投资，来活跃经济；赤字是不可避免的。早期芝加哥学派的代表人物如富兰克林·奈特、亨利·西蒙斯、雅可布·怀纳也积极赞成利用巨大的、持续的赤字预算，来同当时的大量失业和通货紧缩作斗争。芝加哥学派成员之一的明兹认为：解决失业和萧条问题，主要依靠公共工程政策而不是依靠货币政策。

1932年，美国10所大学和布鲁金斯学会的24位著名经济学家，曾联名向当时美国总统胡佛提出一系列建议，希望胡佛政府采取国家干预经济的措施，其中12名是芝加哥大学的教授，包括上述芝加哥经济学家；此外，建议者还包括哥伦比亚大学教授小克拉克、阿瑟·盖伊尔、雷克斯福德·特格维尔等人；农业经济学家、农业改造论者亨利·华莱士，和日后直接参与罗斯福政

---

① 详见《美国通史简编》。

府的经济决策活动，通常称为罗斯福"新政"智囊团的亚道夫·贝利、雷蒙德·莫利也都持类似的观点。可见，早期芝加哥学派被 1929—1933 年美国空前严重的经济危机所震慑，30 年代起放弃了经济自由主义思想，是时代思潮的反映。弗里德曼形象地说："现在我们全都是凯恩斯主义者了"。他对此还作了一定的评价说：30 年代内，芝加哥经济学家和凯恩斯之间，在有关"大萧条的原因、货币政策的重要性以及广泛依靠财政政策的必要性"等方面，十分相近。[①]

　　但 30 年代芝加哥学派的理论与凯恩斯经济学之间也确有所不同。主要在于：早期芝加哥学派，虽然早于凯恩斯提出国家干预经济的主张，但在经济理论体系方面，并未摒弃持续 150 年的萨伊定律，[②] 没有脱离旧的货币数量论的窠臼，也没有用国民收入的均衡概念来解释经济的波动，更重要的是：这一学派未能建立独立的经济理论，来支撑自己提出的国家干预政策的主张。也正因为如此，芝加哥学派始终没有像凯恩斯学派那样，上升为西方资产阶级经济学中"新正统"的地位。而凯恩斯呢？他在 1936 年发表他的主要著作《就业利息和货币通论》中，割断了和传统经济理论——萨伊定律的联系，坚决批判货币数量论，提出国民收入均衡的宏观静态分析方法，建立了有效需求的经济理

---

　　① 弗里德曼：《亨利·西蒙斯的货币理论和政策》，载《法律和经济学杂志》1967 年 10 月号，第 7 页。转引自胡代光、厉以宁编著的《当代资产阶级经济学主要流派》一书，第 107 页。

　　② 让·巴蒂斯特·萨伊（1767—1832），是法国庸俗经济学家。萨伊定律是指供给会自己创造需求。他认为：在资本主义自由竞争条件下，供给必然等于需求；资本主义社会不可能发生普遍的生产过剩危机，而只可能出现个别商品的暂时供求失调，产生个别商品的生产过剩；而这种失调和过剩，将因市场自由竞争的自动调节作用而终于消失。马克思对萨伊定律曾作过有力批判，参见《资本论》第一卷，人民出版社 1975 年 6 月第 1 版，第 133 页。

论，因之，凯恩斯的《就业利息和货币通论》的出版，被资产阶级看成是理论上政策上的一次"革命"，凯恩斯学说就成为"新正统"。

（二）凯恩斯的理论，也是经历了从产生到发展成为西方国家经济政策的指导思想的演变过程的，这一过程大约持续了10年之久。

20世纪20年代，凯恩斯还是以研究货币理论问题著称的剑桥学派的经济学者，他一直强调运用货币政策以稳定经济的作用。1931年6月至7月，凯恩斯参加芝加哥大学召开的哈里斯基金圆桌会议时，他还认为用货币政策来平衡储蓄和投资，是可靠的措施，对采用公共工程缺乏信心，并论证实行公共工程以解决失业问题，并不适合美国；他还顾虑实行公共工程会导致社会主义。而当时的芝加哥学派的经济学家劳埃德·明兹等人，则已提出了在美国运用财政政策来调节经济的主张。因此，可以这样说，1931年的凯恩斯本人，还没有想到会发展成为"凯恩斯主义者"。

1933年凯恩斯出版了《走向繁荣之路》，这标志着凯恩斯由货币经济学家向他最后成为完整的宏观经济理论体系的名著《就业、利息和货币通论》前进了一大步，但很难说这本著作对"新政"产生了什么影响。

1934年6月，凯恩斯又去美国，会见了罗斯福，并向罗斯福陈述了自己在经济政策方面的主张，但这次会晤也没有对罗斯福产生什么明确影响。"新政"是在罗斯福不了解或不承认英国经济学家凯恩斯时就付诸实施的。罗斯福在他竞选和就任美国总统时，就已经形成了他自己的制定经济政策的核心机构，参加这个核心机构的，是主张国家直接调节经济的美国资产阶级经济学者们。在此，必须指出：芝加哥学派与凯恩斯学派的经济思想是接近的，我在《美国通史简编》中说它们是吻合的，不甚确切。

　　1936 年凯恩斯的主要著作《就业、利息和货币通论》一书出版，至此，凯恩斯的宏观经济理论成为一个完整的体系。但这本书没有立即受到芝加哥大学和哥伦比亚大学的美国经济学家的重视，看不出这本书对"新政"产生什么影响，"新政"不过是和凯恩斯的经济哲学思想无形中接近而已。罗斯福政府中，只有联邦储备局局长埃克尔斯（M. S. Eccles）和经济专家古里（L. B. Cullie）较早地受到凯恩斯经济理论的影响。凯恩斯上述名著，是通过哈佛大学和麻省理工学院的一批青年经济学家传播开来的，因为这批青年经济学家不满意课堂上讲授的马歇尔经济学说① 而乐意为凯恩斯理论在美国传播效劳。

　　1938 年，凯恩斯理论由于得到美国著名经济学教授汉森（A. H. Hansen）的积极支持、赞助和宣传，在美国广泛地传播开来。特别有趣的是，汉森 30 年代内任明尼苏达大学教授时，是受正统派剑桥经济学派② 影响的，他笃信资本主义能自动维持均衡。当凯恩斯上述名著出版时，汉森还写了书评批评凯恩斯理论。1938 年，他由明尼苏达来到哈佛大学任教，很快转变了观点，由反对凯恩斯理论而成为美国的凯恩斯主义者。这是凯恩斯经济理论在美国传播的一件大事，因为汉森使凯恩斯理论"通俗化"和"美国化"了。

---

　　①　阿尔弗里德·马歇尔（1842—1924），是英国著名的资产阶级庸俗经济学家。19 世纪 90 年代，为了填补当时已经没落的正统庸俗经济学穆勒的空缺，为了抵制马克思主义，适应资产阶级的需要，马歇尔综合经济学三种庸俗价值论（供求论、边际效用论和生产费用论），拼凑成一个"新"的体系，它被资产阶级捧为"新古典经济学"，成为"新正统"。第一次世界大战后，受到挑战，1929 年资本主义世界严重经济危机爆发后，因不能回答现实经济问题而瓦解。以后由凯恩斯学派所代替。

　　②　正统派剑桥学派，为英国经济学家阿尔弗雷德·马歇尔所创立，因他长期任剑桥大学教授，故名。

凯恩斯在第二次世界大战开始时，对防止战后萧条曾提出一些设想和估计；二战结束前后，凯恩斯经济理论被资本主义国家的政府所接受，信奉为制定国内和国际经济政策的基本指导思想，表现在它们相继推行所谓充分就业政策以及接受布雷顿会议①规定的国际货币金融体制。这样，凯恩斯经济学在当时资产阶级经济学中的"新正统"的地位被确认下来。

（三）在我国有些研究"新政"经济思想渊源的论述或译著中，对此有失误之处，如章嘉琳等编著的《现代美国经济问题简编》中认为："1929—1933 年的经济大危机，使美国国家垄断资本主义得到重大发展，……为了挽救当时险象丛生的资本主义制度，垄断资产阶级采纳了凯恩斯等资产阶级经济学家提出的一整套国家干预经济的理论……当时，罗斯福总统推行了一套所谓'新政'……这是根据凯恩斯创立起来的和平时期从未有过的广泛的国家干预经济的政策。"②又如，吉尔伯特·C. 菲特和吉姆·E. 里斯合著的《美国经济史》中，笼统地说："从 30 年代起，美国经济学界开始出现某种程度的分裂。有时被人叫做'芝加哥

---

①　布雷顿会议，是1944 年 7 月在美国新罕布什尔州布雷顿森林举行的国际金融货币会议。美英及其联盟国家共44 国代表参加，美国财政部长摩根索、经济学家怀特和英国财政大臣首席顾问凯恩斯是会议中的主要人物。凯恩斯从维护资本主义制度整体利益出发，提出资本主义强国应协力维持战后资本主义经济秩序。凯恩斯的经济主张，在这次会议中有所体现。会议结束时，与会各国签订了"布雷顿森林协定"，形成新的国际货币金融体制。1945 年 12 月 27 日，参加会议的美英等 29 国（苏联除外），在美国国务院举行了"布雷顿森林协定"的签字仪式，各国共认交了国际货币基金七十多亿美元，成立了国际货币基金组织和世界银行，其总部都设在华盛顿。这两个机构的成立，有利于美国大量输出资本，控制和掠夺其他国家的经济。英国则力争从美国取得大量信贷，以恢复其战前的经济地位，并与美国分享资本主义世界经济的领导权。

②　章嘉琳、姚廷纲主编：《现代美国经济问题简编》，上海人民出版社 1981 年版，第 120 页。

学派'的一批保守经济学家，对政府干预经济事务颇为不满，渴望回到过去那种提倡个人奋斗、价格竞争的自由经济时代。一般说来，他们批评凯恩斯学派的经济理论，认为金融政策能决定经济盛衰。"① 这些论述，都不符合美国当时经济学家和他们的经济思想的历史实际的。

拙著《美国通史简编》对"新政"的指导思想提出，它是采用当时芝加哥学派的观点，是对的。但未能多作注释、介绍 20世纪 30 年代资产阶级经济学思潮和资产阶级经济学的基本情况；对芝加哥经济学派和凯恩斯经济学说两者在理论、观点、政策主张等方面的相同之处与歧异之处、两派经济学说的发展和演变过程以及与当代凯恩斯经济理论之间的关系，叙述过简，是一个缺点，因而有补白的必要。

（原载《河北师院学报》1985 年第 1 期）

---

① 〔美〕吉尔伯特·C. 菲特、吉姆·E. 里斯合著：《美国经济史》，辽宁人民出版社 1981 年版，第 664 页。

美国独立战争

美国独立战争是指 1775 年爆发的、持续 8 年之久的、英属北美 13 个殖民地反抗英国殖民统治、争取民族独立的战争，以 1783 年英美签订巴黎和约而告结束。

北美殖民地与英国矛盾的激化

16 世纪到 18 世纪初，在西欧各国资本原始积累时期，北美洲先后成为西、荷、法、英等殖民主义国家的殖民地。北美洲原是土著居民印第安人世代生息的大陆。欧洲殖民主义者相继侵入北美洲之后，他们交替地采用以诱骗订约手段或武力驱逐甚至剿灭的方式，掠夺和侵占印第安人的大片土地。北美洲逐渐殖民地化的过程，也就是印第安人沦为被奴役民族的过程。

英国向北美洲进行殖民和掠夺，在时间上较迟于西班牙、荷兰与法国，但其工业资本发展较这些国家为早，因而它在北美建立的殖民地比较巩固。1607 年到 1733 年，英国在北美洲大西洋沿岸陆续建立了 13 个殖民地——北部 4 个：麻萨诸塞、罗德岛、新罕布什尔和康涅狄格，合称新英格兰；中部 4 个：宾夕法尼亚、纽约、新泽西和特拉华；南部5个：弗吉尼亚、马里兰、北卡罗来纳、南卡罗来纳和佐治亚。弗吉尼亚于1607年最早创建，因而有老殖民地之称。佐治亚最后于1733年建立。先后到达上述殖民地的有西欧各国的移民，其中以英国移民最多，此外还有德意志人、苏格兰人、爱尔兰人、荷兰人、法国人、瑞典人等。英国移民中，以因圈地运动而丧失家园的农民人数最多；其次为清教徒的中产阶级商人、小工厂主和手工业者，他们大多是逃避宗教迫害而移来的；还有为逃避英国资产阶级革命而移来的旧教徒贵族地主。其他国籍的移民为逃避战祸、贫困和宗教迫害的劳动人民。贫苦的劳动人民构成英属北美殖民地社会的主要人口。移民中还有在欧洲预先出卖劳动力到北美殖民地服一定期限劳役以抵偿路费的"自愿契约奴"和被拐骗来北美殖民地服劳役的"强制契约奴"。1775年，契约奴约为25万人，占人口10％。自1619年起还有从非洲被贩运来美的黑人。1660到1682年间，黑人在各殖民地先后被法律规定为终身奴隶。各殖民地以农业为主，但由于地理、自然条件的不同，北部殖民地发展为工商业区，中部殖民地发展为农业区，南部殖民地逐渐建立起以黑奴劳动为主的种植园经济。

北美殖民地在百多年的创建、发展过程中，英国对它们的控制逐渐加强。至1752年，除罗德岛、康涅狄格两个自治殖民地得以由有产者选举总督、由英王批准；宾夕法尼亚、马里兰、特拉华3个业主殖民地总督由业主[①] 指派、英王批准外，其余8个殖民地都成为由英王直辖的英王殖民地，总督由英王指派，代表英王行使权力。各殖民地设有参事会，是总督的助手，由总督遴选殖民地内的绅士充任。继1619年弗吉尼亚首先建立议会之

---

① 英王把北美大片土地"封赐"给他的宠臣或大贵族，受地者称为业主。

后，各殖民地相继成立了代表殖民地新兴资产阶级利益的议会。殖民地议会有颁布法律、征税、分配经费等权力。经过与总督的长期斗争，议会还取得了对总督薪金开支的支配权，并逐渐发展成为殖民地人民争取自身权利的机构，同宗主国英国进行政治斗争的中坚力量。

英属北美殖民地是充满阶级压迫的社会，内部冲突不时发生。除白人移民与印第安人的冲突外，各殖民地不断发生市民、手工业工人和小农争取土地和政治权利的斗争以及契约奴和黑奴的反压迫斗争。殖民地的被压迫阶层反对上层统治者的斗争，往往与反对英国殖民统治及其代理人的斗争交织在一起，因而具有反英的性质。当民族矛盾还不十分尖锐的时候，人民的反英政治斗争往往被殖民地统治者镇压下去。

由欧洲各国迁来的移民，在新的环境中长期共同生活，产生了民族意识，逐渐形成了美利坚民族。随着殖民地生产的发展，英国对北美殖民地在经济上和政治上的剥削、压迫日益加深，殖民地与宗主国的矛盾日益上升为主要矛盾，各阶层人民普遍产生了要求摆脱民族压迫的愿望。

北美殖民地与英国矛盾的激化，以英法7年战争（1756—1763年）结束、英国获得胜利为转折点。在此以前，英国虽颁布了一系列航海法、贸易法、工业法，限制北美殖民地经济的发展，但因先后与荷兰、法国展开争夺海上霸权的战争，执行这些法令并不严格；而且英国执行航海法使烟草滞销，在经济上遭受严重打击的只有依赖烟草出口的南部种植园主。北部殖民地商人通过与南欧、西非、西班牙和法国的美洲殖民地，特别是西印度群岛进行走私贸易，获利甚巨，出现了早期的商业繁荣。

7年战争结束，英国在北美洲接管了法属加拿大，控制了密西西比河以东的新法兰西领土，把北美殖民地视为禁脔。早在

1763 年，英王为了便于控制殖民地，颁布了敕令，宣告阿巴拉契亚山脉以西的土地为王室产业，禁止殖民地人民向西迁移。英国对法战争耗费浩大而债台高筑，于是对殖民地执行了加紧征收重税和经济掠夺的政策，并严厉缉私，限制殖民地人民的对外经济活动。1765 年，英国颁布印花税法，严令所有报纸、小册子、执照、商业文件、法律证件和各种印刷品，甚至毕业文凭都一律要贴印花税，直接损害了殖民地每个人的经济生活和文化生活，激起殖民地人民展开反印花税法的斗争。革命的群众会社如"自由之子社"、"自由之女社"组织起来，采取行动，把税吏游街示众，迫使他们辞职。1765 年 10 月，9 个殖民地的代表，在纽约召开了反印花税大会，通过决议，提出"无代表即不纳税"① 的口号，将群众的反英斗争推向高潮。各殖民地人民也掀起强烈的抗议示威运动。英国不得已废除了印花税法。

1767—1768 年，英国颁布三次唐森德税法，对输入殖民地的纸张、玻璃、铅、颜料、茶等物课税，并加强缉私，企图征税 4 万英镑，用以支付殖民地官吏和驻殖民地军队的费用。唐森德税法的实施损害了殖民地各阶层人民的利益，激起劳动人民和知识界的反抗，商人也展开了强大的抵货运动。1770 年，英国被迫废止唐森德税法。

70 年代，英国进一步对殖民地推行高压政策。1770 年发生了波士顿惨案。② 1773 年通过茶税法，帮助东印度公司将茶叶直接运到北美殖民地倾销，引起波士顿爱国青年的反对，爆发了倾

---

① 这个口号的意思是：英国议会没有殖民地的代表，殖民地人民没有向英国纳税的义务。

② 英国 1768 年派近千名驻军驻扎在波士顿。这些士兵胡作非为，引起当地人民的强烈反抗。1770 年 3 月发生英国军镇压群众的流血事件，5 位爱国者惨遭枪杀，其中一人是黑人水手阿塔克士。史称"波士顿惨案"。

茶事件，各殖民地对此作出强烈的反应。1772 年底到 1773 年初，全国 80 个城镇建立了"通讯委员会"，成为殖民地之间的秘密联系、互通消息、推动革命运动的组织。1774 年，英国政府通过 5 项不可容忍的法令，诸如封闭波士顿港，增派英驻军，取消麻萨诸塞的自治权，确立英国对殖民地的司法权，并将俄亥俄河以北、阿巴拉契亚山脉以东的广大地区划归魁北克。英国从政治上、军事上对殖民地加紧控制与镇压，使英国与殖民地人民之间的矛盾发展到不可调和的地步。殖民地人民以武装斗争来争取民族独立，已成为不可避免的趋势。

1774 年 9 月 5 日，除佐治亚外，12 个殖民地的代表 55 人在费列得费亚城召开了第一届大陆会议。保守派和温和派的席位占多数。资产阶级民主派只有萨弥尔·亚当斯和帕特利克·亨利等几个人。保守派极力主张与英国妥协，由于当时殖民地人民反抗英国的情绪高昂和资产阶级民主派在会议中慷慨陈词，大陆会议通过了《关于殖民地权利和怨恨陈情书》，同时向英王呈递了和平请愿书。这次会议虽没有充分反映殖民地人民的革命要求，但它是殖民地形成自己的政权的重要步骤。10 月 26 日第一届大陆会议结束。1774—1776 年各殖民地相继成立了州政权。1774 年左右，所有殖民地都成立了"通讯委员会"，加强了联系。

独立战争初期的军事政治

（1775 年 4 月—1777 年 10 月）

当大陆会议对进行武力反抗犹豫不决的时候，当地人民趁英国政府和殖民地当局尚未作好镇压起义的准备工作之前就行动起来了。新英格兰人民纷纷组织民团，并在某些地方贮藏军火武器。麻萨诸塞总督托马斯·盖奇闻讯后，即于 1775 年 4 月 18 日派遣 800 名英军前往康科德和列克星敦搜索。这个消息为技工组织的情报队获悉，银匠保罗·雷维尔和工人威廉·德维斯骑马向当地爱国者报信。翌日黎明，英军路经列克星敦和抵达康科德时，都遭到民兵和农民伏击。英军在返回波士顿途中，万余民兵从四面八方对准英军射击，英军溃退。列克星敦和康科德的战斗，发出了"声闻全世界的枪声"，揭开了美国独立战争的序幕。

反英的枪声既打响，蕴藏在人民中间的反英力量迸发出来，战争的烈火到处燃烧。一支号称"绿山少年"的 84 人志愿部队由佛蒙特北上，向加拿大进军，夺得了香普冷湖附近提康德罗加英军炮台，控制哈得逊河北段。在志愿部队胜利的基础上，一支陆上远征队北上向加拿大境内出击，虽然最后失利，1776 年初被迫撤退，但英军不得不以半数留驻在加拿大，因而，对加拿大的出击，在一定程度上起了削弱英军战斗力的作用。

列克星敦战斗后，英军退到波士顿城内。为了夺回波士顿，1200 名新英格兰民兵在普雷斯科特上校率领下，于 1775 年 6 月 16 日夜偷袭驻在波士顿的查理士顿区内的英兵，占领了波士顿附近的般克山高地，在布里德山顶修筑了工事。次日，民兵一日之内打退英军三次向布里德山顶的冲锋。只是最后在英军炮火猛烈威胁下才撤退，这就是著名的般克山战斗。民兵伤亡 400 余人。英方虽保住了山头，但伤亡达 1000 余人，极大地消耗了有生力量。般克山战斗后，民兵包围了波士顿。

在人民反英武装斗争的推动下，1775 年 5 月 10 日，第二届大陆会议召开。它在 1781 年邦联政府组成以前，一直执行着国家政权的职能。代表共 66 人，都是富有的上层人物，新当选的代表有本杰明·富兰克林和托马斯·杰斐逊。在独立问题上，保守派和进步派展开了激烈的斗争。为调和两派矛盾，7 月 6 日大陆会议委托杰斐逊（进步派）和迪金逊（保守派）共同起草了一份

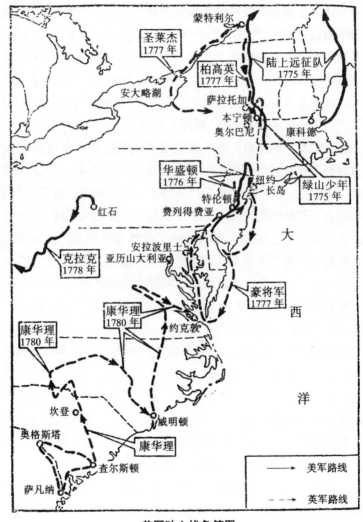

美国独立战争简图

《关于拿起武器的原因和必要性的公告》，措词激动人心。与此同时，在保守派的坚持下，大陆会议呈递给英王一份和平请愿书

（7月8日）。8月遭英王拒绝，英王并宣布殖民地进行公开的叛乱。保守派的指望落空了。

由于前线军情紧急，1775年6月初，第二届大陆会议通过决议组织大陆军，任命乔治·华盛顿为大陆军总司令，接管包围波士顿的民兵，改组为大陆军。华盛顿是弗吉尼亚的大种植园主，1754—1758年曾参加对法战争，因而具有军事指挥才能。他在独立战争中作出了重大贡献。6月23日，华盛顿赴前线途中，即得知般克山战绩。7月3日就职后，奉命率新军对波士顿英军采取包围态势。1776年3月，夺取了波士顿南面的道尔切斯特高地，设置大炮以控制波士顿全城。3月17日，英军被迫撤离波士顿。

1776年1月，托马斯·潘恩代表殖民地人民要求独立的呼声，写出《常识》这一小册子，用通俗的语言指控英王乔治三世对殖民地的种种暴行，揭露英国君主制的腐败。它还深入浅出地阐述天赋人权的哲理、独立的迫切性和同英国作彻底分裂的必要性，号召人民起来建立民主共和国。这篇革命檄文，是进行独立战争的响亮号角。

1776年6月，英军在南卡罗来纳建立基地的计划未能得逞。在北部，英舰队司令豪率舰驶回哈利法克斯进行增援。由于当地人民组成游击队，此出彼没地到处打击和牵制英军，迫使英军无力发动新攻势。在这大好革命形势下，7月4日第二届大陆会议通过《独立宣言》。宣言第一部分阐述和发展了天赋人权和社会契约说，宣称人人有生存权、自由权和追求幸福权，人民有变更或废除旧政府、建立新政府的权利。这是资产阶级的革命原则和理论的依据。第二部分历数英王27条罪状，痛斥英王对殖民地的暴政，说明殖民地人民被迫行使天赋权利进行反抗的理由，向全世界庄严宣告北美13个殖民地脱离英国独立。马克思认为它是世界上"第一个人权宣言"。① 独立宣言起草人是资产阶级民主派托马斯·杰斐逊。约翰·亚当斯和富兰克林参加了起草委员会。独立宣言的发表是对英国高压政策的总答复，这显示了美国各阶层人民要求独立自主的决心和信心。

由于英军实力强大，1776、1777 年大陆军在军事上面临严峻的态势，但国际环境对美国是有利的。首先，法国是英国的劲敌，7 年战争结束后，法国势力全部被逐出北美，两国关系更加恶化。其次，英国夺取了西班牙的佛罗里达和直布罗陀，英西关系也很紧张。英荷商业竞争从 17 世纪就很激烈。这些国际间对英的矛盾，都是对美潜在的有利因素。但法国仍垂涎北美广大市场，西班牙占有美国西部广大领土与墨西哥，也虎视眈眈地观察着北美形势的变化。

从军事力量对比来说，当时敌对双方的力量十分悬殊。英国本土有 750 万人，经历了资产阶级革命，并开始向工业革命迈进，拥有一支训练有素的陆军和海上无敌的强大舰队，装备优良，海陆军配合，可以先发制人。它在亚洲、非洲、美洲都占有殖民地，是当时最强大的殖民帝国。英国在美侵略军约 3 万余人。而北美 13 州资本主义经济尚处于萌芽阶段，财政困难，没有正规军，也无舰队，兵力薄弱，武器落后，弹药缺乏，处于劣势。大陆军在 1776 年长岛战役前为 1.8 万人，1776 年底曾降到 5000 人。但英军劳师远征，不谙地理情况，利于速战速决，不能旷日持久。而美国人民在自己本土上作战，熟悉地形，利于开展广泛的游击战，不断袭击英军，消耗其有生力量。只要美军能坚持作战，就可以逐渐变劣势为优势，取得最后胜利。

---

① 《马克思恩格斯全集》第 16 卷，人民出版社 1964 年版，第 20 页。

在反英战争过程中，美国人民不仅要同强大的英军作战，还要同效忠派作斗争。效忠派是指那些在经济上、政治上、思想上与英王室有千丝万缕联系，丧失民族立场，在强敌压境时甘心充当奸细进行反革命活动的人。也有暗藏的效忠派，伪装爱国者，进行反革命阴谋活动。效忠派除在纽约、宾夕法尼亚和南卡罗来纳占多数外，在其他各州人数较少。从1775年麻萨诸塞议会成立安全委员会以后，各州、各城镇都设立了安全委员会，没收"效忠派"的财产，限制他们的言论、出版权利。在13州宣布独立后，效忠派活动日益猖獗，自己组织武装，残杀本国人民或协同英军作战。由于资产阶级和奴隶主通过大陆会议掌握着领导权，未能放手发动群众起来制止效忠派的反革命活动，致使安全委员会没有充分发挥对效忠派实行专政的职能。对效忠派镇压不力，妨碍了殖民地内部革命秩序的稳定，影响着美军作战的顺利进行。这对独立战争走向胜利来说，是一个消极因素。

1776年3、4月，英军自波士顿和纽约撤退，即赴加拿大境内哈利法克斯补充人员、给养，不久又发动强大的海陆军攻势，入侵纽约。1776年7月占领纽约的斯塔坦岛作为英军大本营。华盛顿驻在长岛的布鲁克林高地上。8月27日，英军在长岛登陆。9月15日占领纽约城，直到1782年为止。11月，美军又失去哈得逊流域的两个要塞。华盛顿的军队不得已向新泽西退却。当时英军利用效忠派进行骚扰，美军险象环生。华盛顿率领的大陆军只剩下5000人。华盛顿军向新泽西退却时，士气低落。文化战士潘恩随军前进，为了激励士气，写出了《美国危机》，以鼓舞士兵斗志。华盛顿军成功地躲过英军康华理主力军的攻击，12月，在渔民的帮助下，偷渡特拉华河，袭击特伦顿英国黑森雇佣军1000余人；次年1月3日，向普林斯顿进军，华盛顿先遣部队的默塞尔将军被杀。华盛顿重整旗鼓，以少数士兵钳制附近敌军，突袭驻扎在普林斯顿的英军 3 个团 5000 人。突袭的胜利挽回了一些颓势。1777 年 9 月 26 日，费城又陷落于英军之手。华盛顿被迫率领大陆军撤退到费城西北的福吉谷过冬。

英国政府被上述胜利冲昏了头脑，从渴望尽快结束战争的意图出发，采取了一个笨拙的冒进计划——三路大军进攻奥尔巴尼。第一路军由柏高英率领驻香普冷湖畔及哈得逊河畔的英军南下；第二路军由巴里·圣莱杰率领的杂牌军向安大略湖南下；第三路由豪将军自纽约北上支援。但豪将军未配合行动，圣莱杰中途遭民兵击溃，退回加拿大，致使英国政府企图以钳形攻势切断新英格兰与其他各州的联系的计划落空。三路大军中只有柏高英率部孤军深入。他派驻佛蒙特的一支 1000 人的分遣队，在本宁顿被民兵英雄约翰·斯塔克率领的佛蒙特绿山少年义勇军全部歼灭。新英格兰民兵四起，柏高英军队陷入重重包围之中。1777 年 10 月 7 日，他在萨拉托加率 6000 名英军向美军投降。萨拉托加大捷是美国独立战争的转折点，大大增加了北美 13 州人民抗英必胜的信念，也促进国际形势向有利于美国方面的转化。

美法同盟和美国独立战争的胜利

(1778—1781 年)

萨拉托加大捷，促成美法于 1778 年 2 月订立美法同盟条约，这是独立战争中的一件大事。早在独立宣言发表前，1775 年底第二届大陆会议秘密通讯委员会，曾通过法国著名剧作家博马舍取得了法国政府的一些援助。大陆会议 1776 年 3 月曾派遣锡拉斯·狄安，9 月又派遣特使本杰明·富兰克林出使法国，争取与法国签订同盟条约。富兰克林是美国著名的政治家、科学家和外交家，他卓有成效地利用当时英法之间的矛盾进行外交活动。法国舆论主张援助美国，但法国专制王朝顾虑援助美国人民反英战争，将刺激本国人民的革命运动，举棋不定，仅暗地里供给美国一些军火。萨拉托加大捷顿使美国战事全局改观，胜利在望，这时法国政府才下决心和美国缔结同盟条约。

根据美法同盟条约，法国参加反英战争，其舰队开往西印度群岛和美国海岸，支援美国人民作战。1779 年法西缔结联盟，西班牙以法国同盟者身份在海上参加反英战争。荷兰于 1780 年也参加反英战争。北欧的丹麦、瑞典在俄国和普鲁士倡导下发起"武装中立"。欧洲一些国家陆续参加，抗拒英国拦截中立国船只的行为，进一步孤立了英国，并且大大分散了英国的兵力。同时，美国还从法、西、荷诸国取得了大量的经济援助。自 1777 到 1783 年，美国获得法国贷款 635 万美元，向西班牙借款 17 万美元，向荷兰贷款 130 万美元。美国革命的领导者善于利用国际矛盾，推行正确的外交政策，取得了大量的国际援助，也是美国对英作战终能取得胜利的原因之一。

由于美国人民进行的是反侵略的民族解放战争，是进步的正义战争，美国得到了欧洲进步人士的支持。他们共筹集了 200 万英镑来支援美国人民的斗争。欧洲有 7000 余名志愿军参加了美国独立战争。法国的空想社会主义者圣西门，法国革命者拉法耶特，波兰志士科希秋什科和普拉斯基都同情美国革命，到美国参加了独立战争。普拉斯基于 1779 年 10 月 9 日光荣地牺牲在保卫查尔斯顿（在南卡罗来纳）的战斗中。当时来美参战的还有法国罗尚博伯爵和德国军官斯徒本等人。罗尚博曾率领 5500 名志士到美国参战，斯徒本为美国训练了大陆军，使之正规化。国际友人的援助，在美国独立战争中起了一定作用。

1778—1781 年是美军由挫败转向胜利的岁月。1778 年豪将军奉召回国，由柯宁顿继任，驻扎在费列得费亚城。1778 年 6

月，第一批法国军舰驶抵美国的特拉华河口，打破了英国的海上封锁，形成对英军的威胁。英军担心法国舰队封锁特拉华河，切断英军退路，于是撤出费城，退守纽约。华盛顿军队乘机截击英军于马默思，未获胜利，驻扎在白平原，与英军形成对峙局势。1778 年 7 月，英舰击败法舰于新港（在罗德岛西南）；11 月法舰撤到西印度群岛。

这一年，英国海军大部分转移到地中海、加勒比海、非洲和印度沿岸对法、西舰队作战，英军用以封锁美国海岸和在北美作战的兵力锐减。美国私掠船频繁出动，击沉英舰。英军在北方战场已无力发动新攻势，即采取骚扰政策，洗劫麻萨诸塞、罗德岛、康涅狄格沿岸城市，将主攻方向转向南方战场。1778 年 12 月 29 日，英军占领佐治亚重要沿海城市萨凡纳，蹂躏佐治亚大部地区，并建立了亲英政权。萨凡纳易帜时，美军 5000 人被杀，这是美军最严重的损失。这时美大陆军处于困难时期，只有游击队在南方战场英勇苦战，袭击英军。

1780 年 5 月，英军海陆联合远征，攻陷南卡罗来纳沿海重要城市查尔斯顿（占领到 1782 年 12 月 14 日为止）。英军总司令柯宁顿错误地认为南方战场胜利局势已定，令部下康华理防守查尔斯顿，自己率部队返回纽约。大陆会议先派霍雷肖·盖茨指挥南方大陆军。盖茨大败于坎登。大陆军副总司令纳撒内尔·格林将军接替盖茨。格林系铁匠出身，亲自指挥南方战线，他重新组织、调配南部军队。在他的正确领导下，游击队十分活跃，灵活机智地打击敌军。美军在南方从劣势变为优势。1780 年 8 月，托马斯·萨木特在南卡罗来纳北部石山及悬岩，以游击战术击溃英军与效忠派的联军，截获英军的供应，并切断了康华理的交通线。10 月 7 日，游击队在绰号"沼泽狐"马润的领导下，在王山（位于石山及悬岩的西北部）地区重创英侵略军和效忠派。

1781 年 1 月 17 日，劳动人民出身的丹尼尔·摩根将军在王山附近考彭斯苦战英军，诱敌深入，取得辉煌胜利。摩根急行军，与格林将军汇合于北卡罗来纳西北部吉尔福特法院，同英军恶战，美军伤亡很重。但康华理远离英军补给线，未敢恋战，撤退到最近的港口威明顿（在南卡罗来纳境内）。经过吉尔福特战斗，北卡罗来纳境内英军全部撤出。

　　游击战的辉煌胜利，使美军转入优势，利于进行战略反攻。英军至此已失去锐气，士气不振。而康华理主观盲目，于 1781 年 4 月贸然北上，8 月占领弗吉尼亚的约克敦，自以为得计，实际上已龟缩一地，陷于被动。果然，最后决战的时刻到来。格林将军回师南卡罗来纳，与南方各游击兵团配合，收复广大腹地，利用熟悉地理和群众拥护的有利条件，从南方对康华理军进行战略包围。华盛顿率领大陆军，与罗尚博和圣西门率领的法军组成美法联军挥师南下，直捣弗吉尼亚，包围约克敦。拉法耶特也参加包围约克敦的战役。法国海军司令格拉斯伯爵率领 28 艘法国战舰，由西印度群岛驶来接应，进入切萨皮克湾，切断康华理由海上逃跑的退路。战斗于 10 月 17 日开始，康华理突围失败，走投无路，于 10 月 19 日投降，8000 人放下武器。1782 年，在美国本土上，只有西部还有战争。弗吉尼亚人克拉克早在 1778 年向西部进军，进入英国占领地俄亥俄地区，肃清了当地的英军，占领了文森斯。他在与英军作战中，肆意焚烧印第安人村庄，屠杀印第安人，使这次正义战争蒙上了灰尘。

　　1782 年 10 月，美国、英国、法国、西班牙代表在巴黎谈判议和。由于法国和西班牙索酬太奢，美国单独与英国议和，签订巴黎和约草案。次年换文，英国正式承认美国的独立，划定美国国界，同意美国占有密西西比河以东的土地等。持续 8 年之久的独立战争到此胜利结束。

　　大陆会议是独立战争的领导机构。大陆会议于 1777 年 11 月 15 日通过了《邦联和永久联合条例》，简称《邦联条例》。1781 年大陆会议根据《邦联条例》，组成了邦联政府。它集中行使的权力极为有限，实际是一个松散的州际联盟。1786 年，麻萨诸塞州发生了由独立战争退伍老兵丹尼尔·谢司领导的农民起义，起义虽被镇压下去，但资产阶级和奴隶主对此心有余悸，决心强化中央政权。

　　1787 年，以修改邦联条款为名，召开了费城制宪会议，自 1787 年 5 月 25 日到 9 月 17 日，秘密地进行讨论。资产阶级和奴隶主在蓄奴制问题上作了妥协，使奴隶制延续下来；大小州的矛盾也得到调和。会议制定了联邦宪法。根据新宪法，1789 年美国建立了实行三权分立的联邦制共和国，正式接管了邦联政府。广大人民群众对宪法不附载保障人民权利的任何条款表示不满，掀起抗议运动。结果，宪法正文后面增加了 10 项修正案，在美国政治史上，以《权利法案》著称。补充了《权利法案》之后的美国宪法，在当时是一个进步的政治文献。从此美国进入了资本主义的发展阶段。

美国独立战争的意义和影响

　　美国独立战争是世界历史上第一次大规模的殖民地争取民族独立的战争，正如列宁精辟地指出："现代的文明的美国的历史，是由一次伟大的、真正解放的、真正革命的战争开始的。"[①] 独立战争的胜利，推翻了英国对北美的殖民统治，建立了美利坚合众国，使它实现了政治上的独立，并解放了它的生产力，为美国

---

　　① 《列宁选集》第 3 卷，人民出版社 1972 年版，第 586 页。

资本主义的顺利发展开辟了宽广的道路。独立战争是美国历史发展的里程碑。

美国独立战争打开了英帝国殖民体系的缺口，为殖民地民族解放战争树立了范例。

美国独立战争在性质上是资产阶级革命。由于广大人民群众的参加和在独立战争进程中展开了争取民主的斗争，各州在政治制度上宣布了共和制，并实施一些保障人民基本权利的措施。独立战争胜利后，废除了殖民地时期封建残余的长子继承法、续嗣限定法和代役税，契约奴制也基本上废除。8万多名亲英分子在战时和战后被驱逐出境，他们的土地被充公，伸张了正义。这一切给资本主义的发展以有力的推动。

美国独立战争具有国际意义。美国独立战争的胜利，给欧洲资产阶级革命以一定的推动力。马克思曾经指出："18世纪美国独立战争给欧洲中产阶级敲起了警钟。"[①] 它给予英国资产阶级、新贵族的腐败寡头政治以直接打击，推动了英国资产阶级的民主革命运动。美国独立战争直接影响着法国人民反对封建专制的革命。在法国革命时，法国人民不仅在政治上学到了美国革命人民的斗争经验，如在制定《人权宣言》时，吸收了美国《独立宣言》的内容，在军事方面也采用并发展了美国人民反英战争中的游击战术。[②] 美国独立战争的胜利，给拉丁美洲人民反对西班牙和葡萄牙的封建统治的解放运动以巨大推动力，同时也声援了爱尔兰的民族解放运动。

但是，以独立战争形式表现的美国革命具有很大的局限性。领导权始终由资产阶级和奴隶主掌握，下层群众浴血奋战，但在

① 《马克思恩格斯全集》第23卷，人民出版社1972年版，第11页。

② 《马克思恩格斯选集》第3卷，人民出版社1972年版，第208页。

政治上并没有取得很大的发言权。在战争过程中和战后，美国国内政治民主化程度不够，具体地表现为以下几点：

第一，土地问题没有很好解决：阿巴拉契亚山脉以西的土地虽宣布为国有，但大量土地落入大商人和土地投机者手中。封建残余的租佃制仍然存在，在纽约州的哈得逊河谷十分突出。直到1862年美国内战期间颁布了宅地法，才使小农只缴纳证件费就可以获得土地，基本上解决了土地问题。

第二，黑人奴隶制保存下来：独立战争中，5000名黑人（自由黑人与奴隶）参加作战，从康科德战斗到约克敦最后战役，黑人都有一份功绩。独立战争后，北部和西北部虽都直接或逐渐废除了奴隶制，但在北部特别是南部，很多州都出现了一股剥夺自由黑人投票权的反动逆流，使黑人丧失了各种基本民权。在南部，由于棉花种植的推广，蓄奴制反而获得了发展。直到独立战争后80年，才通过南北战争割除了这个毒瘤。

第三，妇女在美国革命中纺纱织布，担任后勤工作，对革命作出了贡献。美国革命以争取人的权利为号召。而占人口半数的妇女却没有获得选举权。直到1869年，怀俄明州才首先给妇女以选举权。1920年，妇女选举权才在宪法第19条修正案中得到承认。

第四，在制定宪法时，美国统治阶级以尊重印第安人部落主权为借口，不把印第安人列入选举人口计算在内，实际上，蔑视印第安人的基本人权，印第安人既不能享有公民权，也没有土地所有权。而且在独立战争后，美国统治阶级对印第安人实行驱逐和屠杀的种族灭绝的政策，在美国历史上写下了可耻的一页。

（原载《外国历史大事集》近代部分第1分册，

重庆出版社1985年版）

访美国历史学家奥斯卡·汉德林教授

在华盛顿，我由美中学术交流委员会和美国新闻总署国际学者招待处联系介绍，于1986年5月，来到阔别40年的美国古老学府哈佛大学所在地——剑桥，对该校历史系和著名史学家奥斯卡·汉德林教授进行学术访问。时值丁香未谢、槐花满树的晚春季节，校院内古柏苍松，引人入胜，使我想起青年时期在这里逗留的往事。

哈佛大学的国际学者招待处，安排我于5月20日中午，与汉德林教授及其夫人丽莲·汉德林会面并共进午餐，交谈的内容是关于美国史学研究的趋势问题；7月23日，和汉德林教授第二次会晤，交谈了关于第二次世界大战起源和美国工业化等问题。在两次会晤之间，还通过几次信，讨论美国新出版的几本关于第二次世界大战后的美国史教科书问题。现在，就汉德林教授的学术成就、在交谈访问中了解到他的学术观点等简介如下。

一、学术成就

汉德林是哈佛大学历史系终身教授，著名的历史学家、教育家，学术成就蜚声欧亚。他 1915 年出生于纽约布鲁克林，父母是移民。他主修历史，业余爱好音乐和体育活动，1935 年获得布鲁克林学院历史学硕士学位；由于得到一笔游学奖金，赴英、法、意和爱尔兰研究访问一年。1939 年到哈佛大学任历史系讲师，兼攻读博士学位。汉德林当时协助著名史学家莫里逊和施莱辛格工作。施莱辛格是美国社会史研究的先驱者，曾主编 12 卷本的《美国生活史》丛书。汉德林的学术观点，深受施莱辛格的影响，1941 年他将所写的论文《1790—1865 年波士顿的移民：对文化传播的研究》出版。在序言中，汉德林对施莱辛格的"友谊的指导和鼓舞性建议深表感谢。"《资本主义的胜利》一书作者 L.M. 哈克，当时称颂这本书是"具有想像力和学识渊博特色的专题论文"。霍普金斯大学历史系教授约·海厄姆认为：汉德林教授在该书中，深刻分析了移民工人所陷入的经济的和社会的泥淖，"它是一本在历史学中使用社会学概念的里程碑"。1942 年该书获得美国历史协会的邓宁奖，被评为 1941 年出版的"青年学者所著的最优秀著作"。汉德林对该书 1979 年夏再版所写的序言中，介绍说该书已列为《哈佛历史丛书》的第 50 卷。美国新左派杂志《激进的美国》在 1970 年出版的小丛书《工人阶级的人种与种族问题》中，对汉德林的上述论文评介说：此书虽夸大了 1840 年前波士顿恬静、和谐的环境，夸大了波士顿本地人的开明容忍态度，但无疑"这本讨论 1790—1865 年爱尔兰人对波士顿的影响的书，是论述移民问题的一本力作。"1947 年汉德林教授在《评论》杂志发表了《我们的无名犹太人祖先》、《偏见和资本主义剥削》等文章。1948 年，他作为移民问题专家，在参议院司法小组委员会作证，主张对移民放松定额限制。1949 年汉德林编辑的《这就是过去的美国》文集，搜集了 19 至 20 世纪早期欧洲学者访美后的观感和随笔。这在美国同类文集中，以新颖和收集范围广泛著称。在 50 年代初，麦卡锡主义猖獗，美国处于黑暗的反民主反共时期，汉德林对此表示不满，在 1951 年 1 月号《大西洋月刊》上，发表了《切望安全》一文，揭露当时美国社会充满消沉气氛："今日美国大学弥漫着志气平庸的沉闷空气。学生们的小梦想……是在政府机构中谋取一官半职。" 1952 年，他的《被驱逐的人们——构成美国人民的大量移民的史诗故事》一书问世。汉德林原与出版商订约，计划写成 1 卷本的美国移民史，但在写作过程中，激情充沛，不能自已，结果写成了一曲移民的赞歌。该书描绘了移民们原来在欧洲定居地的情况以及如何为了追求平等自由的生活，乘坐下等舱漂洋过海，历尽艰辛，来到北美洲，逐渐地在他们各自具有的旧文化的基础上，融合成新文化，以适应北美洲社会现实生活的需要。此书资料翔实，笔触真挚动人。此书发行后，获得"普利策奖金"，被誉为"美国历史佳作"。1954 年编辑了《哈佛美国历史指南》一书，成了世界各国大学历史系必备的工具书。1955 年，他对李普曼的《公共哲学》论文中极端反动的言论表示不满，撰文加以批驳。1958 年出版《艾尔·史密斯和他的美国》。1959 年出版《约翰·杜威对美国教育的挑战》和《新来的人：在一个变迁中的大城市里的黑人和波多黎各人》。1961 年出版了《美国原则和问题》。1962 年编辑出版了《美国历史读物》。1963 年出版了《美国人》。1966 年出版了《被驱逐的人们的子女》。1972 年出版了《移民图书历史》。

二、汉德林教授的学术观点

汉德林教授在哈佛大学威德勒图书馆有自己的办公室（他曾任图书馆馆长），除繁重的研究任务外，兼有教学任务。但他对我这个来自太平洋彼岸的中国同行，接待十分诚恳真挚。第一次会面是利用午餐时间和赴图书馆的路上和我交谈。当时正值学校考试前夕，临别时约我再交谈一次，并提出了可以用通信办法或通过他的秘书，将有关美国史的问题事先提出来。其间我曾写了一份关于二战后美国史的新书目录征求他对这些书的评介，他仔细地逐本地研究，并写出了他对这些书的简要评介。他告诉我，他的女儿专攻中国史，能看懂中文，也欢迎我用中文写信，由他女儿翻译。

1. 对二战以来美国史学动向的看法

我在出国访问以前已了解到，战后在美国史的学术研究方面，自然科学和社会科学互相渗透，大量吸收人类学、社会学、政治学、经济学、心理学、人口学等学科的研究成果和研究方法，学派林立，其中突出的是社会学派和计量学派。美国史学研究的方法已进入精微细致的专题研究阶段。我在访问汉德林教授以前，也知道他是着重研究美国史中社会生活各方面问题的专家。我出国前曾和佛罗里达大学历史系侧重比较史学和计量史学的 G.E. 特勒教授通信联系，这次访问，从洛杉矶先到佛罗里达大学，访问特勒教授。特勒教授是推崇计量史学的学者，他认为："由于各学科理论上互相补充的结果，美国以往的历史学采用传统的编年史的方法已经不适用了，代之而起的是借助考古学和社会学，并大量采用计量方法，研究社会运转的进程。"另外，我在和汉德林教授交谈以前，又重读一遍《纽约时报书评》对劳伦斯·斯通的《叙事史诗的复兴》①的介绍文章，文中指出："斯通基本上是不赞成过高估计计量学派在历史研究中的作用的；斯

---

① 《纽约时报书评》1979 年第 85 期。

通的主要论点是：一、新社会史已与计量学派决裂，不再选用一般的抽象的统计资料；二、新叙事史学既有主题，又有论点，抛弃的是机械的数学模式。"我就上述美国史学方法的不同内容，征求汉德林教授对计量学和新叙事史的看法。汉德林教授郑重地表示："计量学是有用的工具，特别是应用于社会史和经济史领域，尤为重要。但历史现象是复杂的，不能简单化，有许多现象是计量学无法解释的。美国自 70 年代以后，绝对推崇计量史学的时期已经过去了。美国历史学家重新提出，历史学必须对从古到今的社会，整体地加以缜密研究。"汉德林教授认为："仅仅按年代或按类别将一连串历史事实，加以罗列和叙述，也是不够的，重要的是对历史作出分析与解释。"汉德林教授对于美国史研究的动向评论说："美国历史学有许多学派，对美国历史上的重大事件，各学派解释不同，使美国史的初学者感到困惑，感到无所适从。我的学生约有百余人，他们的博士论文的见解各不相同，这表现了美国文化的多元化。"汉德林教授自我介绍说：自己的研究兴趣和范围很广泛，对 20 世纪、二战以后时期特别是 60 年代等都进行过研究。目前正在从事美国早期史的研究。我向汉德林教授简要介绍了自己对中国美国史研究的看法。我认为："马克思主义并不是教条，不能照抄照搬马克思主义著作中关于美国史的辞句；必须根据历史的具体情况、时间、地点，作出马克思主义的研究、分析。我国在新中国成立初期，世界史（包括美国史）的研究过分倾向于苏联学者的研究成果，以后，美国史方面的研究，又倾向于美国进步史学派的著作和老左派的著作。由于美中关系中断了近 30 年，在这一段时期里，对美国史的研究新成果和著作接触不多。中美建交和我国实行开放政策以后，我们大量接触到美国各学派的著作，开阔了视野，目前美国史的研究，成为中国史学领域中的热门课。在贯彻'百花齐放、百家争鸣'的号召下，中国美国史研究领域中，对一些重要的问题，如门罗宣言、门户开放政策、罗斯福新政、雅尔塔协定等，我国学者各抒己见，开展了争鸣，学术见解也有很大的不同。"汉德林教授对此表示理解和赞赏，并希望中国美国史学工作者，今后多提供这方面的资料。

2. 关于第二次世界大战的起因等问题

汉德林教授认为："第二次世界大战的史学史，在二战刚结束就开始了。当时人们对战争的情况，历历在目，记忆犹新。对战争也作出了历史评价。对战争的起因，当时也是十分清晰的。战争的原因完全被描述为西方强国对法西斯侵略的反击，这种看法在现代有关著作中仍有反映。但近20年来，某些资料对上述观点有所修正。英国历史学家 A.J. 泰勒企图表明当时情况并不很明朗；美国以查理斯·比尔德为首的一群历史学家，提出当时美国的行动也是刺激性的，并不全是防御性的。但我认为，当时国际间存在着对立，以极权国家的性质而言，它们是侵略性的，虽然有人可以辩论说，可以用不同方法来对付。我坚信，西方国家是属于防御地位的。另一个问题是苏联参与战争的原因问题。在美国，一方面有人认为，德苏协定是刺激性的，它对德国人来说是一种信号，使他们不必担心苏联的卷入而放心地西进；另一方面有人认为，苏联的立场是防御性质的，因为在慕尼黑协定之后，苏联不相信英、法能和它采取同一行动，对德签订协定可以使苏联争取到防御德军来犯的缓冲时间。关于对二战的研究，我特别对军事史的研究感兴趣，这个领域的研究有许多工作可以做。我认为，在一个比较长时间的战争进程中，军事行动的成果是由美英等国家的经济、工业实力决定的。经过动员和组织力量，其物资和军火生产比较雄厚和先进，这是美英等国取得最后胜利的根本原因。因此，我研究二战和战后历史时，也侧重研究社会经济史。"

3. 关于美国工业化、农业发展和中国现代化问题

汉德林教授说："近几年来，美国历史学家写出许多研究19世纪美国各区域（指美国东部、西部和南部）工业化的饶有兴趣的书。我也写过这方面的文章。我认为，美国工业化史、农业发展史对中国经济建设都很有用。"汉德林教授问："中国同行是否很重视美国经济史的研究？"我回答说："美国工业化和农业的发展都很有特点（汉德林插话说：当然是这样），中国只能吸收你们经验中适合中国国情的部分。关于美国经济史的研究，中国史学界、经济学界是比较重视的，但深入研究不够，而且还有许多争论。"汉德林教授接着说："从世界历史发展的角度来看，美国的经济发展变化是很快的。我认为，美国的工业化不是单一的进程。事实上，不同地区在不同时间内工业化的程度，视投资、技术、劳动力以及国内外市场情况而定，因此，必须对美国工业化全过程作广泛研究。有些历史学家往往只看到工业化中影响较大的制造业；但从19世纪直到现在，工业化对农业的现代化影响甚巨，农业是应用了工业技术而蓬勃发展起来的。这是一个内容十分丰富的过程，这一过程延伸了50年。一切对工业发展作出成绩的人，都对美国农业现代化、美国经济的改变有所贡献。我们从最新的研究成果中所学到的是：美国工业是一个十分复杂的过程，在各地区各个时期，都可以划分好几个阶段。我心目中的'工业革命'这个概念，是指工业迅速和势不可当的发展而言。"我说："美国农业现代化的水平很高。现在，一个农民能养活六七十个人，但从《纽约时报》等刊载的报导看，农民的景况并不好，对农作物价格下跌，感到惶惑不安，这种情况，和我几年前

已读过的美国历史书籍，如武德沃德的《汤姆·华生》、约翰·希克司的《平民党的反抗》和明顿与司徒尔特合著的《繁荣与饥馑的年代》中所描述的情况，仍旧相似。你怎么解释呢?"汉德林教授的答复没有接触到美国农业生产过剩、农业危机的问题，他只是泛泛地对这种现象作些解释。他说："美国农业早已发展为现代化农业，农民在大规模的农田上进行生产，有的农场还是很大的企业。农民仰赖银行贷款，农民借来大笔钱，添置农机设备、化肥等等，生产成本高，产品卖不出价钱，因而负债累累。有时还受世界农产品市场价格的制约，如一些发展中国家，尤其是拉丁美洲和非洲一些国家，本来是依靠进口美国粮食的，但近几年来，本国粮食产量增长，就不再进口美国的农产品。农民也是经纪人，经常关心农产品市场价格下跌，因农产品卖不出去而焦虑不安。"我对答说："我们中国的农业生产，在许多地区还是用手工劳动，我们10亿人口中有8亿农民，最重要的是解决吃饭问题，每个人要有足够的粮食，我们解决好这个问题就不简单。我们在农业科学技术方面，有许多要向美国学习。"我顺便向汉德林教授介绍了我在《华盛顿邮报》看到1986年1月19日刊载前国务卿基辛格写的一篇文章《中国的经验》，文章中谈到中国工业化的艰巨性，指出："没有一个国家担负过这样艰巨的任务。欧洲每隔30年就有一个国家工业化，一个紧接一个，约占据了大半个世纪。当欧洲各国工业化时，一个国家只有2500万人或不到此数，而且在工业化过程中，较快地掌握了高级技术。相反地，中国现有人口，40倍于当时欧洲任何国家；尤有甚者，在欧洲，工业革命是这些国家先前历史合乎逻辑的结果，而中国现代化在许多方面与其历史传统相抵触。"我表示，基辛格这种分析是中肯的。汉德林教授对上述基辛格的文章很重视，表示要找来研究一下。

最后，我要提到汉德林教授的夫人丽莲·汉德林教授，她十分热忱地帮助我在哈佛大学图书馆顺利地进行研究工作，节省了我许多时间和精力。我对她表示衷心的感谢。

（原载《世界史研究动态》1987 年第 10 期）

谈美国宪法及其修正案

——为美国宪法制定 200 周年而作

　　1987 年 9 月 17 日是美国宪法制定 200 周年。美国学术界自 1983 年起，即筹备组织纪念活动。据统计，在第二次世界大战后世界上独立的国家中，53.5% 制定过不止一部宪法；1945 年以来，平均每个国家有过两部宪法。[①]

　　美国自建国以来至今只有一部宪法，当宪法中某些条文已不适合现实情况，或者客观形势和人民要求增加宪法条文时，都采用宪法修正案的形式，作为补充，宪法的本文从来不加修改。这是美国行宪的特点，也是美国宪法稳定性的标志之一。此外，国会制定的许多立法，总统颁布的法令，联邦最高法院的判决案例，构成了美国宪法法律体系，其内容十分繁复，是美国学术界着重研究的课题之一，某些条文也是争论激烈的重点。

　　宪法是国家根本大法，它明文规定国体（各阶级在国家中的地位）、政体（政权的组成形式）、政府职能、人民的权利义务等基本原则和内容。美国宪法是世界近代史上第 1 部成文法，但从美国行宪的历史来说，也可称它为第 2 个宪法。美国第 1 部宪法

---

　　① 《为什么要纪念宪法的诞生?》，《交流》1987 年第 1 期，第 23 页。

是 1777 年 11 月 15 日由第 2 届大陆会议通过，1781 年 3 月经各州批准生效的《邦联及永久联盟条例》（简称邦联条例，共 13 条）；至于 1787 年 9 月 17 日在费城制定的宪法则一直延续到今天。本文将对美国宪法产生的历史背景和宪法内容作简要的介绍，侧重对美国宪法的 26 条修正案，作逐条分析，进行探讨。

依据 1777 年制定、1781 年实施的邦联条例，虽定国名为美利坚合众国（The United States of America）（第 1 条），实际上是"美利坚合众诸州"（缩写为 U.States），各州仍保留自己的"主权，自由和独立"（第 2 条）。邦联政府实质上是一个由 13 州组成的松散的联盟，其最高政权机构，是一院制的邦联议会，由各州派 2—7 名代表参加，每州拥有一票表决权。邦联议会对有关参战、缔约、征召军队、发行纸币、举债等重大决策，必须获得 13 个州中 9 个州的同意才能作出决定，邦联议会没有征税和管理州际商业的权力，各州各自为政，因而，邦联议会形同一个咨询机构。在反英独立战争胜利结束，年轻的美利坚合众国由战争向和平过渡、进入建国初期，面临着重重困难，特别是通货急剧贬值，物价上涨，在 1785—1786 年出现经济萧条时，邦联政府在调整经济方面，表现得软弱无力。1786 年 8 月，麻萨诸塞州农民在谢司领导下，举行起义，引起有产者的极大震动。1786 年 9 月 11 日到 14 日，适值纽约、新泽西、特拉华、宾夕法尼亚、弗吉尼亚 5 个州的代表在马里兰的安纳波利斯开会，讨论调整州际贸易时，建议召开一次修改邦联条例的会议。接着，在 1787 年 5 月 25 日[①] 至 9 月 17 日，在费城秘密召开了制宪会议，共有 12 个州的代表 55 人参加。从代表的经济地位来看，都属于

---

① 制宪会议原定于 5 月 14 日召开，延至 5 月 25 日才达到法定人数，5 月 28 日召开第一次会议。

有产阶级，其中有独立战争的领导人，各州的有权势者，他们都具有政治才能。在制宪会议中，大州、小州在国会的议员名额问题上，南部、北部在奴隶制合法性和是否将黑奴计算在选举人口之中，以及奴隶贸易问题等方面，发生了激烈的争执，最后互相让步，达成妥协：在州的代表权人数问题上，各州不论大小，在参议院各有两名代表；众议院议员，则按各州人口比例，分配代表名额，当时按3万人口选出1名众议员（现在约519500人口，选出1名众议员）；在奴隶制问题上：在宪法本文中，没有出现"奴隶"字样，但在宪法第1条第2款用"3/5的所有其他人"，作为黑奴的代用词，在分配各州众议院的议员人数和征收直接税时，黑奴均按3/5的人口计算，加到该州自由民的人口数之内；在奴隶贸易问题上，北部各州作出让步，在宪法第1条第9款中，以隐讳的文字，规定在1808年以前，议会不得禁止奴隶贸易，[①] 直到1808年才禁止从非洲输入黑奴。同时，宪法第4条第2款又规定奴隶逃亡出本州应作为罪犯引渡，成为1793和1850年制定逃亡奴隶追缉法的宪法依据。正如马克思评论说："宪法承认奴隶为财产，并且规定联邦政府必须保护这种财产。"[②] 由于北部资产阶级和南部奴隶主的重大妥协，新宪法草案终于通过，参加宪法草案签字者为39人。基于联邦是由以前自主的各州组成这一历史条件，联邦宪法确立了联邦政府与各州分权的联邦制。在宪法各条款中，原则性地列举联邦政府的权力，对州政府的权力，条文比较简要。美国宪法本文全文共7条，英文约5000字，26条修正案约3000字（英文）。序言包括

---

① 宪法第1条第9款原文是：现在任何一州对于某种人入境，认为宜于准许者，在1808年以前，议会不得禁止，但这种人入境，得课以每人不超过10元的税金。

② 《马克思恩格斯全集》第15卷，人民出版社1964年版，第350页。

52 个字的一段话："我们，合众国人民，为了组织一个更完善的联邦……乃为美利坚合众国制定和确立这一部宪法"，在此，明确了根据宪法组成的美利坚合众国，已不再是由 13 个州署名的《永久友好联盟》，而是一个统一的政治实体。在这里，美国宪法讳避了国体问题，实质上它是美国有产者阶级加强统治权力的产物。

美国宪法确立了分权和制衡制的原则。联邦政府实行立法、行政、司法三权分立，又互相制约。立法权全属于国会，国会由参、众两院组成。国会有征税，制定法案，以合众国的信用举债，制定货币制度，制定归化法，对外宣战，召集陆军和配备海军，设置最高法院以下各级法院等权力。众议院有权提出有关征税、预算的法案，有提出弹劾案的权力。参议院有批准总统与外国缔结条约和总统任命重要官吏的同意权，并有审理弹劾案之权。弹劾权也是立法部门对行政部门重要的制约手段。行政权赋予总统，总统集国家元首、行政首脑、武装部队总司令于一身。总统有缔约权，提名任命合众国重要官吏权，但须征得参议院的同意。总统对国会立法有否决权，这是行政对立法部门最重要的制衡手段。司法权属于最高法院以及由国会下令设立的各级法院。最高法院首席法官由总统提名，经参议院同意后由总统任命。司法权运用的范围，包括宪法、合众国法律，一切涉外案件和诉讼案件；审理案件不受立法、行政干预。在 1803 年，最高法院首席法官马歇尔在"马尔柏控诉麦迪逊"案件中作出判决，[①] 树立了司法审查权的先例，以后，最高法院取得了审查联邦法律、州宪法、州法律或行政法是否符合宪法的权力，这是司

---

① 1800 年杰斐逊任第三任总统。美国第二任总统联邦党人约翰·亚当斯在其卸任前，匆忙地任命了一批法官。新任国务卿麦迪逊拒绝发给委任状。马柏里（哥伦比亚地区一位治安法官）援引 1789 年司法条例第 13 款，向最高法院控诉，请求补发委任状。最高法院首席大法官联邦党人约翰·马歇尔于 1803 年 2 月作出判决，一方面裁决麦迪逊无权对已经正式任命的法官拒绝发委任状，另一方面裁决司法条例第 13 款与联邦宪法相抵触而无效，未补发委任状。

法权对立法、行政权的制衡。这是美国宪法确定的"三权分立"和"互相制衡"原则的主要体现。

美国宪法"分权制衡"的理论，来源于法国哲学思想家孟德斯鸠。他反对法国封建专制制度，在长期考察英、法、德、意等国的政治制度之后，于1748年发表了《论法的精神》一书，提出了立法、行政、司法三权分立的学说，使国家权力互相制约，彼此制衡，以防止像欧洲封建专制统治者那样滥用权力的弊端，并可以保障个人人身自由和财产的权利。美国人民大多是为逃避欧洲封建专制的压迫，到达新大陆的移民及其后裔，对君主专制抱有反感，早在殖民地时期，就具有组织议会，反对代表英王的驻殖民地总督的专制统治的传统；在反英独立战争中，包括弗吉尼亚、纽约、麻萨诸塞几个州所制定的州宪，都采用了分权形式。① 孟德斯鸠的思想，早在第一次大陆会议时期，已在北美知识界传播，也为美国制宪会议代表所接受。不过，孟德斯鸠推崇英国君主立宪制，以英国宪法为楷模，而美国制宪会议的代表们根据本国的历史经验，和美国社会的具体条件，吸取了孟德斯鸠三权分立学说的精髓，制定了建立资产阶级民主共和国模式的美国新宪法，它具有时代的进步意义，当时也是一种创造。

当1787年9月宪法草案签字后交付各州批准时，包括纽约、宾夕法尼亚、弗吉尼亚在内的7个州，正式提出了124个修正案，大都与人民的权利有关。各州人民对宪法草案中没有完整的保障人民基本权利的条款，批评激烈、意见纷纭。杰斐逊当时在法国，对此也颇表不满。弗吉尼亚州参加制宪会议的代表、民主主义者乔治·梅森② 更为愤激，拒绝在宪法草案上签字。麦迪逊

---

① 理查德·莫里斯：《联邦的建成1781—1789》，纽约1987年版，第285—286页。

② 这是理查德·莫里斯在《宪法的制定和批准》一文中，对乔治·梅森的评价。该文载《交流》1987年第1期。

本人是赞成增加《权利法案》的，为了赢得这个重要州对宪法的批准，麦迪逊承允在第 1 届国会众议院再次提出增加《权利法案》的动议。在第 1 届国会召集不久，麦迪逊于 1789 年 6 月 28 日，在众议院中提出 12 项修正案的议案，由于各州民主派的响应，麦迪逊提案中有关人权的 10 条修正案（即《权利法案》），由国会通过，并于 1791 年 12 月，由 11 个州批准生效，成为美国宪法的一部分。

美国宪法制定于 18 世纪末，当时欧洲还处于君主专制和封建制度占绝对优势、政教不分的时期，而美国宪法确立和保证了全国实行共和政体，政教分离，总统和议员由选举产生，任期有年限规定，禁止封建的终身制和世袭制，规定合众国不得颁发贵族爵位；未经国会许可，不得接受任何国王、王子、或外国的任何礼物、薪酬、职务或爵位，宪法并增加了《权利法案》等等，受到当时苏格兰市镇改革家、爱尔兰的爱国者、英国的激进派的欢迎，对于法国大革命也起了一定的推动作用。

关于美国宪法增加修正案，美国杰出的哲学思想家、第 3 任总统杰斐逊作过精辟的评价，他说："有些人用一种虚幻而神圣尊严的态度看待宪法，把宪法当成契约的灵光，而且过于神圣而不敢触动……但我的理解是：法律和制度必须与人类智慧的进步，同步前进，在有了新发现，揭示了新真理，态度和意见随着新情况出现而变化，宪法、法律制度必须前进，而与时代齐趋。……让我们在一定时期，对宪法加以修正吧！"[1]

综上所述，美国宪法和《权利法案》的进步性，应予肯定；美国国内政局，除了因奴隶制问题，引起南北内战外，一直保持稳定，以及美国能在较短的历史时期内，成为一个资本主义强

---

[1] 菲利普·丰勒：《托马斯·斐杰逊全集》，纽约 1944 年版，第 750 页。

国，从宪法的角度来观察，它的历史作用也宜充分予以估计。

美国宪法制定 200 年来，对宪法的修改，是通过制定修正案的形式进行的。宪法第 5 条规定了提出修正案的手续有两种方法：一是由国会 2/3 议员投票赞成提出；另一种是应 2/3 的州议会的请求，由国会召开修宪会议提出。至今还只是使用过第一种方法。修正案的批准的方法也有两种：一是经 3/4 的州议会投票赞成批准，这是主要的方法；另一种是由 3/4 的州召开特别修宪会议批准生效。只有宪法第 21 条修正案使用过一次。由于宪法修正案的提出和批准，程序严谨繁复，通常需要用几年的时间才能完成。因此，自行宪以来，随着历史的发展，社会经济情况的变化，虽然有数以千计的修正案被提出来，实际上，除 1788 年 7 月批准生效的《权利法案》（前 10 条修正案）以外，到现在经批准并继续生效的宪法修正案只有 14 条，因为 1919 年批准禁酒的第 18 条修正案，已被 1933 年批准的第 21 条修正案废除。从宪法修正案的内容分析，大致可以分为 3 类：一是为保障、扩大公民权利的修正案；二是由于南部北部利益集团在奴隶制问题上有严重分歧和阶级力量的变化引起内战后，为解放黑人奴隶制定的宪法修正案；三是对政治制度、选举程序的个别环节有缺陷加以调整的宪法修正案。现对全部宪法修正案逐条进行阐述和分析。

《权利法案》（即宪法修正案前 10 条）是依据"天赋人权"学说，为保障人民的宗教信仰、言论、集会、出版自由，和人身、财产不受侵犯等基本权利而制定的修正案（上述内容列在第一条修正案内，它的内容大部分是对联邦政府施加限制——规定政府所不能做的事，它反映了美国人民的普遍要求，也是对制宪者在民主问题上企图从"独立宣言"倒退的有力回击，是民主力量的巨大胜利。但在现实政治生活中，往往发生违反《权利法案》的事例。例如：1798 年国会通过《关于处置外侨与煽动叛乱的法律》，规定授予总统：对外侨行使驱逐出境之权；授权总统：在战时可以逮捕和监禁外侨；规定凡以口头或书面反对总统、国会和政府的人，都应予以逮捕和监禁。同年 9 月 12 日，本杰明·富兰克林之孙《曙光报》编辑富兰克林·贝奇，即被控诽谤亚当斯总统而被捕，从而引起大规模的抗议。至 1800 年杰斐逊当选总统后，才将上述法令废除。又如 1971 年 6 月，发生了传播国内外的"五角大楼秘密文件"事件。[①] 这一秘密文件是由《纽约时报》刊出，司法部以该报具有"明显和现实的危险"[②]和危及国家安全为理由，要求联邦法院下令禁止。《纽约时报》不服，向最高法院上诉，在主持正义的新闻界和进步舆论的声援下，最高法院根据宪法第 1 条修正案和第 14 条修正案，判决《纽约时报》可以继续刊登这项文件。最高法院所以作出这一正确判决，是鉴于当时越南战争旷日持久，侵略战争不得人心，才纠正了司法部的作法。

　　第 2 条修正案是：民兵保卫国家安全，人民有携带武器的权利，不得予以侵犯。当时建立民兵是为了制止社会动乱；允许人民携带武器，是鼓励人民向西部进行垦殖时，沿途抵御野兽侵袭；在遇到印第安人或侵入印第安人住区时，经常发生格斗，因而制定了这条修正案。目前美国社会枪杀成风，携带枪支严重地威胁着人身安全。1963 年肯尼迪总统遇刺身亡，1981 年 3 月里

---

　　① "五角大楼文件"是披露约翰逊总统在 1964 年批准一次秘密作战计划，内容是由美国中央情报局、美国武装部队司令部和南越军人共同参与，对付北越军队。

　　② 1917 年 4 月美国参加一次大战后，威尔逊签署间谍法。美国公民申克，邮寄一些传单给被征入伍的人，鼓动他们拒绝入伍。最高法院在 1919 年"申克诉美国案"中，作出申克触犯间谍法而有罪。在判决定罪时提出有名的"明显和现实的危险"原则。认为宪法第一条修正案对言论自由的保障，只应用于和平时期。

根总统遇刺受伤，社会舆论强烈要求严格实行枪支管制法，但号称有180万会员的"全国枪支协会"为反对枪支管制也开展活动，议员中反对管制枪支的大有人在，至今枪支管理问题，尚属悬案。

第3条修正案规定，士兵在平时不得驻扎任何民宅，在战时，非依法律规定的办法，亦不得驻扎。这是美国人民对于英军在殖民地时期，随意在民宅驻扎的种种暴行记忆犹新，心有余悸，才制定这条修正案的，具有保障私人住宅和财物不受侵犯的含义。时至今日，这条修正案已陈旧过时了。

第4条修正案是：保障人身、住所、文件及财物的安全，不受无理之搜查和拘捕的权利。这一修正案有时对劳动人民是失效的。如1886年芝加哥秣市惨案发生后，警察在工人住宅区到处横冲直闯，破门而入，非法搜查，逮捕和拘禁者达数百人。

第5条修正案极为重要，其主要内容是：非经大陪审团提出公诉，人民不应受判处死罪或会因重罪而被剥夺部分公民权之审判；人民不得为同一罪行而两次被置于危及生命或肢体之处境；不得被强迫在任何刑事案件中自证其罪；不得不经过适当的法律程序而被剥夺生命、自由或财产等。这条修正案确立了司法审案的大陪审团制度，和限制司法人员的越权行为。在二次大战后，众议院的"非美活动委员会"和联邦调查局，以及根据杜鲁门总统行政命令设立的"联邦忠诚审查委员会"，对进步人士、联邦政府雇员等，采用揭发、追查手段，迫使他们回答档案内的有关材料和政治活动纪录等问题，有的被判罪，大批的人被解雇或被拒绝雇用。当时有些进步人士，应用本条修正案中"不得被强迫在任何刑事案件中自证其罪"的规定，拒不回答问题，以反抗违背《权利法案》的非法行径。及至50年代初麦卡锡迫害狂时期，这条修正案更没有得到尊重，出现摧残人权的许多事例。在此，只要引用美国著名的中国通费正清教授的遭遇，就可以说明当时违宪行动的严重性。他写道："参议院的一个小组委员会没收了美国太平洋学会的卷宗。……这个委员会的报告用严厉的字句声称：它证明该会曾经阴谋影响民主党执政时国务院的决策人同情中国共产党人。……这次调查……断章取义制造证据，把来往看作有罪"。费正清教授在同页加注说："我被布登兹在华盛顿'指控'为共产党人，并且是一个所谓亲共阴谋中的'坚强的核心'的一部分。……麦卡锡所攻击的目标之一——拉铁摩尔：提出犯伪证罪的起诉，硬说拉铁摩尔曾在一次打破纪录的 12 天审讯中犯了伪证罪"。①

第 6 条修正案规定，在一切刑事案件中，被告应有权提出：迅速和公开的审判权，有陪审员参加，获悉被控的罪名和理由，要求与原告的证人对质，要求以强制手段促使对被告有利的证人出庭作证，并要求律师协助辩护。

第 7 条修正案规定，在引用习惯法诉讼案中，其争执所涉及者价值超过 20 元，则当事人有权要求陪审团陪审。

第 8 条修正案规定，不得要求过重的保释金，不得课以过高的罚款，不得施予残酷的、逾常的刑罚。这 3 条修正案是涉及刑事被告人和民事诉讼进行审理时的原则性规定，具有保障人权、防止发生错案冤案和处理偏颇的特点。司法部门的具体审理情况是十分繁复的，因而总统有权指示司法部，对法院的审案工作进行检查，也是行政权对司法权的制约。

第 9 条修正案规定，宪法中列举的某些权利不得被解释为否认或轻视人民所拥有的其他权利。

第 10 条修正案规定，"举凡宪法未授予合众国政府行使，而

---

① 费正清：《美国与中国》，美国剑桥 1958 年版，第 273 页。

又不禁止各州行使的各种权力，均保留给各州政府或人民行使之"。美国居民是从西欧等地涌入的追求自由幸福生活的移民，而且，美利坚合众国又是殖民地人民从反英革命斗争中获得独立的国家，因而，美国社会生活，呈现显著的地区性和多样性，居民的自我奋斗精神和要求平等权利的愿望十分强烈。宪法第9条第10条修正案，就是适应这种状况而制定的。

第11条修正案规定，"合众国的司法权，不得被解释为适用于由任何一州的公民或任何外国公民或国民依普通法对合众国一州提出或起诉的任何诉讼"。这条修正案将宪法正文第3条第2款原来赋予联邦法院有权审理州际的诉讼案的司法权，转交给各州处理，从而扩大了州的司法权范围。其原因是：美国是一个年轻的国家，13州先于合众国建立，当时人口只有约400万，西部疆域虽由英美双方于1783年9月在巴黎和约中划定边界到密西西比河以东，但人民多数定居在大西洋沿岸到阿巴拉契亚山脉之间。当时美国主要是农业经济，交通运输不发达，经济的区域性十分显著，人民的政治社会活动，由州和州以下的地方机构负责，联邦政府还未发展到足以深入到州的内部，干预法律方面的事务。1798年1月，第11条修正案被批准，它反映了美国当时经济的发展水平。并使宪法第3条第2款中部分内容失效，也取代联邦最高法院1793年在"奇荷泽姆对乔治亚州"的诉讼案[①]中所作的裁决。

第12条修正案1803年提出，1804年批准实施。这条修正案，是对宪法第2条第1款的部分修正，是弥补总统选举方法漏

---

① 1793年，南卡罗来纳州公民奇荷泽姆等人，向联邦最高法院提出上诉，要求根据宪法第3条第2款，对他们在独立战争中被乔治亚没收的财产予以赔偿，最高法院裁决奇荷泽姆等人胜诉。

洞的。1800 年总统选举时，杰斐逊和艾伦·柏尔获得相同的选票，杰斐逊在众议院经过第 36 次表决时才当选，因而在本条修正案中，详细地制定了关于总统选举的办法，也明文规定，总统、副总统分开投票。这是对宪法第 2 条第 1 款缺陷的补正。

自 1804 年制定第 12 条宪法修正案，到 1865 年第 13 条修正案制定，时间相隔长达 61 年。美国在建国、行宪后的半个多世纪内，经济、社会生活发生了巨大变化。1790 年到 1860 年，美国由 13 州增加到 44 个州，人口由四百余万人增加到三千多万人，黑人人口 440 万，其中 350 万是奴隶，奴隶集中在南部。30 年代，由于交通运输与技术的重大发展，北部建立在自由劳动基础上的工业资本主义经济迅速壮大。1787 年西北土地法令规定，在俄亥俄河的西北地区禁止蓄奴制存在，因而西北地区俄亥俄、印第安纳、伊利诺、密西根成为自由州。使用奴隶劳动的南部种植园制，也从南部沿海各州，向田纳西、亚拉巴马、密西西比、路易斯安那、阿肯色等州扩展，南部的蓄奴制也日益巩固与扩大。美国国内两种不同经济制度的迅速发展以及伴随着西部领地的扩展，北部自由州和南部蓄奴州的政治代表，为争夺联邦政府中的控制权力，以及在西部地域上建立自由州或蓄奴州等问题上，展开了激烈的斗争。南部奴隶主借口奴隶懒惰，随意鞭打、监禁，稍有违抗，即对黑奴烙印甚至处死。惨无人道的奴隶制度，激起爱好正义人士的愤怒，19 世纪 30 年代到 50 年代，废奴运动蓬勃兴起，废除奴隶制度已提到历史的议事日程上来。及至 1860 年 11 月林肯当选总统，南部蓄奴州势力认为这是对它们的威胁，即退出联邦，另组南部同盟，进行反叛，实际上这是两种不同的经济制度的政治代表使用武力进行决战。南北内战进行了 4 年，以代表先进生产方式的北部的胜利而告结束，为资本主义经济在全美国迅速发展扫清了道路。这种新的阶级力量的更替，导致了第13、14、15条宪法修正案的产生。1865年12月，第13条修正案得到批准，它原则上确定废除奴隶制度。条文是："苦役或强迫劳役，除用以惩罚依法判刑的罪犯之外，不得在合众国境内或受合众国管辖之任何地方存在。"内战胜利结束后，美国进入南方重建时期（1865—1877）。在1865—1867年重建第一阶段时期，南部种植园主不断进行反扑，各州种族主义者组织了三K党等恐怖组织，对黑人进行残酷迫害，进步与倒退这两种势力以国会和林肯继任者约翰逊总统的斗争形式出现。由于广大人民的支持，于1866年6月16日，拟议中的第14条宪法修正案为国会两院通过，延至1868年7月，宣布由30个州批准生效。其内容是："任何人，凡在合众国出生或归化合众国并受其管辖者，均为合众国及所居住之州的公民"，"任何州，如未经适当法律程序，均不得剥夺任何人的生命、自由或财产"。上述条文，重申了黑人的公民权和生命、自由财产权；同时，也取消了宪法第1条第2款，在各州选举众议员时，将黑人人数只以3/5计算的规定。1869年2月27日，为了赋予南北部黑人成年男子选举权，国会通过第15条宪法修正案，其内容是：合众国政府或任何州政府，不得因种族、肤色或以前曾服劳役而拒绝给予或剥夺合众国公民的选举权。1870年3月30日经29个州批准，宣布生效。由于南部各州侵犯黑人权力的案件大量发生，国会于1871年通过《反私刑法》（取缔三K党法），它就非法密谋陷害黑人及其他违反第14条宪法修正案从而侵犯黑人政治权利和公民权利案，详细制定审判程序和处刑规定，以求使规定黑人权利的上述3条宪法修正案能得到实现。但自1868年以来，黑人的平等权利并未真正得到尊重。在州政府的纵容下，在法律上事实上对黑人的选举资格作了各种残酷的规定，剥夺了多数黑人的选举权，直到20世纪40年代，南部各州的成年黑人中，登记为选民的仅有 5% 而已。南方各州还先后制定各种形式的种族隔离法，对黑人广泛地实行歧视。1896 年最高法院对普莱塞案的判决宣称：在交通工具中实行"隔离但平等"的原则，是完全符合宪法第 14 条修正案的，这一判例，使种族隔离制度合法化，直至 1954 年最高法院对"布朗诉讼案"作出判决以前，普莱塞判决案一直生效，因而南部的种族隔离制度，延续了半个多世纪。

第 16 条修正案规定："国会有权对任何来源的收入课征所得税。"于 1913 年 2 月 25 日经 38 州批准后宣布生效。当时规定对年收入在 3000 美元的单身人（对结婚者年收入 4000 美元以上）征收 1% 的所得税；对收入在 2 万美元以上到 50 万美元以下，征收累进所得税为 6%。按此标准征收所得税，当时在联邦政府税收总收入中所占份额不大。到了第一次世界大战时，所得税占联邦总税收的 1/3，成为联邦政府税额的主要来源之一。第二次世界大战时，几乎每个人都支付所得税，低收入者，所得税由雇主在支付工资时扣除。1981 年 8 月，里根政府实行不分贫富，普遍降低个人所得税的 25% 达 3 年之久，对企业亦减税。

第 17 条修正案第 1 款规定："合众国参议院由每州人民各选参议员 2 人组成，任期 6 年……"这条修正案修正了宪法第 1 条中所规定的，各州参议员由各州立法机关选出的办法，改由民选产生，与产生众议员办法相同，扩大了选举参议员的民主性。

上述第 16、17 条修正案的提出和批准，是 19 世纪末 20 世纪初美国进步人士长期争取的结果。当时美国经济急剧增长，由自由资本过渡到垄断阶段，社会两极分化日趋严重，巨富与赤贫形成鲜明对照，政治上不断发现贪污案件；社会有识之士，掀起黑暗揭发运动、社会改革运动，其中目标之一，就是对贫富征税应有所区别。这就是制定第 16 条修正案的由来。各州参议员改由选民直接初选，也是当时主张社会改革的要求之一，可以使参议员的人选，在一定程度上能代表该州选民的意志，也促使参议员能经常保持与选区人民的联系。

第18条修正案规定："禁止在合众国及其管辖下的所有领土内酿造、出售和运送作为饮料的致醉酒类；禁止此等酒类输入或输出合众国及其管辖下的所有领土。"这一修正案于1917年提出。早在南北战争后，美国禁酒运动已开始。19世纪末，由于酗酒而犯罪的人数增加，进步人士和女权运动者积极推动全国禁酒运动。1917年4月美国宣布参加第一次世界大战后，为避免士兵因酗酒而闯祸和节约粮食，1918年威尔逊总统签署临时禁酒法，至1919年1月，第18条修正案宣布批准。

第19条修正案规定："合众国公民的选举权，不得因性别缘故而被合众国或任何一州加以否定或剥夺。"这是美国妇女和美国进步人士长期进行争取妇女有选举权利斗争的果实。早在1848年纽约州举行第一次女权大会上，就通过了要求联邦政府赋予妇女平等权利的议案，1868年，美国先进妇女根据宪法第14条修正案（给予黑人以选举权利），要求同时赋予妇女以选举权利，在国会遭到拒绝。美国妇女在进步改革运动、禁酒运动中都积极参加社会活动；1898年，怀俄明、科罗拉多、犹他和爱达荷州，都给予妇女选举权，其他各州也允许妇女有选举某些公职人员的权利。至1919年，由国会提出妇女选举权利的宪法修正案；1920年适值选举年，两大政党都不愿得罪妇女，在当时48个州中，这一修正案得到36个州批准，于1920年8月26日生效。但妇女在就业和工资待遇方面，仍受到歧视。

第20条修正案规定："总统和副总统任期，应在原定任期届满之年的1月20日正午结束"，"参议员、众议员的任期应在原定任期届满之年的 1 月 3 日正午结束，他们的继任人的任期应在同时开始"。这就缩短了即将卸任总统、副总统的任期约 1 个半月，即由 3 月 4 日提前到 1 月 20 日就职，1936 年罗斯福第 2 次当选总统后，是第一个于 1937 年 1 月 20 日宣誓就职的总统。参、众两院亦应在 1 月 3 日正式开会。这条修正案还规定了当选总统、副总统在任期之时因死亡如何接替的原则规定。本修正案于 1933 年生效。

第 21 条修正案是：废除了禁酒的第 18 条修正案，于 1933 年 2 月提出，同年 12 月生效。原因是：美国是人民嗜酒的国家，宪法第 18 条修正案通过后，非但没有禁止酿造、出售酒类，反而助长了不正当的酿造业和私运贩酒贸易的兴盛。因而不得不另定宪法修正案纠正。第 20、21 条修正案，是在罗斯福总统执政之初国会通过并经各州批准生效的，除此以外，在罗斯福任期内 (1933—1945)，没有再通过其他修正案，这是因为当时美国国内发生了严重的经济危机，罗斯福实行"新政"，采取许多紧急措施，挽救了濒危的资本主义制度。之后，美国投入第二次世界大战，并取得了反法西斯战争的胜利。罗斯福在战时处理内政、外交、军事等重要政务时，他最大限度地利用行政权力办事，有的取得国会同意，有的绕过国会进行，有的行使否决权，在一定程度上影响了三权分立的传统和成规，扩大了总统的权力。在他突然逝世后，战后美国总统的权力，也有所膨胀。

第 22 条修正案规定："无论何人，当选担任总统职务不得超过两任；无论何人，于他人当选总统任期内担任总统职务或代理总统两年以上者，不得当选担任总统职务超过一任。"于 1947 年 3 月提出，1951 年 3 月批准生效。美国历史学界有人评论，认为共和党"使之通过这一修正案，乃是作为对富兰克林·罗斯福的身后抨击"。①

第 23 条修正案规定：合众国首都华盛顿特区，应依国会规定方式选派一定数目的总统和副总统选举人，并规定了选举人数目的标准。于 1960 年 6 月提出，1961 年 3 月批准生效。自 1800 年联邦政府迁至哥伦比亚特区，同年 11 月国会在新首都华盛顿召开第一次会议，至 1961 年第 23 条修正案批准生效前，该特区居民在联邦政府中根本没有发言权。本条修正案的制定，只满足了特区居民的部分要求。

第 24 条修正案规定："合众国公民在总统或副总统、总统或副总统选举人、或国会参议员、众议员的任何预选或其他选举中的选举权，不得因未缴纳任何人头税或其他税而被合众国或任何州加以否定或剥夺。"于 1962 年提出，1964 年批准。迟至 20 世纪 60 年代初，南部还有 5 个州的法律规定，缴纳人头税作为选民资格之一，或用文化测验和选民登记法等条件，限制黑人参加选举。五六十年代由于亚非拉民族运动的加强和独立国家的增多，国际形势对美国黑人争取平等权利十分有利。黑人也向联合国大会控诉美国种族隔离和种族主义的暴行，在这种形势下，1954 年最高法院在"布朗控诉教育局"② 一案中，宣判"普莱塞案"中所规定的"隔离但平等"的原则为违宪，这对黑人争取民权运动是有利的。1955 年蒙哥马利市黑人，在马丁·路德·金牧师的领导下，开始了长达 381 天的抵制乘车隔离运动，使美国黑

---

① 塞缪尔·埃利奥特·莫里森等：《美利坚合众国的成长》(Samuel Eliot Morrison and Steele Commaqer The Growth of the American Republic)，天津人民出版社 1980 年中译本，第 326 页。

② 1896 年普莱塞的诉讼案，当时最高法院认为："隔离但平等"的原则并未违背宪法第 14 条修正案。认为：在火车车厢、公共汽车、学校、公园、厕所等公共场所为黑人保留或指定地方，是合法的。直到 1954 年"布朗诉托皮卡市教育局"的诉讼案中，最高法院在裁决中推翻了 1896 年对普莱塞案的裁决。

人争取平等权利的斗争进入新高潮，由此，制定了这条修正案，消除了黑人参加选举的限制，美国国会还通过了取消种族隔离的法案。至此，南部种族隔离在法律方面的障碍才算撤除。

第 25 条修正案规定："如遇总统免职、死亡、辞职时，副总统应成为总统"；"当总统向参议院临时议长和众议院议长声称他不能履行其职务的权力和责任时，……此种权力和责任应由副总统以代总统身份履行"；"当副总统出缺时，总统应提名一名副总统，在国会两院均以过半数票批准后就职。"此修正案于 1967 年2 月 10 日经批准生效。1973 年 10 月 10 日，副总统斯皮罗·阿格纽因受贿丑闻被迫辞职，两天后尼克松根据本修正案，提出已担任 12 年国会众议员的杰拉尔德·福特接替阿格纽，经两院批准，出任副总统。1974 年 8 月 9 日，尼克松因水门事件丑闻被迫辞职，福特由国会以多数票批准，立即宣誓升任为总统。福特是美国历史上惟一未经全国选举填补总统空缺的总统。1985 年 7 月，里根因患癌症动手术，事先签署文件，授权副总统布什代行总统职权；手术后，又签署致国会两院领导人信件，通知他已恢复行使总统职权。根据本条修正案，布什以副总统身份代理总统 8 小时。

第 26 条修正案规定："已满 18 岁和 18 岁以上的合众国公民的选举权，不得因年龄关系而被合众国或任何一州加以否定或剥夺。"于 1971 年 7 月 25 日，已得到 3/4 的州的批准、生效。这条修正案是 60 年代民权运动、学生运动、反战运动的成果之一。由于战后的教育改革，在 60 年代，几乎有半数的美国青年能够进入高等学校学习，因而形成一种力量。伴随着民权运动的兴起，1960 年在中西部大学校园里成立了"学生争取民主会社"，1964 年通过了"休伦宣言"，掀起新左派运动。由于约翰逊政府把侵越战争升级，1965 年"学生争取民主会社"组织领导了向华盛顿进军的反战运动，到 60 年代末，学生反战运动遍及全国。当时，18 岁青年即要服兵役，但未获得选举权，青年在反战运动中普遍要求降低选举权资格的年龄，共和党尼克松上台以后，本条修正案经过法定手续，批准生效，作为对青年人的一种宽抚。

《妇女平等权利》①修正案的搁置，最后未能批准：

自本世纪 20 年代以来，妇女一直为争取平等权利而斗争，然而社会传统认为"妇女的地位是在家庭"，一般总把妇女安排在低工资、低地位的职业上。二次大战期间，大批妇女参加工作，为反法西斯作出了贡献，但妇女的处境只是稍有改善，因此，妇女在 60 年代的民权运动中，成为中坚力量，积极活动。1966 年建立了全国妇女组织（National Organization of Women 简称 NOW），争取在宪法中增加保证妇女同男子享受平等权利的修正案。到 70 年代初，这一要求得到广大选民的支持，众议院提出这项修正案于 1971 年 10 月 12 日以多数票通过；1972 年 3 月 22 日在参议院以 84 票对 8 票通过。至此，经过 40 余年呼吁争取的《妇女平等权利》修正案，终于交付各州批准。夏威夷州在国会通过后几小时第 1 个批准，1972 年有 21 个州批准，1973 年又有 8 个州批准。随后因某些大州的反对，至 1977 年批准数目为 35 个州，还差 3 个州。国会曾制定一项法案，把批准的时间延长三年，拖延至 1982 年终于未获批准。这是美国 80 年代以后，社会保守思想抬头的缘故。

上述美国宪法及其修正案，是在美国历史发展进程中，适应当时政治、经济、社会生活的实际需要产生的。第二次世界大战

---

① 1992 年经国会两院通过的第 27 条修正案，是 203 年前（1789）麦迪逊提出的在竞选期间，国会议员不得加薪的宪法修正案（作者 1995 年注）。

结束以来，美国面对着新的国际环境，国内现实生活中出现许多重大问题：如平衡预算和财政赤字问题，贸易逆差日益严重的问题，从债权国成为净债务国的问题，总统执行外交政策和进行实际战争的权力问题，对少数民族的保护问题，妇女平等权利问题，枪支管理问题，吸毒问题等等。这些重大问题，多数尚未在宪法修正案中得到反映，说明了美国宪法与现实政治的失调和脱节。我深信，具有爱好和平、民主自由传统的美国人民，会推动社会不断进步，促使美国宪法日臻完善。

（原载《世界历史》1988 年第 2 期）

美国的总统制

对美国总统制的研究，实质上属于美国宪法史、政治制度史的范畴。本文拟就美国总统的产生、总统制的性质及有关问题进行探讨，并就教于读者。

一 总统的权力、选举与政党

美国独立后，由于邦联政府的松散和软弱，不能适应和解决建国后在国内外新形势下面临的各种要求和任务，1787 年 5 月 25 日至 9 月 17 日，各州有产者的政治代表，在费城秘密召开了制宪会议，经过三个多月的激烈争执，各州的代表达成妥协，拟定了美国宪法草案，经各州讨论批准，于 1789 年 3 月正式成为美国的基本大法。① 在宪法草案交付各州批准过程中，由于各州民主派和人民的强烈要求，在联邦宪法中增加了最初的十条修正案，即通称的《权利法案》，于 1791 年 12 月经 10 个州批准，成

---

① 本文所引美国宪法的译文，系根据美国驻华大使馆新闻文化处编：《美国历史文献选集》北京 1985 年版，第 30—56 页。

为联邦宪法的组成部分。

关于总统的资格、权力，在联邦宪法第二条中规定：美利坚合众国总统任期四年；总统的资格，规定必须是土生的美国公民，年龄至少35岁，至少在美国居住过14年。关于总统的主要权力和职责，根据宪法规定的原则以及随着美国国内外政治事务的发展，可归纳为：有权缔结条约，但须争取参议院的意见和同意；有权提名并取得参议院的同意后，任命联邦法官；任命联邦部、会首长及其他重要联邦官员；任命美国驻外代表；总统应向国会发表咨文；提出必要的适当的立法；召集国会两院或其中一院的特别会议；可以否决国会所通过的任何法案，两院各以2/3的多数票仍可重新通过，否则该法案就不能成为法律；执行武装部队总司令的职责；有权对于违犯合众国法律者，颁赐缓刑和特赦。概括言之，根据宪法，有缔约权、任命权、外交权、军事权、建议立法权。此外，宪法第二条第二款中，还有"总统应注意使法律切实执行"的规定，以此为依据，总统具有从宪法引申出来的"潜在权力"，如发布普通命令权、紧急命令权等等，弹性较大。在实际政治生活中，总统个人的领导能力愈强，威望愈高，"潜在权力"发挥的作用也愈大。

关于通过选举产生总统，宪法只作了原则性的规定，即采取间接选举制，把总统选举分为两个程序：先由各州依照本州议会规定的手续，选出总统"选举人"；再由"选举人"组成"选举团"，选出总统、副总统。宪法对总统候选人的提名，未作具体规定。

美国总统的选举已实行两百多年，选举总统的办法，随着美国政治生活的演变而日趋复杂化。在华盛顿任总统后期，由于统治者之间对国内外的重大政策措施存在着分歧，且彼此之间的政争日趋激烈，因而形成了联邦党和民主共和党的政治派别，突破了无政党参政的局面。1796 年总统选举结果，联邦党人的候选人约翰·亚当斯获得 71 张"选举人"票，民主共和党人杰斐逊获 68 张"选举人"票，出现了联邦党人担任总统，民主共和党人担任副总统的独特局面。1800 年的总统选举，进一步推动了政党组织的发展，两党议员在国会中进行活动，组织了"预选小组"会议，各自提名本党的总统候选人，在各州进行竞选活动。这次竞选结果，民主共和党获胜，候选人杰斐逊和艾伦·柏尔获得同等票数而当选。依照宪法规定，出现这种情况，由众议院表决选定正、副总统，杰斐逊经过众议院第 36 次表决时，才当选为总统。为了避免这种情况再次出现，1803 年国会通过了第十二条宪法修正案，规定"选举人"必须分别投票选举总统、副总统。1832 年，民主党（1828 年成立）组织党的全国代表大会，提名杰克逊为总统候选人，这个办法，成为以后政党在总统选举年，提名推定本党总统候选人的惯例。党的全国代表大会拟定党的竞选纲领，包括施政方针、内外政策；参加党的代表大会的代表通常控制在党的州委会和地方党魁的手中（自本世纪 30 年代以后，各大城市党魁的政治势力，已逐渐下降）。1854 年共和党成立，和民主党并列为美国历史上传统的两大政党。政党成了美国政治制度的基础，成为包揽竞选的工具，并发展到民主党、共和党通过每一层次的竞选，争取公职，包括总统、副总统、国会议员、州长、市长、市镇议员。

党内派系斗争有时十分激烈，在美国总统竞选史的记录中，曾出现过：当全国党代表大会在对总统候选人的提名发生相持不下时，为了打破僵局，往往提出一名事先未经酝酿的第三者为总统候选人，这样当选的总统，在美国政治术语中被称为"黑马"，如第十四任总统富兰克林·皮尔斯和第二十任总统加菲尔德，就被人们称作"黑马"总统。总统的任期为四年，所以总统的选举每隔四年举行一次；在两党的代表大会推定总统、副总统候选人之后，两党之间即展开激烈的竞选活动，争取本党候选人登上总统宝座。选民在四年一度的总统选举中，在票面上是投由各州已确定的两党总统"候选人"名单的票。但实际上选民的选票并不起决定作用。起决定作用的是各州的"选举人"（宪法规定国会议员及其他在国家机构任职的人员，均不得充当选举人）的选票。在总统大选中，各州推出来的"选举人"都已公开承诺选举某党的总统、副总统候选人。在大选日，共和党或民主党总统候选人、副总统候选人只要获得某州内简单多数的选举人票，即可获得该州"选举人"的全票，此即"胜者获全席"的原则。根据宪法规定，每州"选举人"的数额，与该州选进国会的参议员和众议员的全部人数相等。现在全国选举人共 538 人，当选总统必须获得 270 张"选举人"的选票。人口多的州比人口少的州的"选举人"要多，因而，两党总统候选人的激烈竞争，主要在人口多的州进行。到本世纪 50 年代，全国党代表大会提名本党总统候选人的制度首次受到了冲击。1952 年和 1956 年，田纳西州民主党参议员埃斯蒂斯·凯弗维尔，未经政党内部权势集团的内定和支持，就直接来到新罕布什尔州，参加党内预选会，发表争取总统提名的演说，结果，赢得了新罕布什尔州预选会提名。他的这种竞选活动方式，开创了先例，影响了其他各州。1960 年以来，两党准备争夺总统候选人的人，在大选年的春季，即开始宣布自己参加总统竞选，到各州党内预选会上，进行马拉松式的角逐，争取在夏季召开的本党代表大会上提名。由于举行预选会的州越来越多，政党的领导层对总统候选人提名难于控制；于是，有些州举行党的骨干会议进行协商，提名本党的总统候选人。及至召开全国党代表大会时，对最有希望获胜的总统候选人，加以确认。当前，两大政党利用大众传播媒介（主要是电视）为本党总统候选人以各种广告进行宣传，并举行政策辩论会，造成声势，加深其透明度，吸引选民参与投票。这说明60年代以后总统、副总统候选人提名、竞选办法，已发生了重大变化。

二　美国总统与国会

美国宪法中虽然规定了总统具有较大的行政权力，但在实际政治生活中，总统又受"三权分立制"和"相互制衡"原则所制约。总统本人和他所领导的国务卿以及各部部长，都不得兼任国会议员。美国总统不对国会负责（不同于内阁制的英国）。美国参、众两院的议员，都是按宪法规定由各州分别选出，宪法规定了参众两院的职责，因此，总统不能以任何理由解散国会。美国宪法的这些规定，体现了资产阶级为巩固其统治，在处理立法与行政之间、调节民主与集中之间的关系方面，具有独创性，这对稳定美国政局，发展美国经济，强化资本主义的统治，从政治制度方面奠定了基础。在美国建立后的历史进程中，总统处理内政、外交事务是随着美国经济的发展，国际交往的增强而日趋繁复。在民主、共和两大政党形成和发展的情况下，各派政治力量通过总统和国会参、众两院的竞选，争夺并掌握了政治权力，因而总统与国会之间的关系，不断出现合作、协调、矛盾、争执、斗争的局面。美国历届总统与国会之间的关系是美国政治史的丰富内容。

美国建国初期是农业社会，在经济上地方性和区域性的特点十分明显。总统制定政策，偏重于解决全国性的内政问题，特别是财政问题，这就必须依靠国会拨款；而各州的国会的议员，虽着眼于发展地方经济，但由于国力微弱，也能顾全大局，支持总统掌握全国的航向，使美国能逐渐自立于世界强国之林。美国前四任总统华盛顿、亚当斯、杰斐逊和麦迪逊都是开国功臣，在政界有很高声誉，履行总统权力较为顺利。华盛顿尊重国会，不认为总统是政策的创制者或原动力，曾亲临国会致送咨文，征求意见。在任总统期间，仅谨慎地使用过一次否决权。[1] 可见，美国建国初期行政与立法之间形成权力平衡的状况，是与建国初期的经济、政治发展水平相适应的。

19 世纪前半叶，美国领土不断扩张，资本主义迅速发展，随着新州的陆续建立，国会两院议席的增加，议员们根据宪法行使权力的要求较前增强；有些议员从地区利益出发，和总统相对立，建国初期四位总统与国会之间相互关系稳定的局面，发生了变化。自 19 世纪 20 年代以后，由于北部建立在自由劳动基础上的工业资本主义经济和建立在蓄奴制基础上的南部种植园经济同步发展，新建立的州究竟以自由州抑或以蓄奴州进入联邦，成了全国性的政治问题的焦点。在第五位总统门罗执政时期（1817—1825 年），虽然美国只有一个政党——民主共和党执政，但在密苏里建州问题上，代表两种不同经济利益的国会议员，进行了激烈的争论。在众议院中北部占优势，在参议院中南北势均力敌，门罗总统在两派中进行斡旋，最后达成了 1820 年的密苏里妥协案，平息了南北双方的争执，维持了国内暂时的政治均势。19 世纪 20—30 年代，废奴运动兴起，工人们为争取 10 小时工作制而斗争，社会动荡，要求变革的呼声很高；到 19 世纪中叶，统治阶级内部各派不断调整力量，政党重新组合和不断分化，使得

① 詹姆斯·弗拉克斯纳：《乔治·华盛顿和新的国家1783—1793》（James Thomas Flexner: George Washington and the New Nation. 1783—1793），波士顿 1970 年版，第 324 页。

总统与国会之间的斗争连绵不断。国会势力在联邦政府权力机构中占主导地位；只有第七位总统杰克逊和第十六位总统林肯时期例外。

杰克逊正是在美国社会两种经济制度激烈斗争的关键时刻涌现出来的一位强有力的总统。其前任约翰·昆西·亚当斯执政两年后，在1826年国会中期选举中，亚当斯派即失去优势。国内拥护杰克逊的民主力量迅速增长，组成了民主党，推选杰克逊为总统候选人，杰克逊于1828年以压倒多数当选总统。杰克逊就任后，充分运用宪法赋予的任免权，从1万名官员中将他认为不称职的900名官员免职，另选一批忠实可靠的人担任，树立了"轮流任公职制度"。杰克逊遴选支持他的前新闻界知名人物阿莫斯·肯德尔和弗朗西斯·布莱尔等亲密朋友组成"厨房内阁"。① 他明确表示：财政部不是国会的代理人，而是"总统的一个属员"。② 这就提高了总统行政首脑的权力与地位。杰克逊以"全体人民的代表"自居，他认为反映人民意志的是总统而不是国会；他扩大总统参与立法的权力，并利用否决权作为武器；他的前任六位总统对采用否决权很谨慎，大多和国会合作，签署国会通过的法案使之正式成为法律，而杰克逊运用否决权达12次之多，其中最重要的是1830年否决国会通过的在肯塔基州建立收费公路的"梅斯维尔法案"。③ 该法案要求联邦政府购买一家私人公司的证券，由该公司投资修建肯塔基州内的梅斯维尔到列克星顿的公

---

① 〔美〕小阿塞·施莱辛格：《杰克逊时代》（Arthur M. Schlesinger, Jr.：*The Age of Jackson*），N. Y. 1945，纽约1945年版，第67—68页。

② 〔美〕塞缪尔·埃利奥特·莫里森等：《美利坚合众国的成长》，天津人民出版社1980年中译本，第575页。

③ 〔美〕马奎斯·詹姆斯：《安德鲁·杰克逊》（Marquis James：*Andrew Jackson*, Conn.）康涅狄格1937年中译本，第220页。

路。杰克逊否决的理由是：从全局出发，美国国内建设应先开凿运河，以沟通和扩大洲际贸易为主。1832 年杰克逊又否决了国会通过的继续发给第二合众国银行营业执照的法案。他在这个否决咨文里抨击第二合众国银行受英国股东的操纵，垄断了金融市场，有利于东部的资本家，是一种违宪的对州权的侵犯，由于杰克逊的反银行垄断的斗争，赢得了东部劳工和西部农民的选票，从而使他连任了总统。

1832 年，在老谋深算的政客卡尔霍恩的支持下，南卡罗来纳州议会召开代表会议，通过《否认法令》，宣布国会 1828 年、1832 年通过的高关税法令为无效，同时公然以该州准备脱离联邦相威胁。杰克逊采用"胡萝卜与大棒"政策来对付，一方面请求国会授予他征收岁入的权力，由国会通过逐渐降低关税率的折衷关税法；另一方面，由国会通过赋予杰克逊更大军权的《武力法案》。杰克逊于 1833 年 3 月 2 日同时签署这两个法案，及时制止了这次由南卡罗来纳州借口关税问题制造分裂联邦的危机，对南部酝酿的脱离联邦运动，起到了阻止作用。杰克逊实际上是扩张总统权力的先驱者。由于他制止了南部脱离运动，伸张了正义，就大大提高了作为行政首脑的威望，也加强了对立法的行政领导权。

林肯为南北战争的政治形势所推动，成为美国历史上卓越的领导人之一。他在行使总统权力方面，是仅次于富兰克林·罗斯福的"强有力总统"。在 19 世纪 50 年代，要求废除奴隶制，已成为全国性的政治运动的主题。林肯反对奴隶制度向西部领土扩展，并维护联邦的统一，但 1861 年 2 月 8 日南部 7 个蓄奴州联合起来，另组南部同盟，分裂联邦。4 月 14 日萨姆特炮台失落于南部同盟叛军之手。林肯当天召集内阁紧急会议，颁布公告：征召合众国各州民兵总数 7.5 万人（服役期限 3 个月——笔者）

并号召"全体忠诚公民来保卫联邦政府"。当时北方马里兰州的奴隶主，同情南部同盟，进行破坏活动，在 4 月 19 日第一批志愿军由麻萨诸塞州和宾夕法尼亚州开赴华盛顿的火车通过巴尔的摩时，竟遭到枪击，铁路、桥梁也被破坏。一时华府陷于与外部隔绝的无援状况，引起粮食恐慌。林肯鉴于形势严峻，不等国会 7 月 4 日开会，便根据宪法赋予总统的"潜在权力"，断然出兵占领巴尔的摩城，实行军事戒严法，在马里兰各地区暂停人身保障法，对反叛者进行军事性逮捕和审讯，[①] 同时以行政命令宣布：封锁脱离联邦州的海岸线。林肯的果断行动，保卫了华盛顿首府。为保持政府内部的团结，反击同盟军，林肯还扩大了宪法赋予总统的任命权，将北部民主党人、共和党内的保守分子和废奴主义的激进派，都安排在一定的岗位上。1861 年 7 月 4 日，林肯在致国会的咨文中，充分地解释了他之所以扩大总统权力，是出于形势紧急的需要。国会参议院批准了总统的各项任命，众议院通过了一项新的陆军法案，授权总统征召 50 万役期 3 年的志愿兵。参、众两院还提出一项联合决议案，要求承认总统自 4 月份宣战以来，在紧急情况下所采取的超越法律的专政措施是合法的、有效的。1862 年 2 月，国会又通过授权财政部发行 1.5 亿绿背纸币的议案，用作军费。林肯在战时运用和发挥的宪法"潜在权力"，几乎没有受到国会的任何抵制。林肯顺应形势的要求，充分运用总统权力，发挥了卓越的领导作用，终于使南北战争以北部的胜利而结束。遗憾的是，林肯在任内被刺殒命，赍志以殁。

英国政论家拉斯基在《美国总统制》一书中指出："南北战争后，从格兰特到麦金莱的当选，政府实际权力的重点还是在国

---

① 〔美〕塞缪尔·埃利奥特·莫里森等，同前书，第 879 页。

会手中"。① 出现这种情况，是因为南北战争结束直到 19 世纪末，资本主义迅速发展，工业经济日益兴盛。但就全国范围来说，其发展程度是不平衡的：东北部资本主义经济的积聚和集中已达到很高的程度，西部有些地区还处于拓荒阶段，东部和中西部还有贫穷落后的农业地区，加之来自南欧和东欧的移民，宗教信仰、风俗习惯不同，各有要求。因此，从不同州和地区选出的国会议员，为了保持和选民有一定的政治联系，他们必然要在国会中反映各地区人民的迫切要求，希望通过国会，制定符合本州实际需要的法令和法案。他们往往不同意总统或行政当局作一般性的领导和决策，更不允许总统超越国会对地区性的问题作出决定。这就形成了 19 世纪 70—80 年代美国的国家权力结构实际上"是一种国会至上的政体，国会是美国最重要的政策决策机构。"②

19 世纪末 20 世纪初，美国经济已完成由自由资本主义向垄断资本主义过渡，生产与资本日益集中，国内统一市场形成，美国一跃而为工业大国，军事力量大为增强，具备了推行对外扩张政策的条件，因而军事与外交活动加强。在这方面代表国家集权倾向的总统的领导权、支配权便起了主导作用。1913 年，以学者身份出任第二十八任总统、企图使美国领导世界的威尔逊，在和国会的关系方面，因力求扩大总统权力，由合作而发生矛盾、争执以至受挫的过程，是值得追述的。他在宣誓就职当天，就召集国会特别会议，企图打破立法和行政的壁垒，既作政党的领袖，又作政府的最高行政首脑，立法的创议者，以加强总统对全

① 〔英〕哈罗德·拉斯基：《美国总统制》，上海人民出版社 1959 年中译本，第 93 页。

② 艾拉·卡曾纳尔逊和马克·凯赛尔曼合著：《权力的政治》（Ira Katznelson and Mark Keselman: *The Politics of Power*），N.Y. 纽约 1979 年中译本，第 261 页。

国人民的领导权。他在执政的最初两年内，以"新自由"纲领为标榜，拟订了一个立法计划，亲自引导议员们草拟了一系列内政方面的重要立法。在原则和细则问题上出现分歧时，他便斡旋于各派系之间，促使这些议案通过。威尔逊还采取了没有前例的做法，对动摇不定的民主党人施加个人的或政治方面的压力，从而扩充了总统的任命权，以加强他个人对政府机构的控制。根据1913年12月22日生效的"联邦储备法"，他建立了"联邦储备委员会"，并委派了他认为可以信任的人士库恩罗比公司的股东保罗·瓦尔堡，前加州大学经济学家阿道夫·米勒，铁路监督弗里德里克·德拉诺，波士顿律师查尔斯·哈姆林等担任该委员会委员。根据1914年9月26日威尔逊签署的"联邦贸易法"，成立了联邦贸易委员会，委派市政局新局长约瑟夫·戴维斯担任该委员会主席。① 这样，使联邦政府取得了金融货币流通的控制权。他在外交领域更是独揽大权，1914年墨西哥国内发生韦尔塔政变，威尔逊撇开国务院和驻墨西哥使节，派遣自己的亲信与韦尔塔接触。在韦尔塔拒绝后，又不与国务院商量，即命令美国军舰炮轰并占领了墨西哥的维拉克鲁斯，两天后他才取得国会的认可。威尔逊对弱小邻国进行武装干涉，将总统的外交权变为军事干涉权，较西奥多·罗斯福有过之无不及。在美国参加第一次世界大战后，他积极扩大总统权力，国会按照他的旨意通过了征兵法、战时贷款法、战时税收法；他还绕开国会，以行政命令的形式成立了一些战时机构，如战时工业局、粮食管理处、全国铁路局等。威尔逊经过与国会的合作和斗争，获得了美国有史以来总

---

① 〔美〕加布里埃尔·科尔柯：《美国保守主义的胜利》（Gabriel Kolko：*The Triumph of Conservatism, A Reinterpretation of American History*, 1900—1916），N. Y. 纽约1963年中译本，第249、273页。

统最广泛的权力，在国内和国际上树立了威信。然而在战争行将结束、国会进行中期选举时，由于他过于自信，于 1918 年 10 月 25 日公开呼吁"选出一个民主党的国会"，这一举动激怒了许多支持他的使战时法案得以通过的共和党人，并使媾和问题卷入党派之争。1918 年 11 月 11 日，第一次世界大战停战协定签字，而国会中期选举结果，民主党在参议院中丧失了席位，参议院和参议院外交委员会均由共和党控制。共和党人向威尔逊扩大行政权力进行挑战。1919 年 7 月 8 日，威尔逊将《凡尔赛和约》提交参议院批准。参议院共和党领袖和参议院外委会主席洛奇准备借批准和约问题将外交领导权从总统手中夺过来，在参议院会议上，洛奇采取拖延战术，对条约逐条进行朗读，并举行公开听证，对和约进行修改，提出保留条款。威尔逊见形势不利，亲临参议院外交委员会，与共和党参议员进行个别交谈，企图挽回颓势，但已无济于事。威尔逊决定把参加国际联盟一事，诉诸全国人民。从 9 月 4 日开始，他从西部出发，进行一次面向全国的旅行演说。9 月 10 日，参议院民主党人在温和的共和党人帮助下，否决了对和约的修正意见。威尔逊在旅途中病倒，回白宫后患中风症。洛奇于 11 月 6 日代表参议院外交委员会提出十四条保留条款，并声明不经国会同意，政府不能采取行动。11 月 19 日，威尔逊在病中仍然指挥参议院中的民主党员否决洛奇的保留条款，并指派民主党的参议员提出不附任何保留意见批准和约的议案，双方斗争白热化。结果，洛奇等挫败了威尔逊的意图，美国国会没有批准凡尔赛和约，美国也没有参加国际联盟。威尔逊总揽外交大权企图的失败，结束了他的政治生涯。在总统与国会的权力关系上，自 1918 年国会拒绝批准和约获胜时起，直到 1932 年，"天平的重心"又倾向国会方面，国会在"三权分立"结构中重新掌握了立法的领导权。

在 20 世纪 30 年代美国历史最重要时期——经济大萧条时期开始执政的罗斯福，把总统权力扩张到一个新的高度。他就职伊始，就把经济危机比作"战争"。他以总司令的身份，向国会及全国人民呼吁："由于形势空前地需要紧急行动，请求国会给予应付国家危机的必要补救办法，即授予我足以应付危急事态如发动一场大战的广泛行政权力"。①

1933 年 3 月 5 日，罗斯福宣誓就职的第三天，就发布行政命令，关闭全国所有银行进行整顿。3 月 9 日中午，召开国会特别会议，众议院不到一小时就一致通过了罗斯福指导下草拟的一项紧急银行法，参议院也予以通过，几小时后，罗斯福就签署了这个法案。这一行动，确认了总统已开始运用紧急行动的权力。罗斯福以通俗易懂的语言，通过无线电广播向人民发表"炉边谈话"，要求人民给予支持。在由政府出面保障存款、恢复存户对银行的信任、防止挤兑风潮之后，罗斯福又召开国会紧急会议，进行了一系列的重要立法，包括干预农业生产，控制证券交易，拟订财政货币金融政策。总之，围绕着复兴与救济两大目标，在"百日新政"期间，参、众两院被引导着通过一系列重要议案。1934 年初，共和党改变态度，竭力打算充当真正的反对党，国会内左翼和右翼人士，对罗斯福的政策不断提出批评。罗斯福则采取比较温和、保守的立场，运用总统的权力和说服等方式来驾驭国会。他充分利用宪法赋予总统的否决权来控制立法，经他正式否决的议案达 372 次之多，运用口袋否决权② 达 261 次。罗

---

① 〔美〕亨利·斯蒂尔·康马杰：《美国历史文献》（Henry Steele Commager: *Documents of American History*），N.Y. 纽约 1943 年版，第 2 卷，第 422 页。

② "口袋否决权"是总统实行否决权的一种办法。总统将国会通过的法案搁置到国会休会，不予签署，按宪法第一条第七款规定，该法案即不能成为法律。杰克逊是第一位采用这一办法的总统。

斯福否决的议案被国会以 2/3 票数推翻仍成为法律的，只有 9 次。罗斯福通过种种办法，使他的绝大部分新政立法在国会中获得通过，甚至还常以使用否决权相威胁，扬言如国会对他不同意的议案不加以修改，甚至撤销，他就要实行否决权。① 这一恫吓手段，有时比使用否决权还起作用，国会不得不放弃那些使罗斯福总统不满意的议案。到第 73 届国会闭幕时，罗斯福掌握了和平时期对美国经济空前未有的控制权。1935 年，国民经济有了一定程度的复苏，而代表大企业和银行界喉舌的自由联盟就对"新政"起而攻击了，"智囊团"中莫利等保守派也疏远了罗斯福。

1933—1937 年，国会中孤立主义者虽支持罗斯福新政，但在外交政策上主张美国避免卷入欧亚战争，并把它作为美国对外政策的圭臬，坚决不让总统在这方面有决策的自由。罗斯福当时认为：美国的当务之急是集中精力对付压倒一切的国内经济问题，对孤立主义外交政策采取妥协让步，以换取他们对新政的支持，勉强地接受了以国会两院联合决议案形式制定的中立法。从 1937 年 8 月起，美国经济又出现衰退，新政遭到国内外的保守派和温和派的反对，步履艰难。同年 10 月 5 日，罗斯福在孤立主义大本营芝加哥放出试探性气球，发表一篇"防疫演说"，因引起国会的反对，罗斯福立即从这一政治表态后撤。1938 年国会中期选举中，共和党获得重大胜利，加强了两党议员中保守力量的纠合，参议院也企图对行政权力加以限制。但在希特勒签订慕尼黑协定、侵占捷克斯洛伐克的苏台德地区后，欧洲法西斯势力的威胁日益严重，国际形势险象丛生，美国舆论要求权力日益

---

① 〔美〕詹姆斯·麦格雷戈·伯恩斯：《罗斯福：狮子与狐狸》，商务印书馆 1987 年中译本，第 251—252 页。

集中于总统，罗斯福便利用世界大战前的形势，要求国会召开特别会议，并与国会中的孤立派和保守势力周旋，从而巩固了总统的权力，加快了重整军备的步伐。罗斯福还派科柯伦作为总统代言人，向国会游说，在国内立法方面，取得了很好的效果。1939年9月8日，国会通过了行政改革法，即8248号行政命令。美国著名的制度史学家克林顿·罗西特评论说，这个法案"几乎未被注意，但它却是美国制度史中划时代的大事件"。① 根据这项行政命令，建立了总统办事机构，包括白宫办公厅、国家资源计划处、人事管理局，并将预算局从财政部统辖转变为由总统直接控制，预算局长直接受命于总统，加强了总统对预算的决策作用。这一行政改革法，确立了总统领导的庞大的管理体系。

1939—1941年法西斯势力日益猖獗，欧洲与远东局势急剧恶化，美国民意倾向于进行干涉并不惜冒战争的风险。舆论的这种转向有利于罗斯福的扩军备战，不利于国会中的孤立主义者。1940年7—8月，罗斯福扩充陆海空军的计划在国会顺利通过。9月，罗斯福促使国会通过美国在和平时期第一个征兵法。由于国会6月28日通过海军拨款法修正案，禁止总统将防务设备让与外国，罗斯福于1940年9月2日绕开国会，和英国签订一个秘密协定，将50艘"逾龄"驱逐舰让给英国政府，换取英国将纽芬兰、百慕大和加勒比海地区英国领土的海军基地租给美国99年。1940年罗斯福第三次连任总统，民主党人在国会两院席位中仍保持大多数。1941年1月，罗斯福向国会提出租借法案，国会并拨款70亿美元，供执行《租借法》使用。同年12月7

---

① 〔美〕威廉·爱德华·洛伊希腾堡：《富兰克林·罗斯福及新政》（William E. Leuchtenburg: *Franklin D. Roosevelt and The New Deal* 1932—1940），N.Y. 纽约1963年版，第327页。

日，日本偷袭珍珠港，罗斯福在美国国会联席会议上发表演说，国会同意对日宣战。接着，国会又通过了第一个战时权力法，规定总统有全权将行政职能交给需要建立的任何新机构。1942 年 3 月，通过第二个战时权力法，规定总统有全权根据国防需要在整个经济范围内优先分配资源的权力。在第二次世界大战期间，罗斯福曾多次以美国行政首脑的身份，参加两巨头或三巨头的最高级国际会议。在开罗、德黑兰、雅尔塔会议中，达成了一系列决定战争进程和战后国际间命运的重要协定。在这些重大会议上，邱吉尔首相只能作出临时性的义务承担，因为他必须同内阁商量，而罗斯福总统则可当场作出决定。罗斯福由于挽救了美国历史上严重的经济危机，在领导美国人民进行反法西斯战争中有卓越的功绩，因而使总统的行政权力成为"三权分立"的核心。

　　第二次世界大战后，美国的总统权力迅速扩大，总统的行政机构也相应地增加，在外交权和军事权方面，战后历届总统事实上已取得了决定权。宪法规定，总统有权缔结条约，但必须向参议院咨询意见并得到它的同意，但战后历届总统往往采取行政协定和简要声明的办法，作为对外承担义务代替订立条约的手段。宪法规定，宣战权归属国会，但战后，历任总统往往逾越国会，向海外调派军队，进行武装干涉，甚至不宣而战，如杜鲁门未经国会同意，在朝鲜战争爆发后第 7 天，即 1950 年 6 月 30 日，便指派军舰、军用飞机、坦克、大炮和空地部队，全面介入朝鲜战争，7 月还运用"联合国军"名义更大规模地出兵朝鲜作战。肯尼迪于 1961 年 12 月 1 日，改变美国对南越只限于提供金钱、武器和顾问的政策，派遣美国陆军直升机，与南越游击队直接作战，同时将驻西贡的美国军事顾问团升格为美国驻越军事援助司令部，工作人员从 2000 人扩大为 1.6 万人。约翰逊就任总统后，根据错误情报，煽动和劝诱国会通过东京湾决议，该决议授权总统动用美军，并以此作为他大规模干涉越南内政的依据。尼克松上台后，减少在南越的美军，提出使战争越南化的策略，撇开国会，撤销东京湾决议，于 1972 年命令恢复对北越进行停止了 4 年之久的大轰炸，并派兵入侵柬埔寨。对于战后几任总统这种扩大权力的趋向，美国国会不是完全没有反应的。在杜鲁门发动全面侵朝战争时，参议员罗伯特·塔夫脱当时就指出："这是政府篡夺了国会的宣战权。"曾长期担任美国参议院外交委员会主席的詹姆斯·威廉·富布赖特对参议院支持行政当局发动印度支那战争悔恨莫及。他在 1972 年写的《跛足巨人》一书中，谴责总统单方面的宣战权和外交权是"篡政"，使美国成为"总统独裁制"国家。① 尼克松就职时，两院由民主党控制，他是美国 120 年来第一个就职的总统须同完全由反对党控制的立法机构进行周旋并与之斗争的行政首脑。在他第二任期间，国会两院否决政府将国防经费转用于轰炸柬埔寨的决定，坚决要求剥夺总统单方面采取战争行动的自由。及至水门事件爆发，美国国内舆论对总统扩张权力的行为进行猛烈抨击，国会也相应地制定了一系列限制总统权力的重要立法，其中最重要的是 1973 年 11 月通过的"战时权力法"，要求总统派遣美国部队到海外从事任何敌对行动时，必须在 48 小时内，将此种行动的全部情况与细节报告国会，而且除非国会批准，应在 60 天内停止敌对行动。由于最有势力的垄断资本利益集团需要巩固和加强美国的实力，美国总统权力的扩大，已成为历史发展的必然趋势。但国会毕竟是美国 50 个州的各种利益集团代表的集体，是反映不同选区选民意愿的机构，再加上复杂的派系之间的斗争，所以，美国联邦政府领导阶层即总

---

① 〔美〕威廉·富布赖特：《跛足巨人》，上海人民出版社 1976 年中译本，第219 页。

统与国会之间的权力斗争，将时起时伏，不可能终止。

三 总统与最高法院

美国宪法第三条规定，联邦的司法权属于最高法院以及由国会下令设立的各级法院。最高法院首席法官由总统提名，经参议院同意后由总统任命。司法权运用的范围，包括宪法、合众国法律，以及一切涉外案件和诉讼案件。司法部门的具体审理情况是十分复杂的，因而总统有权指示司法部，对法院的审案工作进行检查，也是行政权对司法权的制约。美国宪法第三条是关于司法权的规定，全文仅三款，其文字仅为第一条（立法权）的1/6，为第二条（行政权）的1/2。在华盛顿任期内，司法部门就其机构的规模来说，较立法、行政为小。亚历山大·汉密尔顿在《联邦党人文集》中指出："司法部门从它的职能性质来看，是危害宪法中所规定的人民的政治权利最少的"。因为行政部门掌握刀剑，立法部门掌握钱袋，而"司法部门既无刀剑，又缺乏钱袋……所有者仅判断力。"

建国后，约翰·杰伊任首席法官（1789—1795年）。他曾向美国第二任总统约翰·亚当斯表示：因对法院在国家事务中能否起显著作用缺乏信心，拒不接受继任首席法官的职务。1803年，最高法院首席法官马歇尔在"马尔柏控诉麦迪逊"案件中作出判决，开创了司法审查权的先例。以后，最高法院取得了审查联邦法律、州宪法、州法律或行政法是否符合宪法的权力，使司法权对立法、行政权发挥制衡作用。司法权的不断扩大，经常和行政首脑总统的权力发生矛盾和冲突。马歇尔自1801—1835年担任首席法官达34年之久，对健全和发展美国司法制度起了重要作用。1835年继任首席法官的是司法界保守派的代表罗吉·唐尼，他以 1857 年作出反动的司考特判决案而载入美国史册；他甚至与林肯在战时紧急状况下行使权力进行较量。在内战期间，林肯下令在军事冲突附近地区，实行军事逮捕和审讯，宣布停止人身保护法，如 1861 年 5 月，马里兰州巴尔的摩市脱离主义者约翰·梅里曼被当地联邦军事当局逮捕，梅里曼向当时充当巡回法庭法官的最高法院首席法官唐尼提出申请，由法庭颁发人身保护令，同意将他释放；由于遭到联邦驻军司令的拒绝，唐尼竟对总统有权运用军事命令暂停实行宪法中规定的人权保障的正确措施加以谴责。林肯于同年 7 月 14 日致国会特别咨文中予以驳斥，以为当时国内发生叛乱时暂停人身保障法是宪法所允许的，否则政府将陷于崩溃。① 最高法院在政治上经常持保守态度。在富兰克林·罗斯福实行新政时期，一些措施在法院受阻；最高法院以维护宪法分权为名，对罗斯福行政权力的扩大持反对态度。1935—1936 年，新政的 13 项立法均被最高法院宣布为违宪。1936 年大企业界反对罗斯福政府干预经济，和最高法院的判决不谋而合。1937 年 2 月 5 日，罗斯福向国会提出改组法院的计划，他事先未与担任国会联络的助手以及大多数内阁成员协商，因而受到猛烈攻击，原先忠于罗斯福的许多参议员及民主党领袖，也站到反对派的一边，罗斯福改组法院、改革司法的计划终于被挫败。此后，最高法院法官休斯担心他们的保守态度，会使法院在政府机构中的权力和影响受到削弱，因而也作了戏剧性的转变，一反以前的立场，倾向自由派阵营，宣布保障劳工进行集体议价的瓦格纳法案符合宪法。在 1937 年以后最高法院的判决案中，都默许

---

① 艾尔弗雷德·凯利等：《美国宪法，它的渊源和发展》（Alred H. Kelly, Winfred A. Harison and Herman Belz, *The American Constitution, Its Origins and Development*），N. Y. 纽约 1983 年版，第 312 页。

了国会对总统的授权。罗斯福的法院改组计划虽在参议院被搁置，但原来的老法官或退休或死亡，由罗斯福提名经参议院同意任命了新法官，至 1943 年，最高法院法官 9 人，全部由罗斯福任命，最高法院的构成发生了变化，因此，罗斯福认为，在这场斗争中，自己"在战役上虽输了，但赢得了战争"。

第二次世界大战以后，在国内外进步思潮的影响下，最高法院实行了自我约束，在有些判决案中，逐渐改变了过去的态度。1953 年由总统艾森豪威尔提名，经参议院同意后，任命厄尔·沃伦为最高法院首席法官（任期 1953—1969 年）。1954 年最高法院在"布朗控诉教育局"案中，沃伦主持公道，宣判"普莱西案"中所规定的"隔离但平等"的原则为违宪。艾森豪威尔对此案采取保守立场，他后悔地宣称："对沃伦的任命，是犯了最大的错误。"

1969 年沃伦退休，尼克松任命沃伦·伯格为首席法官。水门事件发生后，沃伦·伯格裁决尼克松败诉，尼克松面临被弹劾的危机，不得已辞职。水门事件如此解决体现了美国宪法"三权分立"原则和司法权不受行政干预的法治精神。

美国总统制是在美国特定的历史条件下形成和发展的产物。随着时间的推移，到二百余年后的今天，美国总统的选举方式已有了显著的变化。关于总统的职责和任期年限等重要内容，在美国宪法第二条及有关修正案中已有所表述，但从当前现实政治生活来观察，总统的权力等方面，已超越上述规定的内涵。美国宪法没有提到政党，但政党是美国政治的基础，共和、民主两党轮流执政，成了美国政治的传统。第三党或其他类型的小党，虽有时出现，但都未起到决定性的作用。两大政党的主要任务，是在政治生活中包揽各层次的竞选，争取本党人士担任公职。实质上，是运用各自的选举程序，处理各阶层利益集团对中央和各地区的政治权力的再分配。美国宪法和两党制，是美国国内政局长期稳定的重要因素。美国舆论指出，当前美国总统制存在下列突出的两个问题：一是金钱对选举的影响愈来愈大，近年来每一届总统竞选，都耗用了大量的人力和巨额经费，浪费十分惊人；[①]二是美国总统的权力日益膨胀，影响到"三权分立"、"互相制约"的原则。美国著名政论家西奥多·怀特对此不无感慨地说："这种问题同华盛顿的政治现实夹缠在一起，其程度之深，只有专于此业的学者、工于此道的政客才能理出头绪"。[②] 这种状况确实发人深省。对此，美国人民正在自我探索，寻觅答案。

（原载《历史研究》1989 年第 3 期，收入本集时有增删）

---

① 据美联社华盛顿 1988 年 12 月 9 日电，在这次总统选举整个竞选活动中，当选总统布什的竞选费用，净开支为 4530 万美元，杜卡基斯的净开支为 4250 万美元。杜卡基斯竞选活动的财务负责人罗伯特·法默指出，除了杜卡基斯的上述开支外，民主党全国委员会为这次竞选募集了 6800 万美元，创竞选募款额的最高纪录。

② 西奥多·怀特：《美国的自我探索》，北京 1984 年中译本，第 492 页。

美国历史

　　美国全称美利坚合众国，国土主要部分位于北美洲的中央。面积937.2万平方公里，占世界陆地总面积的1/20，居世界第4位。由本土48个州、一个直属区（哥伦比亚特区）和阿拉斯加、夏威夷两个州组成。人口为2.393亿人（1985），其中白人为1.882亿人，黑人为2850万人，讲西班牙语人为1760万人（其中60％为墨西哥人）。亚洲和太平洋地区的人种为360万人，印第安人为140万人。宗教信仰以信奉基督教新教各教派和天主教为主，教徒共1.4217亿人，新教徒为7870万人，天主教徒为5228万人，犹太教徒为405万人，其他教徒714万人。通用英语。首都华盛顿。

　　英属北美殖民地的建立　北美洲原始居民为印第安人。16—18世纪，北美洲成为正在进行资本原始积累的西欧各国争夺殖民地的地区。在北美洲，法国人建立了新法兰西（包括圣劳伦斯流域下游大湖区，密西西比河流域等处）；西班牙人建立了新西班牙（包括墨西哥和美国西南部的广大地区）。

　　从1607年到1733年，英国在北美洲大西洋沿岸陆续建立了13个殖民地。到达殖民地的大多数是西欧贫苦的劳动人民，也有贵族、地主、资产阶级，以英国人、爱尔兰人、德意志人和荷兰人最多。移民中有逃避战祸和宗教迫害者，有自愿和非自愿的"契约奴"以及乞丐、罪犯，还有从非洲被贩运来美的黑人（见英属北美殖民地）。1607年，英国建立了第1个殖民据点——詹姆士城。1620年，一批清教徒乘"五月花"号船来到北美，建立了普利茅茨殖民地。

北美独立战争　英国对北美殖民地采取剥削、压迫政策。英法为争夺海上霸权和掠夺殖民地而进行的7年战争，以英国胜利告终。英国在北美接管了加拿大，控制了密西西比河以东的新法兰西。在7年战争前，英国虽颁布了一系列重商主义的航海法、贸易法、工业法，限制北美殖民地经济的独立发展，但当时英法矛盾甚于英国和殖民地的矛盾，英国还要利用北美殖民地的人力、物力来抵抗法国，因而执行不力。北部殖民地商人通过与西、法所属西印度群岛进行走私贸易，获利甚巨，促进了北部殖民地工商业发展。7年战争后，英国对北美殖民地全面加强控制，宣告阿巴拉契亚山脉以西为王室产业，禁止殖民地人民染指；并征收重税，严厉缉私，限制殖民地人民的经济活动。18世纪60年代中，英国颁布糖税法、印花税法（见印花税条例），唐森德税法等法令，严重地损害了殖民地各阶层人民的经济利益。从1619年弗吉尼亚建立议会起，各殖民地相继成立议会，与英国相抗衡，1765年9个殖民地举行抗议印花税大会，掀起反抗怒潮。

18世纪70年代英国进一步执行高压政策，1770年波士顿惨案发生。1773年通过了茶税法，引起波士顿倾茶事件。1774年颁布了5项不可容忍的法令，诸如封闭波士顿港，增派英国驻军，取消麻萨诸塞的自治权，确立英国对殖民地的司法权等，从政治上军事上加紧对殖民地的控制与镇压。1772—1774年，各殖民地普遍成立通讯委员会，领导殖民地人民的抗英斗争。

1774 年 9 月 5 日，除佐治亚外的各殖民地代表在费城召开了第一届大陆会议，通过了和英国断绝一切贸易关系的决议，继而通过"关于殖民地权利和怨恨的宣言"，同时向英王呈递请愿书。1775 年 4 月 18 日，在波士顿附近的列克星敦和康科德，殖民地爱国者打响了反抗的枪声，揭开了北美独立战争的序幕。5 月，第 2 届大陆会议召开。次年 7 月大陆会议通过了独立宣言，宣布 13 个殖民地脱离英国独立。

由于开始时双方实力悬殊，北美独立战争进行了 8 年之久，到 1781 年 10 月，美、法联军攻下英军最后据点约克镇才基本胜利结束。1783 年英美签订巴黎和约。北美独立战争是世界历史上第 1 次大规模的殖民地争取民族解放的战争，它是由资产阶级和种植园主领导的资产阶级民主革命。独立战争时期涌现出一批杰出的政治家，如大陆军的总司令 G. 华盛顿、《独立宣言》的起草人 T. 杰斐逊、外交家 B. 富兰克林、文化战士 T. 潘恩（或裴因）。

独立的民族主权国家的建成　在战争过程中，大陆会议制定了邦联条例，1781—1787 年 13 州组成了邦联国会，宣布成立美利坚合众国，它是一个松散的州际联盟。1784 年"中国皇后"号来华通商。1786 年爆发 D. 谢司起义，使资产阶级和奴隶主震惊。他们决心强化中央政权，保护有产者的经济利益。1787 年，在费城秘密地召开制宪会议。在会议期间，大州和小州的代表经过争论，同意每州均选出两名参议员；在蓄奴制问题上，北部资产阶级对南部种植园奴隶主也作出了重大妥协，默认奴隶制存在，在征税及分配众议员席位方面，南部黑奴均以 3/5 的人口计算，最后制定了宪法草案。这是世界上第一部成文宪法。1788 年 6 月由 9 个州批准生效。

根据宪法，美国建成立法、行政、司法三权分立、相互制衡的联邦制国家。广大人民群众对宪法不附载任何权利法案感到不满，掀起抗议运动，由此增加了宪法前 10 条修正案，于 1791 年 12 月，经 11 个州批准生效。其中，以《权利法案》著称（见美国 1787 年宪法）。

1789 年联邦政府成立。4 月，华盛顿就任美国首届总统。1792 年连任。1789—1791 年间，在国内外政策存在分歧的政治斗争过程中，由财政部长 A. 汉密尔顿派组织了联邦党，主张中央集权，外交上亲英，控制了联邦政府的权力。国务卿 T. 杰斐逊派主张维护国内人民民主权利，同情法国革命，组织了民主共和党。1793 年华盛顿在欧洲列强联合干涉法国革命时，采取中立政策。1794 年 11 月，联邦政府和英国签订了损害美国主权的杰伊条约。亲英和亲法成为联邦党和民主共和党在外交政策上的分野。在内政方面，联邦政府制定关税条例，建立银行，稳定经济，但实行不利于贫苦人民的偿还国债、州债的办法，并征收国产税。当西宾夕法尼亚农民因抗缴国产酒税而举行起义时，汉密尔顿亲自率领部队前往镇压。1798 年联邦党人 J. 亚当斯政府颁布了 4 项摧残人民民主权利的法令，其中《客籍法》是为了驱逐来自法国和爱尔兰的侨民而制定的，《镇压煽动叛乱法》规定对总统或国会以言论、文字"意图中伤"或"加以轻蔑诋毁"政府的人予以惩处。这些措施激起人民群众的愤慨。联邦党由此声誉衰落。

1801 年，由民主共和党 T. 杰斐逊任总统。杰斐逊政府废除了上述 4 项法令，削减开支，减轻税收，取消了酒税，鼓励农产品出口。1803 年从法国手中购买了面积达 200 多万平方公里的路易西安那。英国企图夺回北美殖民地。英舰在公海上继续拦截美国船只，强制征用美国海员。为维护航海自由，1812—1814 年美国进行了第二次对英战争（见美英战争）。除海战外，优势在英军方面。1814 年 8 月，英军曾攻占华盛顿首府，焚烧总统府及国会。但由于英国担心欧洲重启战争而疲于奔命，1814 年 12 月，英美在今比利时的根特签订和约。这次战争使美国得以摆脱英国政治上的控制和经济上的渗透，成为一个完全独立的民族主权国家。

美国内战前南北经济的不同发展 从 19 世纪初到内战前，美国领土由大西洋沿岸扩张到太平洋沿岸。美国经济发生了显著变化。主要表现在北部、南部经济沿着不同方向发展。美国北部资产者，在长期对印第安人进行欺诈性皮货贸易和土地掠夺，进行贩奴贸易以及在西部从事土地投机活动的基础上，利用欧洲各国间战争的机会，发展海上贸易，扩大航运业，进行大量的资本原始积累。在北部，早于 1790 年在罗得岛就建立了第一座使用阿克莱特式纺纱机的棉纺厂。此后，其他工厂陆续出现。从 19 世纪初期起，大量资金投放于工商业，资本主义工业生产得到发展。在大力引进西欧科学技术的同时，鼓励创造和发明。50 年代，工业化迅速推进。1860 年，美国的工业生产居世界第 4 位。2/3 的制造品由东北部生产。西欧移民大批涌入，并向西迁移，为发展资本主义经济，提供了自由雇佣劳动力。在南部，以奴隶劳动为基础的棉花种植园经济不断扩大，由大西洋沿岸各州扩展到得克萨斯境内，奴隶制作为资本主义机体上的赘瘤而发展着。在西部新开辟的地区，是推广自由劳动制还是奴隶制，南部和北部的代言人争执不休，成为全国政治斗争的主题。1820 年北部对南部作出让步，达成《密苏里妥协案》，双方争执暂时平息。

美国内战前的外交和政治 1823 年，美国总统 J. 门罗发表了《门罗宣言》（见门罗主义）。反对欧洲列强干涉西半球事务，为美国日后在拉丁美洲进行渗透和干涉提供了依据。1844 年，美国胁迫中国清政府签订不平等的望厦条约。1846—1848 年，美国发动对墨西哥战争，把得克萨斯、新墨西哥和加利福尼亚并入美国领土。1851—1864 年，参加镇压中国太平天国革命运动，并胁迫日本开放门户。

在政治方面，联邦党在 1814 年美英战争即将结束时，召集哈特福德会议，图谋分裂联邦，但遭失败，因而瓦解。联邦党的衰落标志着商业资本开始向工业资本过渡。1816—1824 年，美国进入民主共和党一党执政时期，它代表北部资产阶级和南部奴隶主的共同利益，习称"和谐时期"。以后民主共和党分裂，政治力量重新组合。1828 年，成立了代表部分资产阶级和种植园主、西部边疆农民和沿海城市工人联盟的美国民主党，推选 A. 杰克逊为总统候选人，杰克逊当选并连任总统至 1837 年 3 月。1834 年美国辉格党成立，它代表工商业者和部分种植园主利益。杰克逊政府以诱骗和武力方式，将印第安人驱逐至密西西比河以西，并制止了南卡罗来纳州借口高关税法而掀起的分裂危机。杰克逊政府废除了贫民因负债而受到监禁的法令，普及了白人男子的普选权，并进行了一些民主改革，习称"杰克逊民主"。工人争取 10 小时工作日的斗争十分活跃，纽约、费城等城市具有专业技术的工人组织了工人政党，参加了地方选举。1828—1856 年，民主党和辉格党成为对峙的两大政党。除 1840 年和 1848 年两届总统竞选由辉格党获胜外，其余各届总统竞选均由民主党获胜。

随着南部和北部两种不同社会经济制度斗争的激化和黑奴反抗的不断掀起，群众性的美国废奴运动广泛开展。1840 年，主张废奴运动的"自由党"成立。1848 年，废奴主义者，民主党和辉格党内反对奴隶制的分子组织了自由领地党，以在西部地域建立自由州为宗旨。1850 年，双方经过争执，达成 1850 年妥协案，同年国会通过严峻的逃奴追缉法（见 1850 年妥协案）。1854

年国会通过堪萨斯—内布拉斯加法案，取消了奴隶州和自由州的地理疆界线，也就使密苏里妥协案随之废除，遭到北部工业资产阶级的强烈反对，1854 年成立了共和党，以反对奴隶制为宗旨。1856 年，民主党 J. 布坎南当选总统。此时实际上民主党已成为代表奴隶主利益的政党。1857 年最高法院作出斯科特判决案，其法律涵义是使奴隶制的规模推向全国。1859 年 J. 布朗领导的反奴隶制的武装起义被镇压（见约翰·布朗起义）。1860 年总统选举中，共和党候选人 A. 林肯获胜。蓄谋叛乱已久的南部奴隶主集团决定脱离联邦，并于 1861 年 2 月另行成立宣布维护奴隶制的南部同盟。

美国内战以及重建时期 1861 年 4 月，南部同盟不宣而战，占领萨姆特炮台，美国内战爆发。

1862 年 5 月，林肯颁布《宅地法》，允许耕种西部土地 5 年的农民，在缴纳 10 美元证件费后获得 160 英亩土地的使用权。使在西部垦殖的广大农民，站在废奴派一边，孤立了南部同盟。1863 年 1 月 1 日，林肯颁布的《解放宣言》生效，叛乱各州的黑人奴隶都被视为自由人，允许参军，短期内即有 18.6 万名黑人参加联邦军队作战。美国马克思主义者和广大工人，踊跃参加联邦军队作战。K. 马克思和 F. 恩格斯的战友 J. 魏德迈转战密苏里等地，为保卫边疆各州作出了贡献。欧洲各国工人，尤其是英国工人反对本国政府对联邦政府进行武装干涉的斗争，有助于联邦的军事胜利。1864 年联邦军队占领佐治亚的亚特兰大，将南部同盟截成两段，取得了决定的胜利。1865 年 4 月 9 日，南部同盟军总司令 R.E. 李将军投降。南北战争以联邦胜利宣告结束。4 月 14 日，林肯遇刺，副总统 A. 约翰逊继任总统。约翰逊对南部种植园主推行妥协政策。1865 年 11 月，密西西比州首先颁布《黑人法典》对黑人残酷迫害。恐怖组织三 K 党于 1866 年成立，对刚获得自由的黑人施以私刑。在这种混乱局面下，共和党激进派占优势的国会提出弹劾总统案（以缺少 1 票未通过），并分别于 1865、1868 和 1870 年通过了宪法第 13 条修正案（宣布在美国奴隶制不复存在）、第 14 条修正案（黑人被承认为美国公民）、第 15 条修正案（给黑人以选举权）。1867 年 3 月，国会通过重新建设南部法案，对南部实行军管。1867—1877 年，南部进行民主重建，各州成立了黑人和白人联合执政的政权，制定了民主的进步法令，14 名黑人当选为众议员，两名黑人当选为参议员。北部资产阶级保守势力力图和南部种植园主势力妥协，恢复南部战后初期的旧秩序，以便全力对付全国日益兴起的工人、农民运动。R.B. 海斯就任总统，标志着民主重建的结束。1877 年黑人在经济上成为谷物分成制的佃户，在政治上仍处于无权地位（见重建时期）。

19 世纪后半叶美国经济迅速发展　南北战争后，由于南部种植园制度的废除，为资本主义在全国范围的大发展创造了条件：造船业和机器制造业迅速发展，横贯大陆的 4 条铁路建成，西部广大土地的垦殖，边疆的消失，促进了国内统一市场的形成和扩大。在中西部、远西部和南部日益开拓进程中，各地区发展了具有本地特点的工业。外国移民的大量涌入，提供了丰富的劳动力，使北美能够大规模进行农业生产。19 世纪后半叶农业机械化迅速发展，从 1860—1916 年，耕地面积由 4.07 亿英亩增加到 8.79 亿英亩，改良的土地面积扩大了 3 倍多。小麦和玉米的产量约增加了 3 倍多。农业中大生产排挤和兼并小生产，在工业的北部，表现为农业日益采用集约耕作，在其他农业为主的地区，大农场数字逐渐增加，1900 年，美国农产品总数的一半是由 1/6 的大农户生产的，形成了美国式农业资本主义发展道路。

19 世纪后半叶，科学技术领域有重要发明和突破，其中首推电力的应用。1876 年 A.G. 贝尔发明电话机，1886 年 T.A.
爱迪生制造了电灯，1892 年杜里雅兄弟试制成功汽车，1903 年
莱特兄弟试制飞机航行成功。电力广泛应用于工业，导致美国资
本主义经济的全面发展。1880 年美国工业在全国生产总值中的
比重已超过农业，工业生产总值，由 1860 年的世界第 4 位，跃
居至 1894 年的首位。美国已成为高度发达的资本主义国家。

19 世纪末美国人民群众的斗争　随着生产的聚积和资本的
集中，美国社会结构发生了巨大变化，城市人口迅速增加，资产
阶级和无产阶级成为对立的两大阶级。产业无产阶级的组织性和
战斗性大大增强。内战后全国劳工同盟和劳动骑士团两大工人组
织先后成立，都以争取 8 小时工作日为运动目标。全国劳工同盟
还提出"同工同酬"的进步口号；劳动骑士团最初是秘密组织，
到 1881 年公开，成为第一个土生土长的美国工人组织，并吸收
非技术工人、妇女、小业主和农民参加。1884 年美国与加拿大
有组织的行业工会与劳工联合会（美国劳联的前身）成立，曾经
通过要求在 1886 年 5 月 1 日实现 8 小时工作制，是具有历史意
义的决议。资本主义生产迅速发展，促使劳资矛盾进一步激化
（见美国劳工组织）。1877 年 7 月，西弗吉尼亚和宾夕法尼亚铁
路工人举行大罢工，随即波及全国各重要铁路线。出现了美国历
史上第一次大规模的全国性罢工。1886 年 5 月 1 日，35 万工人
为争取 8 小时工作制举行示威游行，5 月 3 日晚，发生了芝加哥
秣市惨案，因此 1889 年第二国际巴黎大会上，通过决议，规定
5 月 1 日为国际劳动节。1892 年卡内基钢铁公司降低工资，激起
霍姆斯特德钢铁工人的罢工。1894 年退伍军人 J. 考克西率领失
业军向华盛顿进军。7 月，因普尔曼公司拒绝工人合理要求，工
人举行罢工，中西部铁路陷于瘫痪。上述罢工和"进军"都遭到
镇压。

19 世纪末 20 世纪初，涌入美国的新移民多来自东南欧各国，他们或在城市做工，或在新兴基础工业充当非熟练工人。劳联不顾工人结构的这种重大变化，仍坚持只组织熟练工人的行业工会，执行和企业主妥协政策，漠视未组织起来的广大工人和黑人的利益。1905 年，一个新型的按产业原则组成的左翼工会——世界产业工人同盟成立，组织了非熟练工人、西部的流动工人和东部的新移民工人，包括妇女、黑人和华工。该同盟的战斗力很强，多次领导了争取提高工资、改善待遇的罢工斗争。由于它不断遭受镇压，并逐渐浸染了无政府工团主义思想，20 年代初解体。

19 世纪后半叶，美国农业虽有巨大发展，但由于工农业产品价格的剪刀差和农业危机，多数农民陷于困境，从 60 年代后期开始，美国农民先后进行农民协进会运动、绿背纸币运动、农民联盟运动，展开反对垄断组织的剥削与中介商人压榨的斗争。1892 年，以中西部和西部农民为骨干的全国性的第三党——平民党组成，要求进行经济、政治改革，并参加了总统竞选。1896 年平民党和民主党联合参加总统竞选，它的政纲部分由民主党吸收，至 1900 年，平民党解体。

城市中产阶级中进步人士揭露了当时美国社会存在的大量弊端，掀起了改革运动，对推进美国民主化起了一定作用。

1909 年 3 月，美国芝加哥女工为争取同工同酬，举行罢工和游行，博得了全国和世界各地广大妇女的支持和响应，次年，国际妇女代表大会决定将 3 月 8 日定为国际劳动妇女节；美国延至 1920 年国会通过宪法第 19 条修正案，给予妇女选举权。

19 世纪 70 年代以后，黑人备受压迫和种族歧视，从 1888 年到 1900 年，黑人遭受私刑惨死者平均每年达 156 人。1905 年，著名黑人学者和活动家 W.E.B. 杜波依斯领导了尼亚加拉运动，对此提出抗议，这一运动成为现代黑人解放运动的起点。

1887 年美国政府取消了印第安人土地公有制，至 1924 年给予印第安人以美国公民权。

美国曾廉价招募华工到西部，修筑横贯大陆的铁路，华工对开拓西部，历尽艰险，并作出了巨大贡献，但在开发工作大体告成时，排华暴行不断发生。1902 年，排华法通过后，华工基本上被禁止入境（见美国排华运动）。

19 世纪后半叶 20 世纪初美国的社会主义运动　代表先进的无产阶级利益的科学社会主义，在内战前即已在美国传播。内战后随着生产的发展，美国资本主义基本矛盾加深，不断发生经济危机。在 1873、1883、1893 年周期性危机过程中，社会财富日益两极分化，阶级矛盾突出。1867 年马克思主义者在纽约组成第一国际美国支部，1872—1876 年第一国际总委员会设在纽约，由马克思、恩格斯的战友 F.A. 左尔格任总书记。1876 年，成立了美国工人党。在其内部，马克思主义者展开对拉萨尔分子的斗争。1877 年，美国工人党改组为社会主义工党，由 F. 拉萨尔派把持。90 年代，D. 德莱昂掌握了该党的领导权，强调在选票箱上争取多数议席，脱离广大工人群众。优秀的社会主义者 E.V. 德布斯 1898 年创建美国社会民主党，1901 年改组为美国社会党。1919 年社会党左派相继成立了两个共产党，但由于美国政府的压制，美国马克思主义者人数很少，始终未能组成一个强有力的革命的工人政党，对当时蓬勃发展的工农运动给予正确领导。

第一次世界大战前美国的内外政策　美国是后起的资本主义国家，到 19 世纪末，在瓜分世界、掠夺殖民地和势力范围方面急起直追，与其他帝国主义国家展开了争夺活动。1889 年美国召开了泛美会议，向拉丁美洲渗透。1898 年发动了美西战争，击败了老殖民主义者西班牙，夺取了加勒比海的古巴和波多黎各、太平洋的关岛及菲律宾群岛，接着合并了夏威夷群岛。在T.罗斯福和W.H.塔夫脱执政时期，美国交替使用"大棒政策"和"金元外交"，在门罗宣言的掩饰下，对加勒比海地区进行渗透和侵略，建立了政治的、财政的控制权。1903年美国策动巴拿马政变，攫取了巴拿马运河区。在远东，1899年美国提出对华"门户开放"政策，承认列强在中国的势力范围，并运用自己的经济优势，扩大贸易。1900年，美国参加了八国联军，侵犯中国领土主权，并取得在北京等地驻兵的特权。美国在1904—1905年日俄战争中支持日本。在日俄战争结束后，美日因争夺中国东北市场矛盾激化，双方经过谈判，于1908年签订了罗脱—高平协定，双方同意维持两国在太平洋的既得利益。中国辛亥革命后，美国对华积极进行经济渗透。

在1912年总统选举中，由于共和党分裂，民主党总统候选人T.W.威尔逊上台。威尔逊以"新自由"作为号召进行改革，在内政方面，降低关税，建立联邦储备银行制度，通过克莱顿反托拉斯法（1914），征收累进所得税（见反托拉斯法）。在对外政策上，他在门罗宣言的掩饰下，对西半球墨西哥、尼加拉瓜等国进行武装干涉。

第一次世界大战至20世纪20年代末的美国　第一次世界大战开始后，美国宣布中立，向交战双方提供军火，不久又对协约国进行贷款。1916年，威尔逊迎合选民反对美国卷入战争的心理，赢得选票，当选连任。1917年，美国为了确保自己在协约国方面的经济利益，在德国潜艇击沉美国船只后，于4月6日对德宣战。

美国参战后，1917年威尔逊政府对内实施惩治间谍法和镇压煽动叛乱法，对社会主义左派、富有战斗性的世界产业工人同盟的成员以及反战的人民进行镇压，被捕者达1500人以上。

1919 年多次镇压工人罢工。大战期间由于国外向美国移民的中断，黑人大量北移，补充了北方急需的劳动力，黑人入伍出国作战，也开拓了视野。威尔逊当政期间，黑人遭私刑者达 425 人。战后黑人反对私刑、反对种族歧视的斗争日趋激烈。

1917 年，美日签订兰辛—石井协定，美国承认日本在中国的山东、东北、内蒙古有特殊利益。1918 年，美国参加 14 国对苏维埃俄国的武装干涉，直到 1920 年才撤军（见苏俄国内战争）。1918 年 11 月，威尔逊签署对德停战协定。第一次世界大战促进了美国的经济繁荣。战后，美国由欠 60 亿美元的债务国而成为贷出 100 亿美元的债权国，美国成为最富有的国家。战争使一般垄断资本发展为国家垄断资本。同年 12 月，威尔逊亲自率领代表团赴欧洲参加巴黎和会，提出威尔逊 14 点计划的建议，作为缔结和约的基础。在巴黎和会上，威尔逊默认了日本利用欧战的时机，在中国攫取原德国在山东侵占的权益，并进行幕后活动，准备承认日本提出的独占中国的 21 条。中国人民掀起了反帝的"五四运动"，迫使中国代表拒绝在和约上签字。威尔逊又企图通过建立国际联盟插手称霸世界。美国新兴的中西部财团主张美国重点应向亚太地区扩张，要求避免卷入欧洲纠纷，因而共和党控制的参议院对国联盟约提出 14 项保留条款，实际上抵制了国联盟约。美国未参加国联。国联建立后领导权掌握在英法手中。

1921 年共和党 W.G. 哈定执政，正值美国陷入全面经济萧条。他提出"工业正常化"和"抢救资本主义"；对内实行反共政策，迫害进步人士，1919 年建立的美国共产党被迫转入地下。为了争夺远东和太平洋地区的霸权，1921—1922 年，美国召开了华盛顿会议，拆散了英日同盟，取得建造主力舰吨数与英国相等的权利，并在"门户开放"和"机会均等"的旗帜下，缔结了九国公约，造成帝国主义列强共同控制中国的局面。在对欧政策方面，1924 年美国制定了道威斯计划，贷款给德国以恢复德国经济。

1923—1929 年世界资本主义进入相对稳定时期。美国国内固定资本的更新，建筑业的兴起，汽车和钢铁工业等的扩大以及商品和资本输出的激增，1923 年美国工商业出现了新高涨。与此同时，美国第二次企业"合并浪潮"，亦即进一步托拉斯化，遍及银行业、工业部门，特别是水、电、煤气公用事业，甚至扩展到零售商业部门。共和党人 C. 柯立芝执政时期是美国经济繁荣时期。私人垄断资本大为发展。由于国内新兴工业的畸形发展与生产过剩，使国民经济各部门比例严重失调，生产和消费脱节，农业长期陷于慢性危机，1929 年 10 月美国首先爆发了严重的经济危机，随后资本主义各国陆续陷入 1929—1933 年世界性经济危机。共和党人 H.C. 胡佛政府采取的自由放任政策和反危机措施失效。

20 世纪 30 年代的美国　民主党人 F.D. 罗斯福 1933 年就任美国第 32 届总统。罗斯福政府实行了由国家对经济进行广泛干预、调节的"新政"，整顿金融，复兴工农业，举办救济事业等，挽救了美国的严重经济危机，并加强了国家垄断资本主义。1933 年 11 月，美国与苏联建交，对拉丁美洲采取"睦邻政策"。1937 年新的经济危机再度出现。1938 年罗斯福采用扩大赤字开支的办法，使这次危机有所缓解；第二次世界大战爆发后，美国重振军备，才使经济得到恢复，走向繁荣。

美国共产党于 1929 年清除了 J. 洛夫斯通等机会主义分子，由 W.Z. 福斯特任美共中央书记处书记。在经济危机期间，美共领导了反饥饿、争取就业的运动，在"新政"期间，对左翼工会运动起了很大影响。1938 年，由于左翼和中派的联盟，按产业原则组成的产业工会联合会（简称产联）成立，把从未被劳联组织起来的非熟练工人组织起来。在左翼工会运动的影响和广大人民要求下，罗斯福政府实施了《全国劳工关系法》（华格纳法），给予工人组织工会和签订集体合同的权利。1935 年，罗斯福签署了《社会保障法》，推行失业保险、养老金和其他福利措施。1938 年实施公平劳动标准法，提出工资的下限和工时的上限，因而工会运动有所发展。

当日德意法西斯分别发动对外侵略时，美国政府采取中立政策。而美国人民以各种形式支援中国人民抗击日本侵略者的正义事业。美国友好人士如 E. 斯诺、A. 史沫特莱和 A.L. 斯特朗不断向全世界人民报导中国人民抗日战争的真实情况。1937 年，美国共产党于 1936—1939 年曾派遣 3000 名优秀子弟赴西班牙参加国际纵队。他们在西班牙内战中英勇作战，获得国际好评。

第二次世界大战期间的美国　1939 年 9 月德国进攻波兰，第二次世界大战全面爆发。1940 年 6 月 22 日法国投降，英伦三岛遭到德空军猛烈轰炸，岌岌可危。1941 年 3 月，罗斯福签署了《租借法》，向与轴心国作战的国家提供物资。同年，6 月 22 日 A. 希特勒发动侵苏战争（见苏联卫国战争）。1941 年 8 月 14 日，罗斯福与英国首相 W.L.S. 丘吉尔发表《大西洋宪章》，9 月 24 日苏联政府声明同意其基本原则，接着召开莫斯科三国会议，奠定了美英苏战时合作的基础。在日本决定南进、1941 年 7 月完全占领印度支那后，美日之间仍进行秘密谈判，日本侵略者赢得了时间。1941 年 12 月 7 日，日本偷袭珍珠港，使美国太平洋舰队受到重创。12 月 8 日，美英对日宣战。12 月 11 日，德意日缔结新的军事协定。英美在日本开始进攻时接连败退。1942 年 5 月，美国在中途岛海战中击退日军。同年底至次年初，美国在瓜达尔卡纳尔岛战役中击败日军，美军由守势转为攻势，从而完成了太平洋战争的转折。1942 年 1 月 1 日，美、英、苏、中等 26 个国家签署《联合国家宣言》，世界反法西斯统一战线逐步形成和壮大。1942 年 8 月英美联军在北非登陆。1943 年 2 月 2 日斯大林格勒战役的胜利，使欧洲反法西斯战争的局势发生根本性的变化。同年 7 月，美英军队在西西里岛登陆。9 月，在意大利南部登陆，10 月意大利投降。1943 年 11 月，罗斯福、丘吉尔、И.В. 斯大林举行德黑兰会议。1944 年 6 月，英美等国的联军在法国诺曼底登陆，开辟了欧洲第二战场。1945 年 2 月，美英苏举行讨论共同作战和对战后世界进行安排的雅尔塔会议，罗斯福、斯大林和丘吉尔还达成了雅尔塔秘密协定，这是对盟国——中国神圣主权的直接侵犯。由于苏军向德国本土迅速挺进，在东西两线盟军的夹击下，1945 年 5 月，德国宣布无条件投降。美共总书记 E.R. 白劳德受战时英美苏合作的影响，滋长了右倾思想，1944 年出版了《德黑兰》一书，鼓吹修正主义路线。主持解散了美国共产党。1945 年美共重新建党，以福斯特为总书记。战后初期，美共领导美国无产阶级，为改善劳动条件和遏制反动的政治逆流而斗争。

1945 年 4 月 12 日，罗斯福逝世，H.S. 杜鲁门继任总统。1945 年 7 月，美英苏三国首脑举行波茨坦会议，美英就处理德国、波兰等问题与苏联达成协议。美英中发表了波茨坦公告，要求日本无条件投降。美苏就苏军对日作战取得了一致意见。中国人民坚持 8 年抗战，对反法西斯战争作出重要贡献。1945 年 8 月 6 日，美军在广岛投下第 1 颗原子弹，杀伤大批日本居民；8 月 8 日苏联宣布对日作战，9 日美军又在长崎投下第 2 颗原子弹，日本投降。第二次世界大战胜利结束。杜鲁门任命 D. 麦克阿瑟为盟国驻日最高统帅，美军进驻日本，实现了由美国独家控制日本的局面（见美国占领日本）。

第二次世界大战后的美国　日本投降后，杜鲁门政府一面运送中国国民党军队到各解放区前沿，一面派 G.C. 马歇尔等来华调处国共两党关系。1946 年 7 月，在美国支援下，蒋介石发动全面内战。经过 3 年多的解放战争，中国人民消灭了由美国武装的 800 万国民党军队，国民党势力撤退到台湾。

第二次世界大战中，由于扩军参战，并大量供应盟国军火物资，美国成为盟国的兵工厂，出现了战时经济繁荣，国家垄断资本有更大发展。美国利用参战的机会，控制了世界许多重要战略据点，建立了军事基地，战后美国称霸资本主义世界。杜鲁门政府凭借美国的实力地位，对外推行冷战政策，提出杜鲁门主义，制定马歇尔计划，筹划成立北大西洋公约组织，其目的是针对各地区各国的不同情况，或动用美援，进行经济渗透。获取巨额利润；或出动兵力，进行武装干涉，扩大势力范围，在国际事务中领导反苏反共。在内政方面，杜鲁门提出"公平施政"纲领。但收效甚微。随着阶级矛盾的尖锐化和国际紧张局势的出现，从 40 年代末到 50 年代初，杜鲁门政府发布行政命令，对联邦公务员进行"忠诚调查"。共和党控制的国会，通过了一系列反共反劳工的立法，如塔夫脱—哈特莱法，麦卡伦国内安全法等等，成为麦卡锡主义产生的温床（见麦卡锡，J.R.）。

1950 年 6 月，朝鲜战争爆发。杜鲁门派美国第七舰队封锁台湾海峡，派军事顾问团在台湾建立军事基地。侵犯中国领土主权，加紧对新中国实行封锁、禁运。在麦克阿瑟指挥下，包括美军在内的联合国军深入三八线以北。朝中两国军队并肩战斗，多次予以沉重反击。1952 年共和党人 D.D. 艾森豪威尔以结束朝鲜战争的许诺当选为美国总统。1953 年 7 月签订了朝鲜停战协定。

美国对苏执行冷战政策，对新中国实行封锁禁运以及在朝鲜战场上的受挫，助长了国内麦卡锡主义猖獗近 5 年之久（1950—1954）。麦卡锡甚至指控艾森豪威尔政府以及军队内部均有"共产主义渗透"，直接威胁到美国政治制度的正常运转，麦卡锡遭受各方谴责而终于垮台。美国工会运动因受反劳工法和麦卡锡主义的摧残，大为削弱。1955 年劳联产联合并，开除了 11 个进步工会，从此，工会运动走下坡路。艾森豪威尔政府在 1953—1954 年经济危机的侵袭下，为了缓和国内外紧张形势，在内政外交方面作了调整，扩大了社会保险法的实施范围，加强科研工作的国家化，进一步发展宇航事业。1955 年 7 月，美、英、法、苏 4 国首脑会议召开，国际形势有所缓和。1957 年苏联成功地发射第 1 颗人造地球卫星，向美国尖端科学领先地位进行挑战。1958 年，美国发射人造地球卫星，从而使美苏军备竞赛进入了宇宙空间竞争。1969 年 7 月 20 日，美国宇宙飞船"阿波罗—11"号登月舱在月球着陆。

在第二次世界大战及朝鲜战争期间，由于有黑人参加作战，军队中取消了种族隔离制度，这一事实推动了国内黑人争取民权的斗争。1954 年最高法院作出"布朗控诉教育局判决案"，宣布长期统治教育领域的"隔离但平等"原则为违宪。1955 年 12 月，亚拉巴马州蒙哥马利市的黑人在 M.L. 金的领导下，进行长达 381 天的抵制乘车方面种族隔离的运动，黑人又在餐馆展开静坐运动，以抗议这方面的种族隔离，美国民权运动蓬勃兴起。

60 年代民主党 J.F. 肯尼迪和 L.B. 约翰逊相继执政，实行长期财政赤字政策，扩大军费开支，增加福利费用，经济持续上升。同时，由于他们卷入印度支那战争，并将侵略越南战争升级，支付巨额军费，消耗了美国的大量财富，使美国的经济实力大为削弱，而联邦德国和日本经济迅速发展，逐渐成为美国的竞争对手。60 年代，由于侵越战争不得人心，美国国内社会动荡不宁。1961 年黑人和白人公民共同展开"自由乘客"运动，1963 年 4 月，小马丁·路德·金在伯明翰发动了大规模游行、请愿、静坐和示威运动，8 月，25 万黑人和白人一起为抗议种族歧视，举行了向华盛顿的进军示威，小马丁·路德·金发表了《我有一个梦》的演说。在黑人民权运动的推动下，国会于 1964 年 6 月通过民权法。1964 年 7 月，纽约市哈莱姆区的黑人与军警搏斗，掀起了城市造反运动。随着侵越战争的升级，1965 年学生反战运动、黑人城市造反与妇女解放运动相互呼应，形成群众运动的新高潮。1969 年 R.M.尼克松上台后，美国陷入越战泥淖不能自拔，经常性的财政赤字和庞大的军费开支，加剧了通货膨胀，处于内外交困境地。1969 年起，尼克松以"伙伴关系、实力加谈判"作为美国对外政策的新战略。

在中美关系方面，由于美国的阻挠，中华人民共和国在联合国的合法权利长期被剥夺，直到 1971 年第 26 届联合国大会以压倒多数通过决议，恢复了中国在联合国的合法席位。1972 年尼克松总统访华，发表了中美上海公报。美国统治集团内部矛盾激化，1974 年 8 月 9 日，尼克松因水门事件被迫辞职，副总统 G.R.福特即就任第 38 任总统。1975 年 5 月，正式宣布侵越战争结束。

1979 年 1 月 1 日中美建交公报生效，实现了两国关系正常化（见中美上海公报和建交公报）。同年 4 月，美国又制定了《与台湾关系法》，称台湾为政治实体，并坚持向台湾继续出售武器，由于中国政府坚决反对，中美双方经过谈判，于 1982 年 3 月达成协议，发表了联合公报，确认分步骤直到最后解决向台湾出售武器问题。1984 年 4 月，R.W.里根总统访华，中美关系有稳定发展趋势，但妨碍两国关系进一步改善的障碍仍然是台湾问题。

在美苏关系方面，尼克松提出新"和平"战略后，两国加强了对话。1972年5月，尼克松访苏，签署了限制战略武器条约。80年代，美苏军备竞赛从数量方面转向质量方面。1985年以来，美苏经过不断谈判，两国首脑4次会晤，终于在1988年6月1日，两国领导人在莫斯科交换了中程导弹条约的批准书。美苏关系进一步趋向缓和。

1986年11月，美国爆发了"伊朗门"事件，披露里根政府（成员）绕过国务院并隐瞒国会，于1985年至1986年秘密向伊朗出售武器，以换取美国人质，并将其中所得款项，转移给尼加拉瓜反政府武装。为此，国会两院联席特别调查委员会于1987年5月起，进行了3个月的调查，并举行41天的公开听证会。美国又以保护海湾通航的名义，派遣军事力量去海湾，美伊双方多次发生军事冲突，局势十分紧张。1988年G.H.W.布什在大选中获胜。1989年1月里根届满卸任，布什就任美国第41任总统。

在经济方面，1973年"能源危机"后，1974—1975年美国爆发了战后最严重的经济危机；美国经济陷于以"滞胀"为特征的综合并发症中；1980年美国经济严重衰退。1981年里根任总统后，推行高赤字财政政策，用大规模减税和增加国防开支来刺激经济、鼓励投资，同时严格控制货币发行量。1982年美国经济开始复苏，转入低速增长。1987年10月虽发生股市暴跌风潮，美国经济情况仍较平稳。但财政赤字和外贸赤字仍是美国经济的隐忧。

参考书目：

黄绍湘：《美国通史简编》，人民出版社1983年版。

阿瑟·S.林克、威廉·B.卡顿合著，刘绪贻等译：《1900年以来的美国

史》，中国社会科学出版社 1983 年版。（Arthur S. Link， William B. Catton，
American Epoch；*a History of the United States since* 1900，Alfred A. Knopf
New York，1980.）

　　黄绍湘：《美国史纲 1492—1823》，重庆出版社 1987 年版。

（原载《中国大百科全书·外国历史Ⅱ》，
中国大百科全书出版社 1990 年版，收入本集时有增删）

二战后凯恩斯主义在美国的
应用与演变

编者按：今年是我国著名美国史专家、我院博士生导师黄绍湘教授80华诞，本刊特发表先生此文，以表达我们对她的良好祝愿。

本文对二次大战后凯恩斯主义在美国应用与演变的历史进程，进行了较为详细的探讨。作者认为，二战后凯恩斯主义在美国由盛而衰的历史，反映了美国经济因推行赤字财政政策而走向滞胀的历史，标志着战后美国经济实力已从其顶峰逐渐滑下来，走向了相对低落的历史阶段。

凯恩斯主义是本世纪30年代世界性经济危机和特种萧条历史条件下的产物。它的中心思想是推行赤字财政政策，扩大总需求，以克服经济危机，医治失业。40年代后，凯恩斯主义风靡于西方资本主义世界。第二次世界大战结束以后，美国政府以凯恩斯主义理论为主要依据，运用财政政策和货币政策对经济进行大规模的干预，调节社会总需求，以摆脱与缓和危机，促成经济增长。凯恩斯主义在美国的应用与演变经历了一个由极盛而衰的历史进程。从战后初期到60年代末，凯恩斯主义在美国风行一时，美国经济以沉重的赤字负担，取得了 20 多年的持续增长的势头，但潜伏了国民经济失去平衡的危机。到了 70 年代，生产停滞和通货膨胀并发的"滞胀"危机发生。凯恩斯主义失灵。80 年代，美国政府实行供应学派、货币主义的政策，削减大企业税收，刺激供应，但继续奉行凯恩斯主义的赤字财政政策，扩大国防开支。尽管美国经济于 1984—1987 年走出滞胀困境，但付出了高昂的代价。高赤字引发了高利率、高国债、高外贸赤字。1990—1991 年美国爆发了战后第 9 次经济衰退，复苏乏力。直到 1994 年西方发达国家才揖别了经济危机，美国经济回升较快，经济持续增长约 4％，通货膨胀被控制在 3％以下。可是，美国经济现处于两难境地：增长已达极限，显露过热迹象。如不降温，可能引发通货膨胀。联邦储备委员会自 1994 年 2 月迄今已 7 次提高利率，使美国经济软着陆。但联储继续提高利率亦有可能导致经济严重萎缩。足见赤字财政和长期冷战以及侵朝侵越战争，消耗了美国的国力，造成的内伤很重，赤字财政的恶果教训十分深刻，值得记取。

一

美国自建国以来，到本世纪 30 年代罗斯福实行"新政"前，一直奉行英国古典政治经济学理论体系的创立者亚当·斯密的自由放任的经济学说，1929—1933 年世界性经济危机大爆发，震撼了资本主义世界，宣告亚当·斯密自由放任学说的破产。之后，代之而起的是凯恩斯经济学说。

约翰·梅纳德·凯恩斯（1883—1946），英国著名的资产阶级经济学家。他在本世纪 20 年代还是以研究货币理论著称的剑桥学派的经济学者，主张实行管理通货以稳定经济。1933 年，他出版了

《走向繁荣之路》，提出运用赤字财政以摆脱经济萧条的新论点，标志着凯恩斯由货币经济学家走向独立的宏观经济学体系[①] 的重要一步。凯恩斯经济学的特点，一是否定从亚当·斯密以来直到马歇尔[②] 所谓新古典学派听凭市场经济自动调节的作用；二是批判萨伊定律。[③] 萨伊定律否认资本主义社会生产过剩导致经济危机，只承认个别商品的暂时供求失调，而且这种失调将由市场自由竞争的自动调节作用而终于消失。30 年代资本主义经济大危机和特种萧条宣告萨伊定律破产。凯恩斯就是以彻底批判萨伊定律，摆脱旧货币数量论起家的。1936 年，凯恩斯发表了《就业、利息和货币通论》一书，建立了凯恩斯经济学。凯恩斯认为：经济危机的产生是由于整个社会提供的产品不能全部被个人的消费和投资需求所吸收。他主张由政府采取赤字财政政策，扩大开支以弥补个人消费和私人投资的不足，"消除"失业和危机。他认为：通过调节总需求，就可以实现充分就业，使供求失衡恢复到供求均衡，弥补了那只看不见的手——市场经济自动调节的缺陷。1944 年，凯恩斯率领英国代表团参加布雷顿森林会议，维护以美元为中心的国际货币金融体制，凯恩斯经济学由于适应西方资产阶级共同利益的需要，而被西方资本主义国家普遍接受，作为制定国内和国际经济政策的基本指导思想。二战后，凯恩斯经济学作为资产阶级经济学的"新正统"的地位被确定下来。[④]

---

① 该体系是凯恩斯于 1936 年在《就业、利息和货币通论》中提出的。

② 阿尔弗里德·马歇尔 (1842—1924)，英国著名资产阶级经济学家。他吸取以往庸俗经济学理论，把亚当·斯密等人的古典政治经济学庸俗化，称为"新古典经济学"。1929—1933 年经济大危机后，该学派瓦解。

③ 让·巴蒂斯特·萨伊 (1767—1832)，法国庸俗经济学家，把亚当·斯密的放任学说发展为"供给创造需求"的萨伊定律，最早受到马克思的批判。

④ 厉以宁：《凯恩斯理论是怎样成为战后西方国家经济政策的指导思想的?》，《北方论丛》1983 年第 1 期。

国内外有两种看法，一是认为罗斯福"新政"是凯恩斯经济学说的具体运用，凯恩斯经济学说是罗斯福"新政"的理论基础。实际上，这是一种误解。"新政"的实施是罗斯福为挽救濒于破产的美国资本主义经济而采取的大胆的尝试。罗斯福放弃预算平衡，采取赤字财政政策如举办公共工程、进行社会救济、稳定金融信贷、调整工农业生产等具体措施，通过国家干预，恢复了银行的信誉，调整了经济结构，缓和了经济危机。1934 年 6月，凯恩斯来到美国与罗斯福会晤。他向罗斯福建议，美国政府每年必须出现 3 亿美元的赤字，经济才能完全恢复，但没有产生什么影响。[①] 延至 1938 年，凯恩斯经济学由于得到美国著名经济学家阿·汉森的支持才在美国广泛传播，当时"新政"在美国早已实行好几年了。英国经济学家埃里克·罗尔认为："凯恩斯对摆脱经济萧条的处方与'新政'……是有力的巧合。"[②] 美国经济史学家沙伊贝等人认为"新政府在不了解或不承认英国名人凯恩斯的时候却符合了凯恩斯经济学。"[③] 另一种看法是：70 年代美国出现"滞胀"危机局面时，凯恩斯主义失灵，凯恩斯也受到广泛而严厉的谴责。这也是不够全面的。凯恩斯主张赤字财政和通货膨胀以刺激经济，是针对特定的历史条件的。在第二次世界大战前夕，凯恩斯在一些文章中，再三警告不能随随便便采取通货

---

① 〔美〕威廉·曼彻斯特：《光荣与梦想》，波士顿—多伦多 1974 年版，第 95页。

Willion Manchester：The Glory And The Dream, *A Narrative History of America 1932—1972*（Boston-Toronto 1974）．

② 〔英〕埃里克·罗尔：《经济思想史》，商务印书馆 1981 年版，第 503 页。

③ 〔美〕沙伊贝等：《近百年美国经济史》，中国社会科学出版社 1983 年中译本，第 380 页。

H. N. Scheiber, C. G. Vatter, E. U. Faulkner：*An American Economic History*（1976 New York）．

膨胀政策，他的扩张有效需求理论只能用于失业严重、生产极其萧条地区，不能随处乱套。① 下面对凯恩斯主义理论上重大演变进行一些具体分析。

二

二战后盛行于美国的凯恩斯主义，已不是凯恩斯的原义，而是美国凯恩斯主义者根据美国统治阶级的需要，在继承凯恩斯"有效需求"理论的同时，对凯恩斯的理论进行多次修正而形成的新论点。1946 年 4 月凯恩斯逝世，凯恩斯主义的信奉者分裂为两大派：一派是以英国著名的凯恩斯主义经济学家罗宾逊夫人、卡尔多等人为代表的新剑桥学派，主张进一步割断凯恩斯学说与传统庸俗经济学的联系，又称凯恩斯左派；另一派是以美国汉森、萨缪尔森、托宾等人为主要代表的后凯恩斯主流派。② 他们把凯恩斯的宏观经济理论和凯恩斯坚决摒弃的以马歇尔为代表的新古典经济学的微观经济理论融合在一起，因而自称"新古典综合派"。他们认为，凯恩斯强调国家宏观调节理论，是为了补救资本主义制度的缺陷，以期达到充分就业和经济繁荣；马歇尔经济学强调资本主义的自动调节，对资源的合理配置和经济的高效率有利。二者是互为前提，相互为用。③ 这是凯恩斯主义理论历史性的重大演变。由于战后美国经济实力的空前膨胀，军事实力的巨大扩展，在资本主义世界居霸主地位，美国凯恩斯主义在西方资产阶级经济学中占主导性优势，自诩为凯恩斯主义新

---

① 丁鹄：《我的反通货膨胀观》，《金融研究》1991 年第 11 期。

② 后凯恩斯主流派几度变换名称。为避免混乱，本文简称美国的凯恩斯主义者。

③ 李乾亨主编：《今日帝国主义》，中国青年出版社 1985 年版，第 421 页。

正统。

一定的财政政策需要一定的预算理论来支撑。本世纪 30 年代大危机前，美国奉行的年度平衡预算理论既无法解释二战后赤字财政的客观实际，必然注定由新的预算理论来代替。40 年代，美国凯恩斯主义经济学家阿·汉森根据凯恩斯赤字财政政策在长期内是取得预算平衡的积极方针的主张，提出周期预算平衡论代替年度预算平衡论，即以经济高涨阶段的预算盈余来弥补经济萧条阶段时的预算赤字。这种把财政赤字和盈余结合交替运用的财政措施又称作"补偿性财政政策"。它宣称可以避免经济大幅度波动，保持长期稳定的就业水平。这与历史实际是不符合的。二战后资本主义周期阶段性不明显，往往是在长期严重的衰退之后，紧接着是短期的繁荣，衰退阶段呈现大量赤字，而在繁荣时期只有少量甚至没有盈余。周期平衡实际上成为周期赤字。[①] 周期预算平衡论盛行于 50 和 60 年代。60 年代初，美国凯恩斯主义者已开始提出"充分就业预算"的概念（亦即"财政机能论"）。"它的论点是：不同时期社会上的投资水平不同，为达到充分就业要求政府追加的投资也不同，投资的赤字或结余应当依据这种客观需求来设计。同时，应当区别积极的赤字和消极的赤字。在就业不足、生产下降时，预算收入减少，收不抵支，出现赤字是消极的赤字；为达到充分就业，增加政府投资，暂时发生的赤字是积极的赤字，因为它终将为政府带来更多的收入。政府的任务就是审时度势，准确核算，以实现充分就业为目标来进行预算收支的设计。反对仅以保证预算结余为目标的单纯财政观点。"[②] "充分就业预算"是以一种假定为前提的，即预算的编制

① 薛伯英、曲恒昌：《美国经济的兴衰》，湖南人民出版社 1988 年版，第 82 页；李建昌、高培勇：《当代美国财税教程》，世界知识出版社 1988 年版，第 38 页。

② 陈宝森：《美国经济与政府政策——从罗斯福到里根》，世界知识出版社 1988 年版，第 39—40 页。

要以经济处于所谓"充分就业"（即失业率为4％，后又修改为5％、6％）时联邦政府所能达到的财政支出和财政收入的水平为标准，或者说要以政府的财政支出来保证达到"充分就业"的水平，而不管现实的财政收支是否平衡。[①] "充分就业预算"论较"周期预算平衡论"看起来更有说服力，又能为美国赤字财政长期化进行辩护。60年代末、70年代初就取代了"周期预算平衡论"，成为占统治地位的预算理论。"充分就业预算论"实施以来，尽管财政赤字升高到创纪录的水平，但充分就业从来没有实现过。

美国预算理论的演变，是美国凯恩斯主义者对凯恩斯主义财政理论的引申与补充，集中地反映美国赤字财政收支政策的发展总趋势。

三

凯恩斯主义在美国的运用和演变的历史，反映了美国政府推行赤字财政政策走向滞胀的历史，标志着战后美国经济实力从顶峰逐渐走向相对低落的历史进程。

战后美国经济的增长是与美国财政赤字上升同步实现的，它是和美国历届政府根据国内外形势的需要，运用凯恩斯主义财政、货币政策措施来刺激有效需求分不开的。庞大的军事开支始终是刺激经济增长的重要因素。在此我们有必要进行回顾并作简要的分析。

战后初期，由于许多国家在战争废墟上重建本国经济，为美

---

① 李建昌、高培勇：《当代美国财税教程》，世界知识出版社1988年版，第39页。

国提供广阔的市场和投资场所。战后美国在国际收支方面占有绝对优势，平均每年国际收支顺差达 80 亿美元；在国内，由于战时受到抑制的民用工业设备的更新和科技革命提高了劳动生产率，经济高涨，1946—1948 年出现了战后美国经济的繁荣。毋庸讳言，从全局来看，战后美国虽进入和平时期，但有 1/3 的时间是在直接参与战争中渡过的。而且军工生产和军费开支始终在各种借口下大规模地进行着，作为刺激国民经济的手段。军费开支的扩大使财政赤字剧增，同时也是经济高速增长的重要因素，这已由美国战后历史实际所证实。

二战结束时，杜鲁门政府为了争夺世界霸权，带头实行冷战政策，在各地扶植右翼政府，坚持反共政策，敌视新中国，在世界各地广设军事基地，在海外大量驻军，充当"世界警察"的角色。1946 年 2 月，杜鲁门签署《1946 年就业法》，它是以凯恩斯主义理论为依据的，反映美国朝野对战后失业重新上升的担忧。它赋予联邦政府对社会就业问题承担责任，但没有确定什么是最大的就业，也没有提出实现最大就业的手段和方法。而美国凯恩斯主义经济学家阿·汉森却吹嘘说："1946 年的就业法案是充分就业计划的伟大宪章。"[1] 1947 年美国"军转民"工作基本结束，民用工业人数从 1945 年的 5390 万人增加到 5930 万人，但 1946 和 1947 年失业人数仍占劳工总数的 3.9％。[2] 杜鲁门是开始运用补偿性财政政策的总统。1946—1950 年杜鲁门执政期间，联邦

---

① 阿·汉森：《美国的经济》，转引自梁晓滨：《美国劳动市场》，中国社会科学出版社 1992 年版，第 323 页。

② 〔美〕威廉·鲍莫尔、艾伦·布林德：《经济学——原理和政策》，纽约 1985 年英文版，《1929—1984 年宏观经济数据选》，扉页。

William J. Baumol and Alan S. Blinder: *Economics Principles and Policy* 3rd Edition (HBJ 1985) .

政府总开支为 1960.76 亿美元，直接军费总开支为 764.88 亿美元，其中 1948 年直接军费开支减少，压低到 118 亿美元，同时联储实行紧缩银根政策，加速 1949 年战后第一次经济危机的到来，失业率由 1948 年的 3.8% 上升到 1949 年的 5.9%，[①] 杜鲁门政府大力扩充军备，以国民经济军事化作为刺激经济和"反危机"的主要手段。在朝鲜战争爆发后不久，1950 年 6 月 27 日杜鲁门命令美军对朝鲜作战。美国经济再次通过扩大战争需求的刺激，出现"战争景气"。1953 年侵朝战争高峰时，美国直接军费达 504 亿美元，占联邦政府支出的 65.7%，占国民生产总值的 14.1%。1953 年 7 月，上台未久的艾森豪威尔结束了朝鲜战争。美国经济在战争中形成的高涨过程被打断，8 月，爆发了战后第二次经济危机，直到 1954 年 4 月才结束。艾森豪威尔在政治上是最恪守共和党"小政府"信条的保守主义者，主张维持传统的预算平衡。但为了应付危机，不得不用减税、削减联邦政府开支的办法。联邦储备当局改变紧缩通货政策，从 1954 年经济衰退时直到 1955 年也实行放松银根政策，这种做法导致了通货膨胀。[②]1957 年 4 月到 1958 年 4 月新的经济危机爆发，较前两次危机严重得多，出现了经济危机和通货膨胀同时并存的新情况。联储采取提高利率的紧缩政策，又诱发了 1960 年的经济危机。

艾森豪威尔为平衡预算开支曾作过一些努力。在他执政 8 年中，有一半财政年度有盈余。但他的全球战略、穷兵黩武的政策与平衡预算的愿望背道而驰。艾森豪威尔趁法国撤出印度支那之

---

　　① 〔美〕威廉·鲍莫尔、艾伦·布林德：《经济学——原理和政策》，纽约 1985 年英文版。

　　② 〔美〕保罗·M. 霍维慈：《美国货币政策与金融制度》下册，中国财经出版社 1980 年中译本，第 292 页。

　　Paul M. Horvitz：*Monetary Policy and The Financial System*（N. J. 1974）.

机，插手东南亚，并积极向中东和非洲地区扩张，加强对拉美全面控制。国民经济军事化高度发展，尖端科学技术被纳入军事化的轨道，加强了由杜鲁门执政时期形成的庞大的军事工业综合体（政府军事机构和军工工业联盟），使它成为美国推行侵略扩张的原动力。在艾森豪威尔执政 8 年间，军费开支仍接近朝鲜战争水平。在衰退来临时，艾森豪威尔也实行凯恩斯主义的赤字财政政策。1957 年 12 月 13 日，艾森豪威尔在危机严重关头宣布放弃了"平衡预算"原则，采取以军费的膨胀为中心、扩大政府支出的赤字财政政策。1958 年财政年度出现了 103 亿美元的赤字，1959 年赤字超过 120 亿美元。国民经济增长率 1956—1961 年平均数为 2.1%，失业率 1958 年达到 6.8%。[①]

肯尼迪上台时，1960—1961 年战后第 4 次经济危机尚未过去，这次危机来势凶猛，严重地打击了美国经济的"三大支柱"——钢铁业、汽车业和建筑业，农业危机也正在深化。最高失业率达 7.1%，企业破产数创 1929—1933 年危机以来最高水平。同时发生了战后第一次美元危机（1960—1973 年先后发生了 10 次美元危机）。战后初期，美国对外贸易占绝对优势，由于侵朝战争期间美国向国外购进大量军需物资，出现了进口激增、出口锐减的局面，使贸易顺差急剧下降。50 年代西欧和日本经济迅速恢复并高速发展，世界贸易结构发生了不利于美国的变化。贸易顺差是美国际收支的巨大来源。50 年代起，美国经济发展速度相对放慢，出口减少，进口增加，外贸盈余剧减，海外

① 根据〔日〕林直道：《战后国际通货危机与世界经济危机》，商务印书馆 1984 年版，第 164、192 页；拉尔夫·德·贝茨：《1933—1973 年美国史》，伊利诺 1973 年版，第 151 页和威廉·鲍莫尔等同前书综合写成。

Ralph F. De Bedts: *Recent American History, 1933 Through World War 11* (Illinois, 1973), William J. Baumol and Alan S. Blinder: op. cit. and etc.

军事开支则大量增加，1950年出现了36亿美元的巨额赤字，国际收支进入长期逆差的开始。当时美国凭借美元等同黄金的特权，可以用美元支付，因此黄金流失不多。1957、1958年美国国际收支状况急转直下，西欧和日本的工业产品不仅夺去了美国的大片海外市场，并且大量打入美国国内市场。外贸盈余锐减，而伴随着美国对外侵略扩张出现的私人资本输出、对外"援助"等国家资本输出和海外军事开支均急剧增加，国际收支逆差扩大，1958年逆差高达35亿美元，1959年再增加到37亿美元。因而出现美国黄金储备大量流失，到1960年10月，黄金外流数目超过美国黄金储备，资本主义世界纷纷抛售美元，抢购黄金，促成第1次美元危机的到来。肯尼迪面临两难处境：若要保卫美元，缓和美元危机，就必须提高利息率，收缩通货，这势必使生产过剩危机恶化；相反，若要缓和生产过剩危机，则必须降低利率，扩张信用，膨胀通货，这势必又使美元危机恶化。两者都不符合肯尼迪"经济增长计划"。联储配合肯尼迪计划，制定了既保卫美元又实现经济增长的货币政策，即采用双重利率措施，对短期贷款提高利率，其目的是阻止美元外流并吸收散布于世界各地、特别是集中于欧洲的"欧洲美元"；对长期贷款降低利率，以刺激国内投资，加速经济增长。这项政策在一定时期内起了抑制黄金外流和克服危机、促进经济增长的作用。

　　肯尼迪是战后民主党总统中虔诚信仰凯恩斯主义、并旗帜鲜明地提出不怕赤字、奉行凯恩斯主义的总统。他一反艾森豪威尔执政时期过于保守的财政政策，采取积极的拓展性财政政策，促进经济快速增长并解决就业问题。为此，肯尼迪延聘凯恩斯主义者新经济学派沃尔特·海勒、詹姆斯·托宾和阿塞·奥肯等人为经济顾问，海勒为经济顾问委员会主席，并采纳了他们关于"经济增长计划"的意见。"经济增长"论的倡导者罗斯托也深受肯尼迪和约翰逊的重用。

肯尼迪在 1962 年 6 月 11 日在耶鲁大学的讲演，是他决心以凯恩斯主义赤字财政促进经济增长的标志和宣言书。

肯尼迪的减税政策是政府运用凯恩斯主义主张来调节和干预经济措施的重要手段。1961 年肯尼迪上台后即实施"直接计划"，降低公司的税收，首次对新投资提供 7％ 的投资税优惠，并提高战时推行的企业固定资产的加速折旧率。1962 年又进一步要求国会削减个人所得税① 100 万美元。这一建议到约翰逊继任后 1964 年被国会通过，修订为两年减税 115 亿美元。将个人所得税率从 20％—91％ 降至 16％—77％，但起征点却从 2000 美元降至 500 美元，以致使过去达不到起征点的人也包括进入缴税者的行列。1965 年，税率又进一步降至 14％—70％，有效期一直延续到 1981 年。而且公司所得税的削减要比个人所得税削减的幅度大得多。公司所得税率从 30％—52％ 降到 22％—50％，1965 年进一步降到 22％—48％，投资税优惠不仅继续有效，而且扩大其运用范围。由联邦政府通过减税、免税和退税对个人消费和私人投资提供刺激，以及对私营企业给以投资优惠、加速折旧等办法刺激经济，使岁入减少，收支差额扩大，同样属于财政膨胀政策的范畴。

尽管肯尼迪执政时间不长，但他运用财政和货币政策的宏观调节作用，推进赤字财政政策的措施，促进了经济增长，肯尼迪执政两年内，国民生产总值年增长率为 5.6％。在美国运用凯恩斯主义的经济史上，留下了鲜明的标记。

---

①　第二次世界大战后，个人所得税在美国居第一位，但二战前财政税占第一位，销售税占第二位，公司所得税占第三位，个人所得税占第四位，战后个人所得税反而居第一位，占有越来越大的比重，公司所得税曾一度居第一位，现降为末位。课税重点的转移，使以工资收入为生的广大人民，成为国家收入的主要负担者。

　　肯尼迪为了与苏联争霸，入侵古巴猪湾遭到失败后，在南越进行与美国安全无关的灌木林火战争，加紧对非洲和中东地区的干涉，加速发展空间技术等等，无一不是作为对美国经济的"更大刺激"。其继任者约翰逊政府将侵越战争逐步升级，用大规模军费开支刺激美国经济。越南战争历时20多年，1961年到1968年累计财政赤字达604.5亿美元。直接军费开支由艾森豪威尔政府的最高纪录468亿美元上升到1969年的855亿美元。同时，约翰逊政府采取大炮和黄油并举的政策，推行"大社会"措施，以安抚人民，福利开支也逐步增加。由于扩大侵越战争，大幅度增加国防费用，军事订货、军工生产在短期内成了刺激美国经济发展的重要因素，使美国经济出现了繁荣；但从长期来看，军事费用超过了美国的国力，使供需失衡。战争的浪费和破坏，使美国经济增长速度放慢，经济实力下降，60年代末，资本主义世界经济基本上形成了美国、西欧、日本三足鼎立的局面。巨额财政赤字和信用的扩张，加速通货膨胀的飞跃发展，这是70年代生产停滞和通货膨胀并发症发生的根本原因。

　　"滞胀"危机是资本主义发展到国家垄断资本主义阶段的产物，本世纪70年代在资本主义各国不同程度出现，还是首次。美国受"滞胀"危机的困扰最为严重。这充分说明：在国家垄断资本主义阶段，美国的社会生产仍是在资本主义私有制基础上进行的，其基本矛盾不可避免地进一步尖锐化。二战后美国政府长期推行凯恩斯主义，采取刺激需求政策的实践证明，这种政策只能奏效于一时，不仅不能克服资本主义周期性危机和大量失业，而且又以一种新的表现形式——"滞胀"危机出现。"滞胀"这一名词是由美国凯恩斯主义著名经济学家萨缪尔森提出来的。"滞胀"的出现是对凯恩斯主义极大讽刺，因为在凯恩斯主义的内涵中，生产停滞和失业增加是同通货膨胀互不相容、不能并存的。面对这种严重的滞胀局面，凯恩斯主义者束手无策，萨缪尔森只得承认找不到出路。

70年代开始，滞胀成为困扰美国经济、政治的最严重的问题。70年代任职的总统，不论是共和党的尼克松、福特，还是民主党的卡特，都必须对经济衰退采取强烈的扩张性"反危机"措施，才能实现低速增长，但对物价急剧上涨又不得不采取收缩性"反通货膨胀"措施。"滞"与"胀"同时并存，在经济措施方面，忽而紧缩银根，提高利率，反通货膨胀；忽而放手采取"反危机"的扩大信贷、扩大赤字政策，大起大落，反复折腾，出现种种反常现象。有时甚至在同一时期实行作用相反的措施，以致捉襟见肘，矛盾百出。

尼克松是在1969年通货膨胀加剧、美元危机、经济增长停滞的情况下上台的。他就任总统后不久会见记者时表示："我要强调，我们坚信能够运用某种可靠方法，在不增加失业情况下克服通货膨胀。"① 尼克松采纳货币学派的主张，实行控制货币量的措施，降低货币供应量的增长率。4月，将国家银行利率从5.5%提高到6.0%，这是1929年大危机后40年所没有的高利率。这种紧缩政策触发了1969—1970年的经济危机。于是尼克松掉转头来，乞灵于凯恩斯主义的扩张性财政、金融政策。从1970年11月到1971年2月，连续5次降低银行利率，从6%降到4.75%，为1968年以来的最低水平。结果是，生产下降，通货供应量急剧膨胀。同时，美元危机接踵而至。1971年8月，尼克松宣布实行"新经济政策"。其对内政策主要是冻结工资、房租和物价，企图以此缓和通货膨胀；降低个人所得税，对公司

---

① 〔日〕林直道：《战后国际通货危机与世界经济危机》，商务印书馆1984年版，第249页。

投资税实行优惠待遇以刺激经济；对外经济政策主要是停止外国中央银行用美元向美国兑换黄金，并对进口商品增收10%的附加税，企图向外国转嫁美元危机。尼克松政府的"新经济政策"扩大了国家预算赤字，减少了联邦预算的收入，加剧了通货膨胀。其国外经济政策引起西欧各国和日本的抨击，资本主义世界陷入经济混乱。经过反复谈判和激烈斗争，美国不得不于1971年12月18日宣布美元贬值，并取消10%的进口附加税。至此，由布雷顿森林协定所建立的以美元为中心的国际货币体系解体。1972年第二季度尼克松政府被迫放弃新经济政策，1973年又强调控制联邦政府开支，采取紧缩政策。在能源危机的冲击下，触发了1973—1975年战后最严重的经济危机，生产过剩与通货膨胀同时并发。1974年8月9日尼克松因水门事件下台后，福特政府提出削减预算、控制财政的抑制通货膨胀的方案，遭民主党控制的国会拒绝，他提出的"现在打击通货膨胀"的计划亦随之消失。福特主张用高利率控制通货膨胀，反对增加联邦政府开支，曾多次运用总统否决权反对减税。1975年第一季度通货膨胀率达到12%，国民生产总值下降达10%以上，失业率达到8.3%，经济形势恶化，[1] 福特签署了国会通过的高达228亿美元的减税法，[2] 1976年经济缓慢回升。卡特上台后，采取反经济停滞和减少失业为主的凯恩斯主义"有效需求"的经济政策。对个人和企业实行减税和增加福利开支，经济有所增长；1977年底，失业率降至6%，1978年5—10月，联储五次提高贴现率，

---

　　[1]　弗兰克·弗雷德尔、艾伦·布林克利：《二十世纪美国史》，纽约1982年英文版，第524页。

　　Frank Freidel and Alan Brinkley：*America in Twentieth Century*（New York 1982）.

　　[2]　格伦·波特编：《美国经济史百科全书》，纽约1980年英文版，第461页。

　　Glenn Porter ed.：*Encyclopedia of America Economic History*（New York 1980）.

从 6.5％提高到 9.5％。由于美元汇价连续两年下跌，卡特政府
于 1978 年 11 月采取挽救美元的紧急措施，共筹措相等于 300 亿
美元的外币资金，对美元汇价进行干预，使美元汇价有所回升。
1979 年，消费物价上涨到两位数字，因而卡特作了 180 度大转
弯，采取抑制通货膨胀的紧缩政策，联储开始按照货币学派的理
论，把遏制通货膨胀作为首要任务，严格控制货币供应量。但利
率迅速上升，摧残了住宅建筑、汽车购买和其他经济活动。同
时，第二次能源危机引起石油价格猛涨，对美国经济是一个严重
打击，加剧美国外贸逆差，加深滞胀趋势。终于在 1980 年进入
战后又一次严重的经济危机。1980 年，卡特出于竞选连任的需
要，再次实施扩张性财政政策，联储密切配合，连续降低贴现
率，大量增加货币供应量，人为地使国民经济转向回升，但通货
膨胀率也迅速上升，高达 13.5％，① 使人民要求控制通货膨胀的
愿望落空。

　　里根是在 1981 年经济危机期间上台的。他采用供应学派和
货币学派的主张，标榜对凯恩斯主义的"需求决定论"进行一场
"彻底革命"，转向供应学派以供应创造需求的论点上来。在政治
上，他主张以重整军备、恢复对苏联战略优势为目标；在经济
上，他主张大量削减非国防开支，限制福利开支，减少政府对企
业的干预，削减个人所得税和企业利润税以刺激个人和企业的积
极性，使人们更多的工作和储蓄，以及严格控制货币量，抑制通
货膨胀等，即实现所谓的"里根经济学"。实际上，里根政府重
整军备的措施，必然不断扩大国防开支，使之达到战后最高水

---

　　① 章嘉琳主编：《变化中的美国经济》，学林出版社 1987 年版，第 358—359
页；薛伯英主编：《美国政府对经济的干预和调节》，人民出版社 1986 年版，第 98
页。

平。以1980—1983年为例，国防开支占总开支的比重由1980年的23.2％上升到1983年的26.4％，大大高于发动侵朝、侵越战争时期所占比重。赤字扶摇直上，里根执政前4年，1981—1985年美国财政赤字总额高达5392亿美元，比美国建国以来历届政府赤字总和4484亿美元还要大得多。[①] 这是里根政府最大限度地进行政府干预，实行凯恩斯主义赤字财政的明证。里根的减税政策给企业主提供各种税收优惠，也是以财政赤字为代价的。美国的赤字财政主要是以发行国债为后盾。1981年到1985年里根执政4年，国债由9077亿美元上升到20780亿美元。财政赤字使国债上升，国债又使财政进一步恶化，形成恶性循环过程。1985年美国沦为净债务国，1986年净负债达2636亿美元，居世界之最。在货币政策方面，里根采取抑制通货膨胀措施，收到显著成效，加以世界石油价格下跌，使通货膨胀率逐步下降。里根政府采取高利率政策吸引外资，弥补了美国市场因巨额财政赤字而造成的资金短缺的矛盾。1983年以来，正是利用了庞大外资，美国经济才能实现在低通货膨胀率条件下的低速增长。但同时，高利率的消极影响也十分突出，高利率引起美元汇率不断上升；外贸逆差和国际收支逆差不断增加。从1985年起，里根政府改变自由放任政策，加强对美元汇率干预，谋求盟国联合行动，积极干预外汇市场。由于高财政赤字引发高国债、高外贸赤字，里根政府不得不把削减赤字、平衡预算提到议事日程上来，1985年12月里根签署了格拉姆—拉德曼—霍斯林《平衡预算和紧急控制赤字法案》，它规定六年内每年财政赤字的最高限额，预期于1991年实现预算平衡。实践证明，这只是空头支票。

里根政府留给1989年上台的布什的是沉重的负担——高赤

---

① 洪君彦主编：《当代美国经济》，时事出版社1985年版，第24页。

字和高国债。1990 年 7 月美国陷入战后第 9 次经济危机，布什以多次降低利率和发动海湾战争刺激经济，但也难以摆脱衰退，1991 年全年经济负增长 0.7%。直到 1992 年 1 月底美国经济跌到谷底，2 月缓慢复苏，6 月失业率达到 7.8%，失业人数达 1000 万人。布什执政 4 年（1989—1993）国债由 26000 亿美元上升到 4 万亿美元，里根和布什执政 12 年，联邦预算赤字由 1980 年的 738 亿美元增加到 1992 年的 2930 亿美元，共增长到 4 倍，达创纪录水平。

以"重振美国经济"的政纲当选总统的克林顿上台后，即针对里根、布什政府遗留的两大难题——巨大的财政赤字和沉重的联邦债务，提出增税节支、削减财政赤字的具体办法，即对富人增税、对中产阶级减税、精简机构、削减政府开支，进行福利制度改革等等。这些政策措施具有凯恩斯主义精神。不过与凯恩斯不同的是，克林顿针对需求过剩，强调解决供应问题，主张削减财政赤字、投资赤字和缓和社会矛盾，以振兴经济。这是不同时代需要使然。1993 年 8 月，克林顿签署了削减赤字法案，计划在今后 5 个财政年度内，削减赤字 4960 亿美元，增税 2410 亿美元，其中包括对年收入 18 万美元以上的个人提高所得税率，对年收入 25 万美元以上的高收入阶层再另征 10% 的附加税，增加对富裕老人所征的社会保险税，全面提高能源税，削减开支 2550 亿美元。1994 年经济增长率达 4%，通货膨胀率降到 3% 以下，1994 年财政赤字降到 2020 亿美元，失业率也明显下降。美国经济形势虽好转，但民众生活却无显著改善，近 20 年工人和职员的实际工资停滞不前，提高能源税使普通家庭减少了收入，克林顿在竞选中给中产阶级减税的诺言没有兑现，加以克林顿在外交事务中屡遭挫折，绯闻、丑闻时有披露，这一切使共和党占尽了便宜，在 1994 年中期选举获得全胜。共和党在中期选举前制定的称作"美利坚契约"行动纲领，其主要内容是：平衡预算，严惩犯罪，增加军费开支，削减福利开支，削减政府开支，全面减税。共和党首先提出平衡预算案，在众议院通过后，今年3月3日在参院进行表决时未获通过。

克林顿在1994年12月15日提出对中产阶级减税计划，5年内共减税600亿美元，以帮助提供教育、购房、医疗保健和养育孩子的费用，资金由减少政府的开支提供。克林顿称之为"中产阶级权利法案"。克林顿今年2月6日向国会提交了1996财政年度预算法案，提出在5年内削减开支1440亿美元，其中630亿美元用于为中产阶级减税，810亿美元用于降低财政赤字。克林顿的减税和共和党"美利坚契约"中的减税在幅度和对象上有所不同。对待福利开支是两党政策分歧的焦点，克林顿主张进行制度改革，·而共和党主张大砍大削。两党的政策分歧难以弥合。由于在中期选举中，共和党夺得了国会两院大部分议席，并控制了民主党占多数议席达40年之久的众议院，中期选举后，党派斗争就以国会和白宫交锋的形式出现。

展望未来，美国无论对内政策或对外政策，经济因素都是首要问题。在对内政策方面，吸收过去宏观经济调节正反两方面的经验，兴利除弊，促进经济稳步增长，则削减财政赤字、抑制通货膨胀、向平衡预算逐步迈进是必要的，也是符合美国人民愿望的。但要做到这一点的关键是：美国执政者必须超越党派利益，相互协调，循序渐进，而不是互相掣肘。在对外政策方面，冷战结束后的世界局势，以和平与发展为主流。发达国家和发展中国家的经济利益有互补性，双方应当是相互依存和相互促进。在经贸政策方面，美国如能对发展中国家采取平等互利的原则，则不仅对促进全世界经济发展与社会发展发挥积极作用，美国自身也将从中受益。新孤立主义和霸权主义，都是逆历史潮流而动，均

不足取。今后美国经济趋势如何，有赖于美国执政者的抉择，人
们对此当拭目以待。

（原载《中国社会科学院研究生院学报》1995 年第 3 期。

本文曾商请北京师范大学薛伯英教授

相助更正某些数字，谨此致谢）

美国总统选举的新特点

1996 年美国总统选举是在职总统、民主党总统候选人比尔·克林顿和共和党总统候选人鲍勃·多尔之间争取白宫宝座的激烈博斗。选举结果克林顿获得 31 个州和哥伦比亚特区选举人选票 379 张当选连任。克林顿只获得选民选票 49％，被称为少数派总统。

胜选的克林顿总统和落选的曾任美国参议院多数党领袖的多尔之间，选民选票的差距不算太大，仅差 7 个百分点；但从选举人选票来看，两人的选票是 379 比 159，差距就很大。这反映出美国总统选举制"胜者得全席"的原则发挥了功能。

一　美国总统选举制

美国总统选举实行间接选举制——选举人制。各州选举人的人数与该州国会议员的人数相同。全国选举人的票数是 50 个州和哥伦比亚特区国会议员人数的总和（哥伦比亚特区无权选出参议员）。现在全国共计 538 名选举人。总统候选人获得 270 张简单多数的选举人选票即可当选。选民并不直接投票选举总统候选人，而是投票选举本选区的选举人。选民选票计在本选区选举人名下。选举人公开承诺支持本党的正式总统候选人。选举人选票根据"胜者得全席"的原则计算，即任何一位赢得某州多数选民选票的总统候选人，即囊括该州所有选举人的选票。对总统选举起决定作用的是选举人的选票，而不是选民的多数票。美国历史上曾出现过获得大选胜利的总统候选人，实际上所得的选民票还少于失败者的情况，如第 6 位总统约翰·昆西·亚当斯，第 19 位总统海斯和第 23 位总统本杰明·哈里逊都是如此。这是由于人口众多的大州分配到的选举人票数额多，起支配作用。

说来令人难以置信，总统选举人制度竟是由 1789 年制宪会议中一位名不见经传的新泽西代表布雷尔利构思的。布雷尔利提出用"选举人"办法解决大州小州对总统产生办法的歧见。他的理由是：人口少的小州在参议院席位上占了便宜，人口多的大州应在总统选举方面得点好处作为补偿。

美国宪法明文规定总统由选举人选出，并曾多次提到总统和副总统选举人的条件，但宪法未涉及政党，因宪法制定时还未出现政党。然而，建国后不久，由于高层政治领导人之间对国内外重大政策和措施意见分歧，出现了最早的两个政党；19 世纪三四十年代两党制度逐渐成型发展，19 世纪中叶美国内战后两大政党——共和党和民主党轮流执政，成为美国的政治基础与传统。随着政党的出现与两党轮流执政，总统候选人的提名形成一定的模式，由国会内党团组织的国会预选会（或译作国会核心会议）提名，演变为由两党全国代表大会提名；各级党魁密谋于暗室，经过各种势力折衷、妥协，才确定本党总统、副总统候选人人选。为了打破党魁的垄断，1952 年田纳西州民主党参议员埃斯蒂斯·凯弗维尔未经党内权势集团认可，就到新罕布什尔州与选民接触，发表演说，宣布参加总统竞选，竟在新罕布什尔州民主党初选中被提名，但没有得到民主党全代会提名。1968 年民主党进行改革，改变了参加全国代表大会的代表为清一色的白人富有者的局面，吸收了少数族裔和一般平民代表，也结束了党魁包揽控制、提名的陋习。以后共和党也仿效。但两党的权势集团和利益集团操纵代表仍不可避免。至于人民的选举权，当年制宪会议的精英们根本没有考虑，而是后来经过各阶层人民，非洲族裔和妇女不懈的斗争才逐步扩大的。

美国实行两党制，每 4 年举行一次大选，热闹非凡。实质上，两党根本性政策都代表垄断资本家的利益；美国资本主义制度有赖于两党制的维系与支撑；在两党制运作下的总统选举又得利于选举人制；在选举人制的限制下，其他的政党，第三党或第四党参选，纵然得到一定的选民选票，但赢不到很多选举人票，在多数情况下，甚至得不到一张选举人票。这就为第三党或第四党参选设置了不可逾越的障碍，以致不能像欧洲许多资本主义国家那样产生多党制。两党制和选举人制的结合，产生重重弊端，曾受到美国舆论界多方面的指责，① 选民多有怨言，对总统选举的政治热情，日愈淡漠。虽然如此，由于总统选举制度必然从两党中产生一位符合美国资产阶级整体利益的最高执政者——总统，其内外政策极有利于资本主义经济的发展和政治的稳定，因而美国总统选举制度仍得以延续至今。

---

　　①　曾任肯尼迪政府助理国务卿、哥伦比亚大学教授的希尔斯曼认为：两党制是"飞速发展的时代中老牛破车式的政党制度"；罗得岛州某大学一位政治学家进行民意测验，将近一半的美国人讨厌其政治制度，认为它就像毒藤一样，应该连根拔掉（法新社华盛顿 1996 年 2 月 12 日电）；前总统卡特于 1977 年曾建议根据选民选票的简单多数来选举总统，未能实现。

二　1996 年美国总统选举特点

　　和前几届总统选举相比较，1996 年美国总统选举有新特点：首先，竞选手段多样化。传统的传播媒介虽仍发挥主要作用，但 90 年代以来，许多新媒体如电脑连线、国际网络和光碟已普及，并已运用到选举广告战中，展现五花八门的宣传战。据美国大学选举管理所揭露，1996 年候选人及政党花费 20 亿美元，其中 2.6 亿属于软钱性质。① 第二，竞选活动频繁，形成狂飙式的拉票活动。第三，妇女选票首次发挥决定性作用。克林顿获得女性选民选票 54％，以多于多尔 16 个百分点的优势击败多尔。第四，游离票数字巨大，甚至共和党籍纽约市市长朱利安尼也徘徊不定，直到 10 月下旬才决定投共和党总统候选人一票。

　　这届选举仍然是共和党和民主党两党竞争。两党分别召开的全国代表大会，是富有戏剧性、排练得很精彩的一幕。共和党全代会于 8 月 12 日在加州圣地亚哥召开，8 月 16 日闭幕。民主党全代会于 8 月 26 日在芝加哥召开，8 月 30 日闭幕。本届总统选举战是在美国全面掀起反移民高潮中进行的，两党作了淋漓尽致的反移民表演。共和党全代会之所以选择在圣地亚哥召开，就是因为它是非法移民进入美国的大门。

　　两党全代会都精心安排、周详策划了一系列公关活动，有一些共同点：首先，两党全代会尽量弥合和回避党内分歧，营造团结、奋发有为的形象，以吸引电视观众和选民，争取舆论支持。其次，两党全代会都以"小政府"口号为标榜；宣称严厉打击犯

---

　　①　软钱系指不必向联邦选举委员会备案的捐给政党（而非个别候选人）的，作为政治活动的款项，没有上限（路透社华盛顿 1997 年 7 月 10 日电）。

罪，恢复传统家庭价值。再其次，两党总统候选人的夫人都积极助选，多尔夫人伊莉沙白在提名大会中以节目主持人的身份走入群众，介绍"我所爱的男人"；克林顿夫人希拉里频繁发表演说，参加集会，从时代、妇女参政和社会改革等多方面阐述己见。两人发言各有特色，引人注目。

共和党全代会出席代表中61%是男性，白人占92%，约1/3的代表年收入超过10万美元，将近1/5的代表是百万富豪，许多代表是乘坐私人喷气专机赴会的。少数族裔代表不多，以亚太裔代表及候补代表而言，仅60人，而1992年全代会时还有100人。民主党全代会中黑人、拉丁裔、亚太裔的代表和候补代表相当多，妇女代表和候补代表也不少。以亚太裔而言，代表和候补代表160人，是历届民主党全代会人数最多的一次。

党纲是竞选活动的指导原则，两党全代会通过的党纲，内容不同。共和党的党纲以多尔的减税计划为主轴，称6年内全部减税5480亿美元，全面减税15%，资本利得税减半，禁止非法移民在美国出生的子女自动取得美国公民权，禁止堕胎等等。在外交政策方面，党纲主张维持强大实力，以维护美国的全球利益；增加对台湾出售武器，支持台湾加入国际组织。

民主党全代会则通过了比较温和的党纲，主张维护美国的价值观，运用精简机构和开源节支，逐渐平衡预算，采取促进家庭团聚负责的合法移民政策，禁止非法移民入境并工作，严惩雇佣非法移民的雇主，主张简化移民的归化过程和手续，致力于打击罪犯和种族歧视，主张对60年代制定的平权法修订而非废除；批评共和党禁止非法移民子女入学和删减合法移民社会福利的主张。党纲还包括加强教育、环保计划、维护最低工资标准、尊重妇女有权决定是否堕胎的权利。在对华政策方面，主张与北京对话，稳健交往。

　　显而易见，在移民问题上，共和党全代会通过的党纲，与共和党主导的国会制定的福利改革法和新移民法互相配合，过于严苛，少数族裔选民望而生畏，对多尔参选有负面影响。而民主党全代会的党纲比较温和，主张改革现行福利制度，保留合法移民老年残障生活补助金；对 60 年代针对种族歧视、性别歧视制定的平权法的弊端主张改进而不废除平权法，受到少数族裔和妇女选民的青睐，对克林顿竞选有利。

　　如果对克林顿和多尔之间的政治歧见作进一步探索和评估，可以说，这届大选结果是温和派（中间派）对保守派的胜利。克林顿的经济思想是"有调节的资本主义"，主张国家干预和市场经济相结合；多尔坚信资本主义经济自我调节的功能，主张放任自流的资本主义，反对政府对大企业多加干预，主张应给它们充分自由。实际上，自由放任经济学说早在 30 年代经济大危机的袭击下宣告破产了。里根和布什虽竭力恢复它，也发现它和现实脱节，因而不敢触动福利、保健项目；在经济失衡时，强调政府干预，甚至诉诸国际，由几个政府干预。目前美国思想界正对自由放任资本主义进行批评，提出批评的不是左派，而是正统学者，多尔竟无视 30 年代经济大危机的惨痛教训。孰不知，否认国家干预的必要性，其后果将使经济大起大落，社会也会动荡不宁。两人经济思想的不同，决定两人政策主张的分歧。

　　回顾 1992 年大选，克林顿顺应人心思变的心理，以"振兴经济"和进行改革的纲领当选。上台以后，针对里根、布什政策经济后遗症：巨额财政赤字和沉重的联邦债务，提出增收节支的经济政策；增加的税收大部分由年收入 20 万美元以上的富有阶层负担，提高能源税，许诺对年收入 8 万元以下的中产阶级减轻个人所得税。但克林顿过早地提出全民医疗保健计划，贻误了福利改革的时机，共和党借此抨击克林顿执行"大政府"政策，提案在国会中搁浅。克林顿的增税计划惹恼了富人阶层，增收能源税使广大消费者不满，对中产阶级减税的诺言也未兑现。1994年中期选举时，虽然经济强劲回升，通货膨胀率下降，赤字减少，失业率也下降，但共和党却利用富人和中产阶级的不满情绪，以实现"小政府"平衡预算和减税为号召，拟定"美利坚契约"为竞选纲领，赢得了以白人为主的富人和中产阶级的选票，获得了国会两院的控制权。

中期选举后，共和党气势汹汹，咄咄逼人。众议院议长金里奇率领"新生班"73名保守分子，推出10项保守主义立法。共和党国会对白水案穷追不舍，要求司法部派特别检查官① 深入调查。某些主要媒体对克林顿的绯闻、丑闻炒作不已，克林顿的声望下降到谷底，民主党议员离心离德，政治前途黯淡。克林顿身处逆境，顶住压力，韬光养晦，采用温和路线，以退为进。1995年4月奥克拉荷马城恐怖事件发生，克林顿以总统身份亲自吊唁死难家属，白宫行动果敢，调动有方，均受到舆论肯定。1995年是克林顿与共和党国会严重较量的一年。克林顿在一般立法方面向国会让步，但对共和党国会通过的极端苛刻的福利改革法案两次予以否决。圣诞节及新年期间，政府部分机构被迫关门。共和党控制的国会的失常措施引起社会舆论的责难，使克林顿声誉上扬，民意支持率上升，成为他在1996年大选中取得胜利的转折点。

1996年大选结束至今，美国政局经历了党派对抗由激烈趋向相对缓和的历程。从年初开始，共和党保守派在白水案上大作文章，企图将它提高到水门事件的性质；在政治献金问题上，要求司法部指派独立检查官，专门调查民主党竞选时的募款活动，

---

　　① 特别检查官系根据1978年特检法设置，用以调查总统及高级阁员的嫌疑问题，特检官不向任何部门负责，调查范围没有限制，经费没有上限。

但遭司法部四度拒绝；对克林顿提出拨款恢复部分合法移民的福利的合理建议加以抵制。然而，由于社会各阶层对福利改革法和新移民法表示不满，抗议运动连绵不断，对国会形成压力，共和党态度有所软化。经济持续强劲增长，赤字和失业率下降的形势，有利于政府和议会在平衡预算问题上缓解僵局。5月初，白宫和国会的领袖反复磋商，取得了共识。经过几个月的谈判，互相妥协、让步，7月31日国会通过平衡预算法案和减税法案，由克林顿8月5日签署成为法律：5年内逐步降低赤字，2002年前平衡预算，净减税950亿美元，对有儿童的家庭每个孩子抵税优惠。平衡预算法案打破了自1964年以来联邦政府预算赤字恶性循环的情况，被誉为"历史性的胜利。"

国会认为两大法案实现了"美利坚契约"中的重大目标，宣称取得了胜利。白宫因平衡预算案允许恢复数十万合法移民的福利补助，同意拨款设立儿童医疗保健项目。中产阶级出身的大学生可享受两年的奖学金，也宣称胜利。但批评者认为：削减资本利得税和遗产税幅度大，大部分从医疗照顾和医疗补助经费来弥补，对年老、残疾、穷人、低收入者不利。《时代周刊》和有线电视网的一次民意调查显示58％的成人认为减税法有失公平，主要受益者都是有钱人。

近半年多来美国保守势力硬把中国卷入政治献金风波之中，虽经中国政府一再澄清，最近参议院政治献金听证会仍肆意指控中国以200万美元政治捐款企图颠覆美国，实属无稽之谈。其实美国大选金钱挂帅，两大党不择手段地筹款，人所尽知。但政治捐款风波牵涉党派斗争，以1996年大选为最，这正是美国两党制、选举制危机的大曝光.

（原载《新视野》1998年5月）

美国历史上两次总统弹劾案

　　弹劾总统是美国宪法赋予国会的仅次于对外宣战的重大权力，它是美国政治中极为严肃、郑重的大事。美国建国200余年的历史中，迄今为止，只发生过两次由众议院提出公诉弹劾总统，经参议院正式开庭审讯的政治事件。第一次是在南北战争结束后的1868年，国会对由副总统接任为第17任总统的约翰逊提出弹劾案。约翰逊出生于南部北卡罗来纳，成长于东田纳西的一个工人家庭，文化素质差，他能读书识字，出于他妻子的帮助。曾任市长、国会议员，在任参议员时，曾和共和党激进派合作过。在内战期间，是主战的民主党人。当田纳西州由联邦军队占领时，他由林肯总统指定去建立一个忠于联邦政府的州政府，由于政绩名声不坏，1864年林肯挑选他为副总统竞选伙伴，以争取南部人民。约翰逊是由于威尔克斯·布斯的子弹刺死了林肯，而登上总统宝座的。约翰逊接任总统之初，曾邀约国会议员、社会各界代表人物座谈，给人以能虚心听取意见的好印象，共和党激进派和第一国际委员会都对他寄予厚望。南北战争结束，美国进入一个新的历史时期，经济需要重振，在政治上要妥善解决被打败的南部同盟诸州重返联邦的善后问题，以及被解放的黑人如何给予平等人权等等，急需一位有魄力、能顺应民意、顺应历史潮流而且能和国会合作的总统，领导全国人民向前迈进。

但约翰逊真实的政治思想是：对南部旧制度情有独钟，蔑视黑人成性，举止粗俗，刚愎自用，骄傲自大，妄图撇开国会，独揽立法、行政大权。1865 年 5 月底，他对国会不打招呼即发表《大赦宣言》，规定除了南部同盟的官吏，擅离职守的联邦政府成员，协助南部同盟叛乱以及其可纳税的财产在两万元以上的少数人以外，一切直接或间接参加叛乱的人，只要举行效忠联邦政府的宣誓，即可恢复奴隶所有权外的一切权利。同时规定总统有特赦权，允许不在大赦之列的南部旧官吏等，向他本人申请，可以得到特赦。一时南部旧官吏等人挤满了白宫走廊，提出申请特赦者竟达 12000 多人。约翰逊还利用国会休会期间，陆续发表重建宣言，准许原南部同盟州，只要表面上撤销脱离联邦的法令，同意宪法第 13 条修正案，即可创制州的新宪法，组成州政府、选举州长和国会议员。按照约翰逊重建纲领产生的州政府官员和国会议员，基本上是前南部同盟的旧官吏和前种植园主，如前南部同盟的副总统亚历山大·斯蒂芬斯竟被选为乔治亚州的参议员。1865—1866 年，南部旧势力重新活跃，南部各州通过以过去奴隶法典为基础的《黑人法典》，通过《学徒法》和《流浪罪法》，禁止黑人自由选择职业和随意迁徙，以保证南部种植园主继续取得廉价劳动力。法西斯式的恐怖组织三 K 党在南部出现，白人种族主义者对黑人施以种种残酷暴行，广大黑人和北部人民群起向约翰逊政府呼吁，约翰逊一概置之不理。

共和党激进派对约翰逊所作所为深为不满，当时因在国会仍占少数，对约翰逊耐心规劝，希望他转变态度。1865 年 12 月，参议院共和党激进派领袖萨姆纳专门去会晤约翰逊，向他汇报南方的骚动，希望他重新考虑南方重建的重大政策问题，如给予黑人公民权等等。约翰逊出言不逊，语言尖刻，加以反诘，并以胜利者姿态，拿起萨姆纳的帽子当痰盂。[①]

1866 年 2 月 14 日华盛顿总统诞辰纪念日，约翰逊发表即席演说，为其错误的重建政策辩护。他说："我看到有些人反对南部诸州重返联邦，我坦率地说：我现在仍在第一战线作战。"当被询问何所指时，约翰逊直截了当地提出国会共和党激进派领袖斯蒂文斯、萨姆纳和菲力浦斯的名字。[②]

1866 年 2 月，国会通过"自由民局延长法"（自由民局 1865 年 2 月建立，限战争结束后一年结束，主要解决被解放的黑人生活、救济、福利以及南部荒废的土地问题），3 月通过了《民权法》。约翰逊以两案偏袒黑人、侵犯南部州权为借口，拒不签署，予以否决。约翰逊的专横态度使共和党温和派向激进派靠拢，两议案都由国会以 2/3 的多数票再度通过成为法律。以后议案也都如此。这在美国法制史上极为罕见。

在《民权法》的基础上，国会于 6 月 16 日通过宪法第 14 条修正案。在约翰逊纵容包庇下，南部反黑人公民权、反民主的恶行愈演愈烈，种族暴行不断发生，黑人惨遭杀害，尤以田纳西的孟菲斯和路易西安那的新奥尔良为最严重。1866 年 7 月，在新奥尔良的种族骚乱中，黑人集会被捣毁，37 名黑人和 3 名同情黑人的白人被杀死，119 名黑人和 17 名同情黑人的白人受伤，

---

① 〔美〕戴维·唐纳德：《他们为什么弹劾安德鲁·约翰逊?》，载约翰·加拉蒂编：《众多的史学见解》第二卷，纽约 1979 年第 3 版，第 6 页。

David H. Donald, *Why They Inpeached Andrew Johnson*? Historical Viewpoints, Notable Artieles from American Heritage, Volume II 3rd Edition, John A. Garrary ed: *Historical Viewpoints*, 1979, Harper & Row Publishers, New York.

② 同上书，第 7 页。

形势十分险恶。[1] 约翰逊对南部的种种暴行不仅仍熟视无睹，反而美化说：和平、秩序、安宁和民主政权，已普遍存在于美利坚合众国。1866 年中期选举前，他公然表示抵制宪法第 14 条修正案，并率领亲信到纽约、芝加哥、匹茨堡一带巡回演讲，对共和党领导人进行人身攻击；他企图筹建第三党没有成功。1866 年 10 月 13 日，南部得克萨斯州牵头否决宪法第 14 条修正案，南部其他各州纷纷响应。1866 年中期选举，共和党激进派掌握了国会两院多数。1867 年 2—3 月，国会通过一系列重建法案，都在约翰逊否决后，以 2/3 的多数票通过，完全否定了按照约翰逊重建南部纲领组成的南部各州政权的合法性；并将南部划分为 5 个军管区，宣布给予黑人选举权，按宪法第 13、第 14 条修正案的精神，制定或修改州宪，产生各州合法政权。在州议会批准宪法第 14 条修正案，经国会认可后，方得选派州的众、参两院议员。1867 年 3 月南部实行军管，获得选举权后的七十多万黑人成年男子和六十多万白人成年男子，冲破南部种植园主、南部民主党人、忠于约翰逊的州政府官吏、三 K 党等恐怖组织的暴行等重重阻力，踊跃投票，选举参加制宪会议的代表，黑人杰出人物参加制宪，进入州政权，组成"黑白混合政府"，有些还被选为联邦国会议员，开启了黑人参政的新风。

　　约翰逊蔑视民意，仇恨一切新事物，个人权力欲恶性膨胀，决心和国会对抗到底，1867 年 6 月，直接向南部军区下令，解除或调动同情或支持共和党激进派的军区司令，直接对抗共和党国会通过的《军队指挥权法》，以破坏国会在南部推进的重建措施。约翰逊还把深得民心的军区司令谢里登和西克斯从南部调到北部。8 月，约翰逊无视国会通过的《官员任职法》，撤换同情

---

[1]　戴维·唐纳德：同前书，第 11 页。

国会重建纲领的陆军部长斯坦顿，派格兰特为临时陆军部长。参议院 1968 年 1 月否决了约翰逊的决定，格兰特把陆军部长职务交还给斯坦顿；2 月约翰逊再次委派洛伦佐·托马斯为他的临时陆军部长，强行接管陆军部，斯坦顿仍拒不离职。至此，国会与约翰逊的对抗白热化，斯坦顿的被免职成为弹劾案的导火线；1868 年 2 月 24 日，众议院以 126 票赞成 47 票反对通过了科沃德弹劾议案；3 月 5 日，由联邦最高法院首席大法官萨蒙·P. 蔡斯主持审讯，经过两个多月的较劲，5 月 16 日和 5 月 26 日参院对弹劾案进行两次表决，17 名共和党议员反水，票数为 35∶19，弹劾案须 2/3 的参议员票才能通过，仅差一票，由大法官宣判约翰逊无罪。但约翰逊在政治上已受到沉重打击，到任期满后，灰溜溜地离开了白宫。

综上所述，可见对约翰逊的弹劾案是南北战争后重建南部的进步政策与保守政策的歧异、以府会斗争的形式进行较量的政治事件。在南部一度建立的黑白混合政权，谱写了美国民权史上辉煌的一页，曾被美国著名黑人史学家杜波依斯誉为"壮丽的失败"。[①] 70 年代中期以后，共和党对争取黑人权益的思想逐步淡化，种族歧视和种族隔离成为南部固定的社会制度。直到 20 世纪 60 年代黑人还得为争取实现宪法第 14 条修正案、第 15 条修正案所赋予的人权进行不懈的斗争。这是对美国人权的绝大讽刺。

事隔 130 年，1998 年 12 月，又发生了共和党占多数的众议院，提出对民主党现任总统克林顿的弹劾案。这次弹劾案的起因，可追溯到 1994 年独立检察官斯塔尔授权调查白水案时起。

---

① 〔美〕杜波依斯：《黑人的重建时期 1860—1880》纽约 1935 年版，第 708 页。(W. E. B Du Borls: *Black Reconstruction*, N. Y. 1935.)

斯塔尔和众院共和党顽固派沆瀣一气，准备将白水案提高到尼克松的水门事件性质，以便胁迫或弹劾克林顿，但调查结果，因无实据，不了了之。斯塔尔并不歇手，又抓住克林顿与前白宫实习生莱温斯基的绯闻事件：他一面对年轻的莱温斯基盘问追逼，一面透露情节，鼓动舆论；至1998年9月，完成了400多页的报告，历数克林顿11大罪状，连同录像，交众院司法委员会，国会不久向全国、全世界公布部分录像、材料，对克林顿弹劾的势头咄咄逼人。克林顿说明了事实，承认了错误，并用重金聘请律师进行辩护。美国前总统福特和卡特向《纽约时报》投书，400多名历史教授发表声明，都建议对克林顿以公开谴责代替弹劾，促其反省；10月5日众议院司法委员会进行表决，列出15项弹劾指控，后通过4项弹劾条款交众议院审理。由于6年来克林顿在内政方面有成绩，人民满意度较高，对共和党从党派利益出发，不断传播绯闻案细节，感到厌恶。反映在1998年中期选举方面，民主党在国会众院席位有所增加，这是1934年以来执政党在中期选举中席位不减反增的罕见现象。共和党在众院减少5席，迫使主张追查绯闻案的主角众议院议长金里奇辞职；12月19日，众议院通过两项弹劾条款，交参院审理。1999年1月7日，参议院受理此案，正式开审，由最高法院大法官伦圭斯特主持，两党议员进行了争辩；2月12日最终表决，100名参议员全部参加投票，投票结果：对克林顿作伪证的第一项弹劾案，由于10名共和党参议员反水，以45:55票，遭到否决，对克林顿妨碍司法的第二项弹劾案，有5名共和党参议员反水，又以50:50票遭到否决；远远未达到宪法规定的对总统弹劾案免职和定罪所需的2/3票数（即67票）的要求。首席大法官伦圭斯特宣布克林顿无罪。克林顿遂成为美国历史上遭到国会弹劾、但未被罢免和定罪的第二位总统。在一年多的时间里，共和党占优势的众议院，抓住属于个人生活作风的问题，上纲上线，弹劾民主党总统克林顿，完全是党派利益的具体表现，也是美国两党制在政治上的庸俗化，给两党历史留下了不光彩的一页。

（1999 年 4 月写成）

北约新战略、波黑战争、科索沃战争简析

冷战结束后，世界各国人民向往和平、要求发展，已成为时代的主要趋势。经济全球化和政治多极化，已成为不可逆转的历史潮流。世纪之交的 1999 年，正当世界各国人民，关注和思考建立国际政治经济新秩序之际，3 月 24 日爆发了以美国为首的北约，逆历史潮流而动，对南斯拉夫联盟① 进行历时 78 天、惊心动魄的大轰炸。这场侵略战争，迄今已逾一年，科索沃仍处于动荡不宁的混乱局面。阿族极端分子组织的暴力活动日益升级。今年 3 月以来，塞尔维亚南部三个城镇，又成立了新的阿族武装力量。科索沃各种矛盾纷繁交织，随时可能发生新一轮战争，实令人关注和焦虑。

科索沃战争的源头是北约的新战略，它的前奏是波黑战争，科索沃战争是后果，三者之间，存在有机联系。本文追溯源头，阐释科索沃战争的由来与特点，对今后科索沃局势的趋向，提供

---

① 二次大战末，1945 年由 6 个共和国组成南斯拉夫联邦人民共和国（简称南联盟），其中塞尔维亚最大，多民族中也以塞族人数最多。1991 年南联盟解体，6 月斯洛文尼亚和克罗地亚宣布独立，继而波黑与马其顿也宣布独立，剩下塞尔维亚和最小的黑山仍继续称为南联盟。

一个线索。

一　北约新战略

随着第二次世界大战接近尾声，美、英、苏通过妥协与合作，达成了雅尔塔协定，确立了相互间的战略格局；1945年联合国建立。美、苏对立的国际格局维持冷战均势达40余年之久。

北约是冷战的产物。北约揭橥其宗旨是集体防御，维护北大西洋地区的和平。实际上，北约逐渐为美国操纵。美国在政治上和军事上钳制西欧，形成遏制苏联、东欧的弧形包围圈。进入90年代时，苏联解体、东欧易帜，华约解散，北约已失去存在的根据，理应结束其历史沧桑篇章。但美国的冷战思维恶性膨胀，认为自己实力最强大，应主宰世界，加紧利用北约，逐步将它由集体防御组织变成军事干预的工具，关键性的步骤就是东扩。1999年3月12日，北约批准波、匈、捷三国入盟，从而使北约由16国① 扩大为19国，面积增加了485万平方公里，人口增加了6000万。北约东扩改变了巴尔干地区的原来格局，一时巴尔干地区国家纷纷申请加入北约。惟独南斯拉夫联盟不肯就范。这是以美国为首的北约对南联盟动武的根本原因。

与北约东扩的同时，美国借口为确保美国的绝对安全，防止"胡作非为"国家的侵袭，于1998年12月提出了《新世纪国家安全新战略设想》，公开声称：美国的目标是领导全世界，美国决不允许别的国家对她的领导地位挑战；1994年4月24日，北

---

① 北约创始12国是：美、加、英、法、荷、比、卢、丹麦、挪威、冰岛、葡萄牙与意大利，希腊、土耳其和西德先后于1952年和1955年加盟。西班牙在1982年加入，成为北约第16个成员国。

约首脑在华盛顿举行庆祝北约成立 50 周年的庆典活动中，推出《北约新战略概念》（简称《新战略》），就是以上述《美国新世纪国家安全新战略设想》为蓝本。《新战略》宣称：北约在 21 世纪将承担超出其成员国集体防卫的作用。《新战略》第一次授权北约在其成员国安全面临威胁的局势下，得以进行干预，开启了不经联合国授权、北约可以在其防区以外进行军事干预的危险先例。

　　《新战略》的理论根据是西方国家泡制已久、广为散播的"人权高于主权"、"人权无国界"的谬论。我们认为：这种主张扭曲主权和人权的辩论统一关系，是站不住脚的。人权是具体的，而不是抽象的。邓小平指出："什么是人权？首先一条，是多少人的人权？是少数人的人权，还是多数人的人权，全国人民的人权？西方世界的所谓'人权'和我们讲的人权，本质上是两回事，观点不同。"①

　　《世界人权宣言》确认："人权是全民的人权：一国之内的公民不分性别、肤色、种族、贫富、受教育的文化程度，人人享有平等权；推广到全世界，各国人民，不论国家大小，不分国籍、民族、宗教信仰均享有生存权和发展权。"

　　《联合国宪章》和《世界人权宣言》以及当代正式国际文件都承认人权和主权的一致性。人权是公民个人权利，主权则是国家的最高权力，是集体的人权，代表一国全体人民利益，它是各个国家公民享有个人权利的前提和保证。对外主权是指国家的独立权和平等权。国家主权神圣不可侵犯，丧失主权的国家的人民受尽欺凌、压迫，哪里还有人权？第三世界国家的人民对此有切肤之痛。《联合国宪章》第二条中明文规定："各会员国主权平

---

① 《邓小平文选》第 3 卷，人民出版社 1993 年版，第 125 页。

等"，"在国际关系上不得使用威胁或武力……侵害任何会员国或国家之领土完整或政治独立。"这些原则已成为世界各国公认的现代国际关系的基本准则，对维护国际秩序和世界和平具有重大意义。

人权和主权是一致的，没有高低之分。《新战略》鼓吹"人权高于主权"分明是混淆是非，推销西方国家少数人霸权的诡辩；"人权无国界"更是违反《联合国宪章》确定的国际法准则，是赤裸裸地推行霸权主义、强权政治的盾牌。科索沃战争是北约《新战略》的具体实践。它侵犯了南联盟的主权，践踏了南联盟人民的人权。北约的空中打击轰炸了南联盟大量民用设施，造成大批无辜平民的伤亡。这类野蛮行径构成对国际和平与安全的严重威胁，受到越来越多的国际舆论谴责。

二 波黑战争

波黑战争是科索沃战争的前奏。以美国为首的北约发动对科索沃空袭时所采取的办法和 1995 年在波黑战争末期出动战机对塞尔维亚占领区五十来个目标，进行空袭，迫使塞尔维亚族让步如出一辙。波黑战争是北约跨出防区对其他国家内部进行军事干预的第一步。科索沃战争则是北约以"人道主义"援助为借口、彻底走出北大西洋防区，对一个主权国家进行军事干预的野蛮行径。二者是紧密相联系的。

波黑是波斯尼亚和黑塞哥维亚共和国的简称。在波黑领土上，居住着塞尔维亚族、克罗地亚族和穆斯林族三个主要民族。从历史上看，这三族都是 6—7 世纪越过多瑙河进入巴尔干半岛的南斯拉夫民族的后裔。8—13 世纪南斯拉夫民族先后建立了斯洛文尼亚、克罗地亚、波斯尼亚和塞尔维亚等民族国家，分别受到土耳其人、奥斯曼帝国、奥匈帝国和东罗马帝国的统治，宗教信仰有所不同。东部的塞尔维亚人接受拜占廷文化的影响，信奉东正教，西部克罗地亚人在匈牙利和奥匈帝国的影响下，信奉罗马天主教，中部波斯尼亚人则皈依土耳其的穆斯林教，逐渐形成穆斯林族。1918 年曾建立塞尔维亚——克罗地亚和斯洛文尼亚王国，承认东正教徒、罗马天主教徒和穆斯林教徒一律平等。1929 年通过政变改国名为南斯拉夫王国，推行大塞尔维亚主义；30 年代后倾向亲德、意法西斯。民族矛盾迭起。但三族人民均掀起反抗外族侵略的斗争，曾并肩作战过，有建立统一国家的愿望。① 二战前南斯拉夫各族人民首先承认自己是南斯拉夫人，其次才是塞尔维亚人、克罗地亚人和穆斯林族。南斯拉夫盛行通婚，有《花豹皮》② 戏称。据估计，1/3 的南斯拉夫家庭里的父母分属于不同的民族血统。萨拉热窝、贝尔格莱德和萨格勒布是真正的民族熔炉。③ 南斯拉夫各族人民在历史上虽有些恩恩怨怨，但总的说来，是和睦相处的。美国霍尔布鲁克在他的《结束战争》一书中却写道："古老的仇恨是该地区冲突的根源"。④ 这是对历史的极大歪曲。巴尔干半岛战略地位十分重要，是连接欧亚、通向中东的枢纽。是大国和政治集团的逐鹿场所。1914 年巴尔干半岛是英、法、俄和德、奥进行争夺欧洲霸权的焦点，成为第一次世界大战爆发的策源地。巴尔干战场是主战场之一，塞尔维亚首当其冲。第二次世界大战期间巴尔干地区遭到德、意法

① 《中国大百科全书·外国历史卷》，北京中国大百科全书出版社 1990 年版，第 408、497、704、813 页。

② 紫野：《和解与仇恨》，《光明日报》1994 年 4 月 4 日。

③ 〔美〕迈克尔·迈耶：《在波黑战争中使用武力不会导致一场越南战争》，载〔美〕《洛杉矶时报》1993 年 7 月 10 日，译文载《参考消息》。

④ 〔美〕布赖恩·米切尔：《南斯拉夫血的历史》载《美国投资者商情日报》1999 年 3 月 12 日。译文载《参考消息》1999 年 3 月 23 日。

西斯侵略，南斯拉夫被德、意军事占领，南斯拉夫王国崩溃。在纳粹占领区内，克罗地亚备受青睐，建立为傀儡独立国，塞尔维亚则被置于严格军事管制之下，塞族人被清洗、屠杀者约 70 万人。① 南斯拉夫各族人民参加了铁托领导的游击队，掀起反法西斯的抵抗运动。塞尔维亚人是游击战的主力军，塞尔维亚西部的乌日策是最大的解放区。② 1945 年南斯拉夫全境解放，建立六个共和国，组成南斯拉夫联邦人民共和国（简称南联盟）。

波黑战争于 1991 年 7—8 月爆发，是在东欧剧变、南联盟解体过程中，由克罗地亚和波黑共和国宣布独立引发的，初期的战事是在塞族和克族之间进行的。在前南联盟中，塞族占总人口的 35.3%，克族占总人口的 19.2%。1992 年克罗地亚共和国境内塞族成立了克拉伊纳共和国，波黑境内塞、克两族关系恶化，但同时克族与穆族为争夺波黑中部地盘，引发了武装冲突，且日益升级，战争规模日益扩大，三族展开争夺波黑境内地盘的战争。③

---

① 布赖恩·米切尔：同前文。

② 马细谱：《巴尔干人民反法西斯战争史》，海南出版社 1993 年版，第144—146 页。

③ 关于波黑战争进程，可参考：1.《美国，必须改正在南斯拉夫问题上犯的错误》，美国《巴尔的摩太阳报》1992 年 8 月 16 日文章，译文载《参考消息》1992 年 8 月 20 日；2.《不仅仅是一种姿态，克林顿决心在波黑开始新步伐》，英国《泰晤士报》1993 年 2 月 27 日文章，译文载《参考消息》1992 年 3 月 29 日；方祥生：《争取和平的又一次努力》，《光明日报》1993 年 5 月 4 日；胡锡进：《波黑穆克两族联盟与冲突》，《光明日报》1993 年 5 月 13 日；方祥生：《僵而不死的波黑局势》，《光明日报》11 月 15 日；胡锡进：《波黑和平进程一波三折》，《光明日报》1993 年 5 月 11 日；方祥生：《波黑局势的新变化》，《光明日报》1993 年 6 月 23 日；高凤仪：《波黑局势新走向》，《光明日报》1994 年 3 月 6 日；宋文富：《从'穆克协议'看波黑前景》，1994 年 3 月 20 日；华开：《大国逐鹿、形势逆转》，《新民晚报》1994 年 4 月 17 日；《南斯拉夫是北约的试验场》，俄罗斯《真理报》1995 年 9 月 12 日文，译文载《参考消息》1995 年 9 月 15 日；胡锡进：《落实协议面临挑战》；松涛：《波黑和平协议要点》，山石：《波黑大事记》，均载《人民日报》1995 年 12 月 15 日；布鲁斯·内兰：《代顿和谈内幕》，美国《时代周刊》1995 年 12 月 4 日文，译文载《参考消息》1995 年 12 月 4 日。

穆族在前南联盟中只占总人口的 10.2%，但占波黑总人口的 43.7%，当时是控制萨拉热窝的波黑中央政权的主要民族，穆族领导人蔑称克族和塞族是波黑共和国的两个毒瘤，促成克族和塞族关系的解冻，出现联合的倾向，塞、克两族和解受到英、法、俄的赞同，波黑危机出现转机，闪烁和平曙光。但美国偏袒穆斯林族，独持异议。1993 年 1 月向被包围的穆斯林族空投物资。其后，美国积极推动穆斯林族和克罗地亚族建立穆克联邦，取代克族和塞族的联合。1994 年 3 月，穆、克两族签署了联邦协议，随即联手在波黑全境对塞军发动攻势；4 月北约战斗机空袭波黑东北部的小镇塞军阵地，向塞族施压。1995 年 1 月在美国前总统卡特调停下，塞、穆两族达成停火 4 个月。未到期穆族即发动进攻。塞军于 6 月 2 日击落一架在其上空飞行的美国 F—16 战斗机，美国十分恼怒，9 月美国政府下令北约出动 400 架战斗机袭击塞军阵地，摧毁塞军指挥系统和基础设施。同时充当政治调解人，在美国俄亥俄州代顿召集交战各方参加和平会议，迫使塞族让出 20% 的土地，保留 49% 的土地，穆克联邦占有 51% 的土地。塞尔维亚共和国总统米洛舍维奇在代顿协议上签了字。代顿协议完成了瓜分波黑领土的任务，维持了脆弱的和平；美国排挤了英、法、俄对巴尔干的发言权，巩固了自己在北约的领导地位及对欧洲事务的主导权。

三 科索沃战争

科索沃战争是波黑战争合乎逻辑的继续与发展。美国利用波黑内部民族矛盾，采取压塞制南、偏袒穆族政策，发动空袭获得成功，以签署代顿和平协议结束。科索沃战争则是利用科索沃的民族冲突，偏袒阿族极端分子，加大压塞制南政策力度，企图用政治调解方式迫使塞族屈服未获成功，即发动大规模空战，为北约在其他地区进行军事干预树立先例。

科索沃是南联盟塞尔维亚共和国的一个自治省，面积只有1.1万平方公里，人口约220万人，阿尔巴尼亚族人约占90%，塞族人占10%。科索沃是塞尔维亚历史发源地，文化的摇篮，东正教教堂和修道院星罗棋布，有的已有数百年历史。科索沃凝聚着塞尔维亚人的感情与民族精神。1945年铁托创建南联盟时，将科索沃划归塞尔维亚，就是由于这个原因。阿尔巴尼亚人是欧洲最古老的民族（伊利亚人的分支）之一，聚居在巴尔干南部的"大阿尔巴尼亚"的广阔土地上，由于土地贫瘠，来到塞尔维亚境内居住的很多。塞族人和阿族人都是科索沃的主要民族，和睦相处居住了数百年。在1389年科索沃的塞族人和阿族人曾并肩作战，反抗土耳其统治者。原来阿族大多为东正教徒，后改信伊斯兰教，受到土耳其统治者的青睐。封建大地主得到扶持，贫民来科索沃谋生者日众，阿族人出生率极高，逐渐成为科索沃人口中的多数。[1] 而本来的多数民族塞尔维亚族由于在土耳其统治时期和二战期间都遭到迫害，人口逐渐减少。1913年英、法、俄、德、奥、意6国伦敦会议，承认阿尔巴尼亚独立，但将阿尔巴尼亚领土缩减一半，并将科索沃划归塞尔维亚，引起科索沃阿族人的不满。科索沃在本世纪中六易其主，[2] 两次世界大战均使塞尔维亚丧失科索沃的控制权，直到铁托建立南联盟时，塞尔维亚才恢复对科索沃的主权。塞尔维亚共和国领导人为了两族和平共处，一再扩大科索沃自治省的自治权，并鼓励阿尔巴尼亚人移民

---

① 〔美〕特蕾西·威尔金森：《科索沃冲突的导火线》，〔美〕《洛杉矶时报》1999年3月26日。译文载《参考消息》1999年4月4日。

② 布赖恩·米切尔：同前文。

到科索沃。科索沃两族人口结构不平衡状况日益严重。阿族人利用自治权，将塞族人从权力机构中驱逐出去。1980 年铁托逝世后，阿族人对塞族人的歧视和压制加剧，5.7 万塞族被迫离开科索沃。① 在就业居住等问题上，阿族人对塞族人也加以歧视。当时阿族极端民族主义者提出建立"种族纯洁的阿族共和国"。② 两族冲突表面化。1989 年米洛舍维奇当选为塞尔维亚共和国总统，为制止阿族人的分裂活动，将科索沃的自治权降低到 1974 年以前状况。科索沃民族矛盾加剧，科索沃阿族强悍分子组成"科索沃解放军"（简称科解），逐渐由小变大，与阿尔巴尼亚的企图恢复"大阿尔巴尼亚"的人沟通，并与国际贩毒分子相联系，在波黑战争中蠢蠢欲动，呼吁美国及北约进行干预，但当时美国政府尚不愿将波黑危机扩大化，"科解"未能如愿；仍日益猖獗地进行恐怖活动，企图通过暴力达到独立的目的。"科解"袭击塞族警察和军民，双方冲突不断。1998 年 2 月米洛舍维奇对"科解"发动一次反攻，制止"科解"的暴力行为，美国和北约便叫嚷南联盟镇压阿族人，对阿族人进行种族清洗。美国政府为了企图搞垮南联盟，不择手段，放弃支持鲁戈瓦的和平渐进路线，公开支持"科解"最极端的头目外号毒蛇的萨奇。1998 年 6 月，以美国为首的北约已开始策划空袭南联盟。③ 1999 年 1 月 15 日，塞族警察追捕数日前枪杀塞族的匪徒时击毙 15 名阿族人，与"科解"发生冲突。欧安观察团团长美国人沃克作了不实的报导，硬说塞族警察杀害平民。南联盟驱逐了沃克。北约早已

---

① 布赖恩·米切尔：同前文。

② 同上。

③ 邬秀基：《科索沃之战内幕揭秘》（下），《光明日报》1999 年 9 月 27 日，该文（上）还揭露同年 2 月克林顿派往巴尔干的特使已把"科解"定性为恐怖分子。《光明日报》1999 年 9 月 26 日。

蓄势待发。但由于国际社会反战声浪高涨，且北约内部意见不一致，希腊和意大利反对进行军事干预，美国不得不表示要促成科索沃阿族和塞族用政治方式和平解决科索沃危机。1999 年 2 月由英、法出面在巴黎附近的朗布依埃召开国际会议，召集塞尔维亚和"科解"代表参加。会议中提出以结束波黑战争的代顿协议为参照系数。因塞、阿双方意见悬殊，会议一再延期。美国国务卿奥尔布莱特等人对阿方暗示：只要阿方代表在协议上签字，而塞方拒绝签字，北约即可据此对南联盟进行空中打击。3 月 13 日阿方在会议闭幕前签了字。在此以前，美国又派特使赴贝尔格莱德会晤米洛舍维奇，以发动空袭胁迫他同意北约在科索沃驻军。米洛舍维奇吸取北约在波黑驻军实际上把它变成国际托管地的教训，不愿再蹈覆辙，断然拒绝。3 月 5 日发生波黑危机。①南联盟举国哗然。强烈谴责北约的举措违反代顿和平协议精神。波黑危机火上加油，使科索沃局势更加复杂化。米洛舍维奇坚决拒绝北约在科索沃驻军。3 月 18 日和谈不了了之，北约派往贝尔格莱德的特使也有辱使命。外交活动失败，局势迅速滑向战争。②

此时北约西方大国的几位领导人克林顿、布莱尔、施罗德等按捺不住，急于对南联盟发动空袭。克林顿宣称：空中打击是"一场不流血的轻松战争，对己方毫无损失的战争。"在他们的主导下，北约未经联合国授权，于 3 月 24 日悍然发动对南联盟的

---

①　北约驻波黑的调解员西裔外交官解除塞尔维亚共和国当选总统波普拉申的职务，继而国际法庭以美国律师罗伯茨欧文为首的陪审团宣布地处波斯尼亚北部边界的布尔奇科由塞尔维亚独管改为由穆族、克族和塞族三方共管。

②　关于朗布尔依埃和谈破裂前后，可参考〔英〕菲利普·舍韦尔和汤姆·鲍德温：《除了战争，别无选择》，〔英〕《星期日电讯报》1999 年 3 月 28 日；〔美〕史蒂文·科马罗：《摇滚令已到，B52 开始动手》〔美〕《今日美国报》1999 年 3 月 25 日。（译文均载《参考消息》1999 年 3 月 31 日）

空中打击。科索沃战争是一场大规模的真正空战，其性质是侵略与反侵略战争。北约作为侵略者急于速战速决，挟其强大无比的高科技军事优势，从 3 月 24 日起发动空中打击，集中轰炸南联盟的防空系统、指挥和控制中心、军工厂等以取得对南联盟的制空权；满以为只要几天的空袭，就能轻松地取得胜利。南联盟进行的是一场反侵略、维护国家主权的自卫战，巧妙地运用游击战术，将部队和重武器分散，隐藏在掩体中，使轰炸损失降到最低限度，到战争结束时南联盟重武器只损失了 10％—30％。3 月 27 日南联盟防空部队击落美军最精锐的一架隐形战斗机，并俘虏 3 名飞行员。南联盟的英勇战斗粉碎了北约速战速决的战略意图。28 日战争迅速转入第二阶段，以恐怖威慑为主，扩大空袭目标和范围，北纬 44 度以南地区是空袭的重点。① 44 度线像是一个无形的界限，将南联盟一分为二，贝尔格莱德刚好在这条线的北面。科索沃在南部地区最南部。北约从四个方面对南部地区进行轰炸，从亚得里亚海发射战斧和巡航导弹，飞机则通过匈牙利、克罗地亚和波黑的领空发动进攻。目的是摧毁南部地区的基础设施、南人民军地面部队和军用物资。北约从亚得里亚海的美英的航空母舰② 发射导弹轰炸了南联盟内务部、国防部以及军火库和军事设施。南军重新进行部署，敏捷地将防空武器和火炮转移阵地，牢牢控制了局势。北约欧洲盟军司令美国将军克拉克感到十分恼火。克林顿宣布：4 月 13 日北约空袭进入第三阶段：扩大了空袭范围，加强了空袭力度，对南联盟境内所有军事目标进行无休止的轰炸，重点轰炸南联盟的政治中心机构。贝尔格莱

---

① 〔俄〕奥利尼克：《在北纬 44 度以南》，俄罗斯《红星报》1999 年 4 月 7 日。译文载《参考消息》1999 年 5 月 3 日。

② 〔英〕梅塞·霍尔：《航空母舰去塞尔维亚作战》，英国《星期日电讯报》1999年 4 月 18 日，译文载《参考消息》1999 年 4 月 23 日。

德是主要轰炸目标。社会党总部和南联盟几座办公大楼相继被炸毁。4月中旬以后的一个月内，"误炸"平民和与平民生活息息相关的水电、交通系统的事件日有所闻。① 美国人在轰炸开始时就打算炸毁南联盟的电力系统，因遭到北约内部盟国的抵制，拖到5月3日深夜，美国终于得逞，北约下令轰炸南联盟的电力网和变电站等相关目标，摧毁了南联盟70％的电力供应设备，以后又中断了自来水。北约对南联盟的轰炸日益猖狂，除炸毁南联盟的基础设施铁路、公路、桥梁外，进而轰炸炼油厂、电台，难民车队和客运列车，连民房、民宅、学校、医院、养老院也不能幸免。北约之所以残酷以至于斯，是因为它认为只有不断加强战争恐怖威慑才能动摇南联盟军民意志。5月初，北约派一架美国精制的号称"坦克杀手"的阿帕齐攻击型直升机到阿尔巴尼亚，为派遣地面部队做准备，被南联盟防空部队击落。② 5月7日北约竟以B52轰炸机投掷5枚导弹从不同角度炸毁了中国驻南大使馆，三名中国记者牺牲，二十多名使馆人员受伤。

但北约的轰炸并没有削弱南联盟军民的抵抗意志，南联盟军民同仇敌忾抗击侵略者，南联盟民众在公共广场上举行抗敌音乐会，并以人体盾牌保护了距贝尔格莱德不远的"布兰科"大桥，③ 表现了大无畏的精神，赢得了世界追求正义人士的同情。轰炸中国大使馆粗暴地践踏国际法准则，震惊世界，国际舆论同声谴责，并掀起12亿中国各族人民的抗议浪潮。

---

① 许杏虎：《战争还在继续》，《光明日报》1999年4月24日；〔美〕丹尼尔·威廉：《北约最近的空袭令南联盟平民气愤和困惑》，英国《国际先驱论坛报》1999年5月5日，译文载《参考消息》5月19日；〔美〕保罗·沃森：《我在科索沃战场》，美国《洛杉矶时报》1999年6月20日，译文载1999年7月28日。

② 〔美〕迈克·基利恩：《美国"坦克杀手"不顶用》，美国《芝加哥论坛报》1999年5月19日，译文载《参考消息》1999年5月25日。

③ 邵云环：《北约空袭南联盟亲历》，《参考消息》1999年5月10日。

　　北约的野蛮行径促使美国与北约盟国的分歧公开化。意大利和希腊力主停止轰炸，德、法也不愿陷入更深的战争泥潭中。此外，直接受到威胁的俄罗斯提出抗议，只有英国首相布莱尔、美国国务卿奥尔布赖特、美国陆军上将克拉克、美国国会中的鹰派议员在空袭失效时，屡次提出派遣地面部队作战。克林顿是空中打击的崇拜者，担心派遣地面部队风险太大，他认为：只有空中打击失败，地面入侵成为惟一出路，才能派出地面部队作战。[①]

　　随着时间的推移，各国人民反对科索沃战争的抗议运动日益高涨，北约各国政要包括美英的政要纷纷出面建议科索沃危机回到政治解决的轨道上来。经过俄罗斯特使、芬兰总统等人几周的外交斡旋活动，6月3日俄罗斯、欧盟和美国提出科索沃危机和平协议草案，6月8日八国外长经过激烈辩论后提交联合国一份科索沃问题的和平协议草案；同时北约仍继续轰炸，直到6月10日晚安理会讨论和平决议草案时，才宣布暂停对南联盟的空袭，南联盟开始从科索沃撤军，6月20日北约正式宣布结束对南联盟的轰炸。

　　78天的轰炸炸毁了南联盟24座桥梁，12个火车站，36个工厂，7个飞机场，16个燃料站和库房，17个电视发射塔和许多电力设备，造成一场"人道主义"的大灾难。

　　北约78天的空战将南联盟的锦绣河山，炸成弹痕遍地、疮痍满目的大地，将南联盟的贝尔格莱德等大城市经济基础、民用设施炸成一片焦土，但北约的轰炸并没有为北约赢得胜利，因为战争的结束并不是由于北约将南联盟军队驱逐出科索沃，而是由于北约进退两难，在国际社会的压力下，被迫将科索沃问题重新

---

　　①　邹秀基：同第197页注③。

交给联合国安理会处理，回到政治解决的轨道上来的结果。英国前外交大臣赫德撰文指出：科索沃战争没有赢家。[①] 这在当时不无道理。今天回眸审视科索沃战争，国际舆论普遍认为北约轰炸南斯拉夫的行动全然失败，并对北约暴行加以谴责。

联合国安理会通过的解决科索沃危机的 1244 号决议案（简称决议案）确认科索沃属于南联盟，尊重南联盟的主权与领土完整。但美国和北约某些大国根本不承认南联盟主权统一和领土完整，把南联盟领导人妖魔化，在经济上封锁南联盟，在政治上扶植南联盟反对派，以推翻现政权、建立亲西方的政权为目的。甚至试图在塞尔维亚和黑山之间制造分裂，以肢解南联盟。

在这种错误政策指引下，决议案根本不可能执行。决议案明文规定维和部队有责任确保科索沃所有难民安全返回家园，将科索沃建成为一个多民族和平共处的自治省。这是"科解"所不能接受的。"科解"的目的是建立一个纯阿族的科索沃独立国，而不是南联盟管辖下的一个多民族共存的自治省。"科解"在维和部队到位前，抢先占领要地，对塞族人进行有组织的种族清洗，迫使塞族 16.4 万人外逃。据维和部队统计，现科索沃地区共有 156.4 万人，阿族人 139.4 万人，塞族人 9.7 万人，余为其他少数民族。阿族极端分子对塞族居民进行有组织的暴力罪行，对少数塞族居民区袭击，以致民族冲突愈演愈烈。决议案中关键性的重点是"科解"非军事化。北约对"科解"解除武装采取敷衍了事态度。并随即将"科解"骨干分子改编为保安团，使"科解"披上合法外衣，这一举措极大地煽动阿族极端分子对塞族进行袭击、谋求独立的欲望。"科解"更加有恃无恐，把保安团作为建

---

① 〔英〕道格拉斯·赫德：《科索沃战争将没有赢家》，《加拿大环球邮报》1999年 5 月 14 日，译文载《参考消息》1999 年 6 月 1 日。

立阿族军队的开端。自今年 2 月以来，科索沃北部米特罗维察城镇爆发阿族对塞族的暴力冲突，甚至和维和部队对抗，发生流血事件。目前在科索沃以东，与塞尔维亚接壤的边境一带，阿族新成立的叛乱武装正进行活动。不仅科索沃局势有失控危险，而且正在扩大化，随时可能发生爆炸性事件，令人担忧。这都是美国和北约长期偏袒、纵容"科解"的恶果。北约目前处境十分尴尬。解决科索沃紧张局势的关键在于：以美国为首的北约改变其错误政策，尊重南联盟的主权统一与领土完整，彻底执行联合国安理会通过的 1244 号决议案。国际社会正义力量必须为此作出不懈的努力。

（2000 年 3 月写成，后压缩成《科索沃战争始末》一文，
载《美国研究通讯》2000 年第 1 期）

评潘非著《美国简史》

潘非著《美国简史》（以下称《简史》）是一本通俗的读物，叙述了从"美洲大陆"发现到罗斯福"新政"这一时期美国历史的发展过程。该书的编排是很好的，除章节外还有细目，使人一目了然。该书采用的史料和现已出版的其他美国历史通俗读物比较广泛得多，因而对介绍美国历史演变过程有一定的贡献。但是《简史》对运用马克思主义的观点研究美国历史，缺乏认识和研究，因而不可避免地在史实判断方面和史实真实性方面存在一些错误。愿就笔者所见到的提出一些问题，与作者及读者商讨。

一　较重要的判断错误

（一）第 27 页：关于美国宪法的制定，《简史》指出宪法会议中虽然有争执，但在维护资产阶级和种植园主（该书译作田庄主人）共同利益的前提下，双方代表作了重大的妥协，这是正确的；但缺点在于：《简史》没有指出双方在宪法会议中究竟作了哪些具体妥协，有什么意义。实际上，当时资产阶级和种植园主代表人物都慑于谢司农民起义，将 1787 年召开的一个州际会议改变为制宪秘密会议，决心保卫有产者利益，强化中央政权。在会议中大州和小州、资产阶级和种植园主争执不休。为平息小州的不满，会议最后同意在宪法中规定，不论大小州，每州在参议院均有两名参议员。资产阶级和种植园主之间的妥协还表现在众议院议员名额的分配方面。各州众议员名额按照人口比例分配。黑人（主要是奴隶）的人口，按 3/5 比例计算，无论各州在缴付联邦税时和选举众议员时，黑人人口均按此比例计算。这一重大妥协使资产阶级和种植园主得以建立联合统治。

《简史》认为美国宪法经过一次修正，一直实行到现在，是错误的。美国确实只有一部宪法，美国政治家对不符合时代要求的宪法条款，采取补充修正案的办法，从不更改正文。这是美国宪法的特点。美国宪法制定时，对人民形式上的民主权利都没有规定，引起人民的反抗，统治阶级不得不稍作让步。1791 年国会通过资产阶级民主派杰斐逊等所主张的权利法案，这就是宪法正文后面的前十条修正案。其后，伴随着美国资本主义的发展，美国人民继承着美国革命时代的光荣传统，展开了不懈的斗争，迫使各个时期内的统治者不得已作一些让步，陆续地增加了一些修正案。大部分宪法修正案反映了美国人民争取民主的奋斗过程。

（二）对于美国革命动力的估计，《简史》认为当时新兴资产阶级积极参加革命，而"南部的大田庄主非但不在革命中起积极作用，有时还要充当美奸。"这种说法值得商榷。美国革命在性质上是资产阶级民主革命，革命的主要动力是劳苦大众。他们在殖民地时期，就开展了反抗英国政府及其代理人的斗争。北部新兴的资产阶级直到 1764、1765 年英国连续颁布苛刻的航海法令，危及他们走私贸易时才开始醒悟。但他们态度犹豫，直到革命战争爆发后才投身革命。南部种植园主依赖种植烟草的出口贸易，而英国早期的航海法使烟草滞销，造成南部园主重大的经济损失。1763 年的土地法，禁止殖民地人民向西部移殖，也就禁止了南部种植园向西部拓展，因而他们投身革命。这两大阶级都是在广大人民推动、压力之下，才在革命中坚持下去。两个阶级的内部都不断分化，经常有叛变分子出现。《简史》笼统地说："南部的大田庄主非但不在革命中起积极作用，有时还要充当美奸。"这是不能成立的。华盛顿和杰斐逊都是南部种植园主，他们对美国革命都作出了卓越的贡献，这是众所周知的。

（三）第 47 页：《简史》认为南北战争前的主要矛盾是奴隶与关税。这也是不恰当的。南北战争前，南北经济发展日益分野，建立了不同的社会制度——北部建立了自由劳工制，南部建立了奴隶制。马克思认为战争的爆发，"是因为这两种社会制度再也不能在北美大陆和平共处，它只能以其中一种制度的胜利而结束"。[①] 作者把关税和奴隶制并提，是不符合马克思的科学分析的。

（四）第 49 页：关于美国政党的产生和演变，《简史》的分析值得商榷。《简史》提出："在独立战争胜利以后，民主党、共和党出现以前，美国已经存在着联邦党与民主共和党。联邦党以汉密尔顿为首，主张强有力的联邦政府，扩大行政部门的权力，保护关税、建立国家银行。民主共和党以杰斐逊为首，主张建立'有秩序的政府'但权力不宜过重。'政府愈好，干涉愈少'。"次页又写道："民主党于 1828 年成立，参加者主要是南方的土地所有者、垦殖家。民主党代表奴隶主的利益，坚决保卫蓄奴制度，反对提高关税。1832 年出现了自由党，代表工业资产阶级的利

---

① 马克思：《美国内战》，《马克思恩格斯全集》第 15 卷，人民出版社 1964 年版，第 356 页。

益，至 1854 年时，该党更名为共和党。"

根据美国著名的马克思主义历史学家赫伯特·摩理士、菲力普·丰纳等人的阐释和笔者的理解，上述引文对美国政党的产生和演变情况有以下几点是不符合美国历史实际的，特提出供商讨：

（1）民主共和党与联邦党是在 1791—1793 年美国人民争取资产阶级民主斗争的洪流中产生的。民主共和党是资产阶级民主派杰斐逊领导的小生产者、微弱的劳工和争取民主的有产者的联盟，联邦党是执政党，代表当时商业资本家利益，在经济上依赖英国进口商品，在外交上亲英。联邦党通过联邦政府，颁布了有利于商业资本家、投机家但有损广大贫苦人民的立法。因而引起人民的不满，促其奋起争取民主权利的斗争。联邦党于 1814 年第二次反英战争即将结束时，因召集哈特福德会议、图谋分裂联邦失败而瓦解。

（2）民主共和党（又自称共和党或民主党）1801 年起成为执政党。1816—1824 年美国只存在民主共和党一个政党。史称"和谐时期"。

（3）民主共和党中拥护杰克逊的一派于 1828 年正式组成民主党，当时还不是单纯代表奴隶主利益的政党。它代表边疆种植园奴隶主、边疆农民、小生产者和部分南部种植园主的利益。1829—1832 年执政的杰克逊本人是肯塔基棉花种植园主，坚决制止南卡罗来纳州借口保护关税酝酿脱离联邦的运动，杰克逊政府降低了关税，维护了联邦统一。民主党是在 19 世纪四五十年代逐渐蜕化，坚决捍卫蓄奴制，沦为代表奴隶主的政党。

（4）1834 年北部工商业者、金融资本家和部分南部种植园主正式组成辉格党（Whig Party）。《简史》译为自由党不妥，因易与 1840 年废奴运动者组成的自由党（Liberty Party）相混淆。

辉格党与民主党是并列的两大政党。

（5）《简史》说 Whig Paitv（辉格党）于 1854 年更名为共和党，是错误的。1854 年组成的共和党以反对奴隶制为旗帜，是一个崭新的政党。它不仅包括部分北部辉格党人，自由领地者，废奴运动者，劳工阶级和各阶层民主派，还包括北部民主党人。南北战争、革命重建结束以后，共和党逐渐成为代表大资产阶级利益的政党，民主党也成为资产阶级政党，此后两大政党长期共存，轮流执政迄今。

（五）第 73 页：《简史》对"南方改造法案"的分析是错误的。南北战争结束，开始了南方重建（现通译重建）时期。在重建问题上，展开了尖锐的路线斗争。头两年（1865—1866 年）是约翰逊总统的重建时期，约翰逊对旧南方奴隶主实行宽大无边的妥协政策，大赦旧日南部同盟官吏，对南方制定黑人法典，对三 K 党蔓延听之任之。1867—1877 年是共和党激进派民主重建时期，共颁布四次重建法案，南方重建诸州建立黑白混合政权，取消黑人法典，给予黑人选举权，通过了宪法第 14 条修正案和第 15 条修正案等等。1877 年总统大选，共和党和民主党妥协，民主重建宣告结束。

（六）第 38 页：《简史》把 1834 年成立的全国总工会（National Trade Union）定性为黄色工会，第 78 页《简史》指出职工会采取"闭业制"把入会会费提得很高，以限制工人入会，这是决定美国工人运动落后状态的原因。笔者认为这些观点是不正确的。根据美国马克思主义史学家菲力普·丰纳的分析，1834 年成立的全国总工会存在不久，为当时的具体历史条件所限制，有狭隘的方面，但当时是进步的工会。根据丰纳教授的研究，早于 1794 年费城制鞋工人就强迫雇主只雇佣制鞋工人工会会员工作。以后力量强大的工会，不仅规定厂方不得雇佣非工会会员，还取得和厂方订定集体合同的条件。有了这一规定，厂主就不能任意开除工会会员和雇佣非工会会员。工会的目的是减少工人的失业和防止厂方以低微工资雇佣非工会会员，降低工人生活水平。一般实行"闭业制"的工会，收会费都很低，以争取工人入会。20世纪20年代工厂主广泛推行与"闭业制"相反的"开放制"运动，以压低工资和雇用非工会会员。

美国工人运动落后的原因很多，最根本的原因是美国资产阶级的统治很巩固，对工人实行高压政策和笼络政策，对不同民族的工人工会实行"分而治之"的办法，等等。

（七）第79页：《简史》对19世纪70年代绿背党的组成作了如下的论述："农业者大都为负债者，为了易于偿付债务，主张提高币值，于是他们便组成绿背党"。历史实际正相反：南北战争时期，联邦政府因战争急需发行了大量绿背纸币。战后联邦政府实行通货收缩政策，使币值逐步回升，从而广大农民所举债务无形扩大。农民要求增发纸币，降低币值，以便使用廉价纸币偿还债务，于是组成了绿背纸币党。

二 一般史实错误

（1）第8页：《简史》对最初的13州，遗漏了最晚建立的乔治亚州，却列入了迟至1791年才建立的维尔蒙州。第8页的新罕布什尔在第11页中译为新罕木什尔。

（2）第8页：《简史》认为个人所有殖民地（现通译业主殖民地——笔者）只有三个，即宾夕法尼亚、德拉瓦（现译为特拉华）和马里兰。应指出这是1775年的状况。17世纪业主殖民地有8个之多。

（3）第12页：新英格兰联盟成立于1643年，《简史》误为

1743 年。

（4）第 18 页：《简史》说波士顿茶帮的暴动是由波士顿商人组织的。这种表述是不正确的。笔者的理解是：波士顿倾茶事件是波士顿一批爱国青年自发的行动。1773 年 12 月 16 日，这批爱国青年化装为印第安人，将东印度公司运来倾销的茶叶倒入海中。

（5）第 22 页：《独立宣言》是 1776 年 7 月 4 日通过的，《简史》误为 7 月 14 日。

（6）第 25 页："1776 年 11 月 15 日，各州代表又通过了邦联条款"欠准确。大陆会议虽于 1777 年 11 月 15 日（不是 1776 年）通过了邦联条款，但是正式批准与执行，却是在 1781 年。

（7）第 27 页：《简史》误认为"参议员由各州按人口（比例——笔者加的），众议员由各州代表所组织，每州两名"完全把事实弄颠倒了。

（8）第 26 页："格米尔顿"应译为"汉密尔顿"。第 27 及 49 页对同一名词又译为"哈密尔顿"。

（9）第 125 页：三 K 党英文原为 Ku Klu Klan《简史》误作 Ko Klox Klan.

　　　　　　　（原载《大公报》1951 年 11 月 23 日，本次结集时，
　　　　　　　根据笔者当年写作笔记予以补充）

评《美国侵华史》(第一卷)

卿汝楫先生的《美国侵华史》,① 是一本有用的书。最显著的优点，就是作者搜集了极为广泛的有关美国侵华的原始史料，并且认真地整理了这些史料，详尽地分析了从1784年到1864年的美国侵华史。作者有力地、生动地暴露了美国侵略中国的血腥史实和美国资产阶级的凶狠残酷的本质。许多材料都是极为宝贵的：如第一编第五章关于美国海盗用来剥削中国人民的商品之分析；第二编第六章关于美国资产阶级贩卖中国劳动人民的罪行（每名苦力以八元买进，而运到海外贩卖则达百余元以上），读后令人发指。第三编第五章作者对于美国从天津及北京条约中新得权利的分析，1858年直接掠夺案的分析，走私、逃税、抗税、"自由市"阴谋及海关行政权攫夺经过；第六章关于组织"劫掠队"攻击太平军的美国强盗华尔的出身——所有这些章节，由于提供了很多令人可信的材料，具有强烈的说服力量。作者在这一方面的努力，是成功的。由于本书提供材料的丰富与确实可信，因而在加强读者的爱国主义教育方面，也得到相当的成功。譬

① 卿汝楫：《美国侵华史》，三联书店1952年版。

如：作者在着重地描绘了英美武装走私鸦片的局面，指出鸦片输入，约占侵入中国的外货总值的 65% 以后，紧接着说："拿杀人的毒药，来劫取中国的白银和茶丝，这就是美英资本主义的文化使命了！"（第 224—225 页）这几句语，就非常有力地说明了武装走私鸦片是美国资产阶级残害中国人民的一种极其丑恶、极其毒辣的暴行。

本书作者的意图，是要联系着美国资本主义的发展与世界资本主义发展中的国际关系来写美国侵华史的。尽管在这一方面，本书还有不少缺点，但是，无疑地，本书标志出研究美国侵华史的一个新的方向。

这些都是本书值得重视的地方。作者的努力和成绩，是应该予以肯定的。不过，本书在观点、写作方法和史料方面，都还存在着一些缺点。现在提出下列几点意见，愿与作者和读者共同商讨。

首先，在观点方面：历史著作必须符合马克思主义的科学方法，对历史材料加以批判的分析与总结，既不能忽视历史发展的一般性和连续性，也不能忽视各国历史发展的特殊性即民族性。在本书的自序中，卿汝楫先生曾经提出几个观点，作为他分析材料和解释问题的方法，这正是符合马克思主义的历史方法。不过，这几点在卿先生的著作中，还不能很好地贯彻着。

现在先就他所提出的从美国资本主义发展的历史中来分析美国侵华的政策这一点来谈。

政治是经济的集中表现，某个国家的外交是和它的内政联系着的，也是以经济基础为根据的。如果能够以美国资本主义的发展过程为线索，分析在美国资本主义发展各个阶段中美国所以采取各种不同的侵华政策的原因，那样的分析一定更富有说服力量。而本书所缺乏的，正是这种合乎历史唯物主义的分析。如第一编第一章在叙述美国商业资本侵华的背景中，由于作者没有指出美国革命在社会性质上是一种资产阶级民主革命，它如风暴一样，替美国资本主义发展扫清了道路，促进了美国资本主义的成长。提出这一点，是完全必要的，因为没有美国资产阶级民主革命的胜利，美国资本主义的发展是不可能的；不提出这一点，就把美国侵华政策的经济基础给忽视了。又如第一编第三章本来应该概括地叙述美国资本主义发展的总趋势和美国资本主义发展的特点，进而再把英国资本主义的发展和美国侵华的动机有机地联系起来，而作者竟在"得天独厚"与"得天不厚"上面大做文章，这是没有必要的。

本书第二编第一章在《美国何以不是鸦片战争的戎首》的题目下，作者这样解释美国资产阶级的侵略性："在这三百年间的海盗式侵略发展中，英国的资产阶级成为最富于侵略性的主角；1776 年至 1783 年掀起 13 州独立战争的美国资产阶级，则是这个最富于侵略性的、海盗式的英国资产阶级所派生。所以，1839 年鸦片战争的前夕，在中国的广州进行商业掠夺、鸦片走私的海盗，主要的是英、美两国商人。"（第 43 页）这种推论是不正确的、机械的。如果从资本主义的本质和资本主义的发展来说明美国资产阶级必然向外侵略，和它所以不能在鸦片战争中充当侵华的先锋，对于问题的说明，一定更有力量。因为，从资本主义的本质来看，资本主义的发展决不可能是和平进行的，资本主义的发展是与剥削国内劳动人民、向外侵略和扩张领土分不开的。美国资本主义发展较英国资本主义为晚，在英国资本主义已经很强大，能够发动对旧中国的侵略战争的时候，美国才进入工业资本主义的阶段，因此不能充当侵华战争的先锋，这样的分析，是更符合于历史实际的。

本书第二编第二章的主题，是鸦片战争前夕美国工业资本主义的发展，但是这里只叙述了 1830 年以前美国是中国土布的市场，而 1830 年以后美国纺织品开始侵入广州这一事实，却没有说明为什么 1830 年是美国资本主义发展的关键。在第三编第一章《美国侵略者要干涉太平天国革命的原因》的主题下，如能对美国南北内战前夕美国资本主义的蓬勃发展的情况略提一下，也是必要的。

其次，作者在自序中，提到要从世界资本主义侵华及美国资本主义侵略全世界的历史的发展来研究美国侵华史，这是研究美国侵华史的辩证方法。但是，本书在这方面也显得相当贫乏。如本书的第二编第一章，就没有从英国工业革命后资本主义的迅速发展和英国资产阶级贪婪性的日益加强，来说明英国加紧侵略东方、掠夺市场的背景。他如第五章第一节，也有同样的缺点。

在分析世界资本主义的发展方面，很显然地，作者没有能够很好地掌握历史唯物主义这一武器，因而作者只看到资本主义国家侵华的一致性，而看不到资本主义国家之间的矛盾。在第74页上，作者说："英国工业资本主义在鸦片战争时期的新殖民地政策，与美国工业资本侵华的利益是完全一致的。"这就表现出作者观点的不明确。关于美国的远东政策，与它之对欧洲国家的传统商业政策（第 78 页），是否有本质上的差别，还值得商榷。对中英南京条约与中美望厦条约的看法（第 71 页），作者在说明其不同外，还应进一步指出其侵略本质的一致，这样才符合于辩证唯物论。

还有，作者把在 19 世纪英国资本主义领导世界资本主义发展的极盛时期中的美国，说成好像是独立侵华的主角或者至少是与英国平等联合的势力，这是不大符合于历史实际的。美国在独立革命后有一个相当长的时期，经济上还是英国的半殖民地。它对中国的活动，基本上是跟随在英国后面，假借英国的力量来讨便宜的。不仅"利益均沾"是在英国的领导下搞的，就是海·约翰提出的"门户开放"政策，也还是和英国指使有关的。我们按照美国资本主义发展的各个时期，对美国侵华在世界资本主义侵略中国的历史中所扮演的角色及其所起的作用，来恰如其分地加以评价，并不会减轻美国侵华的罪状，反而更可以揭露美国侵华政策日益进展、日益残暴的实质。

在本书的自序中，作者还提出他是从两方面来写美国侵华史的，即一方面是美国资产阶级压迫中国人民的罪恶历史；另一方面是中国人民反抗外国侵略英勇搏斗的历史。就后者来说，这本书的分析与说明还嫌不够。当然，我们并不要求作者把美国侵华史写成类似中国近代史那样规模的著作，但是我们希望作者对这一点在思想上应有足够的重视，在写作上，应该把中国人民斗争的几个重要方面，作一全面而又简明的叙述与分析，指出美国资本主义侵华政策对中国社会所引起的变化。由于忽视了这一点，在本书中就出现了像"中国沦为美国资本主义的半殖民地"（第81页）、"中国在美国资本主义半殖民地的途上"（第91页）、"百分之百的半殖民地"（第227页）种种不甚妥当的提法。

由于作者对阶级分析的方法，对历史唯物主义不够明确，因之对于一些问题的看法和提法，都还值得商榷。例如：

在第一章中，作者对美国革命性质的说法是模糊的。美国革命毫无疑义的是资产阶级性质的革命。从社会性质上来看，它和1789年的法国革命并没有什么两样。斯大林说："民族斗争，在本质上，始终是资产阶级性的斗争。"从独立宣言的内容来看，它是美国资产阶级对于民族独立、民主自由的政治宣言，并不是美国广大劳动人民（即作者所指的"下层人民"）的政治宣言，它说明美国革命完全是资产阶级性质的革命，并且是资产阶级所领导的。我们不能因为在美国革命中，美国劳动人民作出很大的贡献，就误解美国革命的性质；因为资产阶级革命也还是要依靠广大人民的力量的。正因为美国革命不是"下层人民"的革命，而是资产阶级性质的革命，美国资产阶级才能顺利地攫取并独占革命的果实，实行并巩固资产阶级专政。因此，本书第一章的分析，是比较混乱的。

在本书第 24 页上，作者对 1812 年到 1814 年的美英战争的看法，也不符合历史唯物主义的观点。1812 年至 1814 年的美英战争是美国第二次反英战争，是美国走向真正独立和美国资本主义发展的关键，在美国历史上是一次具有进步性的战争，是不能和 1898 年的美西战争、1900 年的八国联军战争相提并论的，因为后两次战争都是美国资本主义进入帝国主义阶段的掠夺性的战争。

此外，关于条约部分，作者虽也作了分析与说明，但是他所分析和批判的标准，常常包含着美国资产阶级国际法的标准，而没有从这些条约对中国人民的危害性去分析它。

以下，我们再从本书的内容和写作方法来看。本书的主要优点之一，是使用了大量的原始材料。但是在使用美国的资料方面，作者还不能跳出美国资产阶级历史学的范围。

在好些章节中，作者引用了过多的资产阶级学者的直接语，未能进一步对历史事实作理论性的分析。特别是第一章，从第 1 页至第 13 页，作者引用美国资产阶级历史学者赫克尔著的《美国资本主义的胜利》一书的文字，多到 21 处，但还没有把美国革命性质说明清楚。

就是在引用美国的资产阶级的史料方面，也还不够全面。例如，作者对来华传教士的著述中的材料，就未曾加以利用。我们知道：美国教会是美国侵华政策中一个极为重要的武器，特别是在美国侵华的早期。如果本书能够利用一些传教士的著述，那就更能突出地把美国对华进行政治侵略和文化侵略的阴谋表现出来。

在另一方面，这本书既是以美国侵华史为主题，本书的史料最好能以中美两国史料为主，而本书中所引用的中国史料实嫌太少。除《筹办夷务始末》、《东华录》以外，其他的中文史料就很少被利用了。如果能够充分利用满清政府档案、谕奏、外交文件，以及文集、通志的材料，把中美两方面的史料加以综合研究，并批判地使用，就更可以揭露美国侵华的真相了。

最后，我们必须再说一遍：尽管这本书还有这些缺点，但它取材丰富而新颖，它所搜集的史料，有许多是以前不容易见到的，因此，为今后研究中美关系史开辟了一条新的途径。应该说：这本书是同类书中比较详尽的一本。作者的成绩是主要的。我们希望作者继续努力，在现有成就的基础上再提高一步，使以后各卷能够早日出版，来满足读者的要求。

（原载《新建设》1953 年第 10 期）

评介陈翰笙著《美国垄断资本》

　　最近世界知识社出版的陈翰笙所著《美国垄断资本》一书，以丰富而翔实的材料，深入浅出地介绍了美国垄断资本形成的历史，各财团发展的途径和它们之间的矛盾，以及垄断资本家如何控制他们整个的政府和社会，明确地指出美国帝国主义反动政策的动向，对于读者进一步了解美国对外侵略的实质是极有帮助的。

　　帝国主义垄断组织的形成，使整个资本主义生产所固有的无政府状态为垄断统治所代替；垄断组织之间进行着激烈的竞争，而且具有更尖锐的形式。美国著名进步经济学家维克托·佩洛最近发表关于美国垄断资本组织之间的矛盾一文（见本年3月16日人民日报第4版）也明确地指出美国垄断资本家为了争夺最大限度的利润而加强了相互之间的斗争，中西部的垄断资本家，得克萨斯石油工业巨头和加尼福尼亚财团在某些工业部门和农业中握有雄厚的资本和实力，力图夺取对政府的控制，以便得到更重要的"向阳之地"。他们在内政和外交方面都主张最冒险的政策。他们同极端的军国主义者和五角大楼的上层分子有密切的联系，因此他们对于世界和平就尤其危险。佩洛的文章提供了我们研究美国垄断资本的线索，而《美国垄断资本》一书则能使我们清楚地认识美国垄断资本的全貌、它的过去和今后的动向。

《美国垄断资本》一书共包括六章。第一章"从恐慌到恐慌"剖析了美国资本主义发展的历史过程，说明在大机器工业产生以后美国经济危机的特点。作者着重地指出了1953年出现的以工业衰退和农业减产相交织的经济危机的严重性。作者指出，美国经济在世界资本主义体系中削弱与资本主义总危机进一步加深的阶段上面临着一个极度困难的局面，必将动摇其他资本主义国家的经济。作者这样写道："美国经济恐慌既然会严重地影响整个资本主义世界，间接地也会牵涉到资本主义国家对社会主义各国的关系。这就成为现时国际问题中的一个主题。"

在第二章"大鱼吃小鱼"中，作者从历史上概括地指出了从南北战争以后，美国垄断资本的发展所经历的四个阶段，详尽而具体地分析了"总汇""托拉斯"的内部组织、持股公司的种类与成立方式以及证券控制公司的概况，并且介绍了垄断资本在康拜恩之间操纵物价的方法。对于美国大托拉斯"迦尼基公司"、"美国钢铁公司"、"美孚石油公司"的内幕，也都有极生动的分析。这样深刻的分析，使读者能进一步了解第二次世界大战以后，美国垄断资本所以空前地活跃，资本更高度集中的必然性。

第三、四两章"新旧财团"、"财团之间"占本书篇幅最多，是本书的主要部分。第三章剖析了美国六个旧财团和五个新财团的内幕。目前谈到美国垄断资本最流行的是：对垄断资本不分新旧，笼统地将美国垄断资本划分为八大财团。作者提出这种划分的意见是有独到之处的。

把美国垄断资本划分为八大财团是根据1939年美国全国资源委员会所编《美国经济结构》一书中，由斯威尖提出的。[①] 斯

---

① 乔治·斯提华德：《芝加哥财团》，《美国政治月刊》1951年7月号。

威尖是依据他对于美国 200 家最大企业公司和 50 家最大银行内部互任董事的研究分析而提出上述意见的。自 1939 年以后，美国垄断资本已经有了很大的发展与变化，因而斯威尖的分析，对于今天美国垄断资本的具体情况来说，已经显得过时了。苏联经济学者曼努克扬也指出一般地把美国垄断资本划成八个财团的办法不是很确切的，因为其中没有包括福特财团，而福特财团在美国显然已成为最有势力的财团之一；同时，这样的划分也不能表示美国垄断资本的发展与变化，因为洛克菲勒财团的经济实力即使未超过摩根财团，也已接近它，杜邦、梅隆财团的实力亦大为加强，克利夫兰财团的力量也今非昔比了。[①] 由于对美国垄断资本的深入的认识，作者根据更广泛的材料，提出自己对于美国垄断资本划分的看法，对于我们今天研究美国垄断资本，提供了线索。这是本书的一个特色。

第四章"财团之间"，剖析了财团之间的相互联系关系，并更侧重分析美国垄断资本新旧财团之间为争夺经济的政治的权力而斗争的错综复杂的关系。作者剖析了垄断财团之间的矛盾诸方面：例如旧财团阻止圣罗棱斯河流域的运河计划的实现，以打击芝加哥、克利夫兰财团利益；摩根财团与得克萨斯财团争取纽约中央铁道的控制权的斗争；洛克菲勒财团与得克萨斯财团争取石油的竞争。其中许多材料都是十分新颖的。作者对于在麦卡锡问题上反映的新旧财团的矛盾写得十分生动。作者指出：麦卡锡代表新财团的意见，主张急进，而旧财团则主张缓进，赞成有条件利用麦卡锡；但作者也并未忽视麦卡锡主义对于美国垄断资本的反动政策整体的代表性。作者说："麦卡锡代表了美国垄断资本

---

① 〔俄〕曼努克扬：《统治着美国的垄断资本》，《苏联新时代杂志》1953 年第 10 期。

家的基本政策，但在执行政策的过程中新财团一般地比较激进一些而旧财团似乎要'稳健'一些。"现在共和党极右派麦卡锡之流获得新财团的支持，在政治上取得一定的地位，从而把美国政策导向更加冒险、更富于侵略性的道路上。在麦克阿瑟问题上，作者认为麦克阿瑟的冒险政策获得中西部及西部新财团的拥护，例如代表芝加哥和克利夫兰两财团利益的塔夫脱竭力拥护麦克阿瑟重新武装日本的政策，主张重新武装西德，企图进攻苏联。作者也分析了新财团为争取"向阳之地"，在争取原子武器制造权利上与旧财团展开了激烈的斗争。作者对于旧财团之间的矛盾也没有忽略，特别注意地分析了旧财团摩根、梅隆、杜邦和洛克菲勒之间在争取原子核工业重要原料方面的斗争。本书跳出了教条式地强调垄断资本的一致性公式的圈子，生动活泼地分析了财团之间的矛盾，这样的分析是完全符合垄断资本的基本规律的。这又构成本书的另一特色。

第五章剖析美国垄断资本从多方面攫取利润的事实，指出美国垄断资本不但从降低工资、提高生产率剥削工人，利用价格政策无情榨取工农群众以及一般消费者，并且对中小股东也巧取豪夺，对外则利用海外投资，垄断世界资本主义市场，榨取殖民地半殖民地以及落后国家的人民。作者又指出：美国垄断资本发展的局限性及其没落导致全国财富集中于中部玉米区和东北部工业区，阻碍了许多地区的经济发展。作者这样写道："美国全国人民遭受垄断资本的剥削和榨取，其结果是富的更富穷的更穷。"

第六章从美国共和党与民主党在本质上的一致，分析美国垄断资本如何包办政府和文教事业。作者详尽地分析了美国垄断资本对选举——地方选举、州议会选举、国会选举或大选——的控制，利用立法机关减轻税捐而积累资本，操纵司法机关使其为垄断资本家服务，并垄断新闻事业、社会教育和学校教育。作者最后确切地指出美帝国主义的末路，这样写道："国民经济军事化和扩军备战不仅不能解救，反而会加重资本主义经济危机的尖锐性。在资本主义总危机的经济发展过程中，这个危机的尖锐阶段是注定要来的。而一旦这个阶段来到的时候，资本主义世界的没落将要更加速了，美国无产阶级的革命也将更迫进一步。今天我们的责任是努力争取世界和平，防止战争爆发，缩小美国垄断资本的作恶范围而减轻其程度。美国垄断资本决计扭不转历史发展的规律，它终必会被历史的洪流所淹没。"这是全书的一个有力的总结。

最后，我个人认为本书也存在一些缺点：在第68页作者这样写道："摩根财团的势力大于芝加哥财团，美国因此终于加入了第二次世界大战。"这里把美国参战的原因归之于新旧财团之间的矛盾，不免把历史简单化起来。第六章所使用的材料比较零碎，关于美国对外投资和文教事业的垄断也说得不够，与其他各章更有分析的文字比较，显得不大相称。

本书是分析介绍美国垄断资本的重要著作，是进一步了解美帝国主义推行侵略政策实质的一本好书，值得读者阅读。

（原载《光明日报》1955年4月7日《图书评论》）

评《美国工人运动史》第一卷 *中译本

　　美国工人运动的历史在美国资产阶级历史学研究领域中根本是不占重要地位的，研究美国工人运动史的专著，直到 1886 年才出版了一本由里查·伊力写的《美国的劳工运动》，1910 年又出版了约翰·坎门司和他的助手搜集的《美国工业社会史料》，随后出版了他们著作的《美国劳工史》。尽管坎门司及其助手在他们的著作里搜集了大量关于美国劳工运动的材料，但是这些著作都是忠实于美国资产阶级根本利益的。坎门司派用资产阶级实用主义的观点从事论述，力图抹杀美国历史的客观实际，否认美国工人运动史实质上就是美国的阶级斗争史，强调美国的特殊性，宣扬阶级协调。丰纳①的《美国工人运动史》是美国马克思主义者关于工人运动史的成功的著作，也是对于坎门司派美国劳工运动史的有力驳斥。作者掌握和研究了那些坎门司派从未接触的大批资料，创造性地对待了主题。丰纳的《美国工人运动史》的

　　* 〔美〕丰纳：《美国工人运动史》第一卷，黄雨石等译，三联书店出版。

　　① 作者菲力普·丰纳（Philip Foner（1910—1993）美国马克思主义工人运动史专家，林肯大学教授。1981 年 9 月到 12 月，曾来我国讲学。

出版，诚如原著俄译本序所指出的，"是美国现代历史著作中的一个不平凡的现象"。

本书的主要优点之一是：作者对产生美国工人运动的美国资本主义环境及其基本发展规律和特点，都作了较多的分析。

美国资本主义的发展，同世界资本主义一样，是受着资本主义的基本经济规律支配的。资本主义生产方式的基本矛盾——生产过程的社会性同私人资本占有形式之间的矛盾，构成生产过剩的经济危机的基础。美国是不能例外的。作者指出："美国的经济生活并不是一往直前地发展着的。每隔几年的时间，工业就会一度陷入停顿状态：大批的商店和工厂倒闭了，工人被解雇了，较小的生意被较大的一个一个地吞并掉。……在这些时期中，苦难淹遍了整个的国土。"（第 105 页）在美国资本主义社会中，无产阶级同资产阶级之间的阶级斗争，必然以各种形式激烈地进行着。这就是美国工人运动史的全部内容，正如作者所说："美洲劳工运动乃是在美洲工业发展下的社会经济力量的产物。它是美洲土生的东西，是本国工业发展后必然的、不可避免的结果。"（第 83 页）

显然，美国工人运动也是受到美国资本主义发展特点的巨大影响的。作者指出：美国是没有封建制度羁绊的从资产阶级革命中诞生的国家，资本主义发展较迟，但是发展速度较其他资本主义国家为快。自殖民地时期起，美国劳动人民大多数就是欧洲移民，他们担负了美国工业建设的艰巨任务。在美国资本主义进入垄断阶段以前，西部经常有大量"自由的"土地存在，劳动人民得以向西部迁移。由于西部土地的开发、工业的建设经常使美国严重地感到劳动力缺乏，所以美国资产阶级要从世界各地吸收大量低廉工资的劳工（第 345 页）。这样，美国无产阶级在形成过程中具有的极大流动性，大大延缓了美国无产阶级思想的成熟；

美国无产阶级的民族复杂性，又造成资产阶级分裂工人运动的有利条件，给美国工人运动带来了很大的困难。本书的许多篇幅都是叙述这方面的。19世纪下半叶，由于美国资本主义的迅速发展，美国资产阶级依靠着剥削本国工人和外籍工人、开发西部、控制国内市场等办法，获取巨额利润，从而豢养了一批工人贵族，在内部破坏工人运动。19世纪70年代，宾夕法尼亚煤矿资本家为了摧毁矿工运动，在劳工中收买奸细和假证人出庭作证，并指使法庭将杰出的工人领袖判处死刑，就是鲜明的例证（第671—682页）。在美国，由于资产阶级统治巩固，资产阶级得以利用民主传统的力量笼络工人群众，从而机会主义思想在美国工人群众中获得了广泛传播的机会。由此可见，美国资本主义发展的特点打在美国工人运动上的烙印，也就是使美国无产阶级的阶级斗争更趋复杂和艰苦。

本书主要优点之二是：作者能依据美国资本主义的发展这一条主线，研究了各个阶段美国工人运动发展的状况，对于美国无产阶级为组织工人政党争取解放的历史经验和教训，作出一定的估计。

美国革命把美国人民的经济生活从英国殖民政策的桎梏中解放出来，发展了美国的民族工商业，因而大大推进了美国的劳工运动。但是，直到19世纪20年代，真正的产业无产阶级还没有形成，广大的城乡劳动者只能在资产阶级民主派的领导下展开民主的斗争；即使在产业无产阶级形成以后，由于美国资产阶级力图剥夺美国工人阶级的民主权利，争取民主的斗争始终是美国工人运动的一个主要方面。自19世纪20年代开始，随着工业资本的产生，美国幼弱的产业无产阶级出现了，在争取资产阶级民主斗争的同时，组织了工会，进行了争取提高工资的斗争，并组织了工人政党，进行"先驱者"的活动。19世纪二三十年代许多民主改革措施的实现，是同这些工人政党的斗争分不开的（第223页）。在工人政党的领导下，无产阶级争取到代议机关中的一些席位，得以利用议会讲坛，进行保卫无产阶级利益的斗争（第211—237页）。但是，这些早期的工人政党受着小资产阶级知识分子空想家的思想支配，结果堕入资产阶级政客的掌握（第218—222页）。这种状况正是同当时美国资本主义生产方式尚未成熟、无产阶级成分复杂并带有很大流动性相适应的。19世纪30年代到50年代期间，美国工业急剧发展，向工厂制过渡，资本主义生产方式的内在矛盾日益显露，无产阶级同资产阶级的斗争日趋尖锐化。这时，空想的社会主义者揭露了资本主义制度内在矛盾，号召社会改革，传播了社会主义思想。但是，空想的社会主义者因为不相信无产阶级有解放自己的力量，所以不支持工人群众组织工会进行争取提高工资、缩短工时的经济斗争，并制定了一个用来和平地改造资本主义社会的"包括世界一切疑难杂症的万应良方"。作者对于空想的社会主义对美国工人运动的有害影响是有恰当的估计的，他指出空想家们从工人手里拿走可以获得自由的钥匙，剥夺了工人从实际斗争中受教育和锻炼的机会，而这些正是工人进行社会主义的社会改革运动所必需的（第294页）。

作者对于19世纪五六十年代的工会运动，作了详细的叙述，既指出它的壮阔发展，也指出其中的缺点。50年代，美国工业化急剧开展，资本主义所有制严重地阻碍了生产力的发展，1854、1857年都发生了生产过剩危机，无产阶级从经济生活的巨大变动中认识了资本主义制度带给他们的灾难，同时也懂得了空想社会主义者的简单药方不会产生实际效用，因而开始摆脱空想社会主义的影响，组织了全国性工会，进行争取改善经济生活的激烈斗争。作者指出：50年代美国的无产阶级在经济斗争方面得到一些成就，但是在政治斗争方面并没有什么收获，因此工人从经济斗争中争取到的成就也没有丝毫的保障（第329—336、375页）。60年代是美国工人运动的转折点。南北战争铲除了奴隶制，扫除了资本主义迅速发展的障碍，根本解决了美国全国性的资产阶级民主革命的任务。因此，伴随着内战后工业生产的迅速增长和农业资本主义进一步发展，美国工人运动也有了巨大的高涨。1866年成立的全国劳工会（通译全国劳工同盟），组织了广大的工人群众，为争取八小时工作制、男工女工同工同酬进行坚决斗争；它在1869年曾派代表参加第一国际的巴索尔会议，同国际工人运动取得一定的联系。1869年，费城裁衣工人成立了劳工协会（通译劳动骑士团），并进一步组织了广大的非技术工人、妇女、黑人，并吸收了农民群众，确立了工人运动的进步方向。这两个工人组织：全国男工会是美国第一个真正的全国性工人联盟，是美国工人运动从分散走向团结的重大步骤。但它还不是一个工业无产阶级的组织，没有摆脱手工业时期工人运动的局限性，因受金融改革论的影响，走上了同绿背纸币党合流的错误，最后归于失败。劳工协会（通译劳动骑士团）是美国第一个土生土长的真正的美国工人组织。劳工协会组织了熟练工人和非熟练工人，也吸收一部分黑人和妇女。1878年以前采取秘密形式。极盛时期1886年会员超过70万人。劳工协会并不是一个成熟的组织，内部存在着严重的思想混乱。而当时移民到美国的德意志社会主义者，不考虑美国当时的具体环境，把自己局限于德籍移民工人的狭小圈子内，不在土生土长的美国工人中扎根，站在工人运动外面对工人群众指手画脚，灌输社会主义教条。劳工协会由于缺乏正确的领导，不能把无产阶级发动和组织起来。

　　作者叙述了科学的社会主义在美国传播的过程，以及它对美国工人运动所起的影响。早于19世纪50年代起，马克思的战友卫登麦尔（魏德迈）、佐尔格、孔瑞德·卡尔和西格弗瑞德·迈尔（通译梅耶尔）都先后来美，传播了科学的社会主义思想。他们领导的德籍工人在内战中起了巨大的作用。1857 年成立的纽约共产党人俱乐部在 1867 年形成美洲第一国际小组，1868 年组成为纽约及其近郊社会党。内战后，同科学的社会主义在美国传播的同时，机会主义的拉萨尔分子在马克思主义的招牌下，在美国传播着社会改良主义思想的毒素。70 年代，美国资本主义迅速聚积和集中，开始向垄断阶段过渡，资本主义的生产同市场的矛盾日趋尖锐化，严重的经济危机在 1873 年爆发，拉萨尔分子乘机活跃，组织了伊利诺劳工党，创办了"前驱报"，宣扬"工资铁则"的理论以及由国家辅助创办合作社救济工人失业的主张。1874 年拉萨尔分子建立北美社会民主党，强调在投票箱争取多数的政治行动，完全脱离工会的斗争。（第 615、661—662 页）拉萨尔分子的机会主义，从理论到实践都是同美国无产阶级的根本利益不相容的。从拉萨尔分子传播机会主义的开始，美国的马克思主义者就同他们进行了无情的斗争。不过，马克思主义者认为过多的宗派斗争足以削弱社会主义运动的力量，在可能的情况下，仍竭力争取拉萨尔分子的合作。1876 年马克思主义者同拉萨尔分子合组成社会主义工人党，对于当时汹涌的工人群众的罢工示威运动予以有力的支持，使马克思主义的路线取得了优势。1877 年工人罢工示威运动被资产阶级残酷地镇压下去，拉萨尔分子为资产阶级的暴力政策所震慑，就进一步地发展了他们的机会主义的主张（第 723 页）。在资产阶级的暴力下，拉萨尔分子逐渐取得优势。1877 年他们篡夺了社会主义工人党的领导权，把工人党改组成为纯粹机会主义的社会主义工党；1880 年他们甚至同已衰退的代表农业资本家利益的绿背纸币党合流。拉萨尔分子的机会主义统治削弱了美国的社会主义运动。因此，马克思主义者一再展开反对拉萨尔分子的斗争。1875年美国的马克思主义者麦克唐纳曾领导一个爱尔兰工人组织——美洲工会加入国际组织；1878—1882年佐尔格、麦克唐奈、杜埃和奥托·卫登麦尔（魏德迈）由于深恶拉萨尔分子的专横，同八小时工作制运动领袖史都华组织了国际劳工会，领导着广大工人群众进行英勇斗争，提高了工人群众的社会主义觉悟。但是，他们都未能扭转工人运动中的拉萨尔主义的这股逆流。

本书叙述的最后一个事件就是1886年美国劳联的成立，作者对于它的组织经过、它的机会主义色彩，都有恰当的叙述。作者特别介绍了它所提出的没有政治目标的经济斗争的所谓"新工会主义"（第753—754页），同时也指出劳联内部进步派同机会主义进行的斗争（第758—759页），正是因为进步派不能实行马克思和恩格斯经常教导的在群众性工人组织内从事组织、动员工作，反而采取了脱离劳联的宗派主义做法，才助长了机会主义在劳联内的发展。

本书的优点也还在于：提供丰富的具体实例，揭露了美国资产阶级"民主"和"自由"的虚伪性，暴露了美国资产阶级的残暴面目（第127—133、241—246、565—567、682页）。对于美国劳工刊物反对劳资协调的思想斗争（第298—304页），美国工人争取十小时工作制、八小时工作制的斗争（第11、17章），内战前南部的奴隶制，内战中北部无产阶级的积极作用，内战期间和内战后两条战线的斗争、黑人对联邦作战胜利所作的贡献（第13—16章），书中都有足够的叙述和分析。本书对于美国工人运动中先进人物伊萨克·麦尔斯（第593—596、602—604页）、希威特（第315—317页）、夕威思（第485—494、521—525、611页）和科学的社会主义者卫登麦尔（魏德迈）等人（第295、352—358、425、734页）的描写，也都有极大的吸引力。

但是，本书还存在着一些缺点。例如：一、对于杰斐逊、杰克逊、凡·布伦和林肯等资产阶级民主人物的估计过高，有时过于相信他们自己的漂亮言词，模糊了他们的阶级立场（第165、228、253、258、444页）。二、对于国际工人运动史中反对机会主义的斗争缺乏应有的叙述，而美国工人运动反对机会主义的斗争是同它分不开的。对于70年代美国马克思主义者反对机会主义者拉萨尔分子的斗争的重大历史意义估计不足，有时并没有把拉萨尔主义当作美国工人运动中的逆流，单纯地强调了团结（第661页）。三、从第七章到第十二章内容有些重复，组织上略嫌松懈。

中译本的翻译工作，基本上说，达到了较好的水平，但还有一些缺点和错误。例如，第51页将"殖民地当局"（直译为受托人）误译为"托拉斯机构"；第54页将"人民起义"误译为"反叛"；第61页将"葛文罗·摩利斯"误译为"州长摩利斯"；第227页将"马魁·詹姆斯"误译为"詹姆士侯爵"；第211页将"新黑文"误译为"新港"；第154页将杰克逊的绰号"老胡桃"误译为"年老的喜可理"；第745页将"对于罢工给予沉重的打击"按原文直译为"在罢工的肚子附近什么地方沉重地给它一拳"。在译名上也有不统一处，如第73页和第780页一名两译（汤姆·潘恩和汤姆士·裴因）；第43页和第677页一名两译（彭恩和威廉·烹）。书中把美国革命都译为"大革命"，也不妥当。此外，缺少一个译名对照表，并且取消了原著的索引，使读者查阅、参考都感不便，也是缺点。

（原载《读书月报》1957年第8期）

评介霍华德·津恩的《美国人民史》

霍华德·津恩撰写的《美国人民史》（Howard Zinn, *A People's History of the United States*, Harper & Row. Publishers, 1980, New York. 共 614 页）是一本值得介绍的有创新见解的史著。津恩是美国新左派著名史学家，曾撰写《拉瓜第在国会》（纽约 1959 年版），《新政思想》（印第安纳波利斯 1966 年版），《越南：撤退的逻辑》（波士顿 1967 年版）；他并且曾在十几种著名的美国杂志上撰稿，现在波士顿大学任教。

这本《美国人民史》共 21 章，附有详尽的参考书目及索引，叙述自殖民地时期到 20 世纪 70 年代美国的历史，从白人殖民者对印第安人的残酷掠夺起，直到 70 年代卡特执政时的内外政策及美国社会变动为止，内容丰富。作者在 60 年代新左派政治运动中是一位活跃人物，有着丰富的革命实践；他勇于创新，大胆地和传统的美国历史教科书老一套的叙述方法决裂，因此文笔生动活泼，措词简洁有力；书中描绘的历史人物均跃然纸上。本书是新左派史学家的代表作之一，现在已译成日文出版。

大家知道，任何有重大影响的史学流派都是时代的产物，反映当时统治思想的主要趋势。二次大战以后美国政府对外推行冷战政策，国内麦卡锡主义猖獗一时，美国史学领域中出现了新保守主义史学流派，他们宣扬美国历史发展的和谐性，无阶级冲突，故又称"利益一致论"。60 年代学生反战运动，知识分子反对禁锢思想的抗议运动，黑人争取公民权利斗争以及妇女运动等等汇成一股洪流，形成新左派政治运动，对美国统治集团的战争政策和侵略政策给予猛烈的冲击，起了推动历史进步的作用。美国史学新左派正是这一政治运动在史学领域中的反映，这一史学流派就其主流而言是进步的。

津恩的《美国人民史》具有浓厚的时代气息，以下列鲜明的特点取胜。首先，本书是一本美国人民斗争史。作者深入发掘史料，令人信服地论证了人民是历史的主体；本书以颇大的篇幅描述了从殖民地时期到 20 世纪 60 年代末三百多年间，印第安人被残酷迫害、被驱出世代居住的土地和被屠杀的历史，其中以美国统治集团 1890 年发动的夺取印第安人最后土地在南达科他伤膝河的战争最为残酷。这次被屠杀的印第安人男女、儿童达三百余人（第 289 页）；同时美国历届政府还背信弃义、撕毁和印第安人诸部落订定的条约达 400 次之多（第 515 页）；本书也描述了印第安人的反抗斗争，最有代表性的一次反抗斗争是 1969 年爆发的历时 4 年的印第安人占领旧金山湾的阿尔卡特兹岛等地的斗争，写得有声有色（第 515—519 页）。作者对美国的奴隶贸易与黑人奴隶制愤怒地加以鞭笞。他指出：美国的黑人反抗斗争，其激烈程度虽不及加勒比海地区和南美洲的黑人斗争，但也是频繁的；及至 20 世纪 50 年代和 60 年代美国黑人掀起了反对种族歧视的斗争，才争得了宪法第 14、15 条修正案在 100 年前赋予他们的公民权利，但仍处于"受雇最后，解雇最先"的境地（第 17 章）。作者对从殖民地时期起美国男女工资、工人和童工的苦况刻意加以描述；从 19 世纪 30 年代到重建后的年份，大批劳动人民被迫赶到劳动市场，在不合理的条件下干活（第 10 章）；19世纪末，由于"强盗大王"①的崛起，阶级斗争激化，如 1877年爆发了铁路工人大罢工，1892 年爆发了荷姆斯特德钢铁工人大罢工等等，资产阶级从使用暗探、工贼破坏罢工直到采用暴力镇压（第 11 章）。作者对工人运动殉难者如秣市惨案的牺牲者——巴尔逊等人以及 20 世纪 20 年代轰动世界的以莫须有罪名被电刑处死的萨柯和万泽第两人均深表同情，笔触感人。

作者对美国妇女运动给予适当篇幅，指出：妇女激进主义者、社会主义者、无政府主义者的出现，都是因为被美国社会的邪恶和不公正所激怒，奋起为建立光明的未来而斗争的（第 338页等）。

在有限篇幅内，作者对华工的遭遇寄予无限同情（第 259—260 页），对中国人民解放战争给以支持（第 418 页）。对于太平洋战争爆发后美籍日侨被逮捕，遣往西海岸集中的不幸遭遇也表示同情（第 407 页）。

作者对 20 世纪 60 年代美国学生运动、知识分子抗议运动、黑人争取公民权利的斗争、广大人民的反战运动，以及印第安人民族运动、犯人的反抗等等都作了深刻的描绘。书中许多资料都是第一次发表的。作者总结说："自由不是靠施舍而来到，它是争取得来的"（第 452 页）。这对那些只知描述政治、军事、企业方面的"伟大"人物，但完全忽视人民大众的正统的美国历史教科书是一个讽刺。

---

① 这是马修·约瑟夫森 1934 年出版的一本书的书名，他使用这一名词是对大企业主巧取豪夺的行径给予鞭笞。当时这一论点为美国大多数历史学者所接受。到了1940 年，阿伦·内文斯出版了《约翰·D. 洛克菲勒：美国企业的英雄时代》一书，一反约瑟夫森的提法，歌颂大企业主，吹捧他们是为全体美国人民提供物质财富的英雄人物。这一论点成为"新保守主义"史学流派的一个主要思想。

第二，作者出色地揭露和批判了美国的扩张政策和战争政策。作者认为1846—1848年美墨战争，是美国上层集团反对墨西哥上层集团的战争，双方都是以利用和屠杀自己的同胞为前提的。作者引用了爱默生、帕克、弗雷德里克·道格拉斯、马克·吐温等等的话对美国发动这次侵略战争加以谴责。作者认为：美国资产阶级上层人物明明以武力或阴谋诡计达到在大陆上和向海外扩张的目的，却说什么："我们没有以征服夺取什么……，感谢上帝"；作者即以这句话作为第八章的标题，寄谴责于幽默之中。作者指出：美国强烈的扩张主义精神和对外一系列的干涉发展到美西战争达到高潮。作者对门户开放政策制定的揭露入木三分。美国由于在列强划分中国势力范围的筵席上是一个迟到者，才提出将中国门户开放的政策（第291、399页）。美国总统威尔逊在一份备忘录中说得很露骨，他说"要把所有国家关闭的门户"都闯开（第353页）。1914年他又说他支持"对外国市场的正当的征服。"（同上页）作者揭露美国扩张和发动战争的根本原因在于：战争能够为美国金融界和政治界巨子创造奇迹；有时能够缓和甚至解除因国内人民消费不足而发生的严重经济衰退，有时"战争对国家还构成一帖健康剂，"如第一次世界大战不仅阻止了美国严重的经济衰退（第14章），它并且被用来作为激发爱国心的借口，以便在国内遏制阶级斗争或压服社会主义运动，促成战争景气。对于第二次世界大战，作者认为："这次战争不仅为美国争得在世界大部分地区的统治地位，还创造了在国内控制的有效条件"（第416页）。作者对麦卡锡主义和冷战的起源作出中肯的估计说："在战后的十年中，美国的保守主义分子和自由主义分子，共和党和民主党在冷战和反共政策方面，协调一致，打算在美国建立一个把那些不支持美国旨在镇压革命的外交政策的人排除在外的全国的和谐一致。"作者指出朝鲜战争"给予麦卡锡主义以活力。"（第418、420页）。作者对于美国对越南执行的外交政策和进行的战争给予尖锐的批评，从第十八章鲜明的标题"不可能的胜利：越南"即可窥见一斑。

第三，本书简明扼要地对美国史学史的主要思潮作了勾画，介绍了许多史学流派名著的主要论点，揭示了他们的方法论，扩大了我们研究美国史学的视野。在目前美国史学流派如林，众说纷纭的时候，这种简明的介绍对我们十分有益。

美国革命和美国宪法是美国早期历史中争论得最热烈的专题。美国史学家从不同的角度和史学观点反复地重新解释这两个重要历史事件的意义。本书对美国革命和美国宪法主要史学流派的论点作了详尽的介绍。在美国革命问题上，作者介绍了比尔德、埃德蒙·S.摩根、约翰·夏伊、司托顿·林德、罗兰·伯索夫、里查德·莫里斯、埃里克·丰纳、约翰·费斯克、弗朗西斯·詹宁斯、卡尔·德格勒这些当代美国著名史学家从各个角度对美国革命某一方面的论点。作者表示同意一些当代美国史学家认为美国殖民地是一个阶级社会，社会底层充满了不满情绪，即在独立战争期间，内部矛盾亦不可避免的见解，这是对新保守主义史学流派罗伯特·布朗认为殖民地大多数人拥有财产、有选举权，因而殖民地很少有阶级冲突的说法的驳斥。作者对卡尔·德格勒的见解颇有同感。德格勒认为："美国革命并未产生新的社会阶级。这些巧妙地安排了这次反抗的大多数人原来就属于殖民地的统治阶级。"作者指出：乔治·华盛顿是美国最富的人，汉考克是生意兴隆的波士顿商人，富兰克林是有钱的印刷家，等等（第84页）。作者对主要史学流派在美国宪法问题上的观点给予介绍，作者首先介绍了早期学派班克罗夫特赞扬宪法是创建人天才的产物，并歌颂它是民主和平等的文件的观点，继而介绍比尔德对宪法的经济解释。比尔德从宪法制定者拥有财产的状况分析，认为宪法是"经济文件";作者对比尔德认为四种人——奴隶、契约奴、妇女和没有财产的人被排斥于制宪会议之外,宪法并不代表他们的利益这一见解给予肯定。作者对布朗批评比尔德关于宪法所持的观点有所质疑;认为布朗论点的前提即认为制宪时美国人民大多是有产者根本"是错误的";并举出杰克逊·梅因和林德等美国著名历史学者对美国革命时期和制宪时期人口的财产状况的分析加以驳斥。但作者并没有明确地指出比尔德把宪法制定者划分为拥有"动产或不动产"两大类的论点也已引起美国历史学界的广泛批评,不再被接受这一事实。作者还介绍了美国从思想意识角度研究美国革命的著名史学家贝纳德·贝林的观点,贝林和早期学派一样,认为美国的创建人都是富有崇高理想的政治家,希望能够运用制衡作用使社会种种矛盾力量趋于和谐,作者认为贝林的论述有溢美之辞,不符合美国创建人的实际情况。

第四,对美国未来的预测有独到见解。

第二次世界大战后由于美国发生了科学技术的革命,社会生产力得到了高度发展,经济结构和劳动力结构都发生了重大变化,白领工人大批涌现。于是美国学者对美国未来作出种种估计,其中之一认为美国社会已成为"多元社会",权力已经转移到技术阶层手中,美国社会基本矛盾已不复是无产阶级和资产阶级之间的矛盾等等。作者是不同意这种估计的。作者认为:资本主义制度对贫穷的人已证实它的失败,美国社会矛盾重重,现在对中产阶级也将证明是失败的。白领工人、技术阶层也已感到经济不稳定、工作无保障的痛苦,对政府日益增长不满情绪。70年代早期美国人民中已有70%—80%不再相信政府、企业界以及军方人士的诺言(第575页)。这决不限于黑人、穷人、激进分子的范围,远远超过一个阶级、某一种族或男女性别的问题。作者结论说:美国需要急剧的变革。一旦美国99%的人了解他们共同的愿望，一旦犯人与看守认识到他们的共同利益，政府就陷于孤立，无所作为，这种急剧变革就会到来（第二十一章）。

综上所述，本书不失为一本有学术价值的专业参考书。但是，应当指出，本书也还存在一些缺点：

第一，作者虽然对美国社会制度极端不满，他谴责资本主义制度是"浪费的制度，不平等的制度，关心利润而不关心人类需要的制度"（第394页），但作者是新左派，并非马克思主义者，新左派的指导思想比较庞杂：它是"爱默生的先验论，马克思的革命行动主义，杜威的实用主义和加缪的造反哲学结合的产物。"[①] 津恩推崇的英雄是美国当代"黑色幽默派"小说《第二十二条军规》的主人公尤索林，他是空军中队的上尉轰炸员，他认为一个飞行员怎样也逃脱不了骗人的军规布下的天罗地网。因此津恩虽然渴望美国社会发生急剧变革，但并没有提供正确的答案。

第二，作者虽是站在被压迫者一边写美国历史，但由于缺乏历史唯物主义作指导，有些历史观点是错误的：如第10页出现了历史循环论，又如作者认为内战是统治集团之间的冲突以及忽视第二次世界大战反法西斯性质等（第9、16章）都模糊了战争正义性与非正义性的区别。在人物介绍方面，作者对无政府主义者亚历山大·伯克曼、爱玛·戈德曼特别重视，但没有提到激进共和党人萨姆纳和斯蒂文斯以及马克思和恩格斯的战友、科学社会主义者梅耶尔和魏德迈这些革命家。这不是出于疏忽，而是出于指导思想有偏向。

第三，本书作为教科书，不甚合用；因为它往往跃过一些重

---

① 津恩：《马克思主义与新左派》，中译文载北京师范大学历史系编《史学选译》第5期，第67页。

大事件，不足以反映美国历史发展的总进程以及各个历史阶段政治的、经济的、文化的各个方面，有些章是专题论述，往往不按历史顺序，使初学美国史的青年可能感到茫然。顺便提到，威廉·福斯特的《美国历史中的黑人》除对美国黑人必须以争取民族自决权利求得解放的论点不符合二战后的实际情况以及对二战后国际形势估计不准确以外，从整体而言，历史线索清楚，说理透彻，倒不失为对初学者合用的教科书，这本书也是福斯特所有著作中最好的一本。

（原载《历史教学》1983 年第 10 期）

《美国工人运动史》* 评介

　　美国工人阶级是美国社会两大主要阶级之一，和资产阶级互相依存又互相对抗，曾经为美国的创建作出了重要贡献。美国工人阶级有着光荣的革命传统：全世界工人阶级的盛大节日——"五一"国际劳动节起源于美国，马克思主义在美国传播较早，其大都市纽约还曾作为第一国际总委员会的驻在地达 4 年之久，等等。显然，美国工人运动史应该是历史研究的重要课题之一。但长期以来，我国缺乏一部中国学者撰写的专著。最近张友伦、陆镜生合著的《美国工人运动史》问世，填补了这项空白，值得庆贺。

　　作者运用历史唯物主义基本原理，结合美国资本主义发展的历史进程，以丰富的历史事实，阐明美国工人运动的过程和特点，并从国际工人运动史的宏观角度，加以比较；吸收了美国工人运动史学著述中的优秀成果，批驳了美国工人运动例外论的观点。尤为难能可贵的是：面对当前美国工人运动一蹶不振、美国的社会主义和共产主义思潮极为低落的时候，作者满怀信心地

＊　张友伦、陆镜生：《美国工人运动史》，天津人民出版社 1993 年版。

说："尽管美国工人运动遇到了严重的困难，但并没有因此而消失。只要美国的社会制度不改变，美国的工人运动定将在新的历史条件下找到新的适合的形式，并且继续发展下去。"作者这种乐观主义态度，对读者很有启迪。

综观全书，具有以下特点：

第一，本书以美国资本主义工业化为线索，概述自殖民地时期起至第二次世界大战结束时止三百余年的美国工人运动史。作者根据美国经济发展水平和社会阶级关系的相互作用，划分美国工人运动史的主要阶段，自成体系，层次分明，一目了然，不失为一项博大的系统工程。此外，在结束语中简略地叙述了第二次世界大战后工人运动概况。作者张友伦另一本专著《当代美国社会运动和美国工人阶级》（天津人民出版社1993年9月出版），正好和本书相衔接，充实了本书结束语的内容。

第二，本书《前言》是研究美国工人运动史学流派的一篇优秀导论。作者剖析了美国工人运动史学主要流派的嬗变轨迹和思想实质，客观地评介了康芒斯——威士康辛学派、老左派史学家菲力浦·丰纳学派，新工人运动史学派的成就与缺陷。作者指出，康芒斯——威士康辛学派奠定了美国工人运动史的基础，对美国工人运动史学的形成和发展作出了重大贡献，但它宣扬美国工人阶级只有"职业意识"，没有阶级意识的论点，实质是适应资产阶级需要而形成的，同当时颇为流行的美国"例外论"如出一辙。丰纳学派是美国国内首先力图用马克思主义阐述美国工人运动史的学派，它的出现和成就，使美国工人运动史面目一新，功不可没。其缺陷是对美国工人运动的特殊问题以及新形势下出现的许多问题还没有提出全面的解释。本世纪60年代新工人运动史脱颖而出，其代表性著述的论点是向康芒斯——威士康辛学派进行挑战，彻底摒弃了该学派的错误观点，重视研究普通工人的文化生活和活动，并采用了现代史学研究方法和手段。其缺陷是使用"工人文化"、"工人控制"来代替康芒斯——威士康辛学派的"职业意识"，同样是排除对阶级斗争和革命思想的研究。该学派把研究普通工人、非工会成员的文化、生活和活动提到不适当的高度，而把工会组织、有组织的工人以及工人政治团体、政党排除在研究领域以外，或摆在无足轻重的地位，显然是不正确的。

第三，作者坚持辩证法两点论，对美国主要的工人组织、政党、历史人物能根据当时的具体历史条件，实事求是地作出评价。

在工人组织方面：美国第一个全国性工人组织——全国劳工同盟反映了19世纪60和70年代美国经济发展过渡时期的特点。作者评价说："它的成立标志着美国工人运动进入了一个新的历史时期"。然而，"它反映了小手工业者的利益和思想，还不是一个工业无产阶级的组织，没有摆脱工场手工业时期工人运动的局限性"，在接受凯洛格金融改革论思想影响之后，走上了同绿背党合流的错误道路，以致迅速衰亡。对于19世纪60和80年代出现的劳动骑士团和美国劳工联合会这两个重要工人组织，作者既分析了它们产生的历史背景，又恰当地评价了它们在美国工人运动史上所产生的积极作用以及所带来的不良影响。世界产业工人联合会是在美国进入帝国主义阶段这一特定的历史时期成立的，于1905年由社会主义者、非熟练工人和激进派所建立。作者高度评价了世界产联成立的意义，认为它的成立"给美国工人运动注入了新的活力。它的激进的纲领和行动同劳联形成鲜明的对照。在'纯粹工会主义'思潮大肆泛滥的形势下无异是一支异军突起"（第496页）。同时又指出其缺点，即存在着无政府工团主义思想和领导不称职以及内部分裂。结果，在第一次世界大战爆发后，因为反对美国参战，组织工人罢工，而被政府镇压，以后逐渐衰落。对 1935 年 11 月成立的产业组织委员会（简称"产联"），作者给予了公允的评价，产联"在美国工人运动史上第一次在大批量生产的工业部门，不分种族、民族、宗教、性别，把大量半技术工人和非技术工人组织起来，主张工人运动的团结，代表了 30 年代下半期高涨的美国工人运动的进步潮流，实际上形成为美国工会运动中的第二中心，标志着美国工人运动进入一个新阶段"（第 631 页）。接着又一针见血地指出："产联和劳联在本质上并没有根本的区别，它们都是在资本主义制度的范围内争取组织工会和集体议价的权利……但无意改变现行资本主义制度"（第 669 页）。我认为，这一评述揭示了二战后产联领导右倾，实行反共清洗政策并与劳联合并，有其内在发展的必然性，是合乎逻辑的。

在工人政党方面：对于社会主义工人党（1877 年由美国工人党更名，主要由美籍德裔工人和社会主义者组成），作者在探究该党在 1900 年分裂后，蜕变为一个宗派组织的原因时，很有见地，其评论完全符合恩格斯的思想。对于 1901 年由社会民主党和脱离社会主义工人党的成员合并组成的社会党，作者的写法别具一格。作者从其创建人、著名工会活动家尤金·德布斯着手写起，追述了他的动人事迹。继而明确指出了社会党通过的基本上反映社会主义原则的党纲，冲破了德里昂宗派主义的束缚，使社会主义运动同广大群众建立联系，并且分析了社会党内部从一开始就围绕着如何对待世界产联和劳联这一原则性问题产生分歧和斗争，最后导致内部分裂的主客观因素。对于以社会党左派成员为基础，吸收了世界产联的许多会员，于 1919 年成立的美国共产党，作者勾勒了两党统一过程的线索；侧重介绍了美国共产党的活动和影响；充分肯定了它在本世纪 20 年代下半期领导工人罢工斗争以及在 1932 年经济大萧条时期领导全国范围内的失业者反饥饿进军和推动产联的组成中所起的重大作用。同时，作者又对美共多次所犯的左倾错误提出了批评；对 1945 年白劳德所犯的右倾错误进行了分析，指出他"在同罗斯福政府实行统一战线时放弃了党派和工人阶级的必要权利和独立自主，使合作变成了混一，损害了工人的利益"（第 687 页）。这是很有见地的。

在历史人物评价方面：作者结合当时的具体历史条件，以辩证唯物主义两点论进行考察和分析，对历史人物作出了公允的评价。现举本书对左尔格和龚伯斯的评价为例。作者详细介绍了左尔格努力传播科学社会主义理论，组织第一国际美国支部的革命实践，充分肯定了其贡献；同时又对以他为代表的领导人只在德国移民中活动，忽略在美国土生工人中进行工作提出了批评。马克思、恩格斯曾多次提醒左尔格不要用僵死的教条看待美国的工人运动，否则就只能成为"纯粹的宗派"和"外国人"。但是左尔格没有接受这些劝告，并为自己的错误辩解（第 244 页）。作者提供的这一鲜为人知的资料使我们对左尔格有了全面的认识。龚伯斯从 1886 年至 1924 年去世时止，长期担任劳联主席（除一届外），作者结合劳联的成长和活动对他进行评介。认为，龚伯斯在 1894 年之前，曾经为美国工人运动的发展作出了很大贡献：他学习马克思著作，赞同第一国际原则，领导劳联争取 8 小时工作日获得成功，支持圣路易海运工人联合罢工和新奥尔良总罢工等。龚伯斯蜕变为"纯粹工会主义者"，是在 1894 年末劳联丹佛代表大会上否决了工人进步的政治纲领开始的。所谓"'纯粹工会主义'的实质就是在接受雇佣劳动制度的前提下，争取改善工人的生活和劳动条件，不触及资本主义制度的基本原则。……当资产者向一部分工人提供一定优惠待遇，能够满足'纯粹工会主义'的某些要求的时候，劳联立即转变为特殊利益集团而排斥其他工人，靠牺牲非熟练工的利益来满足自己的狭隘利益"（第443—444页）。龚伯斯成为工人贵族，反映了垄断资产阶级分化工人阶级的策略收到了效果。作者对龚伯斯一生，从正反两方面进行论述，体现了其评价历史人物的求实精神。

第四，作者以历史唯物主义为指导，坚持人民群众是历史创造者的观点，着重介绍他们的生活状况、品质、聪明智慧和英勇斗争的史迹，突出工人群众在罢工斗争中的作用。美国建国后生产力突飞猛进，二百余年间一跃而为世界头号工业强国，这首先应归功于从事物质生产的美国广大劳动人民，但是他们却处于被剥削的地位。作者以求实的态度，根据大量生动、具体的数字和事实来说明美国工人生活状况的恶化，使读者感到真实可信，因而发人深思，令人动容。作者对工人阶级的品质描绘得淋漓尽致，如秣市惨案大搜捕期间，工人领袖之一珀森斯本来不在现场并已隐居起来，闻讯后却毅然前往自首，勇于承担责任，充分表现了革命者的大无畏精神。

作者还以饱满的热情，描述了美国工人阶级的聪明智慧。如介绍世界产联独创的携带肥皂箱随时随地在街头演讲的方法；由世界产联发明的在本世纪30年代成为一种普遍使用的有效罢工方式——静坐罢工等等。对美国工人阶级争取生存的反抗斗争，作者以酣畅的笔墨描述了自1877年铁路工人大罢工到了19世纪90年代一连串急风骤雨式的罢工斗争，揭露资产阶级和联邦政府镇压罢工的暴行。尤以1877年铁路大罢工、芝加哥流血惨案和1892年宾州霍姆斯特德罢工中孟农加希拉河的战斗写得有声有色，给人留下深刻印象。据此，作者痛斥了"美国例外论"者的谎言。"历史活动是群众的事业"。① 作者突出一般工人群众的

---

① 《马克思恩格斯全集》第2卷，人民出版社1964年版，第104页。

作用，把他们放在中心位置上，强调即使工人组织的领导层的错误政策占支配地位时，工人群众也仍然为切身利益而艰苦战斗的勇气。对罗斯福"新政"的劳工立法，作者不是据此讴歌罗斯福个人的丰功伟绩，而是突出当时美国工人阶级的斗争迫使统治阶级让步，甚至保守的劳联主席格林也承认这一点。美国参加第二次世界大战前后，产联、劳联和美共领导人曾先后作出了战时不罢工的保证，但为反对罗斯福牺牲工人利益使大公司获利的政策，美国基层工人纷纷起来罢工。作者由此论证："阶级斗争是不以人们的意志为转移的"（第 687 页）。这是言之有据的。

第五，对科学社会主义在美国的传播论述精当，有所突破。欧洲 1848 年革命失败后，许多"四八战士"先后侨居美国，播下了科学社会主义的种子。欧洲科学社会主义的传播者，谁最先抵达美国？过去有关美国共产主义运动的历史（包括福斯特著的《美国共产党史》在内）都着重介绍约瑟夫·魏德迈和弗里德里希·阿·左尔格作出的贡献。作者在本书中根据可靠史料，提出首先到达美国的是"四八战士"、德意志美因兹共产主义同盟成员、几何学家阿道夫·克路斯。他于 1848 年夏即来美国，而魏德迈和左尔格则是在 1851 年 9 月和 1852 年 9 月来美的。作者还依据大量新史料，深刻地阐述了 19 世纪 70 年代国际派（即美国的马克思主义者——笔者）为建立社会主义政党与拉萨尔派作斗争的历史，并提出了具有突破性的见解。作者认为，1873 年 12 月到 1874 年成立的伊利诺劳工党和北美社会民主党，并不是由拉萨尔分子控制的铁板一块，而是受拉萨尔分子的影响，但其内部有相当数量的国际派的两个政党。国际派反对拉萨尔分子热衷于选举运动，提出必须重视工会运动，从事反映工人群众利益的经济斗争。在国际派的不断努力下，北美社会民主党逐渐抛弃了拉萨尔主义的立场，日益靠近第一国际总委员会，对工会运动和工人运动表现出越来越大的兴趣。伊利诺工人党也发生同样情况。这两个政党的转变为美国各个社会主义组织的联合创造了有利条件。几经周折，在第一国际解散后数日，1876年7月19日，左尔格和奥托·魏德迈的北美联合会终于和伊利诺工人党、北美社会民主工党联合，组成了美国工人党，美国的社会主义运动掀开了新的一页。作者对这一段历史写得饱满充实，跌宕有致，是成功的。

第六，作者运用矛盾的普遍性与特殊性相互联系的哲理，阐明美国社会的特殊性及其对阶级斗争、工人运动的影响；同时，揭示美国工人运动和其他资本主义国家的工人运动在本质上同样是在资本主义一般规律运行中出现和存在的，是"随着现代无产阶级的出现和形成而产生和发展起来的。"

美国具有特殊的客观历史条件：新大陆幅员广阔，自然资源丰富，经济发展迅速，资产阶级民主思想较浓，因而缓和了资本主义制度的各种矛盾；同时也影响了美国社会阶级关系的形成和演变。因此，代表成熟的工业无产阶级的工人组织形成较迟，并长期带有手工业工人的习气，致使美国工人运动落后于欧洲。美国资产阶级学者往往抓住美国这一特点大作文章，例如美国著名史学家弗里德里克·杰克逊·特纳，夸大这些条件的作用，以"社会安全阀"为遁词，认为劳资间的对抗性冲突已被排除，宣扬"美国例外论"。作者引用了众多美国史学家对特纳"社会安全阀"的批判，有力地驳斥了"美国例外论"（第162—166页）。作者指出，美国实行资产阶级民主制，允许工人开展活动是有条件的。19世纪20年代美国工人在许多大城市曾组织了工人党，到19世纪四五十年代又推进了10小时工作制运动并取得了可喜的成果。然而，"这些成果的取得是付出了高昂的代价的。资产阶级政党接过工人的口号，扩大了自己的政治纲领的策略，从长远来说，对工人运动产生了极为不利的影响。其中最显而易见的后果就是推迟了工人政党的建立，并使后来建立起来的工人政党不能在政治上发挥作用"（第171页）。这样的分析是深刻的。作者还以大量的篇幅，揭露了美国资产阶级在19世纪经济发展期间，为了攫取利润，采用各种卑鄙手段压迫工人，如签订黄狗合同、制定黑名单、利用法庭颁布禁令，宣判罢工和参加工会为"阴谋罪"或"图谋不轨"罪，甚至通过政府以暴力进行血腥镇压，造成一次又一次的骇人听闻的惨案，与欧洲国家资产阶级的残暴相比较，在性质上并无二致。作者愤慨地指出，这"再一次暴露了美国民主制度的局限性和缺陷"（第317页）。对法院1894年颁布的禁令，作者认为，这项禁令蛮横地剥夺了铁路工人的罢工权利和进行合法宣传的自由。"它的颁布本身就是美国民主法制的耻辱"（第465页）。由此可见，美国的资产者和无产者的基本矛盾是普遍存在的。在这一方面，美国并不例外。

　　第七，作者对有关美国工运问题的理论考察，是从本质上进行分析，作出论断的。美国曾经是空想社会主义者的试验场所，"这些试验不仅在美国产生了一定影响，而且为科学社会主义的创造和发展提供了必不可缺的丰富的思想材料"（第6页）。它的经验，受到了马克思和恩格斯的高度重视。又如对凯洛格金融改革论，作者在扼要地介绍了它产生的历史背景和当时工农群众因生活困顿而加以盲目信仰等事实之后，也给予了公允的评价。一方面指出它注意到美国资产阶级通过非劳动的其他手段来积累财富，造成社会上极大的分配不公；另一方面也指出以它为思想基础的19世纪六七十年代工人运动和农民运动的合流注定要以失败而告终的根本原因。再如作者对"德里昂主义"，即社会主义工人党的错误的建党路线的分析和评价，对罗斯福政府时期制定的全国劳工关系法的论述，不仅恰如其分，而且具有一定的理论高度。

第八，史料丰富翔实，也是本书的一个特点。作者使用了重要文件汇编、文献资料、统计资料、工人政党组织重要会议决议等原始资料；工人运动重大历史事件纪实；主要工人运动活动家的传记和自传；工人运动史主要流派的代表作；已译成中文出版的有关美国工人运动史专著，以及我国学者的专著；此外还有难于见到的著作，如美国未正式出版的博士论文集。

作为一部开拓性著作，本书某些不足之处在所难免：一是结束语内容单薄，下限既断在1955年劳联与产联的合并，第695页又出现1959年兰德莱姆——格里芬案，似不协调；二是本书对黑人工人运动史的叙述，过于简略；三是作者对美共在工人运动中的"左"倾错误，有适当表述，而对美共"右"的错误，如1927—1929年洛夫斯通右倾机会主义路线，未能述及；四是第四编某些布局欠妥，如劳动骑士团成立于1869年，劳联是五一大罢工运动的发起者，而本书却将它们置于1886年五一大罢工和秣市惨案之后，与历史顺序不合；五是"双重工会"指在特定的历史条件下美国工人运动中出现的两大工会对立的格局，情况比较复杂，对在不同情况下出现的双重工会应作具体分析，我个人认为作者在本书第516页对双重工会持两点论的看法比较合适。本书结束语中说："劳联和产联合并的积极意义在于结束了20年来两大工会的分裂和对立状态。"这一论述忽略了劳联、产联是在劳联的保守原则上合并的，对美国工人运动的开展起着消极作用，值得商榷；六是本书将新工人运动史学者斯蒂芬·塞恩斯特朗的著作搞错，他写的是《贫困和进步》（1964年出版），而不是《进步与贫困》，《进步与贫困》是亨利·乔治写的鼓吹土地单一税论的著作，1880年首次出版；七是一名两译：第26—27页斯蒂芬·塞恩斯确蒙与第63页斯蒂芬·塞恩斯特朗是同一位学者，第 249、303 页的黄狗合同与第 595、626 页黄狗契约是同一词组；八是排印错误较多，希望再版时予以校正，并希望再版时增加索引，以便于读者查阅。

（原载《历史研究》1994 年第 6 期）

杰克·哈第著《美国第一次革命》中译本序

  杰克·哈第的《美国第一次革命》一书于1937年出版。在本书出版以前，美国资产阶级的历史学家为了满足资产阶级的要求而出版的有关美国第一次革命的著作，有如汗牛充栋。当然，他们都是基于资产阶级唯心主义的历史观点的：英国辉格派历史学家如格林、特来味林等企图以"人性说"来阐明美国革命，认为美国革命之爆发，是由于乔治三世的"恶魔性格"。美国反动作家如凡达恩明目张胆地为侵略者说话，公然对破坏美国革命而受到惩罚的对英效忠派表示同情，为他们的放逐和死亡而惋惜，认为这是美国的悲剧。凡达恩及其追随者提出美国独立战争的起因是由于英美双方对于政治自由、人类正义的看法上的分歧。美国国资产阶级历史学家像乔·彭克若夫特、西德尼·费雪虽然都表示拥护美国革命，但都强调争取政治自由、思想自由、人类正义是美国革命的主要的、决定的动力。彭克若夫特甚至认为美国革命是"上天的"伟大"意旨"。至于美国自由主义资产阶级历史学家如亚瑟·史来星吉和詹姆斯·詹姆生虽然要比以上的资产阶级学者的研究前进了一步，指出美国革命是敌对的经济利益之间冲突的结果，但都没有从生产方式内在矛盾方面指出美国革命的不可避免性。如以研究美国革命历史背景著名的耶鲁大学教授查理·安朱兹也这样写道："在我们研究 1764—1774 年这段时期的历史的时候，我们不得不一再达到这个结论：双方如多作一些让步，多表现一些友好和妥协的精神，就会平息怒涛和消弭那酝酿中的风暴。"（原书编者前言第6页）他把这种通过双方让步，美国革命就可以避免发生的历史唯心主义的论调发挥到顶点。在关于美国第一次革命的著作中充满种种歪曲论述的情况下，作者以马克思主义观点，写出了一本关于美国第一次革命的著作，以战斗的姿态出版问世，是很有价值的。1937 年，正是罗斯福"新政"的末期，当时法西斯侵略势力日益猖獗，和平、民主力量与法西斯势力的搏斗日益激烈，美国进步史学家为号召美国广大人民投入保卫和平、抵御法西斯势力侵略的斗争，介绍了美国人民的革命光荣传统，借以教育美国广大人民，也是具有一定的时代意义的。正如原编者前言里所指出的：本书的写作，就是以马克思主义的观点，从对英国与其北美殖民地资本主义的冲突的分析中，指出美国革命的不可避免性，并进而分析美国革命的历史过程，以及阐明人民在发动革命和胜利地完成革命中所起的作用，所以本书在研究美国历史的领域里，具有一定的贡献。本书不是为专家写的，而是提供给普通读者的通俗著作，因此，今天翻译出来，对中国读者研究美国历史问题是有帮助的。

　　本书的篇幅有限，但也包括了比较丰富的内容：阐明了17、18 世纪英国资本主义所采取的重商主义政策对于殖民地经济发展所起的影响，概述了殖民地的经济繁荣与阶级结构，分析了殖民地资产阶级与宗主国的统治集团在纸币问题、土地问题等经济利益上的尖锐矛盾与斗争，叙述了殖民地商人的抵货运动、群众的抗英运动终于发展成为美国人民的武装斗争以及在战争过程中革命群众反对殖民地内部对英效忠派的斗争，分析了当时的国际环境和总结了美国革命的历史意义。

本书对美国革命的经济的与政治的背景分析得很详尽。由于北美殖民地生产力的发展，必然促使北美殖民地人民起来打破英国所强加于自己的民族枷锁而建立新的生产关系，这就是美国革命的不可避免的经济基础。这种分析是符合于"生产关系一定要适合于生产力"这一客观规律的。

作者对于参加美国革命的各个阶级在革命斗争中所起作用作了适当的估计。美国革命是资产阶级革命，其所要解决的历史任务，是争取民族解放的革命任务，当时凡参加这个革命斗争的阶级和阶层，作者都包括在"人民"这个范畴以内。作者说：美国革命前夕"被卷进这发展中的斗争的社会阶层越来越多"（正文32页）。作者所指卷进斗争的各个阶级和阶层包括城市平民、海员和广大的农民与边疆农民，也包括城市小资产阶级，与英国经济利益发生巨大冲突的走私商人，部分的南部种植园主以及资产阶级民主派。作者并分别叙述了他们在参加美国革命斗争中所起的不同作用。在本书中，革命的人民群众的活动和当时广大人民参加的革命组织的概况都占了不少的篇幅。而过去资产阶级的历史学家不是完全抹杀了这一方面，就是把革命的人民群众当作"暴民"来描写的。

但是，本书某些见解与分析是存在着缺点的。作者在处理人民群众在美国革命中的作用问题上强调人民的一致性，忽视了人民内部的阶级矛盾与斗争，并且没有把构成人民主体的劳动人民——工农群众提到首要地位。作者没有提到殖民地时期劳动人民的两次伟大阶级斗争——培肯起义与雷色耳起义。作者过高估计了商人抵货运动的自觉性，而把群众说成只是消极地不消费输入的舶来品（正文43页）；实际上，是群众的强大压力，促成了商人抵货运动的开展。在有些部分，作者引用一些顽固分子甚至反动分子对人民的咒骂语，例如正文 60 页上引用葛文诺·摩理斯语，又正文 68、77 页上引用反动派诬蔑革命群众为"暴民"的用语，都是不妥当的。

在有些部分，作者夸大了资产阶级领导者对革命的推动作用，低估了劳动人民在美国革命中所起的作用，如认为美国革命是当时资产阶级杰出领导者——萨弥尔·亚当斯、富兰克林和亨利等人周密计划的社会运动。作者说："美国革命是一个计划周密、步骤一致的社会运动。它的过程是没有什么偶然或意外的。"（正文 35 页）这样，作者把资产阶级民主派萨弥尔·亚当斯、巴特立克·亨利、富兰克林的领导理想化起来。例如作者这样介绍亚当斯说："殖民地人民得到萨弥尔·亚当斯这样一些人作为领袖，这些人所一心一意追求的就是自由这一目标。为了达到这一目的，他们牺牲了一切，他们战斗的坚决、始终如一、全心全意和钢铁意志可以使他们列于一切时代的杰出革命领袖之林。"（正文 36 页）作者把革命形势已经来临以后，各殖民地人民奋起反抗，建立通信委员会的功劳完全归之于亚当斯。（正文 52 页）作者对富兰克林也过于歌颂。他说："这些代理人，特别是富兰克林，为革命的事业作了极有力的工作。他们不懈地、多方面地工作。"（正文 39 页）事实上，北美殖民地在英国的代理人，是效忠于英王的政客，富兰克林在充当殖民地代理人的时期，也不是例外。历史事实告诉我们：只有广大的劳动人民才是美国独立革命中的决定性的力量，他们不仅为摆脱英国的奴役、争取民族独立而斗争，同时也为反对内部压迫和剥削、争取资产阶级民主化而斗争。广大的劳动人民积极参加斗争，才使独立战争成为"一次伟大的、真正解放的、真正革命的战争"。[①] 至于殖民地资产

---

① 列宁：《给美国工人的信》，苏联外国文书籍出版局 1953 年版，第 3 页。

阶级高举民族独立与民主自由的旗帜，把广大劳动者团结起来，进行反英斗争，虽亦具有一定的进步作用，但他们徘徊动摇，有时甚至妥协、倒退，决不是推进革命的主要力量。

作者指出，在美国革命过程中，美国的革命群众建立了新的行政机构（通信委员会、大陆会议、公安委员会），并指出这些机构的革命作用——如通信委员会在革命酝酿过程中所发挥的联系各州的作用，公安委员会在执行行政权及司法权、特别在镇压效忠派方面发挥的作用等。这也是美国资产阶级历史学家极不重视的一方面。作者这样叙述是好的。缺点是，没有指出这些机构只体现了资产阶级在革命中的领导作用，只是为掌握领导权的资产阶级所利用。当基本群众——劳动人民和最贫苦的阶层的正当要求与资产阶级的利益相抵触的时候，资产阶级也就利用这些机构对劳动人民进行压迫。因此，我们不能同意作者对于公安委员会所作的评价："人民在统治，这些人是人民的工具。"（正文70页）

对于美国革命的意义，作者这样评价说："美国曾经是政治自由的象征和人们得在那里改善自己社会地位的国土……它曾经是被践踏的、被压迫的人们的避难所。它作为自由和进步的烽火台照耀过全世界。"（正文103页）这评价是符合当时的历史实际的。但，美国革命具有极大的片面性与不彻底性。美国革命的结果，并没有使美国政治生活民主化。广大的工农大众仍是被剥削、被压迫的对象。在革命进程中，美国统治阶级也并未停止对少数民族印第安人的无情掠夺与屠杀，以及贩卖非洲黑人的血腥罪行，而这是作者所应当指出的。作者提出1776年宾夕法尼亚州宪法的制定是"革命内部的一个革命"（正文104页），并且认为"在1776年后所制定的州宪法中有许多分明是为群众谋福利的'（正文103—104页）。作者并且指出除有关财产的限制外，这些州宪法比较说来是没有什么限制的。这也有溢美之处。事实上，正如斯大林所指出："各资产阶级国家的宪法，通常是以资本主义制度永古不移的信念为出发点的。……各资本主义国家底宪法，就是依据于这些以及诸如此类的资本主义柱石的。"[①] 各州州宪既是资产阶级国家的宪法，也就用立法手段把资本主义所有制、剥削制度等柱石固定起来。正如所有资产阶级国家宪法一样，各州州宪实际上也都附有许多条件与限制，如财产资格、居住年限、宗教信仰等限制，而这也是为资产阶级的宪法本质所规定的。作者如果能够根据各州州宪在制定过程中进步力量与保守势力进行斗争的实际情况来分析各州州宪所包含的民主性的程度，就更符合于阶级分析的观点。

作者对于美国革命中劳动人民争取土地问题的解决也有过高的估计。作者说："在梅恩的威廉·伯拍拉尔爵士的土地、宾夕法尼亚的宾家的土地和其他遭受同样命运的土地的出售'就如此地使整个社会结构平等化，平均化，和更为民主'。"（正文105页）实际上，美国革命中，从效忠派大地主那里没收的大量土地的拍卖，只有一小部分售与农民，大部分仍旧落入土地投机家手里，因此战争以后重新涌现了土地投机的狂热，也重新涌现了劳动人民为争取土地、反对资产阶级的奴役与剥削的斗争。显然，土地问题并没有随着美国革命的结束而解决，更谈不上使整个社会平等化、平均化了。

作者介绍了"天赋人权"、"没有代表就不纳税"、"不自由勿宁死"种种资产阶级鼓动者的口号，也介绍了独立宣言中所提出的"一切人生而平等"和契约说的思想，并指出了它们的革命

---

① 斯大林：《关于苏联宪法草案的报告》，《苏联宪法》人民出版社1954年版，第14—15页。

性，这些都是好的。但作者没有指出：在对抗性的阶级社会里，本来不可能有超阶级的个人和超阶级的意识形态，占统治地位的思想也就是统治阶级的意识形态；不单这些政治口号反映着资产阶级的要求，就是独立宣言中提出的"一切人生而平等"和契约说的思想，也仍是资产阶级的思想，它们不过是在"全民的"、"自由、平等的"等等漂亮幌子下号召劳动人民参加推翻宗主国压迫的斗争而已。

　　当然，这本著作有不少的优点，是一本可供研究、参考的书，现在将本书翻译出来介绍给我国的读者，使我国读者了解美国人民的光荣的革命传统，仍是有必要的。我所以对本书提出这些意见，其目的只是提供给读者们在依据马克思列宁主义的立场、观点、方法对外国历史著作进行独立研究、分析时的一些参考而已。

　　　　（原载黄可译：《美国第一次革命》中译本，三联书店 1955 年版）

评美国"新左派"史学

编者按：20 世纪 60 年代，美国史学界出现了一个新学派："新左派"。作者根据"新左派"的两位史学家昂格尔和津恩分别写的《"新左派"与美国史：美国史学史的一些新动向》、《马克思主义与新左派》两篇论文，转介了"新左派"的一些重要情况，并作了一些补充和评论。

昂格尔是美国历史学"新左派"的权威之一。他的论文《"新左派"与美国史：美国史学史的一些新动向》发表在 1967年第 72—74 期的《美国历史杂志》上。他生于 1927 年，1958年获得哥伦比亚大学博士学位，历任哥伦比亚大学讲师、华盛顿斯圭尔学院、纽约市立大学历史学教授等。他的主要研究范围是美国 19 世纪政治、经济史，他的代表作是：《绿背纸币时期：美国金融的社会的、政治的历史（1865—1879 年）》（新泽西，1964 年版），《1959—1971 年美国新左派史》（纽约，1974 年版），1965 年他获得普利兹历史学奖金，他是美国历史学家学会和美国历史学会的成员。

津恩的论文《马克思主义与新左派》发表于"新左派"历史

论文集《翻案：对于美国激进主义历史的探索》一书中（阿尔弗雷德·F. 杨编辑，伊利诺 1969 年版）。津恩也是美国历史学新左派的权威之一。上述论文集对津恩的经历和主要著作有较详细的介绍，这里略加补充：津恩生于 1922 年，曾任瑞典乌普萨拉大学历史学讲师，1956—1963 年任亚特兰大市斯佩尔曼大学历史系主任，社会科学系主任、教授等职。他是"美国历史学会"、"美国大学教授协会"成员。他所著《战后美国》已于 1973 年出版。

昂格尔这篇论文侧重介绍美国新左派史学流派主要代表人物和作品，对新左派共同点和分歧意见、新左派对某些专题的研究、所起的作用都有较详细的介绍。至于津恩的这篇论文则着重分析新左派的理论和观点方面，阐述了新左派对马克思主义的看法，新左派对国家、自由、权威等问题的观点。两篇论文互有补充。本文拟就新左派产生的时代背景、新左派主要代表人物、作品和专题研究、新左派的理论和观点、新左派的弱点和所起的作用这几方面加以论述。

一 新左派产生的时代背景

这两篇论文关于这方面都极少论述，因此有补充的必要。

由于美国统治集团推行战争政策和侵略政策的恶果，50 年代后期，美国国际收支开始出现逆差，国内连续出现了两次经济危机（1953—1954 年，1957—1958 年）；美国统治集团把扩大侵略战争当作救命符。1961 年 1 月就职总统的民主党人肯尼迪提出"新边疆"政策，加强对新兴国家的渗透和干涉，并在南越进行"特种战争"。1963 年 11 月肯尼迪遭暗杀后，约翰逊进一步推行战争升级政策。庞大的军事负担、不合理的税收政策、兵役政策激起了广大劳动人民的反抗斗争。在美国，黑人是"最后受雇、最先被解雇"、生活在备受种族歧视和种族压迫的社会最底层。在侵越战争中，黑人青年被征入伍，被驱使打头阵，黑人士兵的死亡率超过白人士兵。黑人早在 50 年代就掀起了反歧视、反迫害的斗争风暴，60 年代，反战情绪空前高涨，成为反战运动的急先锋。与此同时，60 年代学生反战的群众运动也如烈火燎原，和黑人运动汇合成为一股洪流，对美国社会现实不满的人和反战的知识分子也都卷入，形成强大的新左派政治运动。到了1964 年和 1965 年，随着美国在越南大规模增兵和在国内加紧推行压迫政策，美国国内抗议性的群众运动如火如荼：1963 年 4 月，亚拉巴马州伯明翰市的黑人群众举行集会和游行，反对种族歧视，遭到血腥镇压；1964 年初纽约市 50 万人掀起了反对歧视黑人的教育制度的罢课运动；7 月，纽约黑人居住区哈莱姆区等地爆发了黑人抗暴斗争；1965 年春 2.5 万名黑人向华盛顿进军；1965 年洛杉矶黑人居住区瓦茨区的黑人举行暴动。黑人的反抗有日趋激烈和日益频繁之势。这一系列轰轰烈烈的抗议运动，迅速将反战运动、反对种族歧视的运动推向高潮。在新左派政治运动的形成过程中涌现了激进的群众组织和领袖。学生非暴力协调委员会（SNCC）[①] 和学生争取民主社会组织（SDS）[②] 在 60 年代都组成了。在运动中涌现了像马尔科姆·爱克斯那样的激进的黑人领袖，他的政治见解比较进步，他认为美国黑人争取平等的

---

① 学生非暴力协调委员会是在 1960 年由北卡罗来纳黑人农业技专学生发起的。它的领导者有黑人、白人，但它的工作偏重在组织黑人激进主义者。这个组织同情、关心最底层人民的疾苦，最初几年主张非暴力行动，发起争取自由的骑自行车的抗议性长征，以及争取黑人选民登记运动等等。

② 学生争取民主社会组织的成员中白人中产阶级和知识分子较多，活跃在大学校园和城市贫民区，领导着民权运动和反对美国对外战争政策的斗争。

斗争是世界范围内反殖民主义斗争的一部分，因此黑人必须和世界上大多数被压迫、被欺侮的民族团结起来争取国际范围的人权斗争。1964年底他在哈莱姆区非洲裔美国人联合组织的群众大会上发表演说，呼吁用改革美国社会的办法来实现黑人的真正自决权。他号召黑人以实际行动如反对征兵运动、反种族歧视运动来争取自身的解放。1965年2月在纽约的一次群众集会上，马尔科姆·爱克斯惨遭枪杀。这一事件使学生非暴力协调委员会企图用和平手段争取民权的斗争的希望破灭，走上了战斗的道路。亚拉巴马州朗底斯郡的黑人所受的种族歧视比其他南方各州更严重。1965年1月学生非暴力协调委员会的领导人之一卡迈克尔到朗底斯郡组织了黑人争取自由、平等的组织，以黑豹为旗帜，提出"黑人权力"的口号。黑豹党的组成是美国新左派以武力抗暴作为行动纲领的标志。黑豹党以实现黑人民族主义、改革美国社会为目标，曾发动多次的城市暴动。1967年，在黑豹党人与警察发生激战中，黑豹党负责人之一牛顿受伤被捕。在新左派政治运动的影响下，学生运动在最南部地区也蓬勃兴起。1967年、1968年密西西比州杰克逊大学、田纳西州菲斯克大学、得克萨斯州得克萨斯南方大学的学生都举行了游行示威，提出"学生权力"的口号，与"黑人权力"相呼应，展开了大规模的焚兵役征的运动、反战运动。1968年4月，黑人非暴力主义者领袖马丁·路德·金被暗杀，激起更大规模的黑人抗暴斗争，城市暴动达131次，席卷25个大城市。

这就是60年代美国的新左派政治运动。虽然这个运动受极左思潮的影响，其中参加者包括各种政治倾向的人，甚至还有个别人和美国财团有千丝万缕的联系；但这一运动是时代的产物，对美国的战争政策和侵略政策予以猛烈的冲击，是美国人民政治觉醒的标志。美国历史学中的新左派不过是这一运动在美国历史学领域中的反映。

二 主要代表人物、作品和专题研究

昂格尔知识丰富，在上述论文中，既广泛地论述了美国历史学新左派的情况，指出新左派史学家的共性和他们的分歧，又重点突出地介绍了新左派代表人物及其作品和新左派对某些专题的研究；因此，这篇论文内容扎实，论述具有一定的吸引力。

昂格尔指出，新左派史学家的共同点是：

（1）新左派以建立美国激进主义史学为目的。历来美国右翼的历史学者，都顽固地坚持激进主义是非美的舶来品，美国根本没有激进主义。新左派认为激进主义是贯穿于美国历史的一条红线。哈罗德·克卢斯在新左派历史的主要论坛期刊《左派学习》中写道："我们必须使我们的激进主义纲领美国化，我们的办法是：把我们历史中的本国激进主义延续到现在。"

（2）新左派反对"新保守主义"。60 年代美国政治形势动荡不宁，矛盾百出的社会现实，戳穿了战后头十年独霸美国史学界的新保守主义所坚持的美国社会无阶级冲突的"利益一致论"。新左派愤怒地指出：新历史（按指新保守主义——笔者）"是为一个特权的、贵族的社会，为'美国的名流社会'服务的"（第11 页）。新保守主义"在东部有威望的私立大学里的地位是十分巩固的……形成了一个学术集团"压制不同意见。1967 年，赤裸裸地宣传新保守主义流派"无冲突论"、美国社会"利益一致论"的历史学者已经不多了，许多人用社会多方面的冲突的观点来代替阶级冲突的论点，这种以多元论来解释历史实际上是新保守主义的变种。

（3）新左派对"进步学派"的态度。进步学派是指20 世纪初在美国历史学界占统治地位的以特纳、比尔德和帕林顿为首的史学流派。二次大战后头十年他们在历史学界的统治地位由新保守主义流派所代替。新左派对于特纳和帕林顿不感兴趣，昂格尔在文中对帕林顿只偶一提及，对特纳的边疆学说，也认为在30年代已被摧毁，不值再提。但新左派对进步学派的权威之一比尔德则极为推崇。比尔德早期著作有"把斗争作为美国历史的中心议题"，因此，他所撰述的殖民地时期的历史、美国革命的历史、美国制宪的历史都为新左派所喜爱。昂格尔对此作了较为详尽的介绍。新左派由于反对美国侵略政治和战争政策，甚至对比尔德晚年鼓吹孤立主义、攻击美国参加第二次世界大战的错误观点也盲目推崇，把比尔德当作摩西。新左派对孤立主义者进步派威廉·柏拉也给予一定荣誉；这样，就有意无意地宣传了孤立主义。

我个人认为，比尔德的著作，特别是早期的著作有一定的价值，新左派企图在美国建立激进主义的历史，对比尔德的著作应该批判地吸收，但决不是全盘继承。昂格尔在论文中，对新左派过分吹捧，并未给予应有的分析、批判，在处理上不甚恰当。

新左派是适应美国新左派政治运动而形成的美国史学界的激进主义流派。正如美国新左派政治运动内部分歧很大，美国新左派史学家内部分歧也很普遍，观点也不一致。昂格尔对此提供了宝贵材料。如新左派史学家一般地都承认美国改革运动高涨的19世纪末到20世纪初这一时期为"进步时代"，但科尔柯却把这一时期的改革运动看作仅仅有利于大企业主，把这一时期称之为"保守主义的胜利"；如新左派史学家一般都歌颂废奴运动，甚至以新废奴主义者自居，但利昂李特魏克指出废奴主义者也带有种族偏见。威廉斯对于废奴运动者更加以谴责，认为他们"往往是难对付的和不讲理的人，他们不懂得种族调整问题的复杂性"。又如新左派史学家一般地都反对社会学、统计方法，往往把电子计算机和保守主义相混淆，而司提芬·塞恩斯特罗姆却大胆地运用统计学和社会心理学方法，使新技术和激进主义结合，产生了新鲜活泼的作品。

昂格尔对新左派史学家著作作了极为广泛的研究，对新左派在美国历史某些专题上的研究也作了评论。昂格尔在文章中对有影响的代表人物和作品评介尤为详尽，现在分别介绍如下：

威廉·亚普尔曼·威廉斯 威廉斯是美国一位负有盛名的新左派史学家，他的著述较多，如《美国史纲》、《美国外交的悲剧》、《巨大的逃避》、《美苏关系》等等。《美国史纲》是威廉斯的代表作，威廉斯在本书中指出，重商主义与放任主义两种经济理论之间的斗争贯穿于美国历史的全过程，重商主义和"共同合作"是同义语；在威廉斯看来，重商主义也有严重缺点，最突出的是利用向外扩张的办法来解决国内问题，但重商主义仍代表了美国历史的光明面。而"放任主义"对社会是具有腐蚀性的，因为它助长的是竞争而不是合作。他把"重商主义"这个头衔赠送给美国历史上最反动的总统之一胡佛，而把"放任主义"这顶帽子加到富兰克林·罗斯福头上，把他说成是"为权力而尊崇权力的人"，对美国历史人物在评价上作了重大的颠倒。昂格尔正确地予以驳斥，指出"《史纲》还充满了传统的哲学唯心主义。他还认为在历史上重要的东西是各种观念而非各种利益……"昂格尔认为：由于美国缺乏社会主义传统，绅士的重商主义即能满足威廉斯渴望在美国历史中找到美德的心情。昂格尔对威廉斯的著作评价不高，认为威廉斯对新左派并没有做出什么贡献；威廉斯接受了新保守主义史学流派布雪·汉孟、理查德·霍夫斯塔特不少观点，"虽然威廉斯并非有意，但实际上他使我们已经又回到了'利益一致论'上去了！"昂格尔又指出：威廉斯关于美国西部边疆理论更不过是特纳边疆学说的翻版! 威廉斯的著作尚待作进一步的研究, 以便作出较全面的评价, 但昂格尔的意见值得我们参考和重视。

斯涛顿·林德　昂格尔认为林德是一位有才华的新左派历史学家。林德努力探索美国历史中的激进主义, 企图寻找能提供指导建立新社会行动的方向。林德着重研究美国革命和邦联时期 (1781—1789) 的历史, 在他的研究工作中, 他基本上肯定比尔德的阶级斗争观点; 但他对比尔德简单地、机械地用联邦党人和反联邦党人或以阶级划线来区分爱国者与非爱国者是不同意的。昂格尔认为林德对邦联时期美国历史的研究和塞恩斯特罗姆对社会史的研究都为建立新左派历史研究提供了可能性, "如果加以创造性的和灵活性的运用, 新左派历史可以告诉我们许多关于复杂的历史事件方面的重要东西。" 但昂格尔对林德及其他年轻的新左派对威廉斯所作的许多让步表示遗憾。

尤金·吉诺维斯　吉诺维斯是美国新左派史学家中内战史的研究者。他重新划分美国南部北部之间的经济分界线, 将经济利益置于历史发展的首要地位。他指出 "奴隶制度把南方同当时进步的经济潮流隔绝了起来", 最后, "南方的奴隶制文化变得无法同日益增长敌意的、强大和富有进攻性的北方资本主义并存了"。昂格尔对他评价很高, 认为他是坚定的马克思主义者。吉诺维斯的著述很多, 1974 年, 他发表了题为《奔腾吧, 约旦河》一文, 受到美国历史学界的重视。林恩认为: 它是南部种族主义的, 并且是倒退的。昂格尔对他的评价似有值得商榷之处。

迦布里尔·科尔柯　科尔柯的研究范围很广泛。他的《保守主义的胜利》一书研究了 1900—1916 年期间这一通常称为 "进步时代" 的美国历史, 揭露了有关托拉斯操纵政治的史实和资料。科尔柯对中产阶级的改革运动表示轻蔑, 他攻击 "黑暗揭发者"是"才能平常、价值观念属于中产阶级的人";"进步运动是一个骗局"。科尔柯的《铁路与立法》一书包含同样思想。昂格尔对两书内容都有介绍，但未评。我们有必要指出：科尔柯在《保守主义的胜利》一书中提出了不少有卓识的见解，但他完全抹杀当时空前高涨的无产阶级和广大劳动人民反垄断斗争所起的作用，因而忽视那些立法是迫于劳动人民顽强斗争所作出的让步，有其片面性。在该书序言中，科尔柯宣称："美国的经历，远远超过马克思经济学的范畴，他的政治理论是完全不适用的。"柯尔科否认马克思列宁主义学说中关于资本帝国主义发展的规律，提出他自己杜撰的术语"政治资本主义"。昂格尔认为科尔柯对为巧取豪夺的强盗大王辩护的大企业史学流派只给予温和的批评。这意见是中肯的。

詹姆斯·宛斯坦　在新左派历史学家中，宛斯坦以研究美国社会主义史著称。美国许多历史学家认为，社会主义之所以在美国失败是由于它内在的许多缺点。新左派史学家一般地都不注意美国社会主义史的研究。威廉斯认为19世纪末社会主义者是"无能为力的"，而宛斯坦则肯定"美国社会主义不是自己倒下去的，而是被打倒的"，"社会主义是美国的'看不见的遗产'"。宛斯坦最关切的是尤金·德布斯为之终身奋斗的社会主义主流。宛斯坦担任《左派的研究》杂志的编辑，把它变成宣传社会主义在美国历史发展中起作用的工具，这在重视无政府主义而不重视社会主义的60年代新左派史学中是凤毛麟角的。

昂格尔在评介新左派的专题研究方面时指出：新左派对于具有无政府主义思想的历史人物特别偏爱，林德撰写索洛传，一个自命为激进派的作者理查德·德里农曾以充沛的感情，写了一部无政府主义者爱玛·哥德曼传记，把她写成一个"勇敢的，热情的，聪明的女人"，"一个反对左派内部各种危险独裁倾向的女预言家"。新左派大多是现实的黑人争取平等权利斗争的勇士，他们自然对历史上的黑人斗争有着强烈的共鸣。"废奴主义者成为新左派的英雄阶级"，如津恩在写南北战争前的废奴主义者时，力图使废奴主义者不蒙挑起一件流血冲突的罪责，他指出：虽然战争是为了废除奴隶制度，但却不是废奴主义者煽动的结果。昂格尔又指出：新左派对于"新政"是采取否定态度的，迄今为止，新左派对于新政的论述是简略的，并且加以攻击。最突出的如雅各·柯汉认为"新政既无指标，也无目的，既没有道德标准，也没有实用价值"。马可·施莱佛反对新政是因为新政是自由福利国家的直接来源，他甚至对从小把罗斯福的形象灌输到他的脑海十分痛恨。在评价资产阶级民主政治家方面，新左派更是远远脱离了历史唯物主义的范畴，观点模糊不清。新左派虽然尊重平民党的传统，但对平民党以前的资产阶级民主政治家，很可能是平民党的先驱者——杰佛斐派和杰克逊派却完全忽视。对美国历史上资产阶级杰出人物一概抹杀，这种脱离当时历史背景、历史具体条件，也是违反历史主义的。

三 理论和观点

昂格尔对新左派的意识形态介绍很少，但作了一些重要的论述即"新左派的历史学家并不受官方观点的束缚"，"吸收'马克思主义方法'中我们需要的部分……"津恩全面论述了新左派史学流派的理论观点，文章中论点很多，牵涉面很广泛。现在以津恩的文章为主，从下列几个方面加以评介：

新左派史学家怎样对待马克思主义

津恩在文中一再强调实践是检验和发展理论的途径，他说：

新左派史学家"不会拘泥于马克思和恩格斯关于他们所处的那个时代所作的那些具体结论，而是他们所用的研究方法"；"按照这一方法，理论必须随着客观现实不断地改进，而且坚持实践是检验和改进理论的方法"；新左派史学家反对"照搬主义"，以上意见当然是正确的。马克思主义不是僵化的教条，而是行动的指南。在革命实践中，根据马列主义的立场、观点和方法来认真研究国际的和本国的基本形势，以及各种矛盾及发展趋向，根据实事求是的原则，作出新的符合马克思主义的科学分析和概括，作为指导革命行动的指南，并且在群众斗争的革命实践中去检验和发展马列主义理论。这完全符合我们强调的"实践是检验真理的标准"的科学论断。教条主义从马克思列宁主义经典著作中抽出个别的词句和个别的结论或原理，生搬硬套，只能禁锢人们的思想，扼杀马克思主义的生机。这种"照搬主义"当然是应当反对的。

但是，我们决不可以用"实践是检验真理的标准"、反对"照搬主义"来否定马克思主义中最基本的原理。津恩在文中提到新左派注重的是马克思主义的实质，"我们判断一个人不能以他对自己的看法为根据。"① 对于新左派也是如此。实际上新左派最轻视马克思主义理论，并没有重视马克思主义的实质，对马克思主义基本原埋差不多都予以否定。新左派对待马克思主义的态度从津恩的质问中明显地表达出来。津恩在文中问道："难道《资本论》第二卷关于商品流通和绝对地租和级差地租的冗长叙述都是革命理论所必要的吗？……甚至剩余价值这样光辉理论与社会行动有多大关系呢？难道工人阶级的有历史意义的战斗性需

---

① 列宁：《卡尔·马克思》，《马克思恩格斯选集》第 1 卷，人民出版社 1972 年版，第 11 页。

要这些分析去支持它吗?"（关于地租的理论见《马克思恩格斯全集》中译本第二十五卷——笔者）剩余价值学说是马克思主义经济学说的基石。剩余价值学说深刻地揭露了资本主义剥削的本质，资本家发财致富的惟一源泉。级差地租是农业中的超额利润，和工业中的超额利润一样，也是雇佣工人的剩余劳动。至于马克思的绝对地租理论揭示了土地私有制对于社会生产力的严重阻碍作用，为社会主义革命消灭土地私有制、实现土地公有制提供了理论根据。否认马克思主义经济学说这些理论基础，就是放弃无产阶级进行革命的思想武器。"没有革命的理论，就没有革命的行动"，60年代美国社会动荡不宁，新左派的政治运动如火如荼，但却不能持久，从这些组织的主观条件来说，不就是因为领导这一运动的"学生非暴力协调委员会"（SNCC）、"学生争取民主社会组织"（SDC）和黑豹党都缺乏革命的理论作指导吗?自然，对于马克思主义也不是不可以根据现实重新加以审查的，例如关于无产阶级绝对贫困化的提法，现在国内外马克思主义研究者提出了不同的看法，进行认真的研究，这只会推动革命运动的发展。而津恩一文所反映的新左派蔑视马克思主义理论的程度是令人吃惊的，或则称之为烦琐哲学（第3、12页），或则将辩证唯物主义或马克思主义的理性论与实用主义或者自然主义划等号（第16页），这是极其错误的。

如何对待国家、权威、自由等问题，历来是马克思主义者与无政府主义者论战的焦点。马克思主义者认为：国家是一个历史范畴，"国家是阶级矛盾不可调和的产物和表现"。[①] 国家不是永恒的，随着阶级的消亡，国家也不可避免地要消亡，但是无产阶

①　列宁：《国家与革命》，《列宁选集》第3卷，人民出版社1972年版，第175页。

级在取得政权以后，还要建立无产阶级专政，彻底消灭阶级，消灭压迫，完成历史赋予的使命，进入无阶级的共产主义社会，国家才能"自行消亡"。而无政府主义者否定一切国家和政权，荒谬地认为，国家是产生私有制和压迫的"祸根"，主张在一天之内消灭国家，代之以一种无政府社会。新左派正是如此。津恩揭明"美国的新左派有一项要做的工作就是向全国证明国家这个东西，不管是无产阶级专政或福利的资本主义，本质上是一种特殊利益的自治组织，因而是不值得效忠的。"同时，新左派反对一切权力和权威，鼓吹极端民主、绝对自由，"在任何社会里它会烧掉入伍通知书"。这也是马克思、恩格斯多次批判了的。恩格斯《论权威》就是对这种无政府思想的批判。列宁指出："无政府主义是绝望的产物，它是失常的知识分子或游民的心理状态，而不是无产者的心理状态"。[1] 新左派由于看到"世界到处是侵略、颠覆、欺诈"，"所谓的社会主义国家，它们把那些敢于说出自己意见的作家关进监狱"，"一个无产阶级专政怎么样很容易地转变成一个对无产阶级的专政"，极端愤慨，感到绝望，而走到归咎社会主义制度，怀疑社会主义制度的优越性这一极端。历史是波浪式的、螺旋式的前进上升运动，社会主义才建立了几十年，社会主义社会的规律还有待于探索，绝不能因为看到某些以社会主义为标榜的国家的蜕化变质，或某些社会主义社会的一些阴暗面就对社会主义制度丧失信心，对马克思主义的基本原理有所怀疑、有所动摇。

由于没有坚持马克思主义立场、观点、方法，津恩一文有许多提法都是似是而非的，如把马克思主义与马基雅里哲学和卢梭

① 列宁：《无政府主义和社会主义》，《列宁选集》第 1 卷，人民出版社 1972 年版，第 218 页。

思想混为一谈，把一切参加理论论战的人都当作《第二十二条军规》小说中的主角，只考虑自己个人的得失。这决不是作者宣称的要强调以"实践"检验真理的马克思主义的观点，而是否认绝对真理、否认社会发展的客观规律。列宁指出："否定绝对真理，就不可能不否定客观真理的存在"① 而陷入不可知论的泥潭之中。津恩不顾马克思主义对"纯粹自由"的批评，引用宣言中关于"自由"的一句话，为自己的无政府主义观点作论证，又引用恩格斯在《家庭、私有制和国家的起源》中的大段话为立即消灭国家作注释，这些都是违背马克思主义的精神实质的。论文中还把苏联出兵匈牙利，中国平息西藏叛乱和美国推翻危地马拉政权相提并论，并且说马克思主义与道教有共同之处等等，也是错误的。

新左派和老左派的关系

新左派自认为是"从美国历史上说是老左派的继承者"，但实际上新左派和老左派是迥然不同的。老左派是指 50 年代以前以福斯特为首的美共领导的左派，他们继承美国人民争取民主的光荣的传统，不畏强暴，不怕牺牲，在马克思主义的指导下，为无产阶级的解放事业而英勇斗争。老左派纠正了美国左派历史上无政府工团主义的错误思想，为建立一个以马克思列宁主义武装的无产阶级政党而奋斗，参加竞选以扩大政治影响，冲击资产阶级两党统治的顽固堡垒，这在当时历史的具体条件下是无可厚非的。老左派着重研究广大人民的历史经验，特别是无产阶级的斗争与反垄断斗争的传统，对于美国无产阶级的历史作用给予高度评价，对于美国人民斗争的历史作出了有价值的论述（当然，他

---

① 列宁：《唯物主义和经验批判主义》，《列宁选集》，第 2 卷，第 121 页。

们对杰斐逊、杰克逊这些资产阶级民主政治家评价过高，有时当作无产阶级来看待是错误的)。新左派不迷信选票，把它看成是"特权阶级制度中偶尔出现的一点点民主的装饰品"，这是对资产阶级选举制本质的看法，与老左派观点并无分歧。新左派主张游行示威，经常政治性的抗议，也是老左派经常采用的办法。至于新左派主张的游击战术，是 60 年代提出的辅助现代化城市暴动的、一种特殊形式和号召，在美国垄断统治十分强大，全国交通网发达的条件下，这一号召是否正确，尚待研究。新左派虽然轻视马克思主义理论，但却认为马克思主义关于生产社会化和私人占有制的矛盾的论断是最有用的一项结论，也是最关键的一项结论；可是，新左派并不理解恩格斯早已明确指出的与此相联系的另一结论：社会化生产和资本主义占有之间的矛盾表现为无产阶级和资产阶级的对立"，[①] 因而新左派否认无产阶级是革命的动力，提出黑人、学生和知识分子是革命的动力；否认建立无产阶级政党的必要性，主张建立以维护个性和合作为目的的自愿的会社。新左派完全忽视美国无产阶级是世界上最大的一支工人阶级队伍以及美国无产阶级中蕴藏着极大的革命力量，黑人斗争和其他少数民族的斗争，学生运动，士兵和广大人民群众的反战运动，以及妇女争取民主权利的斗争，只有和美国无产阶级斗争相结合，才具有无坚不摧的力量。

新左派必须对前人一切宝贵的遗产（其中当然包括老左派的遗产）批判地吸收，才能大大跃进一步。

----

①　恩格斯：《反杜林论》，《马克思恩格斯选集》第 3 卷，人民出版社 1972 年版，第 311 页。

新左派的特点

从上面的论述中我们已经了解到新左派的若干特点。现在，且看津恩在论文中对新左派的特点是怎样介绍的："它是爱默生的先验论，马克思的革命行动主义，杜威的实用主义和卡缪的造反哲学结合的产物。"

爱默生① 的先验主义是时代的产物。19 世纪三四十年代，在美国东北部，资本主义经济迅速发展，科学技术的进步，机器的应用，铁路的铺设，西部的开发，改变了美国的自然面貌。这时，资本主义正处在上升阶段，而资本主义的内在矛盾已很明显，爱默生对于资本主义生产可能造成的危害性表示忧虑，批评资本主义破坏人的全面发展。爱默生受康德② 先验主义思想影响，但发展了康德的先验主义，形成自己的超验主义的观点、体系。爱默生认为人的存在就是神的存在，主张用自然界的启示代替神的启示，推崇精神万能，提倡个性解放，把个人升华到超灵的境界，提出人必须积极认识和掌握自然界。爱默生的先验主义对当时新英格兰的神学统治是一个打击，在一定程度上推动了新英格兰的思想解放运动。爱默生反对权威，主张个性解放，也为美国社会经济的发展和资产阶级民主制提供思想上的基础，在当

---

① 爱默生（1802—1883 年），著名作品有《论自然》（1836 年），《美国学者》（1844 年），美国著名的浪漫主义文学家。在社会实践方面，爱默生参加以社会改革为目的的新英格兰按傅立叶式"法朗吉"的设想组织起来的小溪农庄。在南北战争前，站在废奴运动一边，在战争时期，为庆祝解放宣言的颁布，写出《波士顿颂》，讴歌黑人争取解放的斗争。

② 伊曼努尔·康德（1724—1804 年），德国著名的唯心主义哲学家，18 世纪后半期至 19 世纪初期德国唯心主义的创始者。他一方面承认在我们意识之外存在着实物世界，即"自在之物"的世界。但另一方面，又认为"自在之物"根本是不可认识的，对于我们的认识来说，它是彼岸的（"超验的"）。主要著作有：《自然通史和天体论》（1755 年），《纯粹理性批判》（1781 年），《绪论》《实践理性批判》（1788 年）等等。

时的历史条件下还有一定的进步作用。但是，说到底，爱默生的
先验论毕竟是历史唯心主义，其核心不外是资产阶级个人主义。
在20世纪60年代以激进主义为标榜，以改革美国社会为目的的
新左派竟拣起爱默生的先验论为其理论基础的一部分，大开其历
史倒车，是令人不易理解的。

对于马克思的革命行动主义，津恩未加解释。但从新左派对
老左派所作的贡献的估计："老左派可贵的贡献——这些贡献的
数目是相当可观的——不是来自他们在意识形态方面的迷信崇
拜，而是来自他们的行动。他们的能量不是来自他们在课堂上对
于剩余价值的讨论，而是来自他们所组织的'产业联合会'；不
是来自斯大林的关于'民族问题'的理论的分析，而是来自为营
救斯科次博罗黑人青少年的斗争；不是来自关于无产阶级专政的
吃力的理论性的论述，而是来自亚伯拉罕·林肯团战士的牺牲精
神。"这大概就是新左派所指的马克思的革命行动主义。新左派
认为老左派孜孜于马克思主义的研究是"在意识形态方面的迷信
崇拜"，只赞扬其行动的一面；实际上，老左派这种革命行动是
以革命的理论为基础的，并不是盲目的行动。新左派对老左派的
批评"宗派主义者，多疑，排外"，是不公正的。新左派所谓的
革命行动主义还掺杂了存在主义。津恩说："存在主义强调行动
的必要性——基于良心的行动，但却不仔细地考虑被动的自由主
义者所谓的'各种客观现实'——这是美国新左派的最振奋人心
的特色之一。"存在主义的行动主义只凭主观办事，不考虑客观
因素，类似左倾冒险主义，对革命带来的危害，是极其严重的。
至于杜威的实用主义，是美国资产阶级主观唯心主义哲学。杜威
在工具主义名义下维护和发展了由威廉·詹姆士创立的实用主义。
它的中心思想是凡是有用的即真理。在杜威的心目中，所谓的有
用，即有利于和符合资产阶级利益的东西。实用主义否认世界的

客观规律，否认真理是现实在意识中的反映，直截了当地宣布宗教观念和剥削阶级的一切反动意图都是真理。这样，实用主义就成为迎合反动思想和反动政治的有效工具，麻痹群众的手段和反对科学社会主义的武器。列宁精辟地指出："把真理看做认识的工具，这就是在实际上已经转到不可知论方面，也就是离开唯物主义。在这一点上，以及在一切根本点上，实用主义者、马赫主义者、经验一元论者都是一丘之貉。"①

至于卡缪② 的造反哲学的论点更是离奇。卡缪系法国存在主义作家。存在主义认为科学知识的基础不是客观世界，而是从事研究的人的精神创造。存在主义者认为群众根本不存在，存在的只有自由行动的个别人物。过去的事情是不会再现的，只能把现在看作认识过去的惟一基础。卡缪认为人生如同流放，对生活的荒谬性必须反抗，只有反抗能引向拯救人类最高尚道德和精神价值。人们应该拒绝被人奴役，也拒绝奴役他人。他这种思想贯穿于他的主要作品《局外人》 （1942 年）、长篇小说《瘟疫》(1947 年) 和短篇小说集《流放和王国》 （1957 年）之中。卡缪造反哲学代表在资本主义社会动荡不安的情况下知识分子的绝望情绪，亦即津恩所指生活在"懊丧无望的时代"。由于无法掌握自己的命运，卡缪主张对生活的丑恶黑暗面加以反抗。

新左派把各种根本不同和对立的思潮、观点、理论拼凑起来，成为"折衷主义的大杂烩"。它的基本特点就是把唯心主义和唯物主义混合起来，用多元论代替马克思主义的辩证法，否定

---

① 列宁：《唯物主义和经验批判主义》，《列宁全集》第 14 卷，第 366 页。

② 阿尔贝特·卡缪 (1913—1960)，生于阿尔及利亚，1957 年获诺贝尔文学奖金。

重点，不分主次，貌似全面，实际上掩盖真相，模糊事物的本质；有时把矛盾的两个方面调和起来，混淆是非，不分敌我，否定对立面的斗争和转化。列宁曾正确地指出，折衷主义"能使人感到一种似是而非的满足……但实际上并没有对社会发展过程做出任何完整的革命的解释"。[1]

四　新左派的弱点和所起的作用

昂格尔对新左派作了恰如其分的估计："新左派是有纲领的，是积极行动者。新左派并不是一本巨著，或者一位伟大预言家的产物，而是我们时代的各种社会失调的产物。"新左派需要创立激进的历史，在论战中，经常把历史作为政治武器，又往往把学术上的分歧与政治争论混为一谈，甚至忘记最起码的论战道德；在论战中，"有时把罢工纠察线上和传单上的语言带到他们的专业著作中"。由于"新左派对纯粹的历史即没有把当前的斗争包括进去的历史的鄙视"，新左派在评价错综复杂的历史事件时，往往脱离当时的历史背景，用现代的眼光来看待过去，因此作出违反历史主义的结论。

虽然有这些弱点，但新左派是一些生气勃勃的年轻学者，他们对于美国这样富裕社会的各种弊病的症结，以富有探索的精神和进行社会改革的勇气大胆立论，他们对美国社会的各种弊病了如指掌，对美国社会贫富不均感到愤慨，对于在贫困线上挣扎着的劳苦大众，表示极大的同情。这种精神是值得赞许的。津恩说："你不能只是解释马克思主义和新左派，而必须在讨论中改造他们。"认为新左派也要改造，这种态度也是可取的。昂格尔

---

① 列宁：《国家与革命》，《列宁选集》第3卷，第188页。

的看法也是有道理的:"而关于人类过去的性质的看法的意见一致,不是意味着一种代表官方的看法,便是意味着想像力的贫乏,达到了令人困扰的程度!"在学术问题上只有百家争鸣、百花齐放的方针才能促进学术的繁荣、发展。历史研究(昂格尔所说的人类过去意即指历史)也是如此。强求一致会扼杀创作的活力。在中国,由于林彪、四人帮推行文化专制主义,在社会科学领域设置了重重禁区,人们生气勃勃的创造性受到了压制,中国文化出现了大倒退,就是一个惨痛的教训。昂格尔说:"新左派组织已开始感觉到他们需要理论和分析。他们的经验已经产生了一种新左派社会学、经济学和政治学。他们现在已开始编写一部新的激进主义的历史,特别是一部新的激进主义的美国史。"又说:"我可以预言这些年轻的历史学家将受到不寻常的重视和推崇"。新左派的政治运动虽然已成过去,但新左派在学术上的影响却是巨大的,新左派学者日益成长,力量不可忽视。

(原载《世界历史研究动态》1980 年第 2 期。欧文·昂格尔的这篇文章的译文发表在《世界历史译丛》1980 年第 1 期)

开创美国史研究的新局面

　　党的六中全会决议中指出："社会主义必须有高度的精神文明，……要在全党大大加强对马克思主义理论的研究，对中外历史和现状的研究，对各门社会科学和自然科学的研究。"继而党的十二大向全国人民提出了全面开创社会主义现代化建设新局面的号召："建设社会主义精神文明，是全党的任务，是各条战线的共同任务。"我国美国史研究和教学工作者在建设社会主义精神文明方面，也肩负着一份光荣的责任。近几年来，我国美国史研究和教学工作取得了不少成绩，在党的十二大精神的鼓舞下，我们要继续努力，开创美国史研究的新局面。那么，从何处着手呢？我认为：

　　首先，我们要认真学习马克思主义历史唯物主义理论，加强和提高在美国史研究中的鉴别能力、分析能力。

　　现在研究美国历史，最有利的条件是可以公开地、直接地利用质量较好的各种版本的马克思主义著作，这在旧中国是不可能的。我们要钻研马克思主义经典著作中关于美国史的论述。马克思和恩格斯对于美国历史的形成过程，美国两次资产阶级革命，美国的政治制度和政党，美国工人运动和社会主义运动，美国的印第安人原始社会、美国的经济危机以及美国重大历史事件和人物，作过不少精辟的论述和评价。列宁、斯大林对于美国帝国主义特征，美国工业现代化，农业资本主义发展，美国资产阶级政党和政治制度，美国外来移民，美国资产阶级民主的进步性及其历史局限性，美国社会主义运动前途，罗斯福新政，美国反对修正主义的斗争以及黑人的解放斗争，都有十分详尽和精辟的论述；毛泽东同志对于美帝国主义的本质，第二次世纪大战中美帝国主义内外政策等方面也有精辟的论述。如果我们认真学习上述经典论述，就可以更好地领会如何以马克思主义的立场、观点、方法，鉴别和分析美国史中的许多问题；对于经典著作，我们要不断反复学习，以加深理解。武大历史系美国历史研究室编辑了一本马克思、恩格斯、列宁、斯大林、毛泽东《论美国》，给我们提供了方便。同时我们还要系统地学习几本马克思主义的经典著作，以提高我们历史唯物主义的理论水平，加强自己评价历史事件和历史人物的概括、分析能力。这是开展美国史研究具有根本性的头等大事。当然，我们不能以马克思主义的词句作为教条，要根据美国史新的资料、新的情况，运用马克思主义的基本原理，重新进行评价，有所创新，百花齐放，推陈出新。关于学习哪些马克思主义经典专著，最近有些同志在报刊上推荐，如《共产党宣言》、《费尔巴哈与德国古典哲学的终结》、《反杜林论》、《德国农民战争》、《一八四八年至一八五〇年的法兰西阶级斗争》、《德国的革命和反革命》、《路易·波拿巴的雾月十八日》、《俄国资本主义的发展》。《资本论》是本难读的书，也要持之以恒地读懂，至少掌握剩余价值学说。除以上经典专著外，我建议：我们美国史研究工作和教学工作者，应认真阅读马克思和恩格斯关于美国南北战争的论文和马克思和恩格斯的《给美国人的信》，以及他们写的许多政论文章。《给美国人的信》这本通信集，反映了从 1848 年到 1895 年半个世纪欧洲和美国工人运动的规模和马克思、恩格斯对欧洲和美国许多重要人物和历史事件的评价。这本通信集对马克思、恩格斯这一时期的活动、著述与翻译情况都有所论及，不啻是研究美国史的"百科全书"。这本通信集如与列宁的约·菲·贝克尔、约·狄慈根、弗·恩格斯、卡尔·马克思等致阿·左尔格等书信集俄译本序言同时认真钻研，对于英美社会主义者的种种非马克思主义的思想和作风——宗派主义、教条主义、国会迷、机会主义等等，都可以得到深刻的认识，对于马克思主义的政党学说、无产阶级专政理论和国家学说，都能加深理解。此外如恩格斯的《英国工人阶级状况》美国版序言，列宁的《给美国工人的信》、《关于农业中资本主义发展规律的新材料》，斯大林的《和英国作家威尔斯的谈话》，也都是我们美国史研究工作和教学工作者必须钻研的书。

美国史学发展的现状，也促使我们必须加强对马克思主义的学习。近 20 年来美国国内对美国史的研究，已进入广博、细致的时期，图书资料名目繁多，史学流派林立，对于各种专题研究，论点分歧，众说纷纭，论战激烈；有些文章堆砌史料，文字艰涩，更有应用电子计算机演算，方程式复杂难懂。资产阶级史学家的通病是历史唯心主义，经常把复杂的历史现象和进程看作偶然事件的堆积，更多注重片断的新史料的介绍和考证，而无视历史事件所以发生的社会根源、内在联系以及历史发展的客观规律。如果没有马克思主义指导，要想识别这些分歧的观点，从繁杂的史料中鉴别出最关紧要的材料，透过现象认识历史的本质和规律是很困难的。二次大战后，美国成为资本主义世界的霸主，统治阶级竭力摧残和扼杀进步史学，资产阶级保守主义和反动学术思想在美国史领域中占统治地位，就是资产阶级自由主义史学家的史学观点，也相应地急遽倒退，例如莫里逊和康玛杰合著的

《美利坚合众国的成长》一书，1940 年版还谴责亚当斯政府颁布的四项摧残人权的法令，并且指出，"人们只要还记得威尔逊政府 1917—1918 年对归化的美国人的歇斯底里迫害狂，或者今天听到共产主义威胁的谰言，就能认清杰斐逊称之为'联邦党人的恐怖统治'所具有的一切恐怖的征候了。"① 可是二战后的版本却写道："当时有一种合法的需要"，"被杰斐逊派贴上了'联邦党人的恐怖统治'的标签。用历史的眼光来观察，实际上并非如此；那种说法本身就是骗人的"等等，前后论调，迥然不同。这说明美国史学家在麦卡锡年代观点的改变。

在美国，美国史方面的马克思主义史学专著是较少的，至今只有这方面的专题研究，还没有一部完整的马克思主义观点的美国通史著作问世。而美国史专著中向马克思主义挑战、公开提出反对马克思主义的却不可胜数。如经济学派历史学家路易斯·哈克尔在其《美国资本主义的胜利》一书的序言中说："我在本书中使用'资本主义'一词，思想上并没有马克思主义对它的涵义，老实说，本书努力对马克思主义的分析作一答复。""马克思主义是一个坏的主义，……因为它否认自由意志……，它的经济分析是机械的……它否认偶然性和人的个性的作用。"② 在美国工人运动史的研究方面，像老左派丰纳教授能够运用马克思主义、满腔热情地研究美国无产阶级的斗争的历史学者是极少的，充斥的是西奥多·德雷柏、伯特·科克伦那些反对马克思主义、污蔑工人运动的书籍。60 年代后期，从美国反战运动、民权运动、

---

① 塞缪尔·埃利奥特·莫里森等：《美利坚合众国的成长》，天津人民出版社 1980 年中译本，第 271 页。（Samuel Eliot Morison and Henry Steele Commager: *The Growth of the American Republic*, Vol. I. New York, 1940.）

② 路易斯·哈克尔：《美国资本主义的胜利》，纽约 1947 年版。（Louis Hacker: *The Triumph of American Capitalism*, New York, 1947.）

学生运动、妇女运动等政治运动浪潮中，涌现出来的新左派史学，按其思想主流来说，是比较进步的学派。但在新左派史学家中，仍然有强调杰出人物创造历史，反对马克思主义应用于美国，如科尔柯在其《保守主义的胜利》一书中宣称："美国的经历，远远超过马克思经济学的范畴，他的政治理论是完全不适用的。"①

美国史学界的情况既然如此，而我们接触美国史的原始材料又有一定限度，我们就更应该以马克思主义为指导，对美国史学各派的论著，有重点的进行分析研究，以开阔眼界，达到取其精华、去其糟粕、为我所用的目的。

美国人研究中国史，大多研究一个人的传记，一部著作或一个朝代，其研究成果比起我国中国史学者的成就是望尘莫及的。可是，有的美国史学者出于对马克思主义的仇恨，竟公开对我国马克思主义史学提出挑战。如密西根大学副教授福尔维克对50年代我国历史学者在马克思主义指引下，开展百家争鸣，进行学术研究，取得的辉煌成果，十分反感，发表了题为《披着马克思主义外衣的中国史学》（载1961年第二期《美国历史评论》），对我国史学研究的成果全盘否定，对中国历史学界的知名人士点名污蔑辱骂，适足以表明其无知而已。

我国美国史研究工作的基础十分薄弱，更容易受到挑剔。我们要在加强马克思主义理论研究的基础上，善于运用马克思主义的立场、观点、方法，结合各方面提供的美国史方面生动、具体的史料，写出具有中国气派的论著，迎头赶上，达到世界先进

---

① 科尔柯：《保守主义的胜利》，纽约1963年版，第289页。（Gabriel Kolko: *The Triumph of Conservatism*, *A Reinterpretation of American History 1900—1916*, New York, 1963.）

水平。

历史是不断前进的。我们还要依据马、恩、列、斯生前未见到的、或未估计到的美国历史的新情况、新材料、阐明现代美国许多复杂的历史现象，进行阶级分析和理论性探讨，写出切合当前实际的论著，以窥探其动向和规律性；至于马、恩、列、斯生前在某些美国历史问题分析不够全面、确切之处，也要采取实事求是的态度，重新探讨和评价，不宜教条式的因袭和照搬。美国历史总的进程是符合马克思主义关于社会发展的规律的，但也具有一些明显的特点，我们在阐述美国历史时，既要防止简单化、片面性，恰如其分地反映这方面的历史实际，也要注意避免"美国例外论"、"美国优越论"的倾向。

第二，加强对美国现代史的深入研究。

就美国在当代国际事务中所扮演的重要角色而言，确有必要从多方面对它进行研究。美国的现状是从历史发展而来的。美国的出现，是西欧资本主义发展、向北美进行殖民拓张的产物。关于资本主义美国的建立、壮大和进入帝国主义阶段的历史，要从多方面继续进行研究。希望多卷本的美国通史能早日完成，以满足广大读者的需要。美国建国较迟，但发展很快，经历了一百多年的时间，就赶上和超过了英国，成为最发达的资本主义国家；除了美国有利的地理位置、优越的自然条件和丰富的自然资源以外，有哪些原因使她赶上和超过英国的？在美国历史发展过程中，特别是在现代化经济建设方面，有哪些经验可供我们参考，也是美国史研究工作者应该加以探讨和研究的任务。

美国经历第一次和第二次世界大战之后，由资本主义强国成为资本主义世界霸主。战后30年间，美国发生了科学技术革命，社会生产得到了巨大发展，工业结构和工人结构发生了变化；作为现代垄断资本对外经济扩张和政治渗透工具的跨国公司，在美国国内外形成了强大的经济政治势力。西部、南部新兴财团崛起，新老财团之间有矛盾又相互勾结，控制了全国经济命脉，它们通过两党制，操纵国家的政治权力。这一切，使美国政治、社会、对外政策、思想意识形态诸方面都相应地起了显著的变化。近些年美国经济则陷于"滞胀"的衰退之中。加强美国现代史的研究，必须依据这些新情况、新问题，紧密结合现代国际关系史进行研究，才能更好地了解美国的动向。

中美建交以来，美国史的研究十分活跃，研究美国现代史的文章，特别是关于罗斯福新政的讨论，形成了热潮，对以前有关这方面的论述，提出了不少有益的意见。过去我国出版的美国史论著，包括我个人写的在内，注意了新政产生的历史背景，新政经济思想的理论依据，对美国垄断资本发展本质方面的内容，分析较多，而对"新政"调整生产关系，用国家对经济干预的办法缓和经济危机，使生产力得到恢复与发展的作用，估计不足。但近来有些文章，对"新政"的评价，主张全面肯定，认为："对'新政'的评价'功过参半论'也是欠妥的"；有的对"新政"的影响过于夸大，把"新政"实施的年限加以延长，提出："肯尼迪继承了'新政'传统，并扩大其规模，到约翰逊时代，更将'新政'推行到最高峰"等等，完全忽略了不同时期的背景和具体的历史条件。有些文章中，无视广大人民在 30 年代"特种萧条"的岁月中争取就业的斗争，以及罗斯福顺应广大人民和社会舆论的强烈要求，在推行"新政"的过程中，不得不在工资待遇、工会权利、社会福利等方面，采取改良主义措施，竟将这一切成果完全归功于罗斯福个人。对于 60 年代美国的反战运动、黑人斗争获得的成果，归之于肯尼迪、约翰逊继承与推行"新政"，都是不恰当的。实际上，新政虽使美国渡过严重的经济危机，但并未达到经济复兴、充分就业，正是德、意、日进行侵略，帝国主义各国扩充军备，美国向双方兜售军火物资，才终止了美国 1937—1938 年经济危机；第二次世界大战扩大了军火生产，对国内外军备物资的大量供应，使美国出现了繁荣；50 年代的侵朝战争，60 年代的侵越战争和"逐步升级"，刺激了美国经济的上升，有些文章对此都避而不谈；夸大"新政"的威力，对凯恩斯主义财政赤字政策带来的恶果只字未提；将战后西欧一些国家迫于国内经济、政治发展的形势，由工党、社会民主党执政的政府通过政府开支，实行某些社会福利措施，也作为罗斯福"新政"的影响等等，都不符合历史实际。历史的发展最雄辩地说明：不管尼克松、福特、卡特交替使用凯恩斯主义的"反危机"、"反膨胀"两套经济措施也好，撒切尔夫人采用货币主义，紧缩行政开支，控制货币量，或里根实行供应学派的少政府干预、少开支（除军费外）、少福利的经济措施也好，都难以遏制经济衰退与通货膨胀同时并发的"滞"、"胀"困境，目前美英经济仍未摆脱衰退阶段。

到目前为止，我国对第一次世界大战以来美国现代史许多重大问题，包括对罗斯福"新政"在内的研究，还需要进一步开展。深入研究美国现代史和现状，特别需要在政治经济学方面下工夫，弄清楚美国垄断资本的形成、演变及其动向，了解各个不同利益的财团及其代表人物对历届政府在内政、外交政策方面所起的作用等等，才能从本质来观察历史现象，因为"一切重要历史事件的终极原因和伟大动力是社会的经济发展"，[①] 当然，统治者个人的作用，以及国际环境等因素，也必须同时加以考察。

研究美国现代史和现状也是我们进行爱国主义教育的一个重

---

① 恩格斯：《社会主义从空想到科学的发展》，英文版导言，《马克思恩格斯选集》第 3 卷，第 389 页。

要方面。对这一问题我们过去理解得比较狭隘，认为只有揭露美国侵华方面的历史才是进行爱国主义教育。前一阵我们不加分析地介绍美国、日本社会生活现象的文章、电视较多，使有些青年沉湎于对资本主义社会的憧憬和幻想。在美国史著作方面，如去年翻译出版的由吉尔伯特·菲特和吉姆·里斯合著的《美国经济史》，资料丰富，有参考价值，但它注重宣传70年代美国国民生产总值突破1万亿美元大关，作为美国人民共同的生活水平与社会福利的标志，掩盖了国民财富的分配不均情况；同时，这本书是以资产阶级庸俗经济学的理论为指导思想的，甚至把政府作为生产诸因素之一，这本书的译本将广泛传播，对于该书中缺点至今没有及时组织评介文章予以澄清，以后可能会产生不良影响。我们不少文章偏重宣传美国农业现代化，一个农民养活多少人，如能同时分析资本主义农业大生产的剥削本质，农业生产过剩给农民带来的灾难，加深对美国农业经济的全面理解，则对于我们给青年进行马克思主义、爱国主义教育是有益的。

第三，有分析、有批判地研究美国现代史学流派。

目前美国史学流派众多；大凡史学流派，特别是产生较大影响的史学流派，都和一定历史时代的社会经济发展以及政治倾向、哲学观点有密切联系，一般都代表当时思想潮流的主要趋势。由于中美关系较长期中断，我们对美国史学的新发展十分隔阂，目前要在马克思主义指导下，对现代美国史学流派的源流、美国史学的历史观点和理论演变，史学发展的规律等方面进行比较系统、全面的评述为时过早。但自中美建交以来，我国美国史研究工作者已经认识到不弄清美国史学流派的来龙去脉及其史学观点，就无从鉴别香花与毒草，对于进行专题研究，就会遇到困难，甚至以讹传讹；研究美国历史，如果没有一点关于美国史学流派的知识，将无所适从，甚或漫无边际地积累史料；如果我们

不注重史学专著的内容和思想性，抠冷门，钻牛角尖，对个人是
浪费了时间、精力，对建设社会主义精神文明，还可能有损无
益，这是值得警惕的。

现简要介绍美国几个主要史学流派和它们在美国独立革命和
奴隶制、南北战争等重大历史问题的观点。

首先谈谈美国新保守主义流派在美国革命问题上的观点。新
保守主义史学流派（又称"利益一致论"流派）是战后美国政府
推行冷战政策和麦卡锡主义猖獗时兴起的学派。这一学派宣扬美
国历史的和谐性、连续性、稳定性和无冲突论。这一学派崇奉法
国革命时期反动思想家埃德蒙·柏克，把他的《法国革命随感
录》① 视为经典，否定起码的民主观念，把"群众"说成是"群
氓"，认为美国革命是保守性质的，目的并不是推翻或改变当时
社会秩序，抹杀了殖民地人民和宗主国之间的尖锐冲突以及殖民
地人民争取民主的斗争，等等。这一学派对美国革命问题的看
法，较之 20 世纪初"进步学派"毕尔德、珀润顿、詹姆逊等人
的观点是一个大倒退。"进步学派"史学家分别从经济、政治、
社会或思想方面论证美国革命的深刻原因及其必要性。"进步学
派"著名史学家卡尔·贝克尔曾经指出："美国革命不仅是一个争
取脱离英国的民族独立运动，而且也是一个争取美国社会和政治
的民主化运动。"② 这无疑是正确的。

罗伯特·布朗是美国新保守主义史学流派的重要代表。1952

---

① 埃德蒙·柏克（Edmund Burke, 1729—1797）英国政论家和哲学家，在活动
初期倾向自由主义，后来逐渐反动。1790 年出版《法国革命随感录》，赤裸裸地发泄
当代反动分子对法国资产阶级革命的原则及其思想的仇恨。

② 汉德林：《美国人，新美国人民史》，波士顿 1963 年版，第 55 页。（Oscar
Hanalin: *The Americans*; *A New History of the people of the United States*, Boston,
1963.）

年他写了一篇论文，题为《中产阶级民主和麻萨诸塞 1691—1780 年的革命》，3 年后以专论形式出版，它首先为新保守主义的史学观点定下基调。他研究了 1776 年以前麻萨诸塞的社会，认为它的所有成年男子几乎都有选举权，接近完全民主；因此，殖民地人民并无争取民主、自由的要求。罗伯特·布朗 70 年代出版了《美国革命真的发生过吗?》的小册子，对"进步学派"毕尔德、老施莱辛格、贝克尔和詹姆森等人进行猛烈的攻击，辱骂他们的罪恶和水门事件集团一样；即在于他们设想"在美国存在阶级斗争。"①

路易·哈茨在其 1955 年出版的《美国自由主义传统》一书中，认为激进主义是欧洲尖锐阶级斗争的产物，和美国是不相干的；在美国，清教主义是全体移民的共同原则，并富于自由主义思想传统，大多数政治辩论只不过是同假想的对手打拳。② 他竟将一部充满冲突、斗争的历史说成是虚构。

布尔斯廷是另一位美国新保守主义史学流派的代表人物。他把美国历史全部情节按照新保守主义观点进行改写，否认美国革命思想家接受欧洲启蒙思想的影响，认为美国革命是一种权宜之计，没有一个明确的思想纲领。布尔斯廷在其 1953 年出版的《美国政治的精髓》一书中说："按当时欧洲意义的革命来衡量，美国革命根本算不上一场革命"，"它是殖民地脱离英国的行动。"

及至 60 年代，兴起了学生反战运动、民权运动，在这些政治运动中，美国历史学界出现了新左派史学，主张突出下层群众的历史作用，提出了许多有价值的观点，对上述新保守主义史学

① 《美国历史评论》，1978 年 6 月。
② 海厄姆：《对"美国利益一致论"的崇拜——使我们的历史单一化》，《世界历史译丛》1980 年第 1 期。

进行了猛烈冲击。如杰西·莱米希指出：新保守主义史学的"杰出人物决定论"是不正确的，杰出人物并不决定历史进程，只对社会有一定影响。他驳斥了罗伯特·E. 布朗关于殖民地社会已达到"中产阶级民主"和协调一致的谬论，批评了新保守主义蔑视人民群众的观点。莱米希号召系统地研究"默默无闻"的人民大众，自下而上地重写美国历史。他强调独立战争的人民性，指出在美国革命前夕，中上层人物对英国的态度犹豫不决，采取的措施也不果断，而下层群众则始终是坚决的。他认为下层群众，特别是海员在美国革命中的积极作用应予肯定、并有深入研究的必要。[①] 但他把杰斐逊也列为保守主义政治家；并忽视要求脱离英国争取独立，是当时北美殖民地社会各阶层人民的共同愿望，显然是不妥当的。

还有一个重要史学流派——新经济学派，出现于 50 年代末期，60 年代以来有很大发展。这一学派主张将各种文献和统计资料处理为信息，从而使历史研究数值化。这一流派的研究极为细致，使用电子计算机演算，在方法上有所创新，又称计量学派。必须强调指出：计量研究方法是科技革命中的一项重大成果，是美国 70 年代研究方法上的创新，如果主题选择的好，方法运用得当，计量研究方法对美国历史专题研究所产生的积极作用是不可估量的。美国新左派历史学者西恩斯特罗姆大胆地运用计量统计学，1964 年出版了《贫穷与进步：一个十九世纪城市的社会流动情况》，作出了可喜的成绩。在本书中，他搜集了麻萨诸塞的纽贝里港城市 1850—1880 年城市人口登记等原始资料，

---

① 杰西·莱米希：《自下而上观察美国革命》，载伯恩斯坦辑：《用新眼光看过去：美国历史中的翻案文章》，纽约 1968 年版。（Jesse Lemisch: *The American Revolution Seen From the Bottom Up*, in Barton Bernstein, ed., Towards a New Past: *Dissenting Essays in American History*, New York, 1968.）

用计算机分析数据，研究这一时期的社会人口流动情况，证实熟练的雇佣劳动者很少有人能脱离蓝领阶级的，阶级变动的可能性有限。[①] 西恩斯特罗姆不是马克思主义者，仅对一个城市的社会人口流动情况作了微观的研究，他却作出有说服力的结论，从而打破了美国是劳动人民的天堂的传统神话，为美国进步史学家研究指明了正确方向。

可是，有的美国学者却滥用电子计算机这一先进的工具，对大量带有资产阶级偏见的资料进行计量分析，结果得出了错误的结论。如新经济学派罗伯特·保罗·托玛斯1965年发表文章，对1763—1772年英国对北美殖民地的政策用计量分析方法，得出的错误结论是：北美殖民地是受益者，而不是受害者。[②]

在奴隶制和内战问题上，新保守主义史学流派的先驱者朗达尔和克雷文早在30年代就宣扬奴隶制的特殊性，否认内战有任何积极作用，认为南北战争是南部争取独立的战争。布尔斯廷推波助澜，将这种陈说宣扬为新颖见解，实际是为已经废除的奴隶制进行辩护。

新经济史学家福格尔和恩格尔曼提出一个违背历史事实的假设，如南北战争从未爆发，然后根据这个假设搜集资料，用计量分析方法进行演算，得出结论说：奴隶制如能延续到1890年，它一定会比1860年处于更加有利的地位。新经济史学派称这种反科学的方法为"反事实度量法"，简直令人难于理解。

----

① 西恩斯特罗姆：《贫穷和进步》麻萨诸塞，剑桥1960年版。(Stephan Thern-strom: *Poverty and Progress: Social Mobility in a Nineteenth Century City*, Cambridge, Mass. 1964), 第Ⅰ—Ⅲ章。

② 罗伯特·保罗·托马斯：《用计量分析研究英帝国政策对殖民地利益的影响》，《经济史杂志》第25卷，1965年版。(Robert P. Thomas: *A Quantitative Approach to the Study of the Effects of British Imperial Policy Upon Colonial Welfare: Some Preliminary Findings*, in Journal of Economic History, XXV, Dec. 1965.)

这两人还在 1974 年出版了一本宣扬奴隶制合理性、题名《苦难的时代》的书，他们使用电子计算技术，用数以千计小时演算了统计数字，研究后硬说：南北战争前夕奴隶制是生气勃勃的、高效率、高利润的纯粹资本主义性质的企业制度，它促使内战前南部经济高速度发展。① 该书出版后，被《美国历史评论》吹嘘为"研究美国奴隶制的《资本论》"。但时间对这本书作出了最后的裁决。两年后，即由另外一些计量学派史学家保罗·戴维、彼得·特明等人写了《对奴隶制的清算》一书，以确凿的论据，揭露上述作者把武断说成是事实，戳穿了他们杜撰种植园是奴隶的乐园的神话。有的作者还批评这本书的统计资料是"数字彩票游戏"。② 这本书虽被驳得体无完肤，但美化奴隶制的观点，在美国历史学界还是流行着。

我建议少数同志专门研究美国现代史学流派，因为如新保守主义流派虽然在美国革命、南北战争等问题上的结论比"进步学派"倒退，但有些具体资料是有用的。布尔斯廷的《美国人——殖民地时代的经验》一书，对殖民地时期政治、战争、宗教、科学、出版、语言风格、医药、艺术各方面情况如数家珍，在我们研究殖民地时期美国历史时，这些具体史料，还得参考、择优选用。至于计量分析是科学的方法，在应用于历史研究时，关键的问题在于历史学家用什么观点去进行研究，选择的题材是否有意义，统计资料是否可靠，如运用得当，先进的科学技术的威力就

---

① 保罗·戴维、彼得·特明等：《对奴隶制的清算：美国奴隶制计量历史学的批判研究》序言，纽约 1976 年版。(Paul A. David, Peter Temin & others: *Reckoning With Slavery*, *A Critical Study in the Quantitative History of American Negro Slavery*, New York, 1976.)

② 菲利普·丰纳：《美国历史学家论美国南部黑奴制度》，载《美国史译丛》1982 年第一期，第 20 页。(Foner 亦译作"方纳")

能得到发挥。

我之所以指出他们错误的学术论点，是因为自中美建交以来，我国和美国学术交流较为频繁，美国史方面的资产阶级学术观点其中包括一些不健康的观点也必然通过各种渠道，传播到国内来，值得警惕。

第四，要注意和了解中国史方面开展争鸣的动向。

建国以来，中国史方面的研究成果，远比外国史任何学科为多。中国历史学界近来围绕着中国封建社会何以长期停滞，洋务运动的历史作用，对郭老《甲申三百年祭》的评价等问题，展开了热烈讨论。我们参阅这些文章，可以扩大自己的眼界，提高运用马克思主义分析历史问题的思想理论水平，对于进一步钻研美国史专题是有帮助的。1982 年 10 月 20 日光明日报发表白钢的《中国封建社会长期延续问题的探讨》的总结性的论文，批判了农民战争破坏论、中国始终没有完成封建化论等等，并指出：有的文章"在应用中外比较研究的方法来探索中国封建社会长期延续问题时，没有弄清拿来作比较的各个国家的历史发展时期是否可以互相比较，也不顾历史发展的统一性与多样性的基本原理，搞西欧中心论"。在美国史研究中也同样有这种情况。如有的文章不顾中国和美国历史发展的具体条件不同，两种生产方式的不同，以清封建王朝和年轻的资本主义美国相比较，提出："在同一时期，美国从经济附属地位走向独立富强，而中国却从独立逐步沦为半殖民地。两相对比，岂不发人深省！"的议论。试问在研究中美关系史时，提出这种比较，只指责清封建王朝的落后性，对说明外国资本主义势力的侵入，使中国沦于半殖民地地位，对青年进行爱国主义教育有何现实意义？

马克思主义的观点是："社会经济形态的发展是一种自然历

史过程。"① 如果脱离美国社会经济形态发展的特点，脱离国际资本帝国主义之间角逐、矛盾的尖锐化，以及帝国主义的贪婪本性这些错综复杂的历史因素来考察美国现代史，就会对"美国剥削全世界暴发起家，在两次世界大战中大发横财"这样的确凿史实，指责为"公式化的论述"，也就同样会把美帝出钱出枪帮助蒋介石打内战作为美国仍在继续推行"门户开放"政策。显然这些论点是站不住脚的。

目前中国美国史的研究处在初创阶段，许多专题尚未进行研究，而美国史研究领域中受美国资产阶级史学观点的影响，远较其他国别史如英国史、法国史、日本史等为甚。这就要求我们在十二大精神鼓舞下，齐心协力，坚持以马克思主义为指导，在党的领导下，勤勤恳恳，继往开来，为开创和繁荣美国史学研究而努力！

（原载《美国史论文集》1981—1983）

---

① 马克思：《资本论》第 1 卷第 1 版序言，第 12 页。

加强马克思主义学习
重视美国史学史研究

　　近年来，我国史学界对研究美国史的兴趣越来越大。有关美国史学家研究美国史的专著也逐渐被介绍进来。本文作者认为，由于美国资产阶级学术研究的自由主义传统，使得现代美国史学流派林立，代表人物众多，各种不同观点的专著和资料浩繁。我们有必要以马克思主义理论为指导，对美国各派史学著作进行对比与分析。美国老左派史学家长期来与形形色色资产阶级观点作了不懈的斗争，他们的成果过去未能引起我们应有的重视。本文介绍了美国各主要史学流派对美国内战、重建和南部经济发展速度等问题的不同观点，特别着重介绍了老左派在这些问题上取得的成就，对我们深入开展美国史的研究颇有参考价值。

　　自 1979 年 1 月 1 日中美两国正式建立外交关系以来，双方学术交流日益频繁。由于美国在国际事务中的重要地位，美国史的研究，已成为国内世界史学工作者特别是青年热爱的学科之一。党的六中全会决议指出："……要在全党大大加强对马克思主义理论的研究，对中外历史和现状的研究，对社会科学和自然科学的研究"。在党的十二大精神鼓舞下，美国史研究和教学工作者，也有责任为开创美国史研究的新局面尽一份力量。那么从何着手呢？从根本来说，应该加强马克思主义的理论学习，认真钻研马克思主义经典著作中关于美国史的论述。马克思、恩格斯对美国历史的形成过程、两次资产阶级革命、美国的政治制度和政党、工人运动和社会主义运动、印第安人原始社会、美国的经济危机以及重大历史事件和重要人物，作过不少精辟的论述和评价。列宁、斯大林对美国帝国主义的特征、工业化、农业的资本主义发展、美国的两党制、资产阶级民主的进步性及其历史局限性、外来移民、罗斯福新政、工人运动和社会主义运动中两条路线斗争等等，都有详尽和精辟的论述。毛泽东对美帝国主义的本质、第二次世界大战中美国的内外政策方面，也有创见性的论述。我们认真学习马克思主义经典著作，领会其精神实质，就可以更好地运用马克思主义的立场、观点、方法，鉴别、分析、判断、阐明美国历史中的许多重要史实和问题。

在美国，美国史成为独立的专业，是在 19 世纪 80 年代，即自由资本向垄断过渡时期形成的。"一定的文化（当作观念形态的文化）是一定社会的政治和经济的反映"。[①] 在资本主义的美国，作为观念形态的重要组成部分之一的美国历史领域，资产阶级的学术观点和影响占统治地位是必然的，资产阶级史学的病根是历史唯心主义。他们片面地把错综的历史现象和曲折的历史进程看作是偶然事件的堆砌，如美国大企业史学派著名历史学家内文斯说："历史性事件往往不是呈现为合乎逻辑的链条，而不过是一串偶然事件的组合，受约一千种偶然机会的影响。突然的疾病，气候的变化，文件的佚失，男女因偶然小事而引起的一时之

---

① 《毛泽东选集》合订本，第 624 页。

念——这一切都能改变历史的面貌"。[①] 这种历史观点可以说是典型的代表。但美国史学工作者也从多方面对美国的历史进行了深入的研究。他们从整理档案中提供了许多新的史料，并分门别类地开拓了新的史学研究领域，在某些专题研究方面，获得了新的研究成果。美国资产阶级学术研究传统，使得现代美国史学流派林立，代表人物众多；对美国历史事件具有各种不同观点的专著和资料十分浩繁。在我们阅读和研究美国学者的原著或译著时，经常会接触到史料、内容十分丰富而观点分歧的论述。在当前我国美国史资料来源不足的情况下，我们对美国历史资料的掌握（或许中美关系史除外）不可能超越美国学者已有的成就，为此，就更有必要以马克思主义为指导，对美国资本主义文化成果之一的美国史主要著作进行认真的研究，对各种观点加以对比、校核和整理，鉴别和吸收其可以说明美国历史进程、历史发展的重要资料和新的见解，以丰富我们对美国历史、美国现状的理解，充实和提高我们已经取得的成果。

基于以上认识，我认为，在开创美国史研究新局面的进程中，对美国史学史，即美国史学流派及其不同观点的研究，作为一项重要任务予以重视是必要的。兹就美国史学各主要流派对美国内战、重建和南部经济发展速度等问题的不同意见，作一些评介，以一得之见，就教于同行和读者。

一　关于美国内战的论述

关于美国内战的原因、性质与任务，马克思主义经典著作中曾有精辟的论述。马克思指出："在美国，整个内战的基本问题

---

① 〔美〕阿伦·内文斯：《历史学入门》，波士顿1938年版，第34页。

即奴隶制问题……"① "当前南部与北部之间的斗争不是别的，而是两种社会制度即奴隶制度与自由劳动之间的斗争。这个斗争之所以爆发，是因为这两种制度再也不能在北美大陆上一起和平相处。它只能以其中一个制度的胜利而结束"。② 列宁也高度评价美国内战，指出："否定美国 1861—1865 年国内战争的极伟大的、世界历史性的、进步的和革命的意义，那他是多么迂腐，多么愚蠢呵!"③

像美国内战发生的原因、性质和任务这样重大的历史事件，在美国史学著作中也众说纷纭。有的作者站在维护奴隶主利益的立场，加以这样或那样的歪曲。亲奴隶主的著名史学家罗兹在 1890 年出版的《美国 1850 年妥协后的历史》（多卷本）中，一方面承认内战的惟一原因是奴隶制，另一方面又说双方斗争的核心在于对奴隶制的道德性的分歧。他认为南部分裂主义是人民运动，是"南部万众一心的事业"。新保守主义的先驱者兰德尔在其 1937 年出版的《内战及重建》一书中，否认奴隶制的落后性及内战的必要性，认为："奴隶制是一种'特殊的生活方式'，内战是两种'生活方式'、伦理和思想意识范围的冲突，内战并不是不可避免的，不经过流血斗争，通过平稳的进化发展道路，奴隶制会和平地逐步地'衰亡下去'；因此，内战是历史的错误，历史的不幸，是'包藏祸心的煽动家'的活动引起的"。内文斯在其《联邦的严峻考验》（1947 年）中，认为："美国内战的原因并不具有社会性质，似乎可以归结到是由于必要进行'种族关系'的全面调整而引起的，内战的中心问题不是奴隶制，而是

---

① 《马克思恩格斯全集》第 15 卷，人民出版社 1964 年版，第 442 页。
② 同上书，第 365 页。
③ 《列宁选集》第 3 卷，第 593 页。

'种族调整'。"40 年代后期和 50 年代初，美国政府推行冷战政策，国内麦卡锡主义猖獗一时，美国史学界相应地兴起了新保守主义，强调美国社会是利益一致的"和谐王国"。新保守主义代表人物布尔斯廷认为：内战是"徒劳无益的战争，是南部的第二次独立战争。"以自由主义自称的戴维·唐纳德曲解内战的起因，他在《过度的民主：美国内战和社会过程》一书（1960 年）中认为："内战之发生，不是由于偶然事件，或地域不同利益的冲突所促成，……内战是美国过度民主引起的，'南方死于民主'，南方的制度及其传统妨碍了协调一致地动员。"他在《重新评价林肯，关于内战时期的论文》（1956 年）中又说："内战的起因问题现在已失去了吸引力，其所以如此，是由于目前在美国最支配人心的意愿是在过去的历史事件中寻找继承性与和谐性，而不应以搜寻冲突为能事"。新经济学派托马斯·C.科克伦使用大量的统计数字，企图否定内战的革命意义，强调内战给美国人民带来灾难，阻碍了工业生产的发展。

上述论点违背了历史实际和历史逻辑，抹杀了奴隶制的落后性和南、北部两种不同社会制度的冲突是引起内战的原因，忽视内战前美国历史发展总的趋势和客观的经济社会原因，我认为这些论点都歪曲了美国的内战史。

美国"进步史学"的创建人之一的比尔德对内战的观点前进了一步。他认为内战是两种经济势力的冲突，一种是建立在奴隶制基础上的单一的农业经济，另一种是建立在自由劳动之上的工业经济，但他只强调工业和农业经济的矛盾引起内战，看不到废除奴隶制度这种不合理的生产关系是内战的基本要求，也看不到在废除奴隶制的斗争中黑人和人民群众以及废奴主义者、马克思主义者所起的推动作用，因而在他的著作中，竟指责"废奴主义者是煽动家，……有的废奴主义者使用卑鄙的诋毁和谩骂的语言。"比尔德在《美国文化的兴起》一书（1927 年初版）中，首先提出美国内战是"美国第二次革命"。这一鲜明提法已为美国一部分资产阶级自由主义史学家和马克思主义史学家所接受，但他并没有同意奴隶制度本身已成为美国资本主义向前发展的赘瘤，美国第二次革命就是为了割掉这个赘瘤。

美国马克思主义史学家即老左派（形成于本世纪 30 年代，代表人物有福斯特、丰纳、罗切斯特、詹姆斯·爱伦、赫伯特·摩理士、阿普特克等人，为了和 60 年代兴起的新左派史学家相区别，被称为老左派）根据历史唯物主义的理论，从美国资本主义发展的总进程，论述南部和北部在经济、政治、社会等方面存在的差别，指出内战发生的必然性，确定内战在性质上是资产阶级革命。它是两种不同社会制度的斗争。它废除了奴隶制度，为美国资本主义发展扫清了道路。老左派史学家理查德·恩麦尔编纂了一本马克思、恩格斯在这一时期的论文、通信、报导专集。[①]编者在序言中，分析了战争不同阶段中的国际、国内形势，北部在内战中的有利因素，讨论了林肯在战争不同阶段的政策演变；展望了战争的前景，并阐明了美国人民在内战中的积极作用以及英国工人对北部支持的重要意义。编者在序言中，对美国某些史学流派在内战问题上的论点作了扼要的评述。编者并以注释形式提供丰富的参考资料。福斯特在《美国历史中的黑人》、丰纳在《美国劳工运动史》中，也都以马克思主义观点论述了内战的起因、性质和后果，阐述了美国人民、特别是美国黑人和工人、废奴主义者、社会主义者在废除奴隶制的斗争中所作的努力。这些著作为马克思主义的美国史学奠定了基础，对我们学习马克思、

---

① 理查德·恩麦尔：《马克思恩格斯论美国内战》（Richard Enmale *Marx and Engels*：*The Civil War in the Uniled States*），纽约国际书店 1937 年版。

恩格斯在美国内战问题上的经典论述、理解内战发生、发展的规律大有帮助，也有助于提高我们对美国某些史学流派在内战问题上分歧观点的鉴别能力。

二　关于重建时期的激烈争论

在美国史学领域内，没有任何专题研究的论战，达到像评价重建问题那样激烈的程度。内战后的重建时期为期 12 年（1865—1877）。头两年（1865—1867）是约翰逊总统执行反动政策的时期。马克思密切注视着美国内战结束后国内的政治动向，写信给恩格斯说："我不喜欢约翰逊的政策……反动已经在美国开始了，而且如果不立即结束这种一向存在的松弛现象，这种反动很快就会大大加强。"[①] 1867—1877 年是民主重建时期。共和党激进派《重建法案》的制定，标志着战后重建南方革命阶段的开始。马克思指出："在国内战争时期以后，美国只是现在才进入革命时期。"[②]

民主重建的成败，不仅关系到 400 万被解放了的黑人的命运，也关系到南部社会政治、经济发展的前途。由于重建时期充满着前进与倒退，革命与反动的激烈的斗争，美国史学领域对重建时期的评价、争论，也十分尖锐。

新保守主义史学家布尔斯廷在为黑人自由主义史学家富兰克林（1979 年曾来我国）所著《内战后的重建》一书所写的序言中说："重建时期一直被认为是美国历史学家的血腥战场，是恰当的。"这话不无道理。

---

① 《马克思恩格斯全集》第 31 卷，人民出版社 1972 年版，第 129 页。
② 同上书，第 212 页。

19 世纪末、20 世纪初，美国由自由资本向垄断资本过渡，社会矛盾尖锐，垄断资本逐渐控制北部的经济，在南部也拥有经济利益。代表北部垄断资本的共和党与南部民主党内白人至上主义者结成联盟。他们并不以将黑人在重建时期所获得的公民权利剥夺殆尽为满足，进一步勾结起来，以共同对付正在蓬勃兴起的无产阶级的罢工斗争、农民、黑人和广大劳动人民的反抗运动。这时，代表统治集团对重建看法的史学也应时而起。俄亥俄生意人历史学者罗德斯的多卷本《美国史》就是这种性质的著作。他认为民主重建时期① 是美国历史中的大灾难。当时由激进共和党人控制的国会，与南部各州有黑人、贫穷白人参加的黑白混合政权所采取的措施，如取消黑人法典、制定进步的民主法律，制定和批准承认黑人公民权的宪法第 14 条修正案，和给予黑人选举权的宪法第 15 条修正案等等，都是"镇压性质的"。"不文明的"，是"煽动无知黑人的措施"，在罗德斯著作发表之后，为奴隶制唱挽歌、全盘否定民主重建时期的历史成就形成了一种运动。田纳西人大学教授伯哲士，曾是前南部同盟士兵，从对黑人的疯狂仇恨出发，带头掀起这一运动。他诅咒民主重建时期给予黑人选举权是将"野蛮置于文明之上，犯了本世纪严重的罪行之一"。伯哲士的学生新泽西人大学教授邓宁发挥了伯哲士的见解，在《政治上的、经济上的重建，1865—1877》（1907 年）和《论内战和重建论文集》（1910 年）两书中，认为民主重建是北部对

---

① 民主重建时期或称激进重建时期。根据美国马克思主义史学家福斯特、艾伦和自由主义史学家斯坦普、富兰克林等人的研究，参加南部黑白混合政权的黑人数量有限，军事管制力量薄弱，时间也不长。一般都以《1877 年海斯——蒂尔顿协定》作为北部资产阶级和南部种植园主妥协的标志。但有些史学家认为，双方的合流是个渐进的过程，早于《1877 年海斯——蒂尔顿协定》前，在格兰特执政时期就已开始。

南部的野蛮征服，把在南部确立白种人的优越地位，说成是在南部维护正常的政治秩序。邓宁培养了一大批学生，出版了不少诬蔑民主重建的小册子。这就是美国正统史学称之为邓宁学派的传统学派。他们把持了"重建"问题的研究领域，将民主重建诋毁为"黑人统治"、"残暴、腐败、缺乏效率"，将参加黑白混合政权中的黑人的盟友，南部白人中产阶级和贫穷白人诋毁为无赖汉，将来到南部的共和党人和民主人士，诋毁为"自备毡囊者"，将南部黑白混合政权诋毁为"自备毡囊者—无赖汉—黑人混合政府"等等。邓宁学派中的汉密尔顿在《南部关于自由民的立法》一书中，对民主重建的诬蔑，达到了登峰造极的地步。对于约翰逊反动时期剥夺被解放的黑人政治自由权利的黑人法典，连伯哲士也不得不稍加谴责，而汉密尔顿竟加以颂扬说："不仅在整体上是合理的，有节制的和亲切的，而且，就一般而论，也是必要的。"到了1918年，邓宁的另一个学生，乔治亚人菲立普斯，自称"继承了南部的一切传统"，并以宣扬"南部种植园的天生仁慈"为荣，更为邓宁学派的种族偏见提出一整套"理论"。他出版了《美国黑人奴隶制》一书，宣扬黑人奴隶制度是仁慈的制度，而不是压迫的制度；由于黑人还不够开化，种植园制度是一种教育和教养黑人的"最好的学校"。"种植园制是农业生产中资本主义经营方法的应用……而重建时期将南部这一企业制度予以彻底破坏"。[①] 菲利普斯形成学派，自炫使用的原始资料丰富，而其所谓原始资料不过是大种植园主的手稿、日记、通信和账本等。纯粹以偏见代替史实。他所创立的所谓学说，实际是诬蔑黑人天生低劣的种族主义反动老调，不值一驳。但菲利普斯的陈词

---

① 菲利普斯：《种植园经济学》，《南大西洋季刊》1903年第2期，载哈罗德·乌得曼辑：《奴隶制与南部经济》纽约1966年版，第240页。

滥调与邓宁学派反动的种族主义史学观点相互配合，扩大了邓宁学派的影响。

鲍威尔斯1927年出版了《悲惨的年代》、乔治·密尔顿1930年出版了《仇恨的年代》，认为内战完全不必要，民主重建是充满悲惨与仇恨的岁月，借以发泄他们对黑人的敌意。

此外，阿伦·内文斯在其1927年出版的《近代美国的出现》一书中，谴责民主重建为"暴政"，欢呼它的失败，谴责被解放的黑人是"怠惰"的，歌颂昔日的奴隶主是黑人最好的朋友，称赞三K党进行恐怖活动已经"达到了健康的目标"，等等。

兰德尔也是以邓宁学派的精神写南部重建史，1937年出版了《内战和重建》。他说："用现代术语说，在激进共和党人统治下的政府在南部的措施，成为痛苦的经验"。乔治亚大学教授库尔特，1947年出版了《重建时期的南方，1865—1877》，为南部同盟翻案，重复邓宁学派对民主重建时期的诬蔑和攻击。他认为民主重建时期是"美国历史上的反常时期，犯有严重错误"。直到60年代，邓宁学派在美国正统的史学界影响还很大，许多史学家都参加了这个种族主义的大合唱。福斯特早就严肃地指出：对民主重建的诬蔑，"是美国历史上最恶劣的一次歪曲事实的宣传运动"。[①]

必须指出，邓宁学派歪曲民主重建、宣扬种族偏见的议论出现以后，就受到黑人史学家和马克思主义历史学家的批判。杜波依斯1910年发表了《重建及其利益》，密西西比州黑人政治家约翰·林奇1913年发表了《关于重建的事实》，都强调了民主重建时期的成就，其批判锋芒是直接针对邓宁学派的错误论点的。1935年杜波依斯发表了《黑人重建史》，根据大量文献，以充沛

---

① 福斯特：《美洲政治史纲》，纽约1951年版，第285页。

的革命热情，歌颂黑人在民主重建时期建立的各州政权的业绩及其英勇斗争。书中附载了关于美国奴隶制的史学史，对我们研究美国重建史学是十分有益的参考书。但杜波依斯写这本书时，还不是马克思主义者，他把南部黑白混合政权估计为无产阶级专政，显然是错误的。

爱伦的《重建时期》（1937 年），是第一本用马克思主义观点深刻阐述重建时期的力作。它歌颂了黑人反对奴隶制、争取土地和公民权的英勇斗争，以及黑人、贫穷白人和激进共和党人等在南部为建立民主政权所作的努力；并指出重建失败的原因是由于资产阶级的动摇性，广泛的进步力量联盟的没有组成，以及全国统治阶级力量的重新组合，阶级斗争总形势的发展均有利于保守势力，最终导致南北双方的妥协。当然，爱伦把民主重建评价为资产阶级民主专政，还需要重新商榷。福斯特、阿普推克、丰纳等老左派历史学家都各自在他们的著作中以丰富的史料和确凿的论据，把被邓宁学派颠倒了的历史重新颠倒过来，恢复了历史的本来面目。美国自由主义史学家斯坦普恰当地评价了美国马克思主义史学家在重建研究上作出的成绩。他公正地指出："最先对罗兹、邓宁学派反对黑人、反对激进思想的偏见提出抗议大多来自马克思主义的和黑人的作家"。[1] 还有一些自由主义的史学家，如富兰克林 1961 年出版了《内战后的重建》，斯坦普 1965年出版了《重建年代》，也都以大量史料再现了被邓宁学派歪曲了的重建历史的真面目。以上这些史学家，对民主重建给予正确评价，使民主重建史重放光辉，他们被正统史学家称为修正派。

40 年代末期，50 年代初期，美国新保守主义史学家倡导社会无冲突论，扩散邓宁学派的影响，为南部同盟翻案，如弗里

---

① 〔美〕斯坦普：《重建年代》，纽约 1965 年版，第 218 页。

克·克来门特为内战中铜头毒蛇、约翰逊总统翻案。60年代在民权革命的洪流冲击下，新保守主义和邓宁学派声誉一落千丈，无法维持其阵地；又出现了以自由主义面貌自诩的修正派，戴维·唐纳德即其代表人物。唐纳德认为：共和党激进派是一群政治家，他们提出的重建纲领并非出于崇高的理想，而是出于在政治上拉黑人选票的需要。唐纳德1961年为兰德尔30年代出版的《内战和重建》一书续貂，扩充其内容，重新问世。书中表面上不偏不倚，提出马克思主义史学家和邓宁学派都有偏见；但实际是采取折衷手法，抹杀约翰逊总统反动重建与民主重建的区别，把民主重建时期一切成就归功于保守派，恢复了邓宁学派许多论点。

在我国美国史研究领域，邓宁学派露骨的诬蔑民主重建、丑化黑人形象的谬论没有也不会有市场，但以自由主义面貌出现的唐纳德重新改写的重建史，在委婉的措词下恢复了兰德尔、库尔特和邓宁学派的论点，却有可能作为新见解引进过来，值得我们重视和警惕。

在我国，还没有关于重建史的专著问世，但在美国通史和内战史中都有专章或专节论述。刘祚昌的《美国内战史》虽有不足之处，但就其主流而言，还是按照历史本来面目研究这一阶段历史的第一本专著。刘著对民主重建失败后南部种植园主统治势力的巩固，使用"复辟"二字，其内容是指种植园主实行谷物分成制——新的剥削制度，使黑人依然遭受剥削和压迫而言。有的同志就复辟二字大作文章，似不符实事求是的商榷态度。

三　关于重建后南部经济发展速度的争论

美国重建后南部经济的发展速度，在美国史学界也是一个长期争论不休的问题。概括起来，有两种截然相反的意见。一种意见认为，重建最大的失败是：没有给黑人以任何土地，保障黑人经济上的自由；南部长期存在着以分成制为主要形式的种植园经营制度，推行劳役偿债制，把黑人禁锢在租佃的小块土地上，受奴隶制度的经济残余的剥削，加以商品农作物的种植消耗土地肥力较快，阻碍了美国南部农业的技术进步，使南部农业经济长期停滞不前。

另一种意见是：内战废除了奴隶制，南部租佃制取代奴隶制，资本主义生产关系占主导地位，南部农业经济出现了一个新的发展时期。

究竟哪一种意见更符合历史实际呢？内战后20年内，在美国形成了一个新南部，这个新南部的情况究竟怎样？是不是一个新的发展时期呢？

列宁经过详细研究之后，在1915年写了《关于农业中资本主义发展规律的新材料》的论著，对上述问题作了回答。列宁明确地指出：直到1915年，这个南部的特点是："闭塞不通，粗野无知，缺乏新鲜空气，好像一座对付'解放了的'黑人的监狱，这就是美国的南部。"[1] "奴隶制度的经济残余同封建制度的经济残余丝毫没有区别，在美国过去奴隶占有制的南部，这种残余至今还很大。"[2] 显然，列宁认为，过去奴隶制的南部依然落后。

美国老左派史学家根据列宁的精辟论述，40年代出版了一批以马克思主义观点叙述南部农业经济的好书，其中有凯瑟琳·伦普金的《南方在前进》（1940年），罗切斯特的《农民为什么贫困》（1940年），海伍德的《黑人求解放的道路》（1948年）。

---

[1] 《列宁全集》第22卷，第13页。
[2] 同上书，第11页。

在这些书里，作者都深刻地分析了南部租佃制对黑人的残酷剥削，指出这是南部长期贫穷落后的原因。伦普金对劳役偿债制、游民法、欺诈罪法对黑人人身自由的侵犯作了细致的阐述，[①] 罗切斯特对种植园主独家商店在商品价格和信贷利息上如何对黑人分成雇农和佃农加以克扣，[②] 使他们陷于劳役偿债制的困境刻画入微；海伍德揭露种植园主之间订立不成文的"君子协定"，约定互不接受未和原来主人清偿债务的佃农劳动，以便使"劳役偿债制度"固定化。[③] 与此同时，南部统治者大力宣扬"白种人优越论"，积极地为巩固南部这种落后的经济基础服务。[④]

1951 年詹姆斯·爱伦的《美国黑人问题与南部农业经济》一书是美国运用马克思主义观点全面论述南部农业经济与黑人问题的成功的学术著作。它指出：南部租佃制对黑人分成雇农和佃农榨取剩余劳动的方法和剥削程度，其残酷性甚至较奴隶制的剥削有过之无不及。不仅新、旧种植园主和放债商人竭力维护这一半封建半奴隶制性质的制度，就是在南部经济中占有势力的工业资本和金融资本，为了剥削廉价的黑人劳动力，也从多方面采取措施维持租佃制度；其结果是阻碍了南部落后的农业经营方式向资本主义农场转化。直到 1945 年，南部租佃制中受剥削最严重的分成雇农，在黑人农民中还达到 45.2%。[⑤] 艾伦对南部农业经济长期停滞的原因，作了令人信服的说明。

这本书除对南部黑人必须争得民族自决权才能获得解放的估

---

① 凯瑟琳·伦普金：《南方在前进》，纽约 1940 年版，第 35—41 页。

② 罗切斯特：《农民为什么贫困》，纽约 1940 年版，第 58 页。

③ 海伍德：《黑人解放的道路》，纽约 1948 年版，第 80—82、120—121、136 页。

④ 同上。

⑤ 詹姆斯·艾伦：《美国黑人问题与南部农业经济》，中华书局 1954 年版，第 203 页。

计不符合目前实际情况以外，其他论点至今还是站得住脚的。这本书的中译本在 1954 年出版以来，一直没有得到我国美国史研究工作者的重视，最近有的同志在文章中，认为爱伦"把南部租佃制的消极面绝对化"是欠考虑的。

有位同志在文章中，引用福斯特《美国历史中的黑人》一书列举的 19 世纪末南部工业发展的数字，作为论证重建后南部经济高速度发展的依据。其实，福斯特的本意只说明南部经济在这一时期向工业化发展的情况。就在同一书中，福斯特对南部的工业化情况，作了如下说明："南部各州工业发展非常可观，但幅度还不够大，……在 1890 年，美国非农业生产的产值超过了农业生产的产值。但在南部各州除外，那里农业仍然占着主要地位。"① 福斯特还指出："在两次大战和随后的繁荣时期里，南部各州已进行了相当程度的工业化，但有人夸大了它的规模……在工业方面，也和其他许多方面一样，南部都成为国家的首要问题。"② 在谈到南部重建时期美国工业的发展时，福斯特曾指出："爱伦很正确地说，'在重建时期，南部工业发展非常之慢。'当时存在的政治混乱局面没有给北部资本的侵入提供便利条件。"③ 福斯特对重建后的南部农业经济也提出明确的看法："南部所需要的基本土地改革和彻底实施的土地革命，其办法就是摧毁陈腐的种植园制度（这一制度从重建时期以来没有多大变动）。"④ 总之，美国马克思主义史学家一致认为：土地问题和公民权利是重建时期革命的核心问题。如果黑人能无偿地或以较低的价格获得

---

① 福斯特：《美国历史中的黑人》，纽约 1954 年版，第 365、532 页。参阅中译本第 394、587 页。

② 同上。

③ 同上书，第 339、536 页。参阅中译本第 366、592 页。

④ 同上。

土地，经济上的自由和公民权利得到保障，不受奴隶制残余羁绊和种族歧视，南部的经济将得到迅速的发展。

在美国资产阶级学者中，认为南部经济发展迟缓的也大有人在。历史学家哈罗德·伍得曼认为：19 世纪南部经济落后，农业多样化种植受到阻碍，一直是附属的殖民地区域。[①] 经济史学家福克纳、香农、克尔克兰德都认为南部租佃制是农奴制或近乎农奴制，阻碍了生产力的发展，黑人由于经济上受地主或棉场主严重剥削而负债累累，生活贫困。经济学家道格拉斯·F. 多德于 1956 年发表《内战后美国西部和南部经济的比较研究》一文，[②] 指出：南部经济发展之所以迟缓，主要是由于以下三个因素：一、在这个地区内长期存在种植园制度；二、对黑人的奴役制度；三、商品单一作物棉花大量生产。直到 1938 年，罗斯福对南部领袖在华盛顿举行的会议讲话中指出，南部是"全国第一号经济问题。"多德指出："其实南部不仅是全国第一号经济问题，也是全国第一号政治问题，第一号社会问题"。[③] 这些是具有求实精神的学者作出的颇有见地的判断。

但美国有些历史学家持相反的意见，认为重建后南部经济迅速得到了发展，如兰得尔和唐纳德的《内战和重建》一书中说："正是从重建开始，美国经济中显示了工业支配农业势力的时代特征。"

为南部同盟翻案的保守主义历史学家库尔特，利用官方对南

---

① 卡罗尔·穆迪：《1877—1900 年美国经济的转变》，载卡特赖特主编的《课程变化中的历史研究——对美国历史与文化的重新解释》，美国社会科学会议 1973 年出版，第 410 页。

② 道格拉斯·F. 多德此文载哈罗德·伍得曼辑：《奴隶制度与南部经济》，纽约 1966 年版，第 243—255 页。

③ 伍德曼：同前书，第 247 页。

部的统计资料，掩饰种植园主将土地分成若干小块，以分成制的苛刻条件租佃给雇农、佃农耕作的真实情况，制造种植园制度已经瓦解的假象，硬说重建后小农场急剧增加。这种夸大19世纪末叶南部经济发展速度的论调，不过是掩饰南部种植园土地分成制的严重剥削，否认黑人在经济上遭受剥削，在政治上遭受歧视的苦难生活，目的是为南部同盟的历史全盘翻案而已。列宁曾对类似库尔特的观点作过批驳。他指出，美国官方统计数字夸大小农经济在南部的增长"提供了有利资产阶级粉饰小农状况的图画"。[①] 有的同志在评论文章中把列宁引用的美国官方统计学家的见解〔按即列宁所指美国1910年第12次户口调查第5卷（农业），见《列宁全集》第22卷第5页注——笔者〕不加注释作为列宁本人的论述来引证，这是不严肃的。

历史的实际是：南部农业机械化迅速发展和谷物分成制的急剧衰落，是20世纪50年代末60年代的事。由于南部资源丰富、空地多、原材料充足、劳动力过剩，从40年代起，美国东部、北部财团，不断将大批企业南迁，并兴建了采用新技术的电子工业，国防工业，航空、宇航工业，有选择地吸收了南部农业中的过剩劳动力。同时，二次大战中大批黑人向北方迁移，流入城市，成为城市不熟练工人或无产者；加以战后农业生产新技术的发展和推广等原因，促使南部的农业机械化迅速发展和谷物分成制急剧衰落。

根据福斯特的《美国历史中的黑人》一书中引证的材料，1954年，南部黑人农民中仍有57％是将收成的一半缴付种植园主的分成制农民。[②] 又根据美国官方统计，至1959年美国南部尚

---

① 《列宁全集》第22卷，第60页。
② 福斯特：《美国历史中的黑人》，第536页。参见中译本第591页。

有分成制农民 121037 人，占当时南部全部农场经营者的 7%，1964 年南部分成制农民减少了约 10 万人，只剩下了 21037 人，占南部全部农场经营者 1.5%。[①] 从 1967 年起，美国人口普查材料中已不再列举包括分成制农民的数字。显然，分成制农民已经消失。

关于内战、重建、南部经济发展速度的争论，在美国仍在继续。计量学派福格尔、恩格尔曼在 1980 年春季《社会学杂志》[②] 上写了一篇有关重建的五本书的书评，1981 年《劳工历史》季刊上也评介了两本有关重建的书，都反映了这些争论还在热烈地进行着。

这些关于重建的新书，提供了南部重建及经济发展的一些新资料。大致凡承认南部黑人在经济上遭受奴隶制残余的剥削，在政治上被剥夺公民权利的种种历史事实的学者，都认为南部经济发展迟缓；而否认这种客观历史事实，认为从重建开始，黑人在法律上获得了自由和公民权利，在劳动市场上有竞争能力，就都认为南部经济迅速走上资本主义生产的道路。从书评看来，认为南部经济发展迟缓的观点仍占优势，其中乔纳森·韦纳、小德怀特·比林顿两人都同意巴林顿·穆尔提出的见解，即种植园分成制妨碍了南部经济的发展，美国南部资本主义农业的发展走的是普鲁士式道路。这是一个具有高度理论性的研究新课题。这一课题的深入研究，必将丰富列宁提出的对资本主义农业发展中两条道路的理解，对美国内战，特别是重建后南部经济发展速度的争论作出较为圆满的解答，对美国资本主义发展的特点和规律性的阐述，将有进一步的发挥。

---

① 《美国农业人口调查》1964 年，第 757 页。
② 《社会学杂志》是计量学派于 1967 年创立的季刊。福格尔和恩格尔曼是《苦难的年代》一书的作者，使用数值研究方法，为内战前奴隶制辩护。

从以上美国史学界在内战、重建、南部经济发展速度等方面存在的不同论点介绍中，足以窥见美国史学界学派复杂、论点纷繁的一斑。我们对美国学者的许多研究成果应当吸收什么，扬弃什么，必须在深入探讨之后，明确哪些史料和论点符合美国历史真实性来取舍。有比较才能鉴别。马克思和恩格斯一向重视比较研究，而且善于运用比较研究，我们应该虚心地学习。一般地说，凡是产生较大影响的史学流派，都强烈地反映一定历史时代思想潮流的主要趋势，与当时社会经济发展，统治阶级的政治倾向有密切关系，不容忽视。我们必须运用马克思主义的立场、观点、方法，比较研究美国史学流派的论点，鉴别哪些是确能说明美国历史实际的新材料，新观点，哪些是早已为公正的自由主义史学家和马克思主义史学家批判过、甚至不值一驳的一些旧观点的再现。近 30 年来，美国垄断资产阶级的统治日益加强，在文化领域中，美国马克思主义和进步史学家成为被歧视的对象，历史学界保守主义思潮泛滥，竭力为美国社会制度作辩护，直接向马克思主义史学挑战，以"新"字命名的学派不断出现，重新解释历史，改写历史已成为时髦的风尚。有些新学派提出的论点，其目的是歪曲和否定马克思主义史学，我们在研究美国历史新著，渴望引进新观点时应引起重视和警惕。美国大多数美国史教科书都只字不提马克思的思想在美国传播的情况，甚至指责马克思主义不合美国国情，如由前总统福特写序言的舒尔兹等著《美利坚合众国》① 一书就是这样。有些美国史专著鼓吹马克思主义已经过时，意识形态的争论已经终结。如哈佛大学教授著名社会学家丹尼尔·贝尔于 1960 年写了一本叫作《意识形态的终结》的书就是突出的一例。现在我国也有同志说老左派的著作已经过时

---

① 舒尔兹和柯肯德尔合著：《美利坚合众国》，密苏里 1979 年版，第 480 页。

了。美国老左派史学是在 30 年代兴起的。当时在史学界影响很大。第二次大战后他们遭受到前所未有的严重政治迫害，有的被解聘、被传讯，有的被逮捕入狱，因而马克思主义史学阵地急剧削弱。福斯特和赫伯特·摩里士已经逝世。爱伦和丰纳虽已年迈，仍继续奋笔撰写新史书，坚守马克思主义史学阵地。在反马克思主义著作充斥的美国史学界，马克思主义史学著作是凤毛麟角的。我认为对待美国老左派史学家的著作要采取尊重和分析态度，既珍惜他们对美国史研究所作的贡献，也舍弃他们某些不正确的论述，如老左派提出黑人应被确认是民族，享有民族自决权，以及他们对第二次大战后国际形势的预测，有的不可能实现，有的不符合历史发展实际，就应当扬弃。

此外，随着 50 年代以来科学技术的发展，电子计算机数值方法应用于美国史研究，其中有成功的著作，如西恩斯特罗于 1964 年出版了《贫穷与进步：一个 19 世纪城市的社会流动状况》，证实麻萨诸塞纽贝里城 1850—1880 年非熟练的工人鲜有能脱离蓝领阶级上升为白领阶级的，从而戳穿了美国是劳动者天堂的神话。但也有滥用数值研究方法为反动理论进行辩护的，如福格尔和恩格尔曼合著的《苦难的时代：美国奴隶制经济》（1974 年）一书，使用大量种植园主的账簿、奴隶主日记等资料，硬说内战前夕奴隶制是生气勃勃的、高效率、高利润的资本主义性质的企业，在内战前已促进南部经济高速度发展。这本书出版后曾被吹捧为"奴隶制的圣经"，但两年后即被另外一些计量学派的史学家批判得体无完肤。这说明先进的科学技术应用于历史研究，还需要正确的思想指导，才能发挥威力。

（原载《世界历史》1983 年第 4 期）

《马克思逝世之际——1883年世界对他的评论》评介

美国进步史学家菲利普·丰纳教授1973年编纂的《马克思逝世之际——1883年世界对他的评论》一书的中译本已于1983年1月由北京出版社出版。它对我们了解马克思的生平事业以及马克思主义在欧美的传播和马克思逝世所引起的国际影响很有帮助。

本书包括七个主要部分和三篇附录，收录了恩格斯郑重宣告马克思逝世的讣电和讣告（附录中刊载了1871年纽约一家刊物误传马克思去世的报道和马克思辟谣的信件）、有关马克思葬仪活动的全部文献、马克思逝世后发表的两篇最为重要的马克思传略、美国地方报纸和工人报纸对马克思逝世的记载，以及欧洲10个国家的舆论界对马克思逝世的反映；突出地报导了代表们"用英、德、俄、波希米亚、法等语言发言"的在纽约库珀大厅举行的马克思追悼大会的纪实（会上宣读了美国《进步与贫穷》一书作者亨利·乔治致大会的信）；古巴民族英雄领袖何塞·马蒂参加大会后发表的寄托哀思的文章等。本书还选录了时人对马克思的各种评论，其中包括意大利庸俗经济学家阿基尔·洛里亚怀有恶意的、对马克思主义妄加评论的文章以及荷兰麦克莱斯特·

鲁普攻击马克思学说的文章。

这本书有什么特点呢?

第一，它是一本珍贵的有关马克思革命实践活动的历史文献资料汇编。迄今为止，还只有德意志民主共和国出版了一本仅22页的纪念马克思逝世的文集和苏联用几种文字发表的纪念小册子；而本书搜集了若干国家的研究机关、图书馆、档案馆长期积累、珍藏的关于马克思逝世的第一手资料。

第二，丰纳教授为全书写的导言和为各部分写的引言、以及所作的许多注释，使本书具有研究马克思主义学说的专著性质。丰纳对马克思主义经典著作颇为熟悉；关于美国史的著作达80多种。他1981年秋曾来我国讲学，今年秋后又将来华讲学。他为本书写的导言，概述了搜集资料、编写本书的过程及其结构；他为各部分写的引言，着重介绍了这一部分资料或文章的内容，说明所选资料的历史背景。该书的附录是经过慎重选择的，注释也有针对性，确切明了。尤为可贵的是，他以鲜明的无产阶级立场，热情洋溢地歌颂马克思和恩格斯的革命事业，这在他为书中选录的文章所加的醒目标题以及他对有关历史人物所作的褒贬中都有所体现。他对恩格斯配合和继承马克思事业所加的几条注释，准确地表现了恩格斯对马克思的无限热爱及其忠诚捍卫马克思学说的坚定性，从而说明了恩格斯无愧于被列宁称为"现代无产阶级最卓越的学者和导师"。对于书中收录的一些否定甚至攻击马克思及其著作的文章，丰纳在注释中有针对性地进行了批驳。丰纳结合马克思主义形成和发展的过程，实事求是地评价了19世纪后叶欧美工人运动和社会主义运动中的著名历史人物，如龚帕斯、莫斯特、亨利·乔治、洛里亚、纽文胡斯等。他认真地订正了一些谬误，如对美国进步新闻工作者斯温顿对马克思主义学说的错误提法予以纠正，即其一例。

　　第三，本书关于欧美国家对巨星陨落的不同反应的介绍和分析，以及对美国库珀大厅追悼会的精彩描述特别引人入胜，它从一个侧面反映了马克思主义学说在欧美传播的情况。丰纳教授分析说：各国对马克思逝世的反应，实际上标志着马克思主义在各国传播的程度，这是由当时各国的历史特点决定的。例如英国对马克思逝世的反应冷淡，因为英国这个时期的特点是，在伦敦手工业者中间激进思想在衰退，出现了白领工人阶级，加上工人贵族的产生，就使英国工人阶级的某些阶层对马克思逝世漠不关心；在法、德、荷兰等国，由于马克思主义的传播有限，对马克思逝世的反应不大；在奥匈帝国，由于对马克思主义的敌视，对马克思的污蔑和诽谤活动并没有因他去世而停止；在当时专制的俄国，对马克思逝世反应强烈，因为俄国统治阶级认为：马克思的经济理论过于抽象，不致在俄国产生过激行为，讨论他的著作，反倒可以用来作为对付俄国激进主张的解毒剂，从而沙皇当局对马克思著作也放宽了检查，使马克思主义学说在俄国能广为流传。此外，俄国有些人对马克思揭露资本主义罪恶表示赞同，按照他们的理解，俄国还可能跳过资本主义发展阶段，以避免那些罪恶等等。但在欧洲任何国家，对马克思逝世的反应都不如在美国那样强烈，这是由于马克思的思想在美国工人和社会主义运动形成时期就得到了传播：早在1851年、1852年，马克思和恩格斯的亲密战友魏德迈、左尔格就先后来到美国，传播了马克思主义；马克思担任过《纽约论坛报》的外国通讯员，发表了不少评论南北战争形势的文章；第一国际在美国建立支部和国际总委员会移到美国，以及马克思和恩格斯与他们在美国的同志和朋友广泛通讯，《资本论》的英文摘录，70年代在美国已能够买到。这一切，使马克思为美国社会主义者和工人所十分熟悉。所以成千上万的美国人因马克思的逝世而沉浸在悲痛之中。美国工人的报纸都登载了这一消息，普遍地表达他们对马克思的景仰和哀悼。丰纳综合当时报纸的报导，对库珀大厅追悼大会作了全面介绍，有力地说明马克思主义在美国的传播何等广泛；侨居美国的俄国社会主义者、社会主义工人党领袖谢尔盖·依·舍维奇在大会发言中说得好："如果你想知道社会主义在美国传播得多么广泛，今天晚上只要到库珀大厅去看看就行了。"在欧美国家中，何以只有美国才能举行这样引人注目的追悼大会呢？丰纳解释说：这是因为在马克思逝世这一年，正是美国阶级斗争尖锐化的一年，马克思主义思想在工人阶级和各种工会中的影响逐渐增大，很少有工会领袖追求资产阶级的高贵地位。所以，最隆重地悼念马克思的荣誉，是属于美国工人阶级和社会主义运动的。至于为什么马克思主义思想在美国传播较早，较为广泛，而直到现在，马克思主义思想并未与工人运动很好结合，这有其复杂的原因和曲折的历史过程，是值得我们认真思考和深入研究的重要课题，但不在本文探讨的范围之内。

这本书的中译本，译笔流畅，不仅订正了原著中的一些错误，并且为方便读者查阅，对一些历史人物、事件等，加上了译者注。美中不足的是将库珀大厅（Cooper Union）[①] 误译为"制桶工会"，鉴于"库珀大厅"在书中多次出现，希望北京出版社重印时予以订正。

（原载《世界史研究动态》1983 年第 9 期）

---

① 纽约库珀大厅由彼得·库珀（Peter Cooper）于 1859 年建立，1860 年 2 月 27 日林肯曾在大厅内发表演说。

《美国历史学家论美国南部黑奴制度》节译前言[*]

这篇译著是美国著名进步历史学家丰纳教授在 1981 年即将在美国出版的《美国黑人史》第二卷中的第一章。这一章精辟地分析了奴隶制史学的发展，自成独立体系，现已征得作者同意，先节译成中文，以飨读者。

菲力普·S. 丰纳教授（旧译方纳）是我国美国史研究者所熟悉的作家。他所著的《美国劳工运动史》第一、二两卷早已译成中文由人民出版社出版。他写的《美国劳工运动史》第五卷已于 1980 年上半年在美国出版。他正在继续从事《美国劳工运动史》第六卷和其他著作的写作、出版工作。丰纳教授著述极为丰富，他编辑、著作约 40 种，范围广泛，包括美国工人运动史、黑人运动史、美国史学史、美国思想文化史、美国著名思想家、人民领袖的传记等各个方面，以研究与论著深湛著称。

本文叙述了迄今为止美国各个史学流派对美国内战前南部黑奴制的各种观点。丰纳教授以大量的翔实材料，评述了 19 世纪以来白人历史学家詹姆士·舒勒、罗德斯等对黑奴私有制的看法，

---

  * 该书作者为〔美〕菲力普·S. 丰纳。

既肯定他们谴责这种制度是强迫劳动制度的正确性，同时也批评他们的"白人种族优越论"。丰纳对最早批评黑人历史著作中的种族主义的黑人历史学家乔治·W.威廉斯、杜波依斯、伍德逊给以较高评价。他有力地驳斥了20世纪独霸美国黑人史学领域并长期散播恶劣影响的菲利普斯及其学派，认为黑人天生低能、种植园是训练黑人的最好的学校以及种植园奴隶制是仁慈的家长制等谬论。作者综述了本世纪30年代、40年代美国历史学家阿普特克、富兰克林、霍夫斯塔特等人对菲利普斯学派的反击，特别强调近30年来美国研究南北战争前奴隶制最有影响的著作。一、肯涅司·斯坦普的《特殊制度》一书，对菲利普斯学派的攻击是摧毁性的，已把菲利普斯学派坚持的所谓奴隶制是和谐的家长制和内战前奴隶制已无利可图、陷于崩溃状态的谬论驳斥得体无完肤；但斯坦普的名句"从天性来说，黑人不过是披着黑色皮肤的白种人而已，不多不少，只此而已"，仍未跳出"白人优越论"的窠臼，受到许多学者的指责。二、厄尔金斯在《奴隶制度：美国社会制度和文化生活方面的一个问题》（1959年出版）一书中，应用社会学和心理学研究以及比较研究法，得出的结论是：和拉美的开放式的封建制下奴隶制不同，美国的资本主义制度下奴隶制是关闭式的；在美国，奴隶主的绝对权威使美国的奴隶制比拉美的奴隶制更加残酷。厄尔金斯又以美国的奴隶制与纳粹的集中营相比拟，提出美国南部奴隶萨姆波的典型性格是：忠顺、无知、幼稚而愚蠢。厄尔金斯指责废奴主义者、拒绝考虑用和平改造方式去终止南部的奴隶制度，他们狂热的高调是促进内战爆发的原因。厄尔金斯提出的关于萨姆波的奴隶典型性格模式和集中营的比拟这两个论点，受到了各方面的批评与指责，有些学者甚至指出：厄尔金斯虽然表白他不同意菲利普斯的观点，但他在肯定奴隶缺乏反抗精神这一点上，却与菲利普斯达到异曲同

工的结论。三、吉诺维斯的三本书：《奴隶制度的政治经济学》
(1961 年)、《奴隶主们所建立的世界》（1969 年）、《奔腾吧，约
旦河，奔腾吧！奴隶们所创造的世界》（1974 年）。吉诺维斯提
出了一整套关于奴隶制的看法：美国奴隶制是前资本主义的形
式，种植园是一个小的社会，内战前南部奴隶制是一种家长制，
充满了主奴两个阶级的互相影响与妥协等等。丰纳教授指出：吉
诺维斯的观点来源于意大利马克思主义者安东尼奥·葛兰西；吉
诺维斯的论述在许多地方"反而回到了菲利普斯对奴隶制度的看
法……不过他用了所谓马克思的术语把它表达了出来"。丰纳教
授认为：吉诺维斯在挽救菲利普斯的著作免遭被人们遗忘的厄运
中，起了极大的作用。

　　丰纳教授在本文中最后评介了计量学派的《苦难的时代》
(1974 年) 这本著作。计量学派自我吹嘘：利用电子机处理信
息，使历史研究数值化，因而导致历史结论的客观性；他们掩饰
奴隶制度的罪恶，硬说奴隶制是高效率、高利润的资本主义企
业，奴隶的待遇好，营养标准超过 1964 年推荐的每日主要营养
水平；他们甚至吹捧奴隶制取得两大成绩，即经济上的胜利和
"成功地"把奴隶培养成勤劳而能干的工人。《苦难的时代》出版
后，先是受到一片赞扬，甚至有人誉为研究美国奴隶制度的《资
本论》；但两年以后，情况完全改变，许多经济学家、历史学家
戳穿了《苦难的时代》客观性的虚伪，指出它为奴隶制辩护，狡
诈地把"武断说成是事实"。保罗·戴维等计量学历史学者，以确
凿的论证，指出《苦难的时代》所根据的材料已大量被推翻，全
书已像一座处于倒坍危险之中的房屋。丰纳教授的意见是和上述
的批判一致的，他认为："作为一种工具，电子计算机的价值完
全看人如何利用它而定。"

　　丰纳教授最后叙述了近年来美国奴隶制度史学史的各种发展

趋势，同意某些历史学家提出的今后奴隶制度史学史应主要根据奴隶们的观点来写。丰纳满怀信心地说："奴隶制度研究是美国史学史中最丰富、最有生气的研究领域。"

（原载《美国史译丛》（史学专号）1982 年第 1 期，
东北师大美国史研究室编，中国美国史研究会出版）

开创我国美国史研究新局面的浅见

党的十二大提出了全面开创我国社会主义现代化建设的宏伟纲领，号召全国人民在建设高度的社会主义物质文明的同时，建设高度的社会主义精神文明。在建设精神文明方面，吸取外国优秀文化和历史经验，介绍世界历史，尤其是研究在当代国际事务中占有重要地位的美国的历史，是十分必要的。我们美国史学工作者，要贯彻毛泽东同志早已提出的"洋为中用"的方针，一方面大力开展美国史知识的普及工作，另一方面要深入研究美国历史，了解近30多年来美国史学发展的新情况和存在的新问题，以开阔我们的视野，有选择地拿来为我所用。现提出开创美国史研究新局面的两点浅见，就教于读者、同行、专家。

一 加强美国史学的普及工作

科学的历史研究，只有在马克思主义指导下才能实现。"我们的普及是在提高指导下的普及。"① 对我国读者普及美国史知

---

① 《在延安文艺座谈会上的讲话》，《毛泽东选集》合订本，第819页。

识，同样必须在马克思主义指导下进行，并向提高的目标发展。这些著作既要通俗易懂、深入浅出、简明扼要，又要内容丰富、观点正确，符合美国历史的客观实际，作到知识性和思想性的辩证统一。因此，我国美国史研究和教学工作者当前首要的任务，是加强马克思主义理论的深入学习，运用马克思主义的立场、观点和方法，对美国历史全貌和美国历史重要专题包括中美关系史进行深入研究，并对美国史学各派之间的争论和各种分歧观点在鉴别、对比、分析之后，批判地吸收，辩证地否定，以期有计划地写出一批有分量的普及美国史知识的小丛书，使广大读者能从美国资本主义社会的形成、发展和由自由竞争走向垄断的具体历史进程中，认清资本主义制度的剥削实质，正确认识新中国成立前后中美关系史中美方的侵略本质，以激发人们的爱国主义热情，增强振兴中华、建设社会主义祖国的信念。

历史唯物主义的创立，是马克思主义创始人不朽的功绩和对社会科学的巨大贡献。普及美国史知识是进行历史唯物主义和社会主义教育有效方法之一。历史唯物主义告诉我们：今天的美国是两百多年来从弱到强的历史发展的产物。美国的历史是以英国的殖民地为开端的，从反英独立战争胜利、建立资产阶级联邦制共和国起，经过摧毁奴隶制的内战，资本主义经济得到了巨大发展，由自由竞争进入垄断阶段。由于经济实力的增长，美国统治阶级发动了第一次重新分割殖民地的帝国主义战争——美西战争；在两次世界大战中，美国凭借优越的地理位置和丰富的自然资源，既没有遭受炮火的破坏，又发展了经济。在第二次世界大战后，美国依仗在战争中建立的世界范围的军事优势和雄厚的经济实力，采用各种不同方式，对主要资本主义国家以及经济落后的国家和地区进行经济渗透和盘剥，壮大了自己。战后美国由资本主义强国一跃而为资本主义世界的霸主，对外推行了扩张政策，在亚洲先后进行了侵朝战争和侵越战争。60 年代以来，由于科学技术的突飞猛进，美国经济有了巨大发展，战后美国西部、南部经济发展尤为迅速，成为新兴尖端技术的电子工业、国防工业、航空工业、宇航工业的基地。西部、南部财团因之在政治上和东部财团分庭抗礼，在经济上积极为上述新兴工业生产找出路，这反映在对外政策上，美国行政当局认为过去几年来推行缓和政策是一种失误。自里根执政以来，在两霸争夺中加强了攻势，在中东和加勒比海地区进行军事干涉。美国今天的高度物质文明，是美国广大人民长期艰苦创业的伟绩，美国人民在经济建设方面的各种有益的知识和经验，是值得我们借鉴和参考的。在美国历史上，各阶层人民由于对资本的垄断和压迫以及统治势力的专横不满，曾不断掀起揭露和反抗资本主义制度的阴暗面和罪恶的种种抗议运动——改革运动、工人罢工运动、黑人争取种族平等的斗争、民权运动、妇女运动等等。美国先进人士如杰克·伦敦、德莱塞、德布斯、海乌德、福斯特和一切进步的政治力量，都对社会主义无限向往。他们或以文学、艺术为武器，对资本主义制度进行鞭笞，或投身于探讨和宣传社会主义，努力为消灭资本主义制度不合理现象直到实现社会主义革命而进行不懈的斗争，构成了美国历史绚丽多彩的画卷；也就揭穿了以美国新保守主义为代表的历史学家鼓吹的美国例外论、散布美国是没有社会矛盾和社会冲突的乐园的论点是站不住脚的。综上概述，用历史唯物主义观点分析美国历史的发展，完全证实马克思主义关于资本主义发展的一般规律，是符合美国历史实际的。过去由于对美国历史的普及工作做得不够，国内广大青年对美国历史情况不了解，甚至在认识上为美国物质文明的表面现象所迷惑。为此，在马克思主义思想指导下，及时开展普及美国历史知识，也是社会主义前途教育的良好办法之一。

二 美国史研究水平的提高问题

中国是一个大国，在面向世界、实现四个现代化建设进程中，广大青年、干部、读者自然不满足于对美国史一般读物的供应，迫切需要有高质量的美国史论著问世。因此，美国史研究水平提高的问题，也同样突出地摆到我们面前。

但怎样才算提高？以及如何进行提高？是需要探讨的问题。

首先应当明确的是：在资本主义高度发达的美国，作为社会意识形态重要组成部分之一的美国史学具有鲜明的阶级性。在美国历史学界，除少数马克思主义者和一些进步史学家，力图运用唯物史观来阐述美国历史以外，美国史学领域的众多学派，无论它们以何种面貌出现，都是属于唯心史观的思想体系。他们自觉地或不自觉地站在资产阶级立场来解释历史，无视或反对人民创造历史的观点，夸大或拔高上层历史人物在历史中的作用。如美国史学家波林·梅尔1971年出版了《革命的暴力及其有关的历史》，仍露骨地诋毁人民群众为"暴徒"。[1] 他们忽视社会性质、阶级关系、民族关系等客观实际，掩盖阶级矛盾和冲突，片面地突出偶然原因和个别人物的心理因素，作为历史的发展动力来解释历史，其目的无非是宣扬资本主义制度的永恒性，为资产阶级根本利益服务。代表资产阶级和一切剥削阶级利益的唯心史观和代表先进的无产阶级和广大劳动人民利益的唯物史观是根本对立的。资产阶级的美国史学观点和我们社会主义国家在马克思主义

---

[1] 《多学科杂志》1971年第2期，转引自菲力普·S. 丰纳：《劳工和美国革命》(Pauline Maier, *Revolutionary Violence and the Relevance of History*, Journal of Interdisciplinary History, No.2, 1971. See Philip S. Foner, *Labor and the American Revolution*) 1976版，第33页。

指导下的美国史研究在本质上是有所不同的。

我认为：提高我国美国史的研究水平，根本点在于力求运用马克思主义的立场、观点，对美国出版的内容丰富的各种美国史论著，进行分析、研究，取其精华，去其糟粕，为我所用，使我国美国史的研究沿着马克思主义的史学方向前进，防止不加鉴别地因袭美国资产阶级史学中提供的不正确的甚至谬误的史学观点，避免盲目性。这个问题，在目前提出，尤有其迫切性。

当前美国国内美国史研究已进入广博、精细的阶段，历史研究的手段和研究方法有了明显的改变，着重微观研究，分工愈来愈细，研究题目越来越窄，新的史学流派林立，在很多学术问题上，论点分歧，众说纷纭，论战激烈。其史学内容精华与糟粕并存；有些作者猎取一些新史料，标新立异，重新改写历史，论点离奇古怪，使人一时不易识辨。近30年来，我们和美国史学界几乎处于隔绝状态，这几年中美两国虽进行了文化交流，但我们对美国史学研究还不够深入。无产阶级是一切优秀文化遗产的当然继承者，马克思主义的无限生命力在于批判地继承，因此，摆在我国美国史学工作者当前的任务是：要更扎实地深入学习马克思列宁主义、毛泽东思想，尤其是马克思、恩格斯、列宁、斯大林、毛泽东同志对美国问题的论述，当然不能教条式的因袭照搬；而是要牢固地确立和掌握历史唯物主义的立场、观点和方法，并善于运用这个锐利武器，对美国各派史学家的重点著述，按专著或按专题，认真进行对比、鉴别、分析、研究，吸收他们在整理新档案、进行实际考察和调查中获得的许多有价值的新史料，选取他们言之成理、确实符合美国历史实际的研究新成果，以开阔我们对美国史的视野，丰富和充实我们研究的内容；我们也要恰如其分地评论他们在著述中宣扬的唯心主义形而上学的史学观点，对于歪曲中美关系史的论述，更要进行说理批判，不断提高我国美国史的研究水平。

这是长期而艰巨的任务，从我们美国史学工作者个人来说，为了精通美国史业务，必须认真钻研美国史学史，即对美国史学各派发展的来龙去脉，有一个整体的了解，对主要史学流派的重要论点，要进行分析研究，不仅了解它的内容，还要追溯它的根源。进行了这种深入研究和类比之后，才能了解各种史学流派的形成，对其史学观点的差异和正确与否作出准确的判断，从而进一步熟悉和理解美国史的全貌，提高业务知识水平，写出质量更高的论著，满足国内广大读者的需要。

为了具体说明提高美国史研究水平与学习美国史学史的密切关系，以下简要介绍美国史学史的轮廓，并就美国几个重要史学流派对美国革命这一为我国读者所稔知的重要历史事件的不同观点，进行扼要探讨。

大凡重要史学流派的产生和发展，都反映某一特定历史时期社会经济的发展水平、政治倾向和当时思想潮流的主要趋势。在美国，美国史成为专业是在19世纪80年代。在这以前，史学依附于文学，所谓文史一家，如19世纪上半叶美国著名文学家华盛顿·欧文同时也是一位有成就的史学家。1834至1874年乔治·班克罗夫特出版了十卷本《美国史》，内容着重阐述美国革命，宣扬美国民主与自由。他奠定了美国史学的基础，被誉为早期学派，他既是政治活动家又是史学家。他从神意史观、英雄史观出发，认为美国推翻英国统治是天意所指，他歌颂美国革命，充满民族自豪感，又认为美国独立战争是体现美国全体人民向往自由民主的光辉篇章，是那些创业者如华盛顿、杰斐逊等杰出人物的功勋。我们对他的神意史观、英雄史观应当扬弃，对他高度评价美国独立战争的正义性和必要性的论点则应予肯定。

19世纪末20世纪初期，美国经济有了巨大发展，资本主义进入垄断阶段，美国统治阶级对外加紧掠夺海外殖民地，加入了帝国主义之间的角逐，社会两极分化日益明显，各种矛盾充分暴露，美国人民掀起了反对企业主、反对托拉斯的改革运动。反映美国官方政策和改革运动这两种政治倾向、两种思潮，在美国史学界产生了两个重要学派——帝国学派和进步学派。帝国学派的主要代表人物有比尔、安德鲁斯和吉普森。帝国学派重点研究殖民地时期的历史，适应当时美国统治阶级的需要，在他们撰写的北美殖民地历史中，竭力为英国殖民政策辩护，实际上就是为当时英国对外侵略扩张政策效劳。他们反对班克罗夫特对英国在北美推行反动的殖民政策的揭露和批判，认为：北美殖民地在英国的庇护下，已经发生了长期的"平静的、和平的革命"，奠定了独特的社会制度的基础；英法7年战争是保卫英帝国的战争，北美殖民地深受这次战争的好处；因而帝国学派对1763年以后英国对北美殖民地实行错误政策，导致美国独立战争的爆发，造成"盎格鲁—撒克逊民族"的解体深表惋惜。帝国学派就是这样不遗余力地贬低独立战争的正义性和必要性，为美国争霸政策制造舆论。但帝国学派的著作也不宜全部否定。它们对英国殖民政策和北美殖民地的建立，选用的史料较为详尽，迄今仍是研究美国殖民地时期历史有价值的参考书。安德鲁斯在分析英国与北美殖民地关系时曾暗示：当北美殖民地成为有生气的有机体时，即不甘心长期屈从于英帝国控制之下。这种看法，还不失为公允的见解。

进步学派的代表人物有比尔德、特纳、帕灵顿、卡尔·贝克尔、老施莱辛格等人，他们分别从经济发展、社会生活和文化思想各方面阐述美国史，是第二次世界大战前美国史学界的权威。这一学派的著作敢于揭露美国社会阶级之间、地区之间的矛盾与冲突，用揭露各种矛盾的方法来分析美国历史发展过程，暴露了美国资本主义制度丑恶、腐朽的一面，同时提供了许多关于经济发展的具体素材，一经用马克思主义观点进行整理、改造，就可以为我所用。但也须指出：这一学派著作的指导思想是历史唯心主义和机械唯物论的综合，书中对资本主义生产方式进行分析的许多论述，是违反唯物史观的。这一学派著述丰富，在美国革命这一专题上，认为殖民地和英国经济方面的矛盾，是导致美国革命的根本原因，肯定它的必要性、迫切性和正义性，高度评价它的进步意义。在此只简要介绍卡尔·贝克尔所著《1760—1776 年纽约政党史》（1909 年版）的内容以资说明。作者提出：北美殖民地后期纽约的政治，集中在是否实行"地方自治"和应"由谁治理"两个问题上。实际涵义是：美国革命具有双重意义，一方面它是北美殖民地摆脱英国的殖民统治，争取民族独立的反英斗争，另一方面它是殖民地"下层"人民争取政治民主化，与上层人物发生矛盾与冲突的内部斗争。这一论点已为美国马克思主义史学家和自由主义史学家所接受。进步学派的著作中有精华也有糟粕，比尔德的经济决定论、特纳的地理决定论早已遭到美国和世界马克思主义史学家的批判。对于进步学派的著作应予以实事求是的评价。

及至 20 世纪三四十年代，美国史学界涌现了一批马克思主义史学家，他们根据马克思主义原理，对美国人民斗争的历史深入研究，撰写了具有学术价值的专著。在美国革命这一专题方面，杰克·哈第 1937 年出版的《美国第一次革命》是第一本用马克思主义观点阐释美国革命的普及读物。赫伯特·摩里士的《美国人民争取自由的斗争》（1944 年出版）是一本以马克思主义观点写出的美国革命史，文笔流畅，史料丰富翔实。丰纳在 1947年出版的《美国工人运动史》第一卷中，以大量的篇幅论述美国劳动人民推动美国革命的重要意义。这些专著充分肯定美国进步人民积极推动历史前进的作用。美国马克思主义史学家（又称老左派，以与新左派相区别）对美国革命的论述，丰富了马克思经典著作中关于美国独立战争的内容，应予以充分肯定。但是其中对资产阶级杰出人物杰斐逊、萨缪尔·亚当斯等人的评价和对美国宪法的评价，都有值得商榷之处。

到了40年代后期，杜鲁门政府对外推行扩张政策，对内限制人民的基本民主权利，公布实行"联邦忠诚法"，往往借口"不忠诚"强迫政府职员、高等院校教员、教授、学术机关研究人员辞职；50年代初期，麦卡锡主义迫害狂猖獗一时，马克思主义史学家，甚至部分自由主义史学家遭到政治迫害。和这一时期美国政治上反动倒退相适应，史学界出现了新保守主义学派，这一学派的代表人物是丹尼尔·布尔斯廷、罗伯特·布朗和路易·哈兹。他们强调美国社会和历史是"利益一致"的、"无冲突的""和谐王国"。新保守主义学派独霸美国史学界达十多年之久，直到现在，影响还很深。在美国革命这一专题上，他们和进步学派唱反调，如布尔斯廷和哈兹在抹杀独立战争的正义性、迫切性和必要性方面，较上述的帝国学派倒退得更远。他们由反对一切变革，害怕革命而贬低美国独立战争的进步意义，认为美国独立战争不过是"家庭里的争吵"、历史的误会"、"双方政治家互不谅解和近视政策"的结果，并宣称独立战争至多是"殖民地反抗，算不上是革命"。最突出的是布朗，在1976年出版了《美国革命真的发生了吗？》①的小册子，仅30来页，乞灵于语义学，用韦伯斯特辞典和30年代出版的克兰·布林顿写的一本书中关于革命

---

①　小乔治·G. 苏格斯辑：《美国革命面面观》（Robert E. Brown: *Did the American Revolution Really Happen?* See George G. Suggs, Jr. edited: *Perspectives on the American Ravolution*, 1976, Southern Illinois University Press)，第2—35页。

的定义来衡量，认为美国革命还缺少好几项条件，因此称其为革命是不够格的。布朗对进步学派比尔德、老施莱辛格、贝克尔、詹姆森等人的学术观点也进行了猛烈攻击，特别是对上面提到的贝克尔提出的美国革命具有双重意义的正确观点开火，说什么进步学派滥用历史史实以达到预期的目的，其虚假程度和水门事件没有区别。① 路易·哈兹强调美国历史特殊性到了传奇的程度，硬说：北美洲没有封建制，没有社会冲突，从殖民地时期开始，就建立了近代化政治制度；清教主义是全体移民的共同原则，孕育了自由主义的思想传统；激进主义是欧洲阶级斗争的产物，和美国不相干；在美国虽有所谓进步与保守之别，实际上美国人都是保守的自由主义者。在历史观方面，新保守主义学派拾起了"清教主义精神"来歪曲历史，它与早期学派班克罗夫特的"神意史观"是一脉相承的。新保守主义学派是以向进步学派挑战起家的，甚至对进步学派提供的有价值的资料也进行抵制。但在他们的著作中，也整理了不少有用的具体资料，如布尔斯廷的《美国人——殖民地时期的经验》一书，对殖民地时期政治、战争、宗教、科学、出版、语言风格、医药、艺术诸方面情况，进行了细致的考证，对研究殖民地时期美国历史有参考价值。

　　60年代，美国人民兴起了强大的反战运动、争取民权运动、学生运动、妇女运动，对美国行政当局推行的战争政策和国内种种不平等措施，进行猛烈的冲击，形成新左派政治运动。在美国史学界相应地出现了新左派史学学派，他们批判新保守主义史学家所鼓吹的美国社会利益一致论，提出要撰写美国默默无闻的劳动人民的历史；在美国革命这一专题上，重新提出研究下层人民在战争中所发挥的积极作用。杰西·莱米希发掘和钻研新史料，

① 小乔治·G. 苏格斯辑：《美国革命面面观》，第35页。

证明美国海员在美国独立革命中斗争性强，表现出色，作出了很
大的贡献。新左派在政治上是进步的。在对美国革命中各阶级所
起作用的评价方面，新左派史学家如 D. 霍德尔和 H. 纳什过分
强调下层群众的力量，忽视资产阶级的领导作用，是不符合当时
历史实际情况的。新左派史学的指导思想比较繁复，其中包括爱
默生的先验论、杜威的实用主义、德国法兰克福派马库塞的"弗
洛伊德的马克思主义"、法国萨特的存在主义，实质上是一些非
马克思主义思潮的综合。

　　由于美国计算机技术的广泛应用，50 年代末出现了新经济
史学派，60 年代有大发展，又称计量学派，主张将各种文献和
统计资料处理为信息，使美国历史研究数值化。新社会史学家如
西恩斯特罗姆（有时被列为新左派）运用计量分析方法对某一城
市社会人口在 1850 年到 1880 年期间流动情况进行了微观研究，
证实这一城市的雇佣劳动者，在此期间很少有人能脱离蓝领工人
阶层，上升为白领工人阶层，从而打破了美国是劳动人民的天堂
的传统神话。但有些新经济史学家将大量带有资产阶级偏见的资
料输入电子计算机贮存，不恰当地进行计量分析，得出错误的结
论，如罗伯特·保罗·托玛斯采用"反事实度量法"，首先提出一
个违背事实的假设，即在 1763 年到 1772 年期间，假如北美殖民
地已经独立，并自建防务，自办外交，远不如她们作为英国殖民
地来得有利，然后根据这个假设，搜集资料，用计量分析方法进
行演算，得出违反历史事实的结论说：北美殖民地是受益者，而
不是受害者。托玛斯用这种反事实推论来否定美国革命的正义
性、必要性，是荒诞的。计量分析是先进的科学方法，应用于历
史研究时，关键问题在于历史学家用什么观点进行研究，选择的
题材和资料是否有意义，统计资料是否确切、全面，如运用得
当，先进的科学技术的威力就能得到发挥。否则，便适得其反。

美国建国的历史仅二百多年，在世界历史的长河中为期短暂，但她的历史也是错综复杂的。如何准确地反映她的历史全貌，既阐明美国历史发展的一般规律性，批判形形色色的美国例外论，又表述她的历史特点诸如优越的地理环境、富饶的自然资源、具体的历史条件、民族成分的多样性、人民在艰苦创业中发挥的求实创新精神、学习外国先进技术、建设高度物质文明等实践经验，以资借鉴，是摆在我国史学工作者面前的严肃任务。过去我们对美国历史的特点注意不够，今后应予以重视，使美国史研究的内容更加充实和丰富。

在美国资本主义制度下，关于美国史的普及与提高是混乱的，一方面对历史名胜"古迹"按历史当年面目进行重建，以普及美国历史的教育；另一方面，在资产阶级自由化传统的学术观念的支配下，美国有些史学工作者钻牛角尖，抠冷门，搞所谓超阶级的学术，这种作法为我们所不取。在我国社会主义制度下，"阳春白雪"与"下里巴人"必须统一的原则，同样适用于美国史的研究。普及有助于提高，提高必须兼顾普及，两者不可偏废。这应当是我国美国史研究的一个特色。

开创美国史研究新局面的工作是长期的、艰巨的，必须群策群力，在马克思主义指导下，贯彻百家争鸣的方针，对于不同的学术观点，要展开实事求是的探讨和争论，以达到共同提高学术水平，写出更多的有一定深度的普及读物和有分量的学术专著，使我国美国史的研究沿着社会主义方向蓬勃发展。我们希望经过一代人的努力，并发挥集体智慧，使中国美国史的研究，达到国际马克思主义史学界所公认的高水平。

（原载《历史研究》1984 年第 1 期）

评《美帝破坏条约的历史上的罪证》

斯大林早就提出："一切依条件、地点和时间为转移。"列宁曾指出："马克思主义的最本质的东西，马克思主义的活的灵魂，就在于：具体地分析具体情况。"（《共产党人》）他又说："马克思的方法，首先就在于：要在特定的具体情况下，在规定的具体环境中，去估计历史过程底客观内容，要去先懂得什么阶级的运动乃是这个具体环境中的可能的过程之主要原动力。"（"在别的旗帜之下"）从具体的历史条件、具体情况分析问题，就是科学的历史主义的基本观点，就是历史唯物主义的基本观点。历史上的一切制度、现象、政治人物、个别问题都由当时当地的历史条件所规定，我们着手分析时，必须依据当时当地的具体历史条件，去评定它们（或他们）的进步性或落后性，而不能根据现在的历史条件，或现代的标准来批评它们（或他们），不然，就会陷入简化主义或公式主义的错误，就是非历史观点的方法。

陈体强君这篇文章就是由于不从具体的历史条件，具体情况分析问题，而陷入原则性的错误的。

目前抗美援朝运动蓬勃地展开，作者为这伟大的爱国运动所激动，也希望从历史上找出美帝破坏条约的罪证来，帮助读者从理性认识上增加仇视美帝、蔑视美帝、鄙视美帝的情绪。这个主观动机是善良的，可是，由于作者不能以科学的历史观点，分析美国历史事件和人物，找罪证，没有找到一件足以证明美帝"有破坏条约的悠久传统"的事实，他只找到了一件"年幼的资本主义的美国怎样选择了一条障碍较少的途径，突破国际资本主义国家的包围，走向独立"的事实。这一个时代的美国，非但不是帝国主义的国家（这是必须指出的，因为当美国以革命的方式，打碎民族压迫的枷锁的时候，如果自己已是帝国主义的国家，真是不可想像的怪事），甚至资本主义也还在萌芽的阶段，她能够策略地运用资本主义先进国家的矛盾，在独立革命战争中获得当时英国的敌人——法国专制的波旁王朝的援助，充实了作战的力量，击败了束缚它的发展的敌人——英国，可以说是她外交政策的成功，这正是弱小国家在民族解放运动中运用灵活外交的辉煌胜利。但当她走出战争的时候，旧日的同盟国家——法兰西、西班牙要宰割她，索取极高的代价，妨碍了美国的生存权利和发展，而旧日的敌人——英国已打得无还击力量，愿意以宽大的条件和美国单独媾和的时候，年轻的刚走出战争的美国单独地和英国媾和，是绝对符合她的生存和发展的，是正确的。美国著名马列主义史学者摩理士（Herbert M. Morais）曾对这时美英单独媾和分析说："美国的代表，深信法兰西和西班牙现在采取了共同行动，违害了他们的国家利益，决定单独和英国订立条约。"① 不是最好的说明吗？

要想找美帝破坏条约的历史上的罪证是多得很，例如：1898

---

① Herbert M. Morais: *The Struggle for American Freedom* p.215.

年 4 月 21 日美帝为了进行再分割西班牙殖民地，发动美西战争，战争前数天，4 月 19 日，美帝曾和古巴签订附有特勒修正案（Teller Amendment）的条约，声明尊重古巴独立、对古巴无领土野心，仅要求西班牙军队撤退，使古巴成为古巴人的古巴。可是，战争结束以后，美帝就撕毁了特勒修正案，另订普拉特修正案（Platt Amendment），实际上把古巴变成了她的保护国。

再如，1903 年，美帝撕毁一连串条约，制造巴拿马政变，夺取巴拿马运河筑造权，也是美帝破坏条约的历史上的罪证之最好说明。1846 年美国曾和新格兰大（New Granda 即今之哥伦比亚）订定《比德拉克条约》（Bidlack Treaty），声明如果有任何运河穿过它的境内筑凿成功，美国保证尊重该运河路线的中立，尊重新格兰大对运河的主权。[①] 1850 年，英美订立《克莱顿—布尔峨条约》（Layton-Bulwer Treaty），彼此尊重中美各国主权，英美任何一方不得攫取在中美开凿运河的特权。但是，1901 年美国竟废止了这两项条约，另订《海氏——庞西浮特条约》（Hay Paunce fot Treaty），攫取独自在中美开凿运河和管理运河的权利。以后，1903 年，美帝决定自哥伦比亚的巴拿马地区筑凿运河，就收买了新巴拿马运河公司全部过去法国人持有的股票，撕毁了以前一切条约和协定，胁迫哥伦比亚政府和她订定《海氏——赫兰条约》（Hay-Herran Treaty），将巴拿马省一条十英里宽的地区租借给美国 99 年。当哥伦比亚政府拒绝时，美帝就在 11 月 3 日策动巴拿马政变，美帝于政变后"承认"巴拿马政府，获得巴拿马运河的筑造权。那个破坏条约、制造巴拿马政变的大

---

① Samuel Flagg Bemis: *A Diplomatic History of the United States*, pp.245—246.

强盗老罗斯福曾自己招供说："我拿过来巴拿马。"[①] 这不是最有力的罪证吗？

总之，从美帝在拉丁美洲的扩张历史，从美帝对世界其他地区进行侵略的强盗行为里，美帝破坏条约的历史上的罪证是很多的。

作者用简单地"骂倒"的办法，把美国过去的一切都否定，不顾当时历史具体情况，乱派罪证，这对广大读者特别是对学习美国历史的同学是极不利的。

关于美国在独立战争中怎样争取法国的援助，怎样和法国订立同盟条约和通商条约，以至美国怎样进行单独与英国媾和的详细史实经过，笔者愿就手头的材料，和笔者对这问题粗浅的知识，尝试用马列主义的方法，作一简单的的分析：

美国独立革命战争是真正的民族独立解放战争，马克思曾给予崇高的评价："18 世纪的美国的独立战争为欧洲的中等阶级鸣起警钟。"列宁曾作过精辟的分析："最新的、文明的美国的历史以一个伟大的、实际是解放的、实际上是革命的战争而揭开，这种战争在当时那些许多像今天的帝国主义战争的，在国王、地主与资本家间因对掠夺所得的土地与利润分赃不均而起的掠夺战争里面，是罕有的。"[②] 美国人民进行的独立战争是正义的、争取民族解放的战争已是不可辩驳的事实。

要了解美国怎样争取法国援助和订立条约的经过，必须首先了解美国人民进行独立战争的国际环境与国内环境，因为这是产生美法同盟条约的具体的历史条件。

---

① Autobiography，引自 Samuel Flagg Bemis：*A Diplomatic History of The United States*，p. 517.

② Thomas Hardy：*The First American Rovolution*，p. 126.

又见葛辛译：《金圆帝国主义》，第 10 页。

当时美国作战的国际环境怎样呢？正是处于列宁所指出的充满着"那些许多像今天的帝国主义战争，在国王、地主与资本家因对掠夺所得的土地与利润分赃不均而起的掠夺战争"的国际环境里。18世纪前半叶是英法资本主义国家为夺取世界殖民地进行决战的时期，英法间的矛盾超过了其他资本主义国家间的矛盾，因此，在18世纪前半叶不断地出现的掠夺战争中，资本主义国家强盗集团在组合上不断地变化，而英国始终积极参加一切反对法国的联合战线。1756—1763年英法作最后决战，英国将法国势力几乎完全逐出了印度，英国将法国驱逐北美以外，夺得法国的加拿大和西班牙的佛罗里达。英国独霸北美洲以后，英国加紧对于美国殖民地的榨取和政治上的压迫，因而导发了美国独立革命。美国13州于1776年7月宣布独立时，国际环境对美国是极为不利的：高度发展的资本主义国家——英国是她的强大的敌人，不易驱逐出境；波旁王朝的法兰西虽则退出北美，但仍馋涎北美这一片未开垦的广大市场，法属西印度群岛与美国13州进行非法贸易，妄图利用英美冲突，卷土重来；西班牙占有路易西安那与墨西哥，对新生的美国虎视眈眈，要夺取佛罗里达和阿勒格尼山脉以西的地带。美国13州于1776年7月宣布独立时，国内环境也是荆棘载道的。和其他争取民族解放的运动一样，美国革命一开始就是在两条战线的斗争中进行着。美国亲英派分子依然很嚣张，如杰·约翰（John Jav）和葛楼委（Joseph Galloway）都盘踞要津，在军队中有日后背叛祖国利益和美国人民利益的阿娄得将军（Benedict Arnold）；在南部诸州潜伏着大批投降分子的"效忠派"（Loyalists）。国内更充斥着不顾国家利益，专门从事投机买卖，从榨取工人和广大人民蓄积原始资本的大商人如李文司顿（Robert R. Livingston）、莫理士（Gouverneur Morris）等，和阻挠革命，专门从事土地投机的大地主如维吉尼亚的地主赫瑞逊（Benjamin Harrison）之流。这一切顽固的、落后的、反动的势力都胶结在一起，障碍着、破坏着美国独立革命的进行。当时代表美国民族利益的资产阶级民主派的革命者如杰斐逊（Thomas Jefferson）、富兰克林和萨缪尔·亚当斯（Samual Adams）的重大任务，就是如何发动美国广大人民从事争取独立和民主的斗争，以及如何正确地估计美国国际环境和国内环境。采取正确的外交政策，争取外援、孤立英国、并在国内进行一切革命斗争，组织公安委员会，镇压反革命活动，使美国革命能够在排除困难中走向胜到。美国革命中的民主派在这两方面都获得重大的成就，而本文侧重美法同盟，因此，只讨论外交政策方面的成就。

美国革命中民主派运用英法的尖锐矛盾，英西的矛盾（西班牙想收回直布罗陀，密诺卡（Minorca）和佛罗里达）和英荷争取商业市场的矛盾，争取法国的援助，首先订定美法同盟，再影响着西荷先后卷入对英作战，争取了对于美国革命极为有利的条件。但是，美国人民英勇作战，在独立革命战争中得到决定性的胜利，夺取了主动权，又是这些有利条件获得的前提；如果没有美国革命军队在前线上的胜利，这些惟利是图的资本主义国家就会以实力参加对英作战，和美国结成反英联合战线，简直是不可思议的。下面，笔者就来说明这点。

法国在 1778 年和美国才订定同盟条约和友好通商条约，这时美国独立战争已经进行了两年。什么是使法国在这时和美国订立同盟的具体历史条件呢？它就是美国革命军队在战场上获得的辉煌胜利——英国将军柏高英（Burgoyne）于 1777 年 10 月 14 日在纽约的萨拉托加（Saratoga）的投降。早于 1776 年 3 月，美国大陆会议即曾派遣杜安（Silas Deane）赴法。9 月，大陆会议又增派杰斐逊〔因事未去，由阿塞·李（Arthur Lee）代替〕、富兰克林赴法。美国愿以美国商业的利益，换取法国的援助，并帮助法国恢复英属西印度群岛。[①] 法国人民对美国代表团表示了热烈的欢迎，法国舆论沸腾，主张援助美国，但法国人民并不能迫使那时波旁王朝的法国和美国联盟。法国虽仇视英国，希望英国迅速地崩溃，但因以下原因却不愿积极援助美国：第一，法国财政陷于破产，不敢耗费巨款，对英国作战。第二，美国革命战争初期，革命军屡遭挫败，法国不愿冒险。第三，法国波旁王朝路易十六害怕援助美国反英战争将刺激法国国内革命运动，使自己的宝座不稳。[②] 因此，法国采取了不干涉政策，但谁也不否认法国曾暗地里输送一些军火给美国。1776 年 10 月，杜安从法国政府手中获得足供 2000 军士穿用的衣服，足供 3 万兵士使用的武器。美国作战胜利使法国政府焦灼异常，深恐英国对 13 州让步，以攫取法国加勒比海的殖民地马提尼克（Martinique）与瓜德卢普（Guadeloupe）让给 13 州作为妥协条件，因此对美国政策徘徊不定。1777 年 10 月英大将柏高英投降，成为法国改变外交政策的转折点。法国国内同情美国的舆论高人云霄。美国人民在战争中的胜利，法国进步舆论的压力，是促使 1778 年 2 月美法同盟及友好通商条约签订的前提条件，其中尤以美国革命的辉煌胜利是主要条件。同盟条约及友好通商条约不是法国的"恩惠"赐与和"慷慨"行为。

1778 年 2 月美法间的两种条约也并非"对美国片面有利"，对美国"极为宽大"、"友好"。不错，那时条约的订定的确较以后帝国主义时代条约的订定是宽的。但，如果那时君主专制的法国政府能够和美国订约上面那样对美国"宽大"，"片面有利"，

① Herbert M. Morais: *The Struggle For American Freedom*，p.207.
② Ibid，p.208.

它对国内人民还会极尽剥削、压榨之能事吗？那么、岂非 1789
年爆发的法国大革命都好像多余了吗？这显然是不合乎历史发展
法则的推论。事实上美法同盟条约决不是对美国片面有利的。美
法同盟的一方——法国虽担保美国的"绝对而无限制的自由主权
与独立"，可是法国只放弃 1763 年英法巴黎条约前原属于英王，
或当时属于英属殖民地的北美领土（第六条）①法国并没有声明
放弃侵占北美领土的野心。这不是说明法国对沿海狭长的 13 州
以外的领土仍有侵略野心吗？同时，订约的另一方——美国承认
法国略取墨西哥湾中英属岛屿，并保证法国在美洲的现有的领土
（第七条）。更说明美法同盟条约不是对美国片面有利了。其实，
打败法国在世界殖民地竞争战场上的强大敌人——英国，这一事
件本身就是对法国的莫大之利，这一点仅仅依靠常识来判断，也
是很明显的。

　　不过，这样来分析美法同盟，并不含有任何否认美法同盟对
于缩短美国独立革命尽了重大的贡献的意义。法美同盟条约订立
后，法国对打垮英国采取了积极的态度，因此大大地缩短了美国
革命战争的时间。除法国以海军参战外，法国并在欧洲急迫地建
立反英的联合战线，1779 年法国争取了西班牙参战。但不幸的
是，法国和西班牙订有密约，允许在战争结束以后，将阿勒格尼
山脉以西即 13 州以西的领土让与西班牙，并允许西班牙恢复直
布罗陀及取得在密西西比河航行的特权。②熟悉美国历史的人，
都会了解这样的密约是对美国的发展绝对不利的，是美国所不能
容忍的。法西密约就种下了日后美国单独和英国媾和的种子。

---

　　①　Henry Steele Commager：*Doucments of American History*，p.105（New York，
1942）.

　　②　Herbert M. Morais：同前书，p.215.

1779年法西联盟使英国采取拦阻及搜索海上中立船只的手段，因此，引起普鲁士的抗议。普鲁士、俄国领导着组织包括丹麦、瑞典、荷兰及神圣罗马帝国的北欧联盟，发动"武装中立"，即中立船只运输货物不得任意被阻拦及搜索。由于荷兰海上贸易大为发展，引起英国的恐惧，1780年，英国对荷兰宣战。至此，英美间的战争就发展为含有资本主义国家为争夺领土与商业权利的国际战争的内容了。国际形势的这种变化，绝不是如陈体强君所分析的，是法国推动的结果，它显然是资本主义国家间剧烈矛盾的发展。不过，国际形势的这种变化，却无疑问地对美国革命战争有利，缩短了美国革命的过程。

美国人民对于法国革命志士和法国青年奋勇支援他们的战争，参加他们的战争，以及法国政府和美国政府订立同盟条约、友好通商条约，缩短美国战争过程，表示衷心的感谢。1789年，法国革命爆发以后，美国进步人民一致同情法国革命，国内展开了激烈的两条战线的斗争，同情法国革命与主张国际镇压法国革命，就成为美国两条战线斗争的中心内容，凡属于进步阵营的美国人民无不竭诚拥护法国革命，凡属反动阵营的，都主张附和英俄等国干涉政策。以后，在19世纪初期的英法的冲突中，美国进步人民竭力推动政府，避免卷入漩涡，就是美国人民难忘美法同盟友谊的具体表现。

那么，美国独立战争结束以后，在巴黎和会席上，美国代表团为什么与英国单独媾和呢？1781年，美国革命战争在基本上已经取得了决定性的胜利。可是，这一个年青的独立国家在国际舞台上，却未获得重视。美国议和代表是美国第一流人物，虽然代表团成分不一，富兰克林是资产阶级民主派的代表人物，是极同情法国启蒙派的学者，约翰·亚当斯和约翰·杰都是亲英分子。但，在美国人民舆论监督之下，美国代表团的使命是重大的，任务是清楚的，美国代表团要求各国承认她在国际地位中的独立、自主；要求各国承认她占有密士失必河以东连同佛罗里达的土地在内的领土，并承认她有自由航行密士失必河的航权以及要求英国赔偿等等。美国这种要求在当时是合理的，合乎正义的。但法国和西班牙曾有密约，西班牙坚决主张将俄亥俄以南的土地，连同佛罗里达都划归西班牙，西班牙并且要求各国承认她在密士失必河的特权。"西班牙这种举动是受到了法国的支持，深深使美国人民感到厌恶。"①西法的要求是与美国独立发展前途违背的，因此，美国宁愿和英国单独媾和了。而这时英国国内情势的发展，亦有利于美国单独媾和。在国际资本主义的混战中，英国商业资本家深恐再战斗下去，将引起大英帝国的崩溃，将使他们的投资因英国政府完全战败而全部落空，急迫地需要和美国媾和。这就更促进英美单独媾和的成功。

1782 年 11 月 30 日英美签订和约草案，次年 9 月 3 日英美签订巴黎和约换文。英国正式承认美国独立，允许美国获得佛罗里达以外密士失必河以东的土地，和新芬兰海岸的渔权。英国对美国的条件显然比西班牙和法国的条件要宽大些。但是，这并不是说，英国就甘心退出北美，显然地，英国仍继续对美国采取侵略政策，一直到 1812 年美国第二次对英独立战争之后，英国势力才退出北美洲。在英国与美国签订和约以后，英国又和法、西两国签订和约，这条约有一项严重地损害了美国的权利，英国承认把密士失必河以西的广大领土和东佛罗里达让给西班牙，使西班牙不再索取直布罗陀。这样，在英西协议之下，13 州以外的北美成为由西班牙、"大英帝国"与美利坚合众国共同占领的区域，成为英、美、西三国的角斗场。可见资本主义国家还是有着

---

① Henry Steele Commager：*Doucments of American History*，p.215.

复杂的深刻的矛盾的。

对于美国在独立革命中怎么利用国际矛盾，夺取民族独立解放，列宁早作过科学的结论："当美国进行反抗英国侵略者的解放战争的时候，她同时却遇到了法国的和西班牙的压迫者，她们在现在美国的领土都占有一部分土地。在美国为争取自由的艰苦战争中，美国人民曾和一部分侵略者订立'盟约'，以反抗另一部分侵略者，这样削弱了侵略者的力量，但却加强了那些以争取被压迫的广大人民的利益为前提、真正以革命方式反对侵略的运动。美国人民甚至和法兰西及西班牙的压迫者的专家并肩作战，以反抗英国侵略者的时候，都善于运用法兰西、西班牙和英格兰间的矛盾。因此首先，美国战胜了英国的压迫者，然后又从法兰西与西班牙的压迫者之下解放出来（一半靠购买她们占领的土地）。"①

从以上的分析里，我们可以肯定地说：在美国独立战争的具体历史条件之下，1783 年美国和英国单独媾和是符合美国民族利益的，美国当时并不负任何破坏美法同盟的责任。我们研究历史，尤其研究其他国家的历史，要站稳科学的历史的立场，绝不可以牵强附会，曲解历史，因为任何外国史的研究，在国内还是崭新的园地，我们对于任何专题的研究，如果不用冷静的头脑，马克思主义的"实事求是"的态度来论理，就会发生严重的偏差，引起学术界的混乱现象的。美国历史的介绍，在目前是件艰巨的工作，我认为我们对于美国历史进行任何专题介绍以前，必须对于美国马列主义史学者丰纳（Philip S. Foner）、艾伦（James Allen）、摩理士、罗捷斯特（Anna Rochester）、富兰克林（Eran-

① 列宁：《致美国工人的信》，引自 Thomas Hardy：*The First American Revolution*，pp. 115—116.

cis Franklin）的著作，有基本的认识，学习他们所运用的马列主义的观点，学习他们处理许多历史人物、历史事件的方法，批判并清洗资产阶级文化的影响，这样，才能鉴别国内现有的美国历史的材料，这样，才能比较正确地分析美国历史个别问题，介绍美国人民的历史。

（原载《历史教学》1951 年第 2 卷第 5 期）

北美印第安人的原始社会
不是美国的古代史

　　1979 年 12 月初，在武汉召开的美国史学讨论会上，对于美国史的上限问题，开展了争鸣。一种意见认为：北美洲印第安人，对创建美利坚文明有一定贡献，但美国不是在印第安人的原始社会基础上发展起来的。美国的历史，是在西欧封建社会末期、资本原始积累过程中，作为英国的殖民地开始的。美国的历史，是美利坚资产阶级合众国的成长史，是美国资本主义发展史；因此，印第安人的原始社会，不能作为美国的古代史。另一种意见认为：美国有古代史，北美洲的土著居民印第安人的原始社会，就是美国的古代史；以殖民地为上限的美国史，只能称为美国近代史，而不是美国通史。这是一个重大的学术问题，至今我国美国史学工作者，还没有对这一问题写出论文或专著，因此，这个问题的提出和讨论，表现出我国美国史学工作者解放思想、认真钻研的精神。本文尝试地提出自己的一些看法，目的是抛砖引玉，使这个问题能在充分展开讨论之后，逐步取得一致性的认识。

　　本文就下列几个方面，进行阐述和分析。

一　欧洲人到达北美时的印第安人

北美洲的印第安人，是开拓这一地区的先驱者。在欧洲移民到达北美以前，是世代生息在现今美国疆域内的主人。考古工作者在北美洲进行过不少发掘，至今没有发现过类人猿或直立猿之类的人类近亲的遗迹，因之，现在历史学界公认：北美印第安人，是从西伯利亚移居而来的蒙古族。大约早在二万五千年前，首批印第安人经北美洲西北部白令海峡，在阿拉斯加的岛屿登陆。根据美国著名人类学家摩尔根的分析，哥伦比亚河流域，是印第安人的发祥地。从哥伦比亚河流域迁徙出来的一批批印第安人，逐渐向南移居，经过漫长的时日，印第安人遍布于美洲大陆；凡是适宜于农业、采集野生植物，或者适宜于捕猎、网渔的土地上，都有印第安人居住。由于生产力十分低下，印第安人多集中地生活在生活资料特别富裕的天然中心地带。根据摩尔根的研究，在北美洲，这样的天然中心并不多，主要的只有三处：第一个是哥伦比亚河谷地带，……第二个是苏必利尔、休伦和密执安三湖之间的半岛，这里是奥季布瓦人所居之处，也是许多印第安人部落的发祥地；第三是明尼苏达的湖泊区，现在的达科他部落即发祥于此。[①] 在现在美国境内居住的印第安人，人数最多，分布最广的是阿尔贡金人，他们最早散居在从落基山脉到哈得孙湾的大片土地上。阿尔贡金人是从事农业的半定居的村民，同时也是捕鱼能手和优秀的猎人，住在现今美国的东北部和阿尔贡金人杂居的是负有盛名的易洛魁人；1675 年，易洛魁人势力臻于鼎盛时期，领土范围包括现今的纽约州、宾夕法尼亚州和俄亥俄

---

① 摩尔根：《古代社会》，麻萨诸塞，剑桥 1964 年版，第 98 页。

州的大部分地区以及安大略湖北岸加拿大的一部分地区。① 生活在密西西比河上游的水源地带和密苏里河两岸附近的是达科他诸部落，其领土范围达 1000 公里以上。② 海湾一带，自大西洋海岸到密西西比河下游流域，自田纳西到墨西哥海湾，住着操不同语言、有丰富文化的印第安人，其中马斯克金族占据大片土地，③ 最著名的有克瑞克人和彻洛基人。

在现今北美洲西南部的新墨西哥和亚利桑那地区，普韦布洛人在纪元前一世纪就已定居在这里。他们是以狩猎和采集为生的半定居的部落，有较高的文化，农业、制陶业和织布业都有一定的发展，居民能用土砖建筑房屋，房屋栉比相连，成为一个个大村庄（普韦布洛在西班牙语的含义是大村庄），他们穿着织品的衣服；普韦布洛人还建立了人工灌溉系统。

美洲印第安人是勤劳的、有智慧的民族。北美洲的易洛魁人、阿尔贡金人、普韦布洛人，在生产和文化方面，有卓越的贡献。在农业方面，美洲印第安人把二十多种美洲的野生植物，培养、改良成为主要的食用作物。④ 易洛魁人和阿尔贡金人的医师选用的药草，被医学科学承认并列入美国药典之中的，就有 70 种之多。⑤ 印第安人的陶器，编织的五彩绚丽的毯子等等，也都达到了一定的工艺水平。根据摩尔根 1877 年发表的《古代社会》这一光辉著作的论证，在欧洲人到达北美洲的时候，北美印第安人处于原始社会发展的不同阶梯上，哥伦比亚河流域、哈得孙地

① 摩尔根：《古代社会》，麻萨诸塞，剑桥 1964 年版，第 112 页。

② 同上书，第 135 页。

③ 约瑟夫：《美洲印第安人的遗产》（Alvin M.Josephy, Jk, *The Indian Heritage of America*），纽约 1971 年版，第 18、99 页。

④ 福斯特：《美洲政治史纲》（William Z.Foster, *Outline Political History of the Americas*），纽约 1951 年版，第 33 页。

⑤ 苏联科学院：《美洲印第安人》，三联书店 1960 年版，第 130 页。

区的印第安人，还处于高级蒙昧社会，密西西比河以东的半定居的印第安人，处于低级野蛮社会，[①] 新墨西哥、墨西哥、中美和秘鲁等地的印第安人，属于中级野蛮社会。[②] 在这种情况下，欧洲殖民者到达了北美洲，从此，这片土地上发生了巨大的变化。

二 对美国社会形态的分析

在我们对北美印第安人的原始社会作了历史的考察以后，让我们掉过头来对美国社会形态作一些分析。

人类历史有五种社会经济形态，即原始公社制度、奴隶占有制度、封建制度、资本主义制度、共产主义制度（它的低级阶段是社会主义制度）。这是世界各个民族必经的历史阶段的概括。总的来说，各个民族都遵循着这一社会发展客观规律，经历不同的社会形态，向前发展着；但世界各国的历史发展是不平衡的，各个民族、各个国家的历史，具有自己的特点。例如，尼德兰革命和英国革命，标志着资本主义制度的发轫，是世界近代史的开端；而中国有其自己的历史进程，她的近代史是以1840年鸦片战争中沦为半殖民地半封建社会作开端的。

在我们探讨美国历史的上限时，首先应明确她属于什么社会经济形态。

马克思指出："资本主义时代是从16世纪才开始的。"[③] 马克思早期还指出过：美国是"在已经发达的历史时代才开始自己

---

① 摩尔根：同前书，第22、17页。第17页，亦作"美国密苏里河东岸的印第安人部落"，主要的指易洛魁人、阿尔贡金人。

② 同上。

③ 马克思：《所谓原始积累》，《马克思恩格斯选集》第2卷，人民出版社1972年版，第222页。

发展的国家"。① 美国的历史，是在欧洲由封建社会向资本主义过渡的历史时期，也就是西欧资本原始积累时期，以北美洲殖民地作开端的。现今的美国人，大多数是欧洲移民的后裔。1680年以前，移民中9/10是英格兰人，其后爱尔兰、苏格兰、德意志、法兰西等地，都提供了一定数量的移民，还有从非洲贩运到美洲的处于非人待遇的黑人。欧洲移民带来了远较当地居民即印安人先进的生产技术和科学文化。大量的欧洲移民，因彼此具有类似的生活方式、语言和宗教等因素，能够互相支持，并在不断改造大自然的过程中，适应北美洲的新环境。在北美洲沿大西洋海岸的各个殖民地土地上，移民们经过一百多年的共同的经济文化生活，形成了以英语为主的语言文字和共同的心理素质；在反对宗主国英国统治阶级的高压政策的斗争中，逐渐形成了美利坚民族。美国是一个由移民组成的国家，这些欧洲移民在北美大陆进行垦殖开发的同时，采用奴役黑人和屠杀印第安人的残暴手段，进行资本的原始积累，在取得反对宗主国英国的独立战争胜利之后，建立了美利坚合众国。这是美国历史的特点。美国的诞生，是不同于其他大多数民族在特定的地区内，其社会形态经过由低级阶段向高级阶段发展的历史过程的。

历史唯物主义告诉我们，经济的发展是历史进程的物质基础，也是历史过程分期的理论根据。正如马克思所指出的："一定的生产方式或一定的工业阶段始终是与一定的共同活动的方式或一定的社会阶段联系着的，而这种共同活动方式本身就是'生产力'"。② 马克思又指出："社会经济形态的发展是一种自然历

① 马克思和恩格斯：《费尔巴哈》，《马克思恩格斯选集》第1卷，人民出版社1972年版，第80页。

② 同上书，第34页。

史过程"。① 为了判定美国社会经济形态的性质，我们必须从她基本的或者说从她主导的所有制形式来考察。我认为：美国的历史，从殖民地时期起，就具有资本主义生产的因素，在东北部的新英格兰和中部大西洋沿岸，盛行小农耕作，手工业中盛行工资雇佣劳动制。至于在南部，逐渐经营和发展起来的奴役黑人的种植园经济，由于其产品以商品形式，输向英国和西欧，是为世界市场经营的农业生产，因而也具有资本主义性质。随着北美殖民地资本主义经济因素的增长，促使殖民地人民在资产阶级和种植园主的领导下，冲破了宗主国在经济上和政治上的桎梏，取得了独立战争的胜利，促使资本主义生产方式在美国确立。随着工业革命的推进，资本主义工厂制在北部建立和发展起来，南部盛行的种植园奴隶制，成为资本主义发展的障碍，终于爆发了南北战争。南北战争以北部的胜利结束之后，为资本主义进一步发展廓清了道路。南北战争后，美国资本主义生产迅速发展，到 19 世纪末，在经济上赶上和超过世界第一个工业大国英国。恩格斯指出：美国是一个"从未经历过封建主义、一开始就在资产阶级基础上发展起来的年轻的国家。"② 美国的历史发展表明，美国的社会经济形态是典型的资本主义生产方式，美国的历史只能从近代史开始。

人类起源于共同的祖先。美洲印第安人是人类远祖的一部分，它的历史，是人类成文历史的史前史；美洲印第安人的原始社会，成为考察人类史前历史的极为生动而丰富的样板。恩格斯高度评价摩尔根对于北美印第安人的原始社会研究的专著《古代

---

① 马克思：《资本论》第 1 卷第 1 版序言，《马克思恩格斯选集》第 2 卷，人民出版社 1972 年版，第 208 页。

② 恩格斯：《恩格斯致弗·阿·左尔格》，《马克思恩格斯选集》第 4 卷，人民出版社 1972 年版，第 496 页。

社会》一书，指出："摩尔根的伟大功绩，就在于他在主要特点上发现和恢复了我们成文历史的这种史前的基础，并且在北美印第安人的血族团体中抓到了一把解开古代希腊、罗马和德意志历史上那些极为重要而至今尚未解决的哑谜的钥匙。"① 但印第安人的原始社会阶段，决不是美国的古代史。从上面对美国社会经济形态的分析中，可以辨明，近代的美国，主要是欧洲移民所创建的，她不是在印第安人原始社会的基础上，发展上升到资本主义社会的。美国的历史，没有和印第安人原始社会发生必然而又自然的循序前进的连续性，在血统上也没有广泛的融合。美国的文化，并不是在印第安人的基础上发展起来的。至于在对待印第安人的政策方面，英属北美殖民地在推翻了英国的殖民统治，组成独立的国家以后，继承英国殖民主义者的衣钵，并变本加厉地对印第安人实行驱逐、剿灭的政策，"把原来占当地多数的印第安人削弱成了少数"，② 并摧毁了印第安人的原始社会。正如恩格斯所指出的："最卑下的利益——庸俗的贪欲、粗暴的情欲、卑下的物欲、对公共财产的自私自利的掠夺——揭开了新的、文明的阶级社会；最卑鄙的手段——偷窃、暴力、欺诈、背信——毁坏了古老的没有阶级的氏族制度，把它引向崩溃。"③

---

① 恩格斯：《家庭、私有制和国家的起源》，《马克思恩格斯选集》第 4 卷，第 2 页。

② 周恩来：《关于我国民族政策的几个问题》，载《人民日报》1979 年 12 月 31 日。

③ 恩格斯：《家庭、私有制和国家的起源》，《马克思恩格斯选集》第 4 卷，第 94 页。

三　美国对印第安人的民族压迫和
印第安人的反抗斗争

到达北美的殖民者和美国的统治阶级，采取白种沙文主义的政策，对印第安人残酷地驱逐和屠杀，写下了可耻的篇章。美国统治阶级对印第安人的民族压迫，大致可以归纳为三个方面：

一是掠夺印第安人的土地：在北美大陆，从英法殖民者到美国统治者，其中有向西部扩展的土地投机者以及向西部迁徙的劳动人民，在掠夺土地的行动中，都否认印第安人对土地的所有权，认为印第安人世代生息的土地，是可以随意去占领的。甚至美国建国初期的资产阶级民主派、在文学领域内颇负盛名的宾夕法尼亚西部的布瑞堪瑞治，在 1777 年发表论文，也在理论上阐明这种观点；1782 年，在他发表的一封公开信中提出："基于首先发现这块土地而提出对它所有权的要求是无效的。"[①] 美国资本的原始积累，向西部扩展土地，资本主义迅速发展的历史过程，都与掠夺印第安人的土地紧密联系着。为了便于掠夺印第安人的土地，美国统治阶级变换各种手法，由赤裸裸的掠夺，到采用"购买"方式，诱使印第安人酋长"订条约"，出让大批土地。在美国历史上的"印第安人问题"，其核心就是土地问题，掠夺土地，是美国历代统治者对印第安人实行民族压迫的主要形式。

二是否认印第安人的公民权：美国统治者不把印第安人当

---

① 沃什伯恩辑：《印第安人与白人关系文献》（Wilcomb E. Washburn: *The Indian and the White Man*），纽约 1964 年版，第 111、114 页。

作平等的人看待。殖民地时期著名牧师科顿·马德认为："印第安人是黄褐色的蛇";[①] 布瑞堪瑞治也谩骂印第安人是动物。[②] 美国宪法公然否认印第安人的公民权。在美国宪法第一条明文中规定：众议员人数及直接税税额，应按联邦所辖各州的人口数目比例分配，但不包括不纳税的印第安人。这就在事实上否认印第安人的公民权。直到 1924 年，才在法律上承认印第安人为美国的公民，其附带条件是印第安人须受美国政府的托管，因此，新墨西哥州、亚利桑那州和加利福尼亚州，都以印第安人仍处于在政府托管条件下为借口，剥夺了他们的选举权；在另一些州内，不准印第安人投票，因为他们不是纳税人。[③]

三是美国统治阶级摧残印第安人的文化，压制它们的语言文字的发展，破坏他们的宗教信仰，迫使皈依基督教，扼杀印第安人形成民族国家的趋势。美国对印第安人文化政策的指导思想是：印第安人是劣等种族，是吃人生番，是愚昧无知的；因此，在侵占他们土地的同时，迫使他们放弃传统的文化和宗教，"同化"于白人社会之中。正如美国研究印第安人问题的作家奥利佛·拉法格所指出的："从早期直到 1925 年左右，所有（美国的）印第安政策，是以断言印第安人是一个正在死亡中的文化和种族的这种思想为根据"。[④]

北美印第安人遭受民族压迫和进行反抗斗争的历史，是可歌可泣的。

---

① 福克纳:《美国政治社会史》(Harold Underwood Faulkner: *American Political and Social History*)，纽约 1941 年版，第 13 页。

② 沃什伯恩:同前书，第 111 页。

③ 苏联科学院，同前书，第 69 页。

④ 福斯特，同前书，第 561 页。

　　最早到达北美的欧洲移民，在物质文明、精神文明方面，都高于印第安人。当17世纪初，英国移民来到北美洲的大西洋沿岸时，这里是一片荒芜未开发的地带，需要披荆斩棘、开垦荒地，从事农业生产。当时英国移民人数较少，不谙地理环境，无从发挥他们的技术，只得依赖印第安人种植的玉米，才免于饿死。如1607年开始建立的殖民地弗吉尼亚移民如乘"五月花号"船只于1621年到普立第斯的移民，都是依靠印第安人接济，才度过了饥荒。但在英国移民人数逐渐增多，需要扩大耕地时，他们即觊觎印第安人的土地，除采取种种欺骗手段，诱骗印第安人订约，掠夺他们的土地以外，更直接地以挑起战争的办法，掠夺土地。如1630年、1637年，在麻萨诸塞境内发动掠夺裴圭特部落（属阿尔贡金人）土地的战争；1662年，发动征服新英格兰境内望潘诺格部落（属阿尔贡金人），夺取其土地的战争（习称腓力浦王战争）。大西洋沿岸是易洛魁人、阿尔贡金人杂居之地，双方为争夺肥沃土地和天然牧场，经常发生冲突。英法殖民者采用借刀杀人的办法，即英国统治者以枪支供给易洛魁人，法国殖民者则拉拢阿尔贡金人，为其火中取栗，唆使这两个强大的印第安人诸部落，互相残杀，削弱他们的力量，趁机侵占他们的土地。

　　英属北美殖民地反对宗主国的独立战争，是正义的战争，可是，在战争进程中，对于中立或挡路的印第安人，不断进行毁灭性的打击。如1779年8月，美军苏利文将军对居住在纽约和宾夕法尼亚西部的辛尼加部落，进行血腥的讨伐。

　　美国独立后，美国政府曾伪善地表示尊重印第安人的土地所有权，1787年西北土地法令、1789年美国宪法都规定，未得国会同意，不得从印第安人手中攫取土地；在国会同意或授权进行合法的战争期间，占用土地可以例外。① 在美国历史上，国会确实从未对印第安人部落宣过战，但为了扩张领地，对印第安人的惨无人道的武力讨伐，是持续不断地进行着。19 世纪初，美国统治者为了争夺俄亥俄流域、密执安湖一带肥沃的西北地域，无理地向住在这里的阿尔贡金人诸部落进攻。在 1812 到 1814 年第二次反英战斗中，阿尔贡金人肖尼族部落著名领袖杜堪士，团结了北起加拿大南境，南到乔治亚的阿尔贡金人和易洛魁人的部落，站到英国人一边，向美军进行战斗，结果因寡不敌众，被彻底打败，部分土地被侵占；接着，美国统治者转向南部墨西哥海湾，向易洛魁诸部落进行讨伐，并用威胁利诱的办法，强迫印第安人签订条约，"出让"他们的土地。1830 年，美国为了在东部地区作进一步开发，由国会通过印第安人迁移法案，规定密西西比河以东各州的印第安人，全部迁移到密西西比河以西，并出具保证说：你们迁居后的新土地，"像天长地久一样，永远归你们所有"。这次大迁徙，是用军队押解的方式进行的，很多人冻死饿死于途中，凄惨万状；印第安人把这条西迁的道路称作"眼泪的道路"。不少印第安人不愿放弃他们的家园，进行了顽强的斗争，因此，西迁的工作继续了好几年。契卡索人直到 1837 年才迁徙到河西去。被迫西迁的居住在伊利诺捷州和威士康辛地域的骚克族和福克斯族（都是阿尔贡金人），在他们的领袖黑鹰的领导下，于 1832 年进行了反对西迁的战斗。至于佛罗里达的西米诺耳部落和彻罗基部落（都是马斯科金人），为捍卫自己的土地，早于 20 年代就一直进行武装反抗，1832 年由于不肯迁徙，遭到大规模的围剿，他们在西米诺耳人杰出的领袖奥斯西奥拉领导

① 《美国百科全书》（*Encyclopedia of Americana*），纽约 1977 年版，第 15 卷，第 15 页。

下，进行了战斗，奥斯西奥拉中计被俘死于狱中，彻洛基人整个
部落在美国士兵分批押解下，于 1838 到 1839 年冬季被驱逐到密
西西比河西部地区。西米诺耳人的反西迁斗争，延续到 1842 年，
在美国强大的正规军的围剿下被迫撤退，走上西迁的悲惨道路。
但其中仍有一些英勇不屈的西米诺耳人、彻洛基人和易洛魁人，
躲藏到阿巴拉契亚山脉南麓或沼泽地带，因而这一地区仍有一些
零散的印第安人的保留地。40 年代末，加利福尼亚开始了“淘
金狂热”，成群结队的淘金者，蜂拥到加利福尼亚，美国出现了
声势浩大的西进运动。50 年代末，科罗拉多银矿的发现给美国
西南部的印第安人带来了空前的浩劫。美国冒险家、投机者以嗜
杀为乐，把太平洋沿岸加利福尼亚的印第安人几乎歼灭殆尽。由
于建筑铁路和向西部移民运动，大平原① 的印第安人也遭到残
酷的迫害。印第安人赖以生存的北美野牛，大批地被屠杀。南北
战争后，美国资本主义迅速发展，为了抢占土地，美国政府对印
第安人不断采取军事行动，合计约发动了一千多次的武装围剿。
“野蛮人必须滚蛋”，“只有死的印第安人，才是好的印第安人”
等反动口号，响彻在北美西部大地上。大平原的西荷族印第安人
奋起作最后的斗争，1877 年 6 月，在其领袖“坐牛”的领导下，
在蒙大拿的大小角地方，尽歼美将柯斯脱率领的数百名陆军，柯
斯脱被击毙，但最后因寡不敌众，这次反抗被残酷地镇压了。
1890 年，西荷族的达科他人，② 在以“神舞”为名的宗教运动形
式的鼓动下，进行了为争取生存权利的最后一次起义，同样遭到
失败。印第安人反抗美国统治阶级用暴力掠夺土地的英勇斗争，

---

①　中央大平原，系指密西西比河和西部落基山脉之间的平原地区。

②　达科他人最早住在密西西比河上游水源地带和密苏里河两岸之地。1837 年
开始被驱逐到密西西比河以西的明尼苏达河上游保留地里，以后更被驱逐到西面的
荒瘠地带。

进行了三百多年，各个时期领导斗争的英雄人物，如美塔科姆（即腓力浦王）、杜堪士、奥斯西奥拉、黑鹰、坐牛等领袖和他们的光辉史绩，载入了有关印第安人斗争的史册。

1887 年，美国颁布道斯法案，即所谓个人土地所有分配制法（以后 1891、1906、1910 年均加以修订），完全废除了印第安人的土地村社公有制，将村社土地划分为大块面积的地段，交给印第安人作为每户的所有地（多为沼泽地和砂地，使印第安人难以耕作），规定 25 年内该地段不收赋税，以后归印第安人私有，印第安人归顺为美国公民。——显然，三百多年来，印第安人经过驱逐、屠杀，人口已大为减少。从此，终结了印第安人的原始公社制。加速了对仅存的印第安人的同化。如俄克拉荷马的大部分土地已给西迁的印第安人部落作为保留地。由于实行印第安人部落土地私有化，从 1889 年起，联邦政府陆续下令，把该地区原已庄严保证永远归印第安人的土地开放，公开地售给个人，此举掀起了轰动一时的抢占土地行动。当然优质土地均由资产阶级侵占。

北美印第安人是生存在美国资本主义发展壮大的环境之中，它被日益强大的资本主义势力包围着。印第安人为了争取自己的生存所进行的英勇战斗史，将永远为正义的人民所颂扬；美国历代统治者对印第安人采取的种族绝灭政策，在美国历史上留下了血迹斑斑的记录，使印第安人的原始社会趋于瓦解和湮没；因而，提出将印第安人的原始社会作为美国的古代史，是不切实际的设想。

四　北美印第安人与中南美某些国家的印第安人以及印度达罗毗荼人的情况迥然不同

历史唯物主义要求我们，对具体问题要作具体分析。同是印第安人，在美国和在拉丁美洲有些国家，其实际情况是迥然不同的。美国人的印第安人血缘色彩极少，而拉美多数国家，印第安人血缘比较显著，这是由于不同的历史条件形成的。白种人是作为征服者到达美洲大陆的，构成北美洲居民的是三大人种集团——"红种"、"白种"和黑种人。西班牙、葡萄牙是封建国家，在中南美建立殖民地比英国的北美殖民地早一百多年；当西班牙征服巴西以外整个中南美洲时，西班牙征服者强迫印第安人从事奴隶劳动，并成批地屠杀，它们所采取的残暴手段是骇人听闻的。但在西、葡殖民者对拉美地区进行统治稳定之后，由于在西、葡两国本土，盛行与外来征服者阿拉伯人或摩尔人进行通婚的传统习俗，他们多数人往往不带眷属到殖民地来，在得到王室和教会的同意下，大批殖民者与当地印第安人和贩运来的非洲黑人通婚。① 经过几个世纪，在拉丁美洲的一些国家中，为数众多的欧印混血种人（西班牙语称为梅斯提左人）繁殖起来。这些欧印混血种人，在中南美洲大部殖民地中，人数都超过了印第安人，他们和印第安人一道，在中南美各国历史中起着决定性的作用，最突出的如：领导1855至1872年墨西哥革新运动的是墨西哥伟大的民族主义者印第安人波贝尼托·胡阿雷斯。20世纪30年代，在墨西哥实行土地改革的卡德纳斯总统，是一个欧印混血

---

① 福斯特：同前书，第558页。

种人。由于在中南美洲存在着三大人种集团互相融合的强烈趋势，拉丁美洲人口一半以上有印第安人的某些痕迹。据印第安人问题专家伯伦德1949年发表的统计，那一年，印第安人在墨西哥占人口45%，在玻利维亚占人口55%，在危地马拉占人口65%，而在厄瓜多尔竟达人口的70%！印欧混血种人在墨西哥占人口的45%，在巴拿马和智利各占人口61%、65%，在委内瑞拉和尼加拉瓜各占人口70%，在萨尔瓦多占人口77%，在洪都拉斯达人口的85%，在巴拉圭竟达人口的92%！[①] 厄瓜多尔、危地马拉、玻利维亚、秘鲁、墨西哥堪称为印第安人国家，而巴拉圭、洪都拉斯、萨尔瓦多、尼加拉瓜、委内瑞拉则是欧印混血种人占优势的国家。在这些国家里，还保留着各种印第安人公社的形式，它们都是早期印第安人政权的遗迹。在墨西哥找不到一个殖民征服者的铜像，但在墨西哥首都的主要大街"改革路"，却矗立着一座雄伟的纪念碑来纪念阿兹蒂克最后一代皇帝圭台莫克的牺牲。在这些国家里，印第安人和欧印混血种人在社会上享有较高的地位，依照拉丁美洲的社会习俗，并没有显著的种族限界。在墨西哥、秘鲁和巴西判断一个人是不是印第安人，并不考虑他的血统，而是根据当时他是否按印第安人的生活方式来生活，在玻利维亚一个欧印混血种人穿上白人的衣服便是白人。

美国是一个承袭欧洲移民血缘主流的国家，殖民地时期边疆上的移民，虽然也有与印第安人通婚的，但都被讥为边疆浪人。英国殖民统治者大多是披着宗教外衣的伪君子，他们携眷一同来到北美，有的虽然与印第安人和黑人妇女发生暧昧关系，但往往拒绝承认他们所生的孩子，并且伪善地公开斥责通婚。直到20世纪20年代，亚利桑那、奥勒冈、北卡罗来纳、南卡罗来纳等

[①]　福斯特：同前书，第554页。

州的法律，都禁止白人与印第安人通婚，弗吉尼亚还制定一种法律，把含有 1/16 的印第安人血统的人，当作有色人种看待，和黑人置于同一类。[①] 因此，美国历来没有出现过欧洲白人和印第安人大规模通婚并繁殖其后代的情况。混合种的高比率，在拉丁美洲社会是一个显著特点，而在美国的人口中，在 1949 年印第安人和欧印混血种人不到全人口的 1%。[②] 这说明北美的统治者们，从一开始就对印第安人在血统融合方面，严格地加以限制，使美利坚民族和印第安人在人种血缘方面截然区分，以利于保持白种人的血统"优越"性和推行对印第安人的种族绝灭政策，从而使印第安人的原始社会，在美国资本主义发展过程中，趋于瓦解、崩溃；印第安人在美国历史发展中，长期被处于被排斥、淘汰的地位，因而从人种和血统的角度来考察，北美印第安人的古代社会也不能是美国的古代史。

至于印度古代的达罗毗荼人，在印度历史上占有特殊的地位和作用。在纪元前二千年雅利安人（历史学者称之为印度雅利安人，以别于西北山隘以外的雅利安民族，颇近于伊朗人及欧洲的白种人）进入印度以前，达罗毗荼人是曾经定居在全印度的原始土著民族，[③] 在雅利安人侵入北印度以后被迫逐渐南迁；因印度中部一带横亘着文底耶山和广大森林，雅利安人向南进展缓慢，

---

① 麦克李奥得：《美洲印第安人的边区》（W. C. Macleod：*The AmericanIndian Frontier*），纽约 1928 年版，第 361 页。

② 福斯特：同前书，第 555 页。

③ 关于印度的达罗毗荼人的资料，系参考《大英百科全书》第 15 卷，1968 年第 15 版，第 889—991 页；《美国百科全书》第 9 卷，第 361 页。潘尼迦：《印度简史》，三联书店 1956 年版，解释有所不同，但都高度评价达罗毗荼人的历史地位。据史密斯：《印度早期史》（V. A. Smith：*Early History of India*），英国 1962 年版，第 429 页。达罗毗荼，指印度极南部的土地和这里操达罗毗荼语的人民。达罗毗荼，雅利安化的语言，即塔米尔，意译"美好"、"甜蜜"。

用了几个世纪；而达罗毗荼人在向南迁徙过程中，不断与其他民族相融合，最后定居于印度南部塔米尔一带。印度是一个多民族的国家，继雅利安人之后，阿拉伯人、土耳其人、阿富汗人、希腊人、蒙古人相继侵入，各民族不断融合，使印度成为"一个人种博物馆"。

达罗毗荼人和雅利安人是印度人数最多的两个民族。达罗毗荼人和南印度塔米尔人，创造了繁荣的印度古代文化和内容丰富的文学。南印度人有巨大的活力，当纪元前一千年，雅利安人侵入南印度时，南印度与美索不达米亚、埃及和巴勒斯坦一带都有广泛的接触；公元开始前后，南印度与罗马帝国的贸易达到了巨大的规模，南印度达罗毗荼人和其他各族人民的文化，并未因雅利安人侵入南方而有所中断，相反地日益蓬勃发展。到了9世纪，达罗毗荼人在南印度还建立了朱罗王国，直到13世纪，仍为南印度的大国。目前世界人口中说达罗毗荼语的人民占第5位或第6位。在南亚各国，共有1.1亿人民操23种达罗毗荼人语言。在巴基斯坦，还有和达罗毗荼人同一种族的巴拉胡民族达30万人，巴拉胡族是直到4世纪才和达罗毗荼人分开的。在东非、南非，也有25万达罗毗荼人。达罗毗荼人的分布状况，足以说明它的文化流传范围之广了。

达罗毗荼人不仅在印度的古代史中占有重要地位，在中世纪史中也具有一定地位。印度的历史"是一个接着一个的征服者的历史"，[①] 而达罗毗荼人并没有被征服，他们创造的文明是堪与雅利安人创造的文明媲美的，直到现在，南印度德干高原区仍保存着达罗毗荼人文化的特色。

---

① 马克思：《不列颠在印度统治的未来结果》，《马克思恩格斯选集》第2卷，人民出版社1972年版，第69页。

北美印第安人在美国的历史地位和达罗毗荼人在印度的历史地位是迥然不同的。我们不能因为达罗毗荼人的原始社会史属于印度古代史的重要组成部分，而牵强地把北美印第安人的原始社会作为美国的古代史。

根据以上几方面的初步探讨，我个人认为：北美洲印第安人在世界古代史和美国历史中应占有一定的地位，但不能把北美印第安人的原始社会作为美国的古代史。

（原载上海《社会科学》1980 年第 4 期，

后收入《美国史论文集 1981—1983》）

关于林肯评价问题的商榷

——兼论评价美国历史人物的几点意见

一百多年来，国外学者对林肯的评价分歧很大，归纳起来，有两类极端的偏向。第一类是把林肯美化为完人，神化或半神化为传奇式人物，如美国历史学家本杰明·夸尔斯著《林肯和黑人》一书中说："林肯是一个传奇式的半宗教化的民间英雄。"[①] 有的历史著作在评论南北战争时，片面地只推崇林肯个人，忽视广大人民群众的力量，否认南北战争的客观必然性和联邦作战的必要性。美国研究林肯的专门家斯特恩针对这种观点指出："林肯传奇式的描绘作为美国民间传说并不是没有价值的，但是在历史上并无价值。"[②] 这个意见颇有见地。

另一类偏向是无视南北战争时深刻的社会矛盾，为南部奴隶主发动战争作辩护，对林肯百般诋毁，大骂林肯"不是好败人计划者、工作笨拙者，就是狡猾的坏蛋和煽动分子。"[③] 倡导这种

---

① 夸尔斯：《林肯和黑人》，纽约1962年版，第12页。转引自杨生茂：《林肯与黑人奴隶的解放——一个评价》，载南开大学学报（哲学社会科学版）1978年4—5合刊，第183页。

② 斯特恩：《阿伯拉罕·林肯的生平和著作》，纽约1940年版，第4页。

③ 库尔特：《南部同盟的历史》，路易西安那大学出版社1950年版，第37页。

论调的代表人物是新保守主义史学家库尔特。这是 40 年代后期到 50 年代初期，美国对外推行战争政策，国内麦卡锡主义猖獗，对民主进步力量加以迫害，新保守主义史学流派兴起并在美国史学界占统治地位的后果，至今影响仍然很大。这一类偏向，抹煞南北战争的革命与反动、正义与非正义的区别，更值得我们重视。

运用马克思主义历史唯物主义原理，实事求是地对林肯作出恰如其分的评价，就要求我们把他放在当时美国历史具体发展过程和历史本身的矛盾斗争中去观察和分析。

林肯和他所处的时代

阿伯拉罕·林肯，1809 年出生在美国肯塔基州垦殖农民的家庭里，他的父亲托马斯·林肯是一个没有文化的农民，却是一个伐木能手和出色的木匠。家里很穷，连小麦做的面包都吃不起。当时美国还处在自由资本主义时期，西部有广阔的土地可以开垦，居民流动性较大。1819 年，林肯和全家迁居到印第安纳州，1830 年又迁居到伊里诺州。林肯亲自动手，建立新的移民住宅，并开垦荒地，辟出了小规模的农场。林肯年轻时，上学不多，作过垦荒者、伐木工人、船工、店员、邮务员等，他孜孜不倦地努力自学，在担任邮务员时，能够读到不少报刊书籍，使他对政治、法律产生了浓厚的兴趣，有志于参加政治活动。

林肯崇拜辉格党① 创始人亨利·克莱，赞赏克莱的政治主

---

① 辉格党于 1834 年正式组成，主要代表美国北部和西部工商业资产阶级利益，南部一部分种植园主也参加该党。该党在正式成立前已使用辉格党这一称谓，19 世纪 50 年代中期瓦解。

张，认为他是最完美的政治家。① 1832 年初，林肯决心依附辉格
党人竞选伊里诺州议员，3 月 9 日发表他第一次竞选演说。这次
竞选虽然失败，但他逐渐把自己的命运和辉格党联系在一起。
1834 年林肯当选为伊利诺州州议员，成为辉格党的公开人物。
1846 年由伊利诺州辉格党提名当选为国会众议员，任期两年。
1856 年林肯加入共和党，以后成为该州共和党总统选举人。从
此林肯恪遵伊利诺州共和党的政治主张，成为当地有声望的政治
人物。美国著名经济学家香隆指出："假如阿伯拉罕·林肯在伊里
诺州不是排斥黑人法的忠诚支持者和主张黑人白人在政治的和社
会的地位平等的坚决反对者，他就不能在共和党内维持他的地位
了。"② 及至 1860 年林肯当选为共和党总统后，他就成为美国资
产阶级政治权力的代表，在政治立场上坚决维护资本主义私有
制，在奴隶制问题上和资产阶级中占统治地位的那一小部分人的
主张和愿望相结合，并在各阶层人民的推动下，对南部同盟采取
了战争行动。

　　林肯所处的时代，从美国国内的经济结构来说，是建立在雇
佣劳动制之上的北部工业资本主义经济和建立在奴隶劳动之上的
南部种植园经济——两种不同社会制度之间的斗争日趋激化的时
期。伴随着美国向西部土地的不断扩张，北部资产阶级同南部奴
隶主在西部新地域上建立自由州或蓄奴州的问题上，矛盾日趋激
化，导致了流血斗争。北部资本主义势力日益成长壮大，1854

---

　　① 亨利·克莱（Henry Clay，1777—1852），辉格党创始人之一，出生于弗吉尼
亚，移居垦塔基州，曾倡导"美国制度"（包括主张建立陆军、海军，建立美国银
行，保护关税制度，以及进行国内建设，如修筑道路、建立运河网等），代表美国东
西部工商业资产阶级利益。克莱主张南北部调和妥协，是 1820 年密苏里妥协案、
1833 年关税妥协案、1850 年妥协案的制定者，不断向南部奴隶主让步。曾任州议
员、国会议员以及国务卿。

　　② 香隆：《美国人民经济史》，纽约 1938 年版，第 325 页。

年组成了代表它们利益的共和党，1856年，提出自由土地、自由劳动的口号，反对奴隶制度向西部领土扩张。而在联邦的政权方面，从1828年到1856年，除了两次（即1840年和1848年）由代表工商业资产阶级利益的辉格党担任总统以外，均由代表奴隶主利益的民主党掌握联邦政府的政治权力，推行有利于南部奴隶主利益的措施。1856年共和党参加总统竞选失败，双方争夺联邦政府政权的斗争白热化。北部资产阶级坚决主张在西部新开拓的领域中禁止奴隶制，而南部奴隶主企图撤销一切地域限制，不仅将奴隶制推向西部，而且主张扩展到美国全境；并借口保护州权，酝酿分裂联邦的叛乱行动，内战危机一触即发。这种代表两个有产阶级、两种社会制度之间的斗争，是和美国各阶层人民反对奴隶制的斗争交织在一起的；知识分子中的社会改革家展开了反对奴隶制的宣传抗议运动，黑人为争取自身解放和自由的反抗斗争此起彼伏，广大的工人、农民也积极响应。19世纪30年代到50年代，美国废奴运动不断开展，从拯救南方黑奴逃到北方的"地下铁道"活动的兴起，到约翰·布朗的武装起义，废奴运动进入了新高潮。奴隶制度的存废问题已提到当时的历史日程。在这样的具体历史条件下，共和党面临1860年的总统选举。共和党的幕后人物审时度势，摒弃了当时共和党内最著名的人物弗里蒙特和西沃德，看中了这个出身贫寒、在劳动人民中有号召力，并能为其所用的"草原政客"[①]林肯，这个政治上反对奴隶制度、但"从来不肯冒险朝前走一步"[②]的人物，就这样被推上了总统的宝座。这正是时代的需要和偶合。列宁精辟地指

---

①　桑德堡：《林肯传》，三联书店1978年版，第112页。

②　马克思：《美国近事》、《北美内战》，《马克思恩格斯全集》第15卷，人民出版社1964年版，第505页。

出："历史早已证明，伟大的革命斗争会造就伟大人物，使过去不可能发挥的天才发挥出来。"[1] 共和党的纲领就是林肯的纲领——"这个纲领的最重要之点是不再让给奴隶制度一寸新的领地"，[2] 即限制奴隶制度的向西扩张，而不是消灭奴隶制度。但形势比人强，在人民群众的推动下，林肯的政治主张逐渐适应人民的要求，使北部联邦在战争中取得胜利，取消了奴隶制度。

随形势发展不断前进，是林肯成为杰出人物的关键

社会的历史现象错综复杂，处在不断发展变化的过程中，人的认识也是处在不断发展变化之中。林肯并不是孤立的、固定不变的个人，是生活在不断发展变化的历史进程之中，因此我们应该用发展的、辩证的观点来考察和评价林肯。

1834 年林肯以辉格党候选人竞选伊利诺州议员成功，开始了政治生涯。他对于奴隶制的观点是落后于同时代的废奴主义者菲力浦斯和共和党内激进派的，当时他既反对奴隶制度，又反对传播废奴的主张。1837 年，林肯和另一个名叫斯通的议员，联名提出书面抗议，表达了这种见解。1854 年，林肯在伊利诺州的皮奥里亚发表演说，表示憎恨奴隶制的扩张，反对堪萨斯——内布加斯法案，[3] 但仍认为奴隶制应得到宪法的保护。林肯表示他自己在任何情况下决不蓄奴，但也无意指责那些蓄奴的人们；

---

① 　列宁《悼念雅·米·斯维尔德洛夫》，《列宁全集》第 29 卷，第 71 页。

② 　马克思：《美国近事》、《北美内战》，《马克思恩格斯全集》第 15 卷，第 353 页。

③ 　黄绍湘：《美国通史简编》，人民出版社 1979 年版，第 209 页。

至于解放黑奴，使他们在政治上、社会上成为与白人平等的人，林肯表示自己的感情还不允许，他相信大多数白人也不会同意。① 值得令人深思的是，迟至 1858 年 8 月 21 日到 10 月 5 日，林肯在那些使他获得声誉，为他进入白宫铺平道路的同斯蒂芬·道格拉斯的大辩论中，他对奴隶制问题仍闪烁其词；林肯一再申述：他不主张黑人在美国社会享有平等地位，从来都不赞成使黑人成为选民或陪审员，也不赞成使他们担任公职或和白人通婚；他并且向南部表白自己也是一个白人种族优越论崇拜者；他声称：由于黑人、白人种族在体质上的差异，这两个种族不能在社会上和政治上平等相处；他竭力主张将优等地位赋予白人种族。他一直承认南部诸州的蓄奴者按照联邦宪法的规定，要求追回逃亡奴隶的合法权利。② 及至 1861 年 3 月林肯就总统职，南部同盟打响了第一枪，内战已经爆发之后，林肯在华盛顿，"缺乏信心，动摇不定，时而迈出一小步，时而又迈出一小步。"③林肯仍坚持战争的目的是恢复联邦，而不是解放奴隶。1861 年 9 月，他下令取消西部军区司令约翰·弗里芒特将军发表释放密苏里州叛逆奴隶主的奴隶的文告，并撤销了他的职务；他宣布南方军区司令戴维·亨特将军释放该军区全部奴隶的命令为无效；他反对某些军区征召黑人奴隶入伍，这些行动表明他不愿触动奴隶制度本身。而在另一方面，他对于在东战场按兵不动、妄图用长蛇阵计划来包围和窒息敌人的妥协派——同情奴隶制的麦克累伦将军，却百般姑息，惟恐触怒边疆蓄奴州政客，使他们倒向南部同盟。由于林肯在南北战争重要决策上的徘徊动摇，优柔寡断，

---

① 斯特恩：同前书，第 349 页。
② 斯特恩：同前书，第 492—493、477 页。
③ 桑德堡：同前书，第 316 页。

使北部社会险象横生，"铜头蛇"纷纷出动，进行着与南部奴隶主妥协的阴谋活动，致使战争初启时北部从优势转为劣势。北部军事不断失利，到1862年7月底，恩格斯甚至推测北部一切都将完了。但当时美国北方各阶层人民主张进行革命斗争所给予林肯的压力是强大的，如北部人民对于林肯撤销弗里芒特的文告的抗议声就十分强烈，从而在许多城市的市民和工人中间，响应废奴主义者的号召，涌现出成百上千的人，主张用革命方式，将战争进行到奴隶制彻底消灭为止。各地请求解放奴隶的信件、电报、请愿书纷纷飞向白宫。1862年11月，纽约工人报纸《铁的政纲》上，阐述了工人必须认识到如果南部获胜，黑人奴隶制必将导致白人奴隶制在美国北部推行的真实性。① 废奴主义者也直接对林肯施加强大压力，如菲力浦斯1862年8月1日在波士顿的集会上严厉批评林肯说："只有消灭统治南部的寡头集团"才能结束战争，而总统"毫无头脑，没有说过一句哪怕是透露一点任何反奴隶制意图的话……他既无洞察力，也无预见和魄力。华盛顿盛行着一种无所作为、坐等事变自行发生的政策。"② 国会中的左翼集团也谴责林肯政策的软弱性，议员们在群众集会上，在国会发表演说，以及对林肯进行私人拜访，都要求他发表一个解放宣言。压力更来自代表美国北部资本主义雄厚势力、并为进行南北战争组织军队提供主要人力物力的新英格兰，和西北部的广大群众，决心迫使政府以革命方式进行战争，在星条旗上写上"废除奴隶制度"作为战斗口号。内战爆发以来，欧洲各国特别是英法两国，迫不及待地要干涉美国内战，构成对联邦政府的威胁，这对林肯的压力也很大。马克思在伦敦密切地注视着美国国

---

① 丰纳：《美国工人运动史》第1卷，纽约1947年版，第312页。
② 桑德堡：同前书，第254页。

内形势的发展，指出："如果林肯不让步（但他是会让步的），那就会发生革命。"① 1862 年 9 月 22 日，林肯发表《初告解放宣言》，这是他由根据宪法进行战争，转向以革命方式进行战争的转折点，是林肯接受美国各阶层人民正义要求的明显标志。我国某些美国史研究工作者为了强调林肯个人的历史作用，突出林肯废除奴隶制的自觉性，忽视上述美国各阶层人民和欧洲国家对于林肯施加压力的作用和影响。还有的美国史研究工作者认为，林肯关于奴隶制问题的观点不是那样前后一致，将摧毁奴隶制度的任务从属于拯救联邦，是"出于策略上的原因"。我们认为，这也是不符合当时的历史实际的。林肯在奴隶制问题上持保守态度，是有其连贯性的。例如在解放宣言公布后，他置美国国会 1862 年通过的《没收法》（它授权总统可以下令没收叛乱分子的一切土地）于不顾，却提出了一个赦免叛乱分子并恢复他们除奴隶以外的其他财产所有权的宽大的南部重建计划；直到 1864 年 7 月、8 月，林肯还两次派使者与南部进行妥协谈判。根据这些实际行动，怎能说林肯先前不敢触动奴隶制问题是出于策略上的考虑呢？

历史的发展是充满着矛盾的运动，总是曲折地、螺旋式前进的。林肯之所以伟大，之所以成为"英雄"、"出类拔萃和道德高尚的人"，② 是由于他在人民群众的推动下，在国内外政治压力下，能够顺应历史潮流的需要，对废除奴隶制度采取虽是迟缓地、但能够随着形势的发展而不断前进的各种措施，依靠了人民群众的力量，领导这场战争取得胜利，维护了联邦的统一，解决

---

① 马克思：《致恩格斯》（1862 年 8 月 7 日），《马克思恩格斯全集》第 30 卷，第 272 页。

② 马克思：《国际工人协会致约翰逊总统的公开信》，《马克思恩格斯全集》第 16 卷，第 109 页。

了自由劳动制同奴隶劳动制谁战胜谁的问题，从而起到了推动美国社会发展的作用。这样，就使林肯在美国占有崇高的历史地位。杰出人物只能是历史发展的必然产物。林肯自己毫不讳言这一点，他说："我不认为我已经控制了事变，但坦白地承认事变已经控制了我。"① 菲力浦斯在 1864 年同意林肯继续掌舵，再度拥护林肯竞选总统时所说 "林肯先生是一个天天在成长的人。为什么他会成长呢？因为我们用水浇灌了他"② 也具有同样的含义。纵然林肯具有资产阶级革命不彻底的局限性的一面，他仍然不失为美国杰出的资产阶级政治家之一。

时势造就了林肯这个历史人物

"历史活动是群众的事业。"③ "每一个真正显出了本领的杰出人物，即每一个成了社会力量的杰出人物，都是社会关系的产物。"④ 林肯的政治活动，决不仅仅是林肯个人的社会实践，而是揭示了当时美国社会实践的整体和动向，反映了时代的脉搏。因此我们在评价林肯时，一刻也不能忽视当时人民群众的政治要求和他们推动历史前进的巨大作用，如果夸大林肯个人的作用，甚至把林肯个人置于群众之上，置于社会整体之上，是不恰当的。例如，有的同志写道："南北战争的中心人物是林肯而不是约瑟夫·魏德迈。第一次大战时期美国中心人物是威尔逊，而不是德布斯……不管这些资产阶级代表人物起的作用是比较积极的或非常消极的，这些人事实上是处在

---

①　丰纳：《林肯著作选》，纽约 1944 年版，第 22 页。
②　桑德堡：同前书，第 387 页。
③　马克思和恩格斯：《神圣家族》，《马克思恩格斯全集》第 2 卷，第 104 页。
④　普列汉诺夫：《论个人在历史上的作用》，三联书店 1971 年版，第 33 页。

当时发生的历史事件的中心地位。"① 这种认为研究南北战争历史应突出林肯个人的中心人物论的观点，是不符合历史的真实的。南北战争的社会根源已如上述，而构成当时历史的真正动力的是：争取黑人解放的自由黑人和黑人奴隶，对奴隶制深恶痛绝的新英格兰自由资产阶级和西北部的各阶层人民，源源涌入西部的拓荒农民，战斗在硝烟炮火的前线以工农群众为主的官兵，主张彻底解放奴隶的废奴主义者，先进的马克思主义者，资产阶级的有识之士，汇合成为同南部奴隶主及其附庸进行搏斗的巨大社会力量。林肯顺应历史潮流，倾听群众的呼声和接纳各方意见，在南北战争进程中，以总统的身份充当了英雄角色，最后成为殉道者，激起人民的悲痛与哀思。马克思说："每一个社会时代都需要有自己的伟大人物，如果没有这样的人物，它就要创造出这样的人物来。"② 南北战争的客观形势要求有一个伟大人物出现，如果没有林肯，也会创造出一个林肯式的人物。正如恩格斯指出的："恰巧某个伟大人物在一定时间出现于某一国家，这当然纯粹是一种偶然现象。……但是，假如不曾有拿破仑这个人，那么他的角色是会由另一个人来扮演的。"③

　　林肯是在历史进程中逐渐造就的，马克思起先曾认为林肯是"仅仅具有地方声望的平常人物"，④ 并把林肯与波尔克、皮尔

---

　　① 邓蜀生：《黄绍湘著〈美国通史简编〉兼谈美国史研究中的若干问题》，《读书》杂志 1980 年第 6 期，第 28—29 页。

　　② 马克思：《1848 至 1850 年的法兰西阶级斗争》，《马克思恩格斯全集》第 7 卷，第 72 页。

　　③ 恩格斯：《致符·博尔吉乌斯》，《马克思恩格斯选集》第 4 卷，人民出版社 1972 年版，第 507 页。

　　④ 马克思：《弗里芒特的免职》，《马克思恩格斯全集》第 15 卷，第 401 页。

斯、布坎南等"黑马"① 总统并列。林肯自己也承认"只有时势才能造就一个总统。"② 在研究南北战争史时，如果把林肯个人过分拔高，忽视林肯所处时代的客观条件和人民群众的革命力量，就不能如实反映丰富的历史实际。

至于在论述美国南北战争史中的人物时，一些同志言下之意，似乎只宜突出总统林肯，不必介绍魏德迈，这也是不公正的。魏德迈是马克思、恩格斯亲密的老战友，德国 1848—1849 年革命的参加者，他被迫流亡美国之后，成为德籍美国工人运动的卓越活动家，科学社会主义在美国最早的传播者。在南北战争中，他转战在密苏里、阿肯色、肯塔基和田纳西等边疆州。马克思曾指出：保卫密苏里等边疆州，是联邦作战胜利的保证。③ 当然，在美国正统的有关南北战争的历史著作中，是不会有像魏德迈这样一位无产阶级革命家的历史地位的。我们认为：我们在论述南北战争历史人物时，一方面，应该实事求是地对林肯以及其他资产阶级代表人物进行评价，同时，也应该介绍和肯定当时的马克思主义者约瑟夫·魏德迈应有的历史地位和作用。

林 肯 是 中 间 派

林肯是不是中间派，也是评价林肯的争论点。有的同志在评论刘祚昌著《美国内战史》时写道："林肯是代表整个资产阶级的利益和愿望行动的，未必是如作者所说只代表北方资产阶级中

①　黑马：原指赛马时出冷门的马，被引用为在选举中因两派意见分派被提出作为妥协的候选人。

②　桑德堡：同前书，第 99 页。

③　黄绍湘：《美国通史简编》，第 252 页。

的中间派。"① 《美国通史简编》也曾扼要提到林肯属于中间派。
现在再就这个观点作进一步的阐述。

什么是中间派？马克思在"普鲁士制宪议会国民议会"一文
中，对"中间派"曾有解释，它的特点就是"忽左忽右的摇
摆"。② 如果援引马克思在该文中所举的例子应用在林肯身上，
似乎是过重了。我们这里所说的"中间派"，是指凡是有人群的
地方，在政治立场观点方面都明显的有左、中、右。诚然，消灭
奴隶制的总任务是代表整个资产阶级利益的，但在实际政治生活
中，整个资产阶级内部的政见和行动并不一致。在南北战争前夕
和南北战争进程中，共和党内只有激进派如斯蒂文斯、萨姆纳、
钱德勒，废奴主义者道格拉斯、菲利浦斯、欧文·洛夫乔伊等人，
他们能认识到：奴隶制代表压迫本身，他们在奴隶制上面，看到
《黑奴吁天录》中恶魔似的奴隶主西蒙·莱格利正在鞭笞四百万奴
隶的肉体，并把他们的灵魂锁住，因此，他们认为摧毁奴隶制刻
不容缓。而林肯是没有这种愿望和远见的。1856 年，他被新成
立的共和党推定为总统选举人，美国研究林肯的专家斯特恩对此
给予了明确的评价；"林肯对于这个新政党有很大重要性。……
他站稳中间立场，这样他不致因观点过激而吓坏任何人。"③ 福
斯特写道；在 1860 年共和党代表大会上，"有三种明显的政治倾
向。左翼由废奴主义者所组成——他们的领袖是斯蒂文斯、萨姆
纳、道格拉斯、伯尔尼和其他人等——努力为完全废除奴隶制而
奋斗；中间派是林肯——自由土地派，他们批评奴隶制，指望它
有朝一日自行消灭；右翼聚集在西沃德等人的周围，只主张控制

① 邓蜀生：《林肯这个人》，《读书》杂志 1979 年第 1 期，第 59 页。
② 《马克思恩格斯选集》第 1 卷，第 567 页。
③ 斯特恩：同前书，第 55 页。

奴隶制，但不打击它。党的政纲实质上是奉行右翼的政治路线。内战爆发后的 18 个月，这个政纲就变为林肯执政的一般政纲了。"① 桑德堡在《林肯传》中也写道：在林肯就职以后，"共和党内部的两派力量都在对林肯施加压力：一派是反对奴隶制的极端分子，如萨姆纳、蔡斯、韦德和史蒂文斯；另一派是调和派，如西沃德和查尔斯·弗兰西斯·亚当斯。小查·弗·亚当斯写道：'林肯将会同哪一派联合？这是北部和南部都在探询的一个问题'。"② 显然，在南北战争最初阶段，林肯取消弗里蒙特文告等措施，是使北方保守派称快的。美国著名经济史专家路易·哈克尔分析道："共和党有一个急进派和保守派。西沃德国务卿，是保守派的领袖（阿伯拉罕·林肯是和它联合在一起的，而且作为政府首脑，成为它的代言人……）。众议院中的斯蒂文斯，参议院中的萨姆纳，报业出版界中的格里利，讲坛上的菲力浦斯都是激进派的领袖。共和党的保守派希望早日结束战争，而不打乱全国必要的政治与经济方式，战争愈早结束愈好。"而"他们（指激进派——作者）驱使林肯颁布了解放宣言。他们在国会中成立了他们自己命名的战争指导委员会，迫使总统撤换了不称职的将军们并准备坚决地进行战争。他们大声疾呼要求武装黑人并使用联邦的武装力量直到他们胜利为止。……"③ 这些史实已足够说明林肯是中间派。

在战争进程中，由于林肯的徘徊动摇，他和激进派之间始终存在着矛盾，有时还很激烈。在 1864 年总统选举前夕，激进派反对林肯，只是由于林肯对激进派作出重大让步——如同意将臭

① 福斯特：《美国历史中的黑人》，纽约 1954 年版，第 214 页。
② 桑德堡：同前书，第 150—151 页。
③ 哈克尔：《美国资本主义的成就》，纽约 1947 年版，第 339、341 页。

名远扬的反动分子蒙哥马利·布莱尔从内阁中清除出去等等，左翼和中间派才弥补了他们之间的分歧，林肯得以再度当选。

林肯本人是劳动者，青年时期目睹奴隶受迫害的凄惨情景，对奴隶制度有一定的反感，在这种思想基础上，林肯出任总统后，在广大人民特别是左翼的压力下，顺应历史潮流，采取许多革命措施，领导南北战争取得胜利，并成为美国第二次资产阶级革命中的英雄人物。这与林肯属于美国资产阶级中间派的立场并无矛盾。

林肯不是废奴主义者

19 世纪中叶，奴隶制度是当时"美国政治和社会发展的最大障碍"，[①] 要求废除奴隶制，使黑人得到解放，是时代的最强音，这也是废奴主义者的中心思想。林肯不是一个废奴主义者，这在美国史学界各流派中，并没有引起争论，但在我国美国史学工作者中间却有较大的分歧，有的同志认为林肯"是一个比较彻底的废奴主义者"。

首先，应对"废奴主义者"的起源进行回顾。关于废奴主义者，在美国的历史著作中，还没有一个明确的定义。1828 年成立的废奴社，它的纲领的中心思想是要求彻底实现无补偿的解放奴隶。从此废奴运动的呼声和要求在美国人民中，特别是在北部、西北部各州和地域内不断增长；废奴主义者组织了"地下铁道"，协助奴隶逃亡，谱写了壮丽的史诗；而代表南部奴隶主利益的联邦政府，制定了逃奴追缉法，对逃亡的黑奴乃至自由黑人

---

① 《恩格斯致约瑟夫·魏德迈》（1864 年 11 月 24 日），《马克思恩格斯全集》第 31 卷，第 431 页。

进行追缉，更引起了人民的同情和义愤。约翰·布朗的起义大大地推动了黑人的解放斗争。在南北战争前，废奴主义者来自各个阶层，主张也不完全相同，其中有主张彻底废除奴隶制的马克思主义者，有激进的废奴主义者、具有钢铁般意志的温德尔·菲力浦斯，有共和党激进派萨姆纳、史蒂文斯，有黑人解放运动的杰出领袖亨·海·加尼特和弗·道格拉斯，有主张通过"说服"办法，使奴隶主解放奴隶的废奴运动温和派加里逊。联邦军队中才能出众的猛将之一胡克是个废奴主义者。联邦军司令亨特不仅解放三个蓄奴州的奴隶，而且第一个建立黑人兵团，也应列为废奴主义者。废奴主义者还包括像纽约州大地主格里特·史密斯这样的人，他曾经把自己的 12 万英亩土地分给 3000 名黑人，为堪萨斯内战花了 16000 美元。在南北战争中，格里特·史密斯自愿解私囊装备一个团的黑人军队，他还把独生子格林·史密斯送去参军。废奴主义者普遍地具有为反对奴隶制而不惜牺牲个人政治自由与经济利益的斗争精神。

有的同志认为林肯持有一贯的废奴的主张和立场，并且摘引了林肯的片言只语作为论证，但如果仔细核对，引用全文，加以研究，得出的结论却恰恰相反，如在 1837 年，林肯和斯通发表的抗议书中，先表示："奴隶制是建立在非正义和错误的政策上的"，接着又认为："但是传播废奴主张只会增加而不会减少奴隶制度的罪恶。"再如有的同志又引用林肯另一句话来说明林肯是废奴主义者，作者说：林肯并申明"我始终痛恨奴隶制度，我的想法，是和一切废奴派完全一致的"。林肯这句话最初见诸他的秘书约翰·C.尼古莱和约翰·海所辑《阿伯拉罕·林肯著作全集》第 3 卷第 3 页，美国著名老左派历史学家丰纳在引用这句话之后补充说："林肯曾经说过这句话，决不会使林肯就成为一个废奴主义者，他很同意废奴主义者认为奴隶制是一种罪恶，应当从美国大地清除出去的见解。他对于废奴运动中的男女，为了推进解放黑人的事业，在面临社会上的放逐、监禁和死亡所表现得勇敢表示尊敬。但是，林肯辩论说，南方人对他们的奴隶是有着合法权利的。忽视这种权利就会导致内战和联邦的解体。"[1] 这段补充很能说明林肯不是废奴主义者，毋庸再行解释。

林肯是同情黑奴和反对奴隶制扩张的。林肯22岁时，在乘船驶往新奥尔良时，目睹黑奴被拍卖的骇人情景，对奴隶制产生反感。[2] 1841年林肯32岁时，和斯皮德驶往俄亥俄河口，在汽船上遇到十几个奴隶被铁链拴在一起的惨景，心情一直沉重。[3] 1864年林肯还说过："假如奴隶制都不算错误的话，那就没有什么错误可言的了。"[4] 但评价历史人物不能只根据他的某些言行，必须重视他的主要的政治观点、思想倾向和社会实践。林肯持有严重的种族优越论的保守观点，他反对黑白通婚，不主张给予黑人公民权和土地权；他错误地赞助把黑人移殖国外，使美国变成纯白种人的美国；他曾经充当肯塔基一个奴隶主的法律顾问，替他设法追回一个逃亡奴隶，[5] 林肯认为在联邦宪法规定下，南部诸州的人有要求按逃奴追缉法追回逃奴的合法权利。[6] 他在早期谴责激进的废奴主义者，直到1860年，他还指责约翰·布朗。早在1849年，当林肯还是一个国会议员的时候，他就提出逐步地解放首都华盛顿地区的奴隶，并给奴隶主以赔偿的提案。林肯早期怕沾废奴主义者的边，1854年10月，一群激进的废奴主义者

---

① 丰纳：《林肯著作选集》，纽约1944年版，第11页。
② 斯特恩：前引书，第15页。
③ 斯特恩：前引书，第392页。
④ 斯特恩：前引书，第807。
⑤ 福斯特：前引书，第209页。
⑥ 斯特恩：前引书，第477页。

在伊里诺的斯普林菲尔德集会，筹组伊利诺州的共和党，林肯因他们具有废奴主义的色彩，借口另有律师事务，赶着单驾马车走了。1855 年 8 月 24 日林肯写信给斯皮德说："你问我我现在站在什么立场上，这是一个有争论的问题。我认为我是一个辉格党人，但别人说已没有辉格党人了，这样，我就成为一个废奴主义者了。"① 林肯这句话充满幽默感，但并不足以说明林肯真是一个废奴主义者。1862 年 12 月 1 日林肯致国会咨文（当时解放宣言还有一个月即生效）中还提议："现在存有奴隶制的各州，凡在公元 1900 年 1 月 1 日以前某时将该制度加以废除者，均将从合众国取得赔偿。"② 这项提案表明，林肯甚至认为奴隶制至少要继续存在到 19 世纪最后一年。上述这些事例是和废奴主义者的主张大相径庭的。

有些同志片断地引用林肯 1862 年 8 月 22 日致格里利的公开信，来说明林肯对于维护联邦统一与废除奴隶制度之间的关系有深刻的认识，其实，如果比较全面地引用该信一整段文字，反而更能说明林肯不是废奴主义者的真实立场。该年 8 月 19 日，格里利在他主办的《纽约论坛报》上发表了题为《两千万人民的祈祷》的致林肯的公开信，信中说："我们感到你在履行紧急公务上却是奇怪地、灾难性地疏忽怠慢"，"你很不恰当地被来自边界蓄奴州某些顽固不化的政客们的劝告、抗议和威胁所左右"。林肯的复信语言简洁，措词委婉，却强有力地表明他对南北战争的看法。这封信当时被广为翻印，可能全国所有识字的人都可见到。信中林肯明确地说："我要拯救联邦。我要本着宪法，通过最短的途径去拯救它……如果有人认为除非能同时摧毁奴隶制，

---

① 斯特恩：前引书，第 395 页。
② 斯特恩：前引书，第 738 页。

否则他们便不愿去拯救联邦，那我同样也不会赞同他们。……我在这场斗争中的最高目标是拯救联邦，而不是拯救或摧毁奴隶制。如果我能拯救联邦而不解放任何一个奴隶，我愿意这样做。如果为了拯救联邦需要解放所有的奴隶，我愿意这样做。如果为了拯救联邦，需要解放一部分奴隶而保留另一部分，我也愿这样做。我在奴隶制和黑人问题上所做的工作是因为我相信那将有助于拯救联邦；……"① 这也说明林肯对维护联邦统一与解放奴隶之间的关系在认识上有一个发展的过程。

　　林肯之所以成为杰出人物，是因为他能顺应历史潮流，倾听人民的呼声，随着形势的发展而有所前进。广大人民群众的舆论特别是废奴主义者的压力、军事失利的影响以及外国干涉的威胁，促使林肯从限制奴隶制的扩张走向主张废除奴隶制，从坚持以拯救联邦为战争的目标，根据宪法进行战争，而过渡到以革命方式进行战争。这是当时美国历史的客观实际，我们实事求是地予以介绍，无损于林肯的高大形象。如把林肯称为废奴主义者，反而不恰当。

　　有的同志还引用马克思一句话："如果当时把解放奴隶的战斗口号提出来，他毫无疑问会一败涂地"，来说明林肯立即提出废除奴隶制的不适宜，因此，林肯是出于策略上考虑。② 这是对马克思主义经典著作如何理解的问题，我们认为马克思这段话全文很清楚，指的是，在1860年共和党竞选期间，内战并未发生，那时共和党没有联合废奴派，仅仅反对奴隶制的扩张，并不干涉南部依法推行的奴隶制度，如果那时林肯把还未提上日程的解放

---

① 康玛杰：《美国历史文献》，纽约1943年版，第417—418页。

② 《世界历史》1981年第2期，第82页。引文载《马克思恩格斯全集》第15卷，第601页。

奴隶的问题作为战斗口号提出来，他在竞选中会一败涂地。

马克思揭示南北战争的实质是奴隶制问题，"整个过程过去和现在都是以奴隶制问题为基础的。"① 马克思和恩格斯不止一次、尖锐地批评北部资产阶级政府，不敢宣布废除奴隶制，进行彻底的、真正革命的反奴隶制的斗争；也批评林肯的动摇和犹豫，渴望保持与各边界州的"忠诚的"奴隶主的好感。马克思强调指出："这就使联邦政府从战争一开始便受着一个致命的弱点的打击，迫使它采取不彻底的措施，迫使它隐瞒战争的原则，而放过敌人最怕受攻击的地方、罪恶的根源——奴隶制度本身。"② 与此同时，马克思还揭露林肯在向边界州奴隶主呼吁中，用"废奴派势力的蓬勃发展来威胁他们"；③ 由于他"总是很不容易挣脱'忠诚的'奴隶主的控制，……因此，他就要同北部的一些坚持原则的并且日益被事变进程推向前台的党派发生冲突。"④ 马克思这里显然指的是废奴派，马克思的论述，也帮助我们了解林肯决不是废奴主义者。尽管林肯犹豫不决地、勉勉强强地演唱着他这个角色的雄壮歌词，在所作所为中充满着矛盾，但在林肯发表初告《解放宣言》后，马克思从发展的观点看问题，对林肯还是给予高度的评价，指出："在美国历史和人类历史上，林肯必将与华盛顿齐名!"⑤ 马克思对林肯的评价为我们提供了历史唯物主义的典范。其实，废奴主义者，在美国著名的正统史学家著作中，并不是一顶桂冠，而是一个具有污蔑性的名词。曾任1953 年美国历史学会主席的詹姆士·兰德尔认为：内战的发生，

---

① 《马克思恩格斯全集》第 15 卷，第 356 页。
② 同上书，第 365 页。
③ 同上书，第 557 页。
④ 同上书，第 563 页。
⑤ 同上书，第 586 页。

是由于"包藏祸心的煽动者"废奴派活动的缘故。比尔德在其名著《美国文明的兴起》一书中，也认为："废奴主义者是煽动家……有的废奴主义者使用卑鄙的诋毁和谩骂的语言。"① "大企业"学派的代表人物美国著名研究林肯的专门家内文斯诬蔑"废奴运动者是蠢人，不诚实的人"。内文斯还认为：约翰·布朗（废奴运动革命派的杰出领袖，马克思对他的历史功绩给予高度的评价，这是我国美国史学工作者都熟知的）"无知，胸襟褊狭，一个十足的自私自利的人……有一种难以理解的残忍的气质，事实上，疯狂并且带有盲目的偏见"。② 他在《为联邦而战——1861到1862年的仓猝应战》一书中，把平民作为南北战争中的男女英雄，而这些英雄中当首推林肯。内文斯在为斯特恩辑《阿伯拉罕·林肯的生平和著作》所写的序言《从林肯著作论林肯》一文中写道："对美国人来说，不管是北部的还是南部的，这场戏剧只有一个支配的人物，所有角色都围绕在林肯这位身高的、憔悴的形体周围或附属于他。"③ 内文斯对废奴主义者的蔑视与对林肯的过分颂扬，恰恰说明了美国对林肯研究有代表性的正统史学家，也认为林肯不是废奴主义者。

　　自然，美国也有一些自由主义或进步史学家，对废奴主义者是推崇的。如在20世纪30年代和40年代，资产阶级自由主义史学家德怀特·杜蒙（1939年出版《美国内战的反奴隶制的起源》一书）和吉尔伯特·霍布斯·巴恩斯（1933年出版《反奴隶制的推动力，1830—1844年》）对黑人求解放的事业表示同情，并为废奴主义者恢复了名誉。以后，美国进步史学家杜波依斯重

---

① 比尔德夫妇合著：《美国文化的兴起》第1卷，纽约1944年版，第698页。
② 内文斯：《联邦的严峻考验》第2卷，纽约1947年版，第473页。
③ 斯特恩：同前书，内文斯序。

新估价了黑人在内战和重建时期的作用，也同时为废奴主义者恢复了名誉。美国老左派史学家对废奴主义者给予崇高的评价，已故美共名誉主席福斯特认为："他们（指废奴主义者——作者）是资产阶级的眼光最清楚的代言人"。① 到了 60 年代，新左派出现了，他们支持黑人的争取种族平等的斗争，彻底为废奴运动者翻案，说废奴主义者是一个在历史上"居于中心地位的阶级"，是"新左派心目中的英雄"，许多新左派史学家甚至以新废奴主义者自诩。新左派史学家霍华德·津恩在其 1980 年出版的《美国人民史》中，引用著名的废奴主义者温德尔·菲力浦斯在 1860 年林肯当选总统后，在波士顿的一次演讲中对林肯评论说："林肯不是一个废奴主义者，也很难说是一位反奴隶制的战士，但他同意了代表一种反奴隶制的见解。"② 这是美国新左派史学家对于林肯不是废奴主义者的论证。

上述美国各主要史学流派对废奴主义者褒贬不一，对林肯的研究深浅不一，但从他们的论述来看，却都可以肯定林肯不是一个废奴主义者。

（原载《社会科学战线》1982 年 1 期）

---

① 福斯特：《美洲政治史纲》，纽约 1952 年版，第 277 页。
② 津恩：《美国人民史》，纽约 1980 年版，第 185 页。

评《有关罗斯福"新政"的几个问题》
——答刘绪贻同志

在建设社会主义精神文明的号召下，国内美国史的研究，和社会科学的其他学科一样，需要加强马克思主义的理论学习，并以它为指导思想，实事求是地分析、阐明美国史领域中的重要问题；更需要对第二次世界大战以来的美国现代史专题，进行深入细致的研究和探讨，使之更好地为四化建设服务。我认为，这是提高我国美国史研究水平、开创我国美国史研究新局面的根本途径。从这个愿望出发，我从不同角度，写了三篇建议性的文章，[①] 以一得之见，就教于读者、同行。1983 年 7 月，我在《开创美国史研究的新局面》一文中，提到了国内对罗斯福新政的不同评价和我自己的看法，同时就这一方面作了自我批评。刘绪贻同志近几年从研究美国黑人运动史转而研究新政问题，今年在《世界历史》第一期上，发表《有关罗斯福"新政"的几个问题》的专论与我商榷（以下简称"刘文"）。实际上，提出了有关美国

---

① 黄绍湘：1.《加强马克思主义学习，重视美国史学史研究》，《世界历史》1983 年第 4 期；2.《开创美国史研究的新局面》，《美国史论文集》（1981—1983年），三联书店 1983 年版；3.《开创我国美国史研究新局面的浅见》，《历史研究》1984 年第 1 期。

现代史的下列重要问题，虽当前研究任务繁重，仍不得不简叙管见，答复刘绪贻同志，并就教于读者和同行。

一 关于罗斯福新政的年限问题

我还细读了刘绪贻同志有关新政的其他几篇文章，归根结蒂，我们的根本分歧，在于对新政的性质、作用的评价不同。我在《开创美国史研究的新局面》一文中提出：我不同意那些认为"肯尼迪继承了新政传统，并扩大其规模，到约翰逊时代，更将新政推行到最高峰"等等对新政的评价，并指出这种评价"完全忽略了不同时期的背景和具体历史条件"。"刘文"在开端时，将"新政"研究中属于常识性的问题，即罗斯福实施新政的年限问题，和我们对新政的根本分歧同时提出，主次不分；并引用《矛盾论》中一段文字，加以质问。实际上，如果刘绪贻同志果真正确地理解了《矛盾论》的精髓，就不至于在新政问题上继续固持偏见了。现为了尊重"刘文"的提法，仍先就"年限问题"谈起。

关于罗斯福实施新政的年限问题，在中外有关新政的论著中，早已存在不同的提法，并行不悖，这是研究新政问题的起码知识。归纳起来约有四种：一是把新政分为"第一次新政"和"第二次新政"，如刘绪贻等翻译的阿塞·林克等著的《1900年以来的美国史》就是如此；二是把新政分为初期（第一阶段）和后期（第二阶段），如南京大学历史系同志翻译的拉尔夫·德·贝茨著《1933—1973年美国史》，关在汉同志在《罗斯福选集》的前言中，都如此说明；三是把新政分为三个阶段，具体分法极不一致（详见胡国成：《罗斯福新政研究状况简介》，载《世界历史》1982年第5期）；四是根据新政各项措施的性质和在新政实施过程中的连续性，分别加以综合叙述和分析，如美国最早研究新政的著名历史学家之一德怀特·杜蒙德，在他1939年出版的《从罗斯福到罗斯福》中；在吉尔伯特·C.菲特和吉姆·E.里斯合著的《美国经济史》及加尔文·D.林顿编著的《美国两百年大事记》中；和国内不少《世界通史》有关新政的论述以及邓蜀生同志在《罗斯福"新政"评述》一文中，都未分阶段。拙著《美国通史简编》限于篇幅，也采用了综合述评的办法。我认为，在论述罗斯福新政涉及年限时，作者视论著的篇幅和阅读的对象，取材有博有约，不拘一格，是无可厚非的。其实，只要介绍新政的观点明确，内容扼要，能使国内广大读者对新政的性质、作用，得到确切的了解，从而认清资本主义制度内在矛盾的实质，以提高认识，都是可行的。在新政实施年限方面，采取人云亦云的一种见解，强求一致，如"刘文"中所述那样，是不足取的。

二　关于"新政"的性质、作用问题

罗斯福新政，是在美国资本主义处于空前严重的1929—1933年经济危机的威胁下，罗斯福政府为了挽救资本主义制度所采取的改良主义性质的经济、社会政策措施。美国学人将新政作为历史现象是比较普遍的，如拉尔夫·德·贝茨在前引的《美国史》中，把1937—1938年作为"新政的终极"；刘绪贻等译的阿塞·林克等著的《1900年以来的美国史》中，有专节论述"新政的消逝"；美国著名记者威廉·曼彻斯特在其所著《光荣与梦想》中指出：在罗斯福初任总统渡过那两个百天时，"罗斯福的新政，这时已是强弩之末"。[①] 罗斯福1941年公开宣布，停止实行新

---

①　威廉·曼彻斯特：《光荣与梦想》第1册，商务印书馆1978年中译本，第240页。

政;① 如果认为 1941 年作为新政这一历史现象的终止年代过于提前，那么，曾担任过罗斯福顾问、美国著名政治历史学者詹姆士·伯恩斯指出，罗斯福本人于 1943 年底建议，以后不要再用新政这个名词，② 应该是可信的。曼彻斯特对此且绘声绘色地报道说："在 1943 年 12 月 28 日，……罗斯福对人说，他对新政这个提法感到腻了，他说 10 年之前，'新政医生'这个内科专家，把这个国家的急性内科病医好了……"③ 这意味着罗斯福自己宣告新政的终结，明确表示新政只是解决急性的严重经济危机的政策措施而已。刘绪贻同志对罗斯福的自述，讳莫如深，对上述学者论著，视而不见。他在《关于罗斯福新政的寿命问题》（以下简称《寿命问题》）一文中，罗列了美国一些史学家的评论性论述，综合成文，并夸张地说："到今天为止，世界上还没有发现第二种挽救资本主义极端危机并延长其生命力的较有些作用的办法"。④ 似乎从 30 年代中期以来，欧洲的英、法和资本主义世界其他各国的当政者，都是因袭了新政的措施，才能存在到今天，岂非一叶蔽目之论。我认为，对西方史学论著，应以马克思主义的观点、方法，进行深入比较研究之后，取其精华，弃其糟粕，不宜不加分析地全盘接受。例如，美国著名记者西奥多·怀特在《美国的自我探索》一书中，对约翰逊当政时提出的施政口号"伟大社会"评论说："'伟大社会'纲领期间的两届国会驱使政府深入美国生活的无数角落"，"以后各届国会，从尼克松、福特

---

① 刘绪贻：《关于罗斯福新政的寿命问题》，《世界史研究动态》，1984 年第 5 期，第 8 页。

② 转引自胡国成：《罗斯福新政研究现状简介》，《世界历史》1982 年第 5 期，第 84 页。

③ 〔美〕威廉·曼彻斯特，同前书，第 417 页。

④ 刘绪贻：《关于罗斯福新政的寿命问题》，载《世界史研究动态》1984 年第 5 期，第 10 页。

时期到卡特时期，没有一届敢偏离'伟大社会'纲领的路线"，这当然是过誉之词；而美国作家曼彻斯特在评论约翰逊的"伟大社会"的所作所为时，用了"伟大的梦——和梦的破灭"作标题，有事实有分析地对约翰逊由于扩大侵越战争，使军费开支浩大，引起通货膨胀，物价高涨，因而不得不削减本已拟订的支付教育费用、社会福利开支；同时，又如实地描述了美国青年反对征兵，人民反对战争，黑人反抗种族歧视种种史实，比较公正地对约翰逊的政绩，作出了符合上述标题的论断。今天，对美国历史中的同一历史事件，我们可以看到各种不同观点的论述，问题在于我们如何正确对待。如果迎合附和，并随意发挥，以创见自诩，是难以令人信服的。

至于新政的作用问题，撇开那些贬低、否定新政作用的论述不提，一般都肯定新政采取的救济、改革和复兴的政策措施，收到了一定效果，新政挽救了严重的经济危机，巩固了美国的资本主义制度。但还没有看到对新政的评价，拔高到如刘绪贻同志所说的那样高度："罗斯福新政的实施，使 30 年代垄断资本主义的发展出现了新规律"，[1] 是"符合凯恩斯主义的罗斯福'新政式'的国家垄断资本主义"。[2]（以下简称"刘文"）这种随心所欲的议论是不科学的。

罗斯福实施新政后使美国经济有了好转，但仍处于"特种萧条"之中，至 1937 年又爆发了经济危机；罗斯福于 1938 年采用了扩大赤字开支的办法，对这次危机起到了缓解作用。根据苏联学者谢沃斯季扬诺夫等人的研究：1938 年工业生产水平继续下降，整个地说，较 1937 年下降了 23％，其中钢产量下降了 43.1％，生铁产量几乎下降了 49％，煤产量下降了 21.4％，汽

① 刘绪贻：《罗斯福新政的历史地位》，载《世界历史》1983 年第 2 期，第 51 页。

② 刘绪贻：《有关罗斯福'新政'的几个问题》，《世界历史》1985 年第 1 期，第 23 页。

车产量下降了 47.8%。① 罗马尼亚经济学家格·普·阿波斯托尔主编的《当代资本主义》一书中说："国家在和平时期对经济进行干预的第一次大尝试，是罗斯福在美国搞的所谓新政，结果以失败告终。直到第二次世界大战后，经过了 10 至 15 年这样一个阶段，才在科技革命的环境下，产生了那些微观经济以及特别是宏观经济的变化，促使能够保证进行资本主义再生产的某些机制得以建立起来"，是值得参考的。② 美国制度学派经济学家加尔布雷思也指出："美国政府的和平开支从来都不足以阻止经济萧条，只有 40 年代的总动员，才阻止了它"，③ 是正确的论断。美国经济史学家吉尔伯特·C. 菲特和吉姆·E. 里斯指出："评价'新政'的得失，要看用什么样的标准。如果从国民经济全面恢复这个角度来看，'新政'充其量只能说取得了部分成就。美国经济，直到因扩军备战而增加军费开支以及第二次世界大战爆发后，才算最终排除了大萧条的最后影响而逐渐走向繁荣"。④ 另一位美国经济史学家福克讷也说："1939 年战事的爆发，把美国从由于 1937 年的经济萧条而堕入的经济衰颓中挽救出来"。⑤ 我国学者关在汉也指出："综观新政 6 年，在经济上直接效果并不显著"；"新政第二阶段（1935—1939 年）的措施，……照顾面较宽，……但成效亦复有限"；"1939 年和 1940 年，美国政府大量

---

① 〔苏〕谢沃斯季扬诺夫主编：《美国现代史纲》，三联书店，第 353—354 页。

② 〔罗〕格·普·阿波斯托尔主编：《当代资本主义》，三联书店 1979 年版，第 145—146 页。

③ 艾拉·卡曾纳尔逊与马克·凯塞尔曼：《权力的政治》（Ira Katznelson & Mark Kesselman, *The Politics of Power*），纽约 1979 年版，第 97 页。

④ 〔美〕吉尔伯特·C. 菲特和吉姆·E. 里斯合著：《美国经济史》，辽宁人民出版社 1981 年版，第 738 页。

⑤ 福克讷：《美国经济史》，商务印书馆 1964 年版，第 430 页。

增加防务开支，大危机状况才得以开始消失。"① 王明中教授甚至认为："第二个'新政'在 1939 年已变成第二个衰退"。② "刘文"中用美国 1938 年对德、日、英、法的商品出口值较 1937 年为少的数字，来掩盖美国对这些国家军火战略物资的输出与年俱增的真相，是站不住脚的。以美国对日本输出为例：1937 年是日本全面侵华的年份，美国对日军事物资输出，占美国全部输出的 58%，1938 年对日输出总额虽然减少，但美国输日商品中军事物资所占比例达 67%，1939 年美国输日军火物资竟占美对日输出商品总额的 70%。③ 在争鸣文章中，采用调换概念的办法，以掩盖上述事实真相，为实事求是的学风所不取。当然，我在《开创美国史研究的新局面》一文中，只提美国扩充军备并向双方兜售军火物资，中止美国 1937—1938 年经济危机，也有不够全面之处。

三　关于罗斯福在实行新政中的作用问题

我们应该全面地准确地估价个人在历史发展中的作用，但如果过于拔高，则适得其反。刘绪贻同志在《寿命问题》一文中说："1929 至 1933 年发生了一次空前严重的经济危机，资本主义制度摇摇欲坠。当时，害怕社会主义革命而又较有远见的资产阶级统治者和理论家，为了挽救垄断资本主义制度，认识到自由放任主义确实已经过时，只有将一般垄断资本主义迅速推向国家垄断资本主义才有希望。富兰克林·罗斯福就是这样一位资产阶

---

① 关在汉编译：《罗斯福选集》，商务印书馆 1982 年版，前言第 1—2 页。

② 王明中：《1937—1941 年的美德矛盾》，载《世界历史》1983 年第 2 期。

③ 〔美〕比森：《美国远东政策》（T. A. Bisson, *American Policy in the Far East 1931—1940*），纽约 1940 年版，第 105 页。

级政治家，约翰逊·梅纳德·凯恩斯就是这样一位理论家"。[①] 我认为，这样提法就不是实事求是的。罗斯福、凯恩斯都不承认"垄断资本主义"，资产阶级经济学中，并无国家垄断资本主义这一概念。美国经济学家萨缪尔森讳言"国家垄断资本"，而称之为"混合经济"。正是列宁首先论证垄断资本主义的实质和垄断资本主义过渡到国家垄断这一规律，列宁说："战争和经济破坏逼迫各国垄断资本主义走向国家垄断资本主义。这是客观的形势。"[②] 但能认识这一规律，而且运用这一规律却不那么容易，难道罗斯福这位维护垄断资本主义制度的当权人物，能自觉地认清这一规律，并且是在"新政"措施中运用这一规律的先知先觉的资产阶级政治家吗？"凯恩斯爵士有句众所周知的妙语——'长期来说，我们都死了'"。[③] 这样一位将其注意力集中于解决资本主义病态的短期政策的凯恩斯，能够是理解并运用这一规律的理论家吗？我认为，罗斯福迫于1929—1933年惊涛骇浪的经济形势，用实用主义的态度，进行新政试验，已属难能可贵，我们并没有必要苛求他一定理解这一规律。实际上，正如美国经济学家弗雷德·阿尔瓦因和小弗雷德·塔普莱所指出的：富兰克林·罗斯福"提出正统派经济观念来参加总统竞选，他的竞选纲领号召平衡预算，并主张把政府的作用减至最低限度"。[④] 拉尔夫·德·贝茨说："罗斯福在匹兹堡的演说，许诺减少联邦支出的20%，公开抨击了胡佛的开支政策及赤字，实际上给候选人自己

---

① 刘绪贻：《关于罗斯福新政的寿命问题》，载《世界史研究动态》1984年第5期，第10页。

② 《列宁全集》第26卷，第150页。

③ 〔美〕弗雷德·阿尔瓦因和小弗雷德·塔普莱合著：《新经济形势》，商务印书馆1982年版，第137页。

④ 同上书，第135—136页。

套上了一个平衡预算的枷锁……"① 但经济危机带来的灾难如此触目惊心,罗斯福才不得不采取紧急预算的应急措施。在罗斯福实行"百日新政"期间,他信心不足地说:"如果我们失败,我就是美国的末代总统了"。他执政后通过的一系列法令,并非胸有成竹,而是不拘成规,敢于闯新路。罗斯福对新政派说:"挑一个办法试试看嘛。失败了,就另换一个。总之,要搞点什么试试"。他对当时实施新政的主要措施,这样评价说:"有时连我自己也觉得有点受震惊。"美国著名记者威廉·曼彻斯特说:"罗斯福占了便宜,主要是与胡佛相比",② 这主要在于"胡佛对垄断资本推行自由放任政策,加剧了生产和金融活动的盲目性,而罗斯福则根据当时形势,采取了改良主义的办法,在争取企业合作下,竭尽全力以挽救和巩固垄断资本主义。""罗斯福及新政派则企图在重工业、银行势力和轻工业资本势力之间搞协调平衡"。③ 并能在当时各种思想派别中巧为周旋。贝茨指出:"实践证明,他是一个老谋深算而又机警灵活的政治艺术的大师"。④ 显然,罗斯福并不了解垄断资本主义的发展规律。

美国著名政治历史学者、曾担任罗斯福顾问的詹姆士·伯恩斯认为,罗斯福是位足智多谋的政治家,他善于运用"狐狸的计谋以达到狮子的目的";伯恩斯写了一本罗斯福的传记,题名:《罗斯福:狮和狐狸》,是歌颂罗斯福外交政策的,这同时说明罗斯福在国内国际形势瞬息万变的年代中,具有运筹帷幄、左右局势的能力。至于罗斯福在世界反法西斯战争中,团结同盟国,明

① 拉尔夫·德·贝茨:《1933—1973年美国史》上卷,人民出版社1984年中译本,第48页。

② 威廉·曼彻斯特:同前书,第111、151页。

③ 黄绍湘:《美国通史简编》,第587页。

④ 拉尔夫·德·贝茨:同前书,上卷,第68页。

智地为战胜德意日法西斯侵略，对人类进步事业作出了独特贡献，因不在本文讨论范围，未作具论。

对罗斯福新政时期的工人阶级斗争问题，刘绪贻同志和我也有分歧。我认为：在资本主义社会里，无产阶级和广大贫困者反对资产阶级的斗争是普遍存在的，1929—1933 年严重经济危机期间，罗斯福实施新政时期并不例外。美国史学家罗兰·伯索夫教授是从保守观点撰写史书的，他也认为："美国历史学家们对美国工人阶级在美国历史上的特殊作用，一向未主持公道"。[①]历史事实也确是如此。就拿销路颇广、1979 年已出第六版的托马斯·贝利和戴维·肯尼迪合著的《美国盛况：共和国史》一书，连美国共产党领袖威廉·福斯特的名字都没有出现过一次，更不必说他领导的艰苦斗争了。明年就是 1886 年秣市惨案 100 周年，对这些为争取八小时工作日制而英勇牺牲的战士，世界进步人民深表景仰，而美国出版界对这些英勇牺牲者，诬蔑为"欧洲的垃圾"，"长发、兀眼、有臭味，无神论者，一群卤莽的外国来的卑鄙人"。[②]罗斯福政府制定与实施的《产业复兴法》，承认了工人的劳动权利，并有集体议价与最低工资和最高工时的规定，这较胡佛执政以前时期来说，是贯彻了美国的民主精神，但由法律规定的纸上的东西并不等于现实的东西，更何况《产业复兴法》还有许多漏洞，如政府设立仲裁局，但没有规定雇主要承认工会，只说雇主愿意，可以跟本公司的工会谈判。可是当时正在新兴的工业如钢铁、化学工业、汽车、橡胶工业中，并没有经过自由竞

---

① 约翰·海厄姆：《美国历史重建》（John Higham, *The Reconstruction of American History*），康涅狄格 1980 年版，第 23 页。

② 约翰·A. 加拉蒂：《美国简史》（John A. Garraty, *A Short History of the American Nation*），纽约 1981 年版，第 316 页。

争阶段，就组成庞大的垄断企业，[①] 在这些大企业中，工人还没有来得及组成工会；此外，在其他许多大企业中，工人们经过长期艰苦斗争，已组织了工会的，又遭到 20 年代雇主发动的自由雇佣运动而受到限制、摧残，"封锁工厂制"和八小时工作制都被取消。[②] 到 1929—1933 年严重经济危机袭来，业已被削弱的工会运动更是大难临头。《产业复兴法》本来是为复兴工商业制定的，雇主只顾享受《产业复兴法》给工商业带来的利益，"企业家不过是为了其他目的利用国家复兴管理局而已"。[③] 虽然工人经过谈判、斗争，也能得到好处，但大企业主们凭着他们的地位，曲解《产业复兴法》第七条，大力发展公司工会。这样就激起 1934—1935 年的大罢工。而罗斯福呢，"出身富家，并没有跟工会携手合作的思想准备。他把自己看成救世主，愿对被剥削的工人施点恩，可是这跟做工会的盟友是两码事"。1934 年罢工案共有 1856 起，多数是为了争取资方承认工会的。这是牺牲惨重的年代，资方的恐怖手段使这一年的劳工史血迹斑斑。1937 年在钢铁工业、汽车工业、无线电、橡胶公司这些新兴工业的工人中，掀起了争取成立工会的罢工，并进行"静坐罢工"，以抵制间谍、工贼、警察破坏罢工。罗斯福对工人"静坐罢工"运动很恼火，认为工人一罢工，繁荣就难保。[④] 在经过艰苦的斗争作出重大牺牲之后，工人阶级才取得在这些大公司内组织工会的权利。罗斯福生活在美国的群众、阶级之中，不可能不考虑到广大工人的迫切要求。如果我们在论述罗斯福政府制定与实施劳工立

---

① 黄绍湘：《美国通史简编》，第 501 页。

② 同上，第 495—496 页；拉尔夫·德·贝茨：同前书，上卷，第 178 页。

③ 〔美〕阿塞·林克等著：《1900 年以来的美国史》中册，中国社会科学出版社 1984 年版，第 51 页。

④ 曼彻斯特，同前书，第 189、190、221 页。

法时，不谈或忽视美国工人的斗争是一种促进的力量，就不符合当时的历史事实，岂不正像美国史学家罗兰·伯索夫所指出的，对美国工人运动太不公平了吗？在此补写一笔，对上述提到的《产业复兴法》本身在新政中的作用，又如何估价呢？贝茨评论说："《全国产业复兴法》仍不失为新政在改革和调节工业方面的最初尝试。同时，《全国产业复兴法》也是新政寻求与大企业合作的为数寥寥的几个法令之一。甚至连试验性的整顿和扩张全国复兴总署计划都被最高法院停止之后，除了在公用事业等某些方面之外，罗斯福政府再也没有提出什么法令来节制工业"。① 这说明了罗斯福对大企业的妥协。那么，刘绪贻同志一向强调的新政措施的连续性，在产业经济改革方面，又有多少依据呢？

四　军费开支对美国经济所起的作用问题

众所周知，衡量一个国家经济增长水平（即"刘文"所指经济涨落的两项重要指标）是国民生产总值和工业生产指数的增长速度，而不是军事开支。国民经济军事化，实际上是人为地开辟的一个生产部门；军事产品一般地不流入自由市场，惟一的买主是国家。根据马克思政治经济学基本原理，我们探讨军事生产和开支对美国经济所起的作用时，是把国民经济军事化作为垄断资本主义经济、政治与军事政策的产物，从而探讨国民经济军事化的深化程度与美国资本主义基本矛盾的相互影响情况：如国民经济军事化的扩大和加深，大大降低了民用部门扩大再生产的速度，给国家财政支出带来了沉重的负担，成为财政赤字形成的主要原因，加剧了通货膨胀，加深了美国资本主义基本矛盾等等，

---

① 〔美〕拉尔夫·德·贝茨，同前书，上卷，第81页。

而决不是以它作为衡量美国经济涨落的指标。至于美国国民生产总值绝对数字的增长，只能说明它是美国原有的物质基础雄厚、工农业生产水平较其他资本主义国家为高，科技水平在世界上也遥遥领先，大大提高生产力等事实的结果。因此，虽然战后美国经济增长速度有时低于其他一些主要资本主义国家，如国民生产总值增长率，50 年代低于日本、西德、法国、意大利和英国，60 年代仅略高于英国，低于日本、西德、法国、意大利，工业生产增长率在 50 年代和 60 年代，稍高于英国，大大落后于日本和西德。① 但美国的国民生产总值的绝对数字，在资本主义世界仍居首位。刘绪贻同志将 1960 年到 1979 年期间 10 个年份美国国防开支占国家总开支的百分比，和美国国民生产总值增减的百分比，两类数字凑合一起，并列表比较，企图说明军事开支不影响美国经济；却掩盖了美国经济发展速度趋向缓慢和在资本主义世界工业生产中所占比重逐步下降的真相。实际上，战后美国政府推行扩张政策和战争政策，既把军费开支作为刺激经济的一项手段，又把它作为"反危机"的一项重要措施。为了澄清历史事实，有必要简单地叙述一下战后美国军费开支，对美国经济所起的这两方面的作用。

战后美国经济发展经历了两涨两落：1947—1953 年和 1961—1969 年是两个经济增长较高的时期，1954—1960 年和 70 年代是两个生产比较停滞的时期，必须确切地指出：美国经济的涨落都与军费开支有关。第二次世界大战期间，美国远离战场，且以同盟国兵工厂身份，加紧生产军火和军事装备，这不仅对战胜法西斯有利，而且也繁荣了美国的经济。二战后，美国利用在战争期间大大加强的经济实力和军事实力，到处建立战略基地，

---

① 《战后美国经济》，上海人民出版社 1973 年版，第 536、537 页。

并大量输出商品和资本，扩大了国外市场；在国内，由于战争受到抑制的民用工业设备得到更新的机会，科技革命提高了劳动生产率，战后美国经济高涨，1947—1953 年，出现了战后初期美国经济繁荣阶段。1948 年军事开支减少了 11%，接着 1949 年发生战后第一次危机。军费立即增加了 7.6%，1950 年爆发了侵朝战争，美国国民生产总值一下子增长了 8.7%，工业生产率更增长了 15.7%，1953 年朝鲜战争高峰时，美国直接军费开支占联邦政府支出的 65.7%，占国民生产总值的 14.1%，美国经济转入战争轨道，出现了战争景气。1947—1953 年，工业生产平均年增长率为 6.3%，国民生产总值平均年增长率为 3.9%。朝鲜战争一结束，1953 年军费支出下降了 17%，1954 年下降了 30%。美国于 1954 年陷入了另一次经济危机。1954 年工业生产年增长率下降 5.3%，国民生产总值年增长率下降了 1.3%。为摆脱危机，1955 年军费开支立即增加了 7.6%，以刺激经济。1958 年仍将增加军费开支作为"反危机"措施，军费增长了 8.1%。[①]

60 年代又是美国经济高涨的年代，也与侵越战争和将侵越战争升级有密切关系。在 1961 年，为摆脱经济危机，军费开支增加了 6.6%。1965 年和 1966 年的经济高涨，一方面是受企业固定投资增加和民间耐用消费品的需求的刺激；另一方面，扩大侵越战争带来了军需生产的繁荣。军费开支在 1966 年财政年度比上一年度增加 14.5%，即 72 亿美元；在 1967 年财政年度比上一年增加 23.4%，即 133 亿美元；在 1968 年财政年度，又比

---

① 以上数字，根据〔美〕霍华德·J. 谢尔曼：《停滞膨胀》，商务印书馆 1984 年版，第 203、204 页；《战后美国经济》，第 480 页；和上海国际问题研究所编：《现代美国经济问题简论》，第 5、6 页，综合写成。

上一年度增加了 14.9%，即 105 亿美元。军费开支在联邦预算总额中所占比重，1965 年为 41.9%，1967 年为 44.3%，1968 年为 45.0%；[①] 在侵越战争高峰的 1969 年，军费支出达 885 亿美元，占政府支出的 46.3%，绝对数字比侵朝战争高峰的 1953 年度的军费支出增加了 69.3%。[②] 因侵越战争升级的巨额军费开支推迟了 1967 年美国业已成熟的经济危机，使之于 1969 年才爆发。[③] 1971 年尼克松政府为缓和财政危机，削减了 30 亿美元的军事开支，1972 年军费开支在占联邦政府支出中减少了 3.2%，在占国民生产总值中减少了 0.6%，绝对数字增加了 17 亿美元，仍保持 817 亿美元。军费开支的削减，影响了 1973 年经济危机的爆发。卡特政府执政时，仍以军费开支支撑美国经济，1978 年比 1977 年增加了 7%，1979 年比 1978 年增加了 8%。在战后的 1948 年，美国直接军费开支为 118 亿美元，占国民生产总值的 4.8%，到了 1972 年，军费开支已达 817 亿美元，占国民生产总值的 7.2%。从 1939 年到 1972 年 6 月，美国的国民生产总值增长了 11.5 倍，而直接军费却增加了 58.7 倍，[④] 正如仇启华等指出的："二次大战后的一个显著特点是：30 多年来在没有世界大战的情况下，军事费用不断大量增加……国民经济军事化在美国表现尤为突出。"[⑤] 刘绪贻同志对以上战后美国经济的实际情况，置之不顾：一方面，小视庞大的军事开支对美国经济增长、经济危机直接的作用，忽视战后美国国民经济军事化对战后

① 〔日〕林直道：《战后国际通货危机与世界经济危机》，商务印书馆 1984 年版，第 208、219、220 页。

② 《战后美国经济》，第 480 页。

③ 仇启华主编：《现代垄断资本主义经济》，中央党校出版社 1982 年版，第 211 页。

④ 褚葆一主编：《当代美国经济》，财经出版社 1981 年版，第 221 页；《战后美国经济》，第 480 页。

⑤ 仇启华，同前书，第 221 页。

历届政府内外政策的巨大影响；另方面，无视战后美国经济、政治形势已完全不同于新政时期的具体历史条件，一味强调新政的连续性，认为："罗斯福'新政'实施年限延长到约翰逊、肯尼迪时期，甚至直到今天……"[1] 是缺乏科学依据的。

刘绪贻同志又提出 1961、1965、1970 年三个年份美国和日本军费开支，占国民生产总值比重，恰与 60 年代美国和日本工业生产年平均增长率和国民生产总值年平均增长率成反比例，来说明"仅用军费与战费开支的大小不能解释国家的经济涨落"。[2] 马克思曾精辟地指出：军事消耗"从直接的经济方面来说，就等于一个国家将部分资本抛诸大海"。[3] 战后美国军事开支浩大，致使其经济增长率落后于日本，不正是马克思这一精辟论述的最好注释吗？战后美国力图充当"美国世纪"的霸主，发动侵朝战争和侵越战争，军事费用不断增加，国民经济军事化极大地消耗了美国的财力人力。从 50 年代末，美国经济实力即开始相对下降，经济增长速度放慢，工业增长逐步下降，而肯尼迪、约翰逊犹不自量力，60 年代发动和扩大越南战争；侵越战争失败，美国在资本主义世界的实力地位急剧衰落。相对而言，西欧和日本，战后却处于和平时期，军费开支占国民生产总值甚微，固定资本的更新和扩大快，并采用新技术，迅速提高生产率；因此，不仅在国民生产总值、且在工业生产增长率方面，西欧（除英国工业生产率略逊于美国）和日本都超过美国，尤以日本为甚。随着时间的推移，主要资本主义国家之间经济实力的对比发生了显著变化，西欧和日本崛起，尤以日本异军突起，对美国经济进行

---

① "刘文"，第 18 页。

② 同上文，第 21 页。

③ 马克思：《政治经济学批判大纲》，转引自《美国通史简编》，第 706 页。

挑战。这正是资本主义发展不平衡规律发生作用的表现。综上所述，刘绪贻同志不从资本主义发展不平衡规律研究国际垄断资本主义这种新情况，也不认真研究第二次世界大战以后，美国经济发展变化的全过程和国际经济的总趋势，只是孤立地罗列美国国防开支、工业生产、国民生产总值等数字，用以印证"新政"的延续作用，就难以如实反映战后美国历史的真实了。

五　关于战后经济危机与凯恩斯主义问题

刘绪贻同志笼统地说："只要美国资本主义制度存在，就会出现危机，罗斯福新政是如此，肯尼迪、约翰逊执政时也是如此。……因而就不能不采取反危机措施……肯尼迪、约翰逊实行'新政'是必然的"。[①] 并以此指责我"忽略了资本主义社会的根本矛盾以及由此根本矛盾引起的经济危机。"

经济危机是资本主义制度下生产力反抗束缚它的生产关系的表现形式，是由资本主义基本矛盾决定的，因而是不可避免的。经济危机理论是马克思主义政治经济学中一个重要的理论组成部分。二次大战以后，由于国家垄断资本的干预和参与，战后经济危机有了一些新特点。对具体问题要作具体分析，是否可以把马克思在国家垄断资本主义尚未发展、资产阶级尚未采取大规模干预经济措施的条件下，所作出的关于经济危机的理论，笼统地来概括二战后的经济危机，而不认真研究战后经济危机的新特点，把复杂的经济现象简单化呢？

经济危机是生产过剩危机，危机是社会总资本的中断，危机发挥暂时强制解决生产力与市场之间的矛盾的作用，第二次世界

---

① "刘文"，第17页。

大战前的危机，就是如此。二战前经济危机期间，固定资本下降幅度很大（如战前 1929—1933 年危机时，1933 年固定资本投资比 1929 年下降 77.4％，1937—1938 年危机时，1938 年固定资本投资比 1937 年下降 26％），生产急剧下降（1929—1933 年经济危机期间，美国工业生产下降达 46.2％，煤、生铁、钢产量分别倒退 28 年、36 年、31 年），失业人数猛增（1929—1933 年失业率增加到 23.7％），通货减少、信贷紧缩、物价下跌（1920—1921 年危机，货币供应量减少 13.7％，1921 年消费物价下跌 53.6％；1929—1933 年危机期间，货币供应量减少 25.2％，1933 年消费信贷减少了 45.3％，消费物价下跌 53.6％）。[①] 由此可见，战前危机确实通过对生产力的巨大破坏，暂时解决生产与消费的矛盾。战前危机是大规模新投资的起点，为新的一轮生产发展扫清道路。战前的经济周期包括四个阶段，即危机、萧条、复苏、高涨，周期的阶段性十分明显。二战后由于国家对经济的干预，经济危机周期变形，极不规则，危机的破坏性减轻，以致使生产过剩与市场相对狭小之间的矛盾不得发泄而被不断积累起来，使萧条和复苏阶段不再像过去那样明显，高涨也不力。经济周期的四个阶段很难区分。生产与消费矛盾积累的最后结果是"滞胀"的产生。具体分析二战后经济危机的主要新特点有如下述：

（一）战后科技革命的兴起大大提高了社会生产力，战后美国经济增长速度超过两次世界大战期间。美国联邦政府大规模采购商品和劳务，并实行加速折旧、减税、优惠税率等办法，对经济进行干预，使生产能力更加膨胀。联邦政府对科技工作的调节，使垄断程度提高。与军事有关的新兴工业的兴起，成为美国

---

① 《战后美国经济》，第 525、520、521 页。

经济繁荣的支柱，当某些老的工业部门陷入危机时，新兴工业部门生产继续增长，使生产能力畸形发展。

（二）战后固定资本经常地大幅度增加，破坏原有的周期规律，战后甚至在危机期间，固定资本下降幅度也很小，甚至根本不下降，反而上升。如战后 1957—1958 年经济危机中，固定资本下降最多的，也只有 17.4%；在 1960—1961 年危机期间，固定资本下降 3.7%，而在 1969—1970 年经济危机期间，固定资本不仅没有下降，反而增加了 5.5%。战后危机期间工业生产下降幅度，少的还不到 10%，最多的一次亦不过 14.8%，[①] 在失业率方面，战后即使在经济高涨阶段，也存在开工不足，生产力闲置、高失业率现象。这些都影响并改变了战前经济危机的格局。

（三）战后由于联邦政府实行赤字财政政策，并将国民经济军事化，其目的本来是要通过通货膨胀，以刺激经济，增加就业，而实行结果，货币发行量有增无减，通货膨胀率难以控制。1957—1958 年经济危机期间，生产停滞与通货膨胀并发症已初见端倪。消费物价指数分别上涨 3.5%、2.7%，[②] 比整个 50 年代平均上涨率为高。70 年代开始，通货膨胀成为美国最棘手的经济问题，出现生产低速增长、失业增加和物价上涨同时并存的"滞胀"并发症。由于二战后经济危机情况与战前迥异，作为经济政策的反危机措施，自然也与战前不同。美国自建国以来直到 30 年代止，一贯奉行财政预算收支平衡的原则。罗斯福在 1929—1933 年严重经济危机袭击下，为摆脱大萧条局面，被迫

①　《战后美国经济》，第 525 页；《论当代帝国主义》，上海人民出版社 1982 年版，第 229 页。

②　褚葆一主编，同前书，第 281 页。

采取扩大政府开支的赤字政策，以发放补助金和举办公共工程，提供就业机会为主，刺激经济回升。罗斯福本人深知赤字财政的危害性，一直采取稳健的通货膨胀政策；直到第二次世界大战战火弥漫，1939年美国实行局部动员，国防开支增加，对外贸易额上升，罗斯福才放弃了平衡预算的念头。但1939年直接军费开支不过占联邦政府支出的15.5%，占国民生产总值的1.6%，与二战后相比较，实瞠乎其后。战后历届政府，都以膨胀和扩大信贷等财政金融措施作为"反危机"的重要手段；60年代将赤字财政长期化，这并不是由于财政资源的缺乏，也不是由于税收的减少；赤字财政并不像新政期间用在以工代赈，举办公共工程方面，主要是用在扩大国防开支，以维持其对外的实力政策，并刺激经济、追求经济高速度增长率，或防止、缓和经济危机。战后赤字财政，成为经常性的措施，而赤字财政导致日益严重的通货膨胀，当通货膨胀发展到一定限度时，即转而采取紧缩政策，采用抽紧银根等"反通货膨胀"的措施。在长期通货膨胀的情况下，收缩通货使资本主义经济活动受到压抑，往往成为触发经济危机的诱因。冰冻三尺，非一日之寒，1974—1975年，美国经历了30年代以来危害最大、历时最久的危机，"生产过剩"、商品滞销与通货膨胀同步发展，官方发表的失业人数在9%以上。

世界是动态的。美国资产阶级史学家对此也深有体会，如林克等人指出："自始至终生活在50年代和60年代的美国人，几乎没有谁会否认后者的显著差异；即使是繁荣的20年代和大萧条的30年代，也没有形成更为明显的对照。""60年代恰好与50年代对立；这种对立很明显，而且几乎是残酷无情的。"[1] 据此，60年代和罗斯福实施新政的30年代，不消说差异更大，而刘绪

---

① 阿塞·林克、威廉·卡顿，同前书，中册，第344页。

贻同志不顾罗斯福30年代实施新政的具体历史条件，硬把新政延长到60年代，甚至直到今天。而且，对战前战后经济危机有区别，反危机措施亦有差异这一情况不深入研究，不作具体分析，说什么："他（指罗斯福——笔者）实行的'新政'，是符合凯恩斯主义的……二次世界大战后，凯恩斯主义成为美国官方经济学。到肯尼迪、约翰逊时代，凯恩斯主义经济政策不仅是反危机措施，而且成为美国经常性政策。这就是说，肯尼迪、约翰逊和罗斯福实行的基本上是一样的经济政策，不过有所发展而已。难道这还不足以说明罗斯福'新政'实施年限延长到了肯尼迪、约翰逊时代吗？"① 根据以上简介和分析，再将所引上述"刘文"相对照，孰是孰非，十分清楚。为了澄清我们之间分歧的实质，有必要就凯恩斯主义在美国的运用与演变，作扼要的说明。

　　凯恩斯主义代表了30年代西方经济学的主要思潮，它是在30年代经济大萧条时期逐渐形成的。当时社会的重要问题是失业，凯恩斯提出了一套短期内复兴经济的对策，即"刺激有效需求"，鼓励消费，鼓励投资；并主张由国家通过"刺激经济的政府开支"来解决就业问题。新政的经济指导思想并非来源于凯恩斯主义，而系来源于30年代芝加哥学派的观点。② 新政与凯恩斯主义对经济萧条所开的处方，只是巧合而已。凯恩斯的主要著作《就业、利息和货币论》一书，直到1936年才问世，当时新政已实行好几年了。1938年，凯恩斯经济学由于得到美国著名经济学家汉森的支持，才在美国广泛传播。战后美国实行的凯恩斯主义，是汉森和萨缪尔森的新凯恩斯主义，它是战后凯恩斯主

　　①　"刘文"，第18页。

　　②　黄绍湘：《关于罗斯福实施新政的经济指导思想——答读者问》，载《河北师院学报》1985年第1期。对此问题，刘绪贻同志曾于1981年11月10日来信问我，次日我即函复。我在上述这篇文章中，因刘绪贻同志是教授，未直接提名。

义的一个支派，战后初期，自称"新古典综合派"，原因是他们在理论上把凯恩斯主义和凯恩斯所摒弃的新古典派（即马歇尔经济学又称剑桥学派）糅合在一起。另一支派是以英国著名经济学家罗宾逊夫人、卡尔多等人为主要代表的新剑桥学派，又称凯恩斯左派。1948年萨缪尔森出版《经济学》一书，是凯恩斯主义在美国经济学中取得主导地位的标志。美国凯恩斯主义按照战前资本主义周期性经济危机期间通货膨胀与失业没有同时出现过的情况，提出一个稳定经济的简单模式，即经济停滞时期反危机反萧条；在经济高涨阶段反通货膨胀。由于第二次世界大战后经济危机变形，凯恩斯主义者进行多次修正，60年代中期已将"凯恩斯的经济学变为凯恩斯本人所无法接受的东西"。[①]

为了进一步具体说明问题，再重点介绍战后杜鲁门、肯尼迪、约翰逊几位民主党总统执政时的经济政策与凯恩斯主义的演变简况。

杜鲁门执政期间，美国经济实力和军事实力已大为膨胀，他的注意力主要是对外政策，其对内政策，只是如何把急剧膨胀起来的战时经济较稳妥地转到和平时期的轨道上来。1946年以后，杜鲁门相继免除了新政派（如亨利·华莱士）或迫使新政派离职（如摩根索等），致使"新政的结构正在土崩瓦解"。[②] 1946年首次成立经济顾问委员会，其中虽延聘有凯恩斯主义者，却以著名的制度主义学派利昂·凯塞林任重要的经济顾问。全于杜鲁门提出"公平施政"，最真实的原因是为1948年竞选制造舆论，只部分地解决了退伍复员军人的住房荒的问题。肯尼迪、约翰逊也全神贯注于对外扩张政策和战争政策，约翰逊获得了"世界警察"

---

① 弗雷德·阿尔瓦因等：《新经济形势》，第141页。
② 拉尔夫·德·贝茨，同前书，下卷，第53、54页。

的称号。肯尼迪是在 1960—1961 年经济危机与美元危机同时袭击下上台的，面临着生产过剩危机和黄金外流即美元危机。60年代开始时的经济特征是西欧和日本形成了高速度增长，向美国挑战，而美国则为经济增长率低、失业率高（1958—1961 年，年平均失业率达到 6.1％的高水平[①]）所困扰，美元外流，国际贸易出现逆差。肯尼迪采取了双重利率政策，对短期贷款实行高利率，以吸收外流的"欧洲美元"，借以保卫美元，遏止黄金外流；同时对长期贷款实行低利率，以刺激投资，并实行加速折旧、减税法等措施，鼓励资本家投资。双重利率政策收到一定效果，但经济增长仍较缓慢。肯尼迪延聘凯恩斯主义者沃尔特·赫勒和阿塞·奥肯等人为经济顾问，献策献计。[②]"经济增长论"的鼓吹者罗斯托深受肯尼迪和约翰逊赏识，他是肯尼迪、约翰逊政府中坚决主张进行侵越战争的黩武分子的经济顾问、坚定不移的鹰派发言人，[③] 60 年代初，适应统治者的需要，美国凯恩斯主义者提出长期实行赤字预算、促进经济增长的主张，以期对经济作出"更大刺激"；侵越战争升级，即是对美国经济"更大刺激"的手段之一。这样，不仅对标准的凯恩斯主义所持刺激消费、实行温和的通货膨胀的主张加以修正，也对他们自己在 40 年代提出的只在危机期间实行通货膨胀、在经济繁荣时期反通货膨胀的简单公式作了根本修正，使通货膨胀政策经常化、长期化、合法化，后患无穷。肯尼迪认为采取国家大规模投资的办法，来对付经济衰退，只会使危机更加尖锐化。至于"新边疆"的提出，其来由之一是出于与苏联进行军备竞赛，将军备竞赛从地面引进宇

---

　　① 〔日〕林直道，同前书，第 192 页。

　　② 约翰·A. 舒茨、理查德·S. 柯肯德尔：《美利坚合众国》（John A. Schutz and Richard S. Kirkendall, *The American Republic*），圣路易 1979 年版，第 489 页。

　　③ 〔美〕拉尔夫·德·贝茨，同前书，第 293—294 页。

宙空间；"新边疆"中所包括的福利开支等，显然不占重要地位。约翰逊1965年连任总统时，经济情况好转，为了推行"伟大社会"纲领，他在医疗补助、教育经费开支方面，签署了法令，以争取民心；并继续推行扩大侵越战争政策。约翰逊首席经济顾问加德纳·阿克利建议，增加赋税以应付战争开支、制止通货膨胀遭到国会、企业界领袖拒绝。由于侵越战争失利，至1968年4月，驻越美军扩大到55万余人，使财政赤字猛增，经济急剧恶化。综上所述，可见杜鲁门、肯尼迪、约翰逊的经济情况、经济政策以及凯恩斯主义在几届政府中的运用，显然都在不断演变之中，与新政时期的具体历史条件迥然不同，怎么能如刘绪贻同志所坚持的那样："肯尼迪继续了新政传统，并扩大其规模，到约翰逊时代，更将新政推行到最高峰"呢?!

最后，我在《开创美国史研究新局面》一文中曾写道："历史的发展最雄辩地说明：不管尼克松、福特、卡特交替使用凯恩斯主义的'反危机'、'反膨胀'两套经济措施也好，撒切尔夫人采用货币主义、紧缩行政开支、控制货币量，或里根实行供应学派的少政府干预、少开支（除军费外）、少福利的经济措施也好，都难以遏制经济衰退与通货膨胀同时并发的'滞'、'胀'困境"，这完全是正确的意见；是指明当代西方经济学三大主要流派，即以萨缪尔森为代表的凯恩斯主义、以弗里德曼为代表的货币主义和以孟德尔等人创导的供应学派，它们对挽救70年代以来资本主义世界出现的经济"滞胀"，都难以奏效，与原文中论述罗斯福新政，是两个问题。岂知刘绪贻同志将笔一挥，在引文中砍去了"撒切尔夫人采用货币主义、紧缩行政开支控制货币量"一文，又作了嫁接手术，硬把凯恩斯主义、供应学派与罗斯福新政连续在一起，指责我作了"简单类比"，殊属罕见。

综观"刘文"，在文风方面，缺乏求实精神与商榷的语言之处不少，举其要者，请读者参考。诸如：主观臆断（如"黄绍湘同志尽量防止美化'新政'的感情是我们尊重的"）；添枝加叶（如引用仇启华等主编的《现代垄断资本主义经济》一书中，随意增加"这种典型"四个字，将相隔两页涵义不同的文字凑合一起，企图达到夸大新政作用的目的）；借题发挥（如"不能随便认为某个知识分子还顽固坚持英雄史观"）；自以为是，强加于人（如"凡稍涉猎过凯恩斯经济学或国家垄断资本主义的人，是不会有什么疑问的"）；随意划线，否定他人（如"1977年以前有一段相当长的时期，我国学术界中有的同志为了政治上保险，有的图省事，有的思想上受'左'的影响……"）；断章取义，进行曲解（如我在《美国通史简编》修订本第564页中，是用一段文字在概括罗斯福二战以前的内政、外交政策之后，才引用了《共产党宣言》中的警句作结尾语，现在看来，还是正确的。而"刘文"删去前一部分文字，断章取义，进行了曲解），读者核对双方全文，即可一目了然。

（原载《世界历史》1985年第8期）

评"罗斯福'新政'从杜鲁门延长到肯尼迪、约翰逊时期"的见解

一　片面的见解，奇异的结论

刘绪贻同志在 1985 年《世界历史》第一期《有关罗斯福"新政"的几个问题》一文中，提出了"其实，罗斯福'新政'的实施年限，从杜鲁门延长到肯尼迪、约翰逊时期，甚至直到今天，是一个历史事实"。实际上，这种见解并非他新创。早在1973 年，美国作家曼彻斯特所著《光荣与梦想》一书中，在评论杜鲁门《公平施政》时，就提出："这些措施（指《公平施政》的具体措施——笔者），加上尤因的医疗照方案，后来便成为肯尼迪的'新边疆'和约翰逊的"伟大的社会"的施政核心"。①1965 年 1 月，约翰逊连任总统后，提出"伟大的社会"这一施政口号，曼彻斯特在评论约翰逊的"伟大的社会"时又提出："……他（指约翰逊——笔者）打算要完成'新政'和'公

---

① 〔美〕威廉·曼彻斯特：《光荣与梦想》，第 2 册，1974 年波士顿版，第 474页。

平施政'未竟的事业"。① 刘绪贻同志对《光荣与梦想》是精读过的，值得注意的是，他在论述有关"新政"年限延长这方面的文章中，一向以创见自诩，对于曼彻斯特在他以前就提出的和他相同的这些见解，是因袭还是巧合，却未加说明。

我认为，在这个问题上我们分歧的实质，是对战后美国历届政府，尤其是民主党人执政的杜鲁门、肯尼迪、约翰逊的所作所为，应如何从他们执政时总政策的全局出发，给予正确估价的问题。是"罗斯福'新政'延长了美国垄断资本主义制度生命力"呢?② 还是由于其他多种原因，使战后美国经济得到发展和繁荣呢? 我认为：在二次大战期间，由于美国所处的有利地位和历史条件，从战争中消除了大萧条带来的后果，繁荣了经济，并获取了巨额利润。在二战以后，杜鲁门利用战后美国雄厚的经济实力③ 和军事力量，对世界事务进行直接干预，采取了对外扩张侵略的全球战略。在经济方面，继续夺取国外新市场，进行商品输出和资本输出，占有廉价原料和劳动力，攫取更多的财富；与此同时，在国内应用新技术于生产，不断地发展生产力，并在提高劳动生产率的基础上，为了缓和国内阶级矛盾，适当地提高工资和扩大社会保险等福利措施。事实上，杜鲁门、肯尼迪、约翰逊，都是明显地为美国垄断资本利益服务的代表人物，战后美国

---

① 〔美〕威廉·曼彻斯特：《光荣与梦想》，第 4 册，第 1041 页。

② 刘绪贻：《应当重视罗斯福新政对延长垄断资本主义生命力的作用》，《美国史论文选》，天津人民出版社 1984 年版，第 445 页。

③ 第二次世界大战期间，1939—1944 年期间，美国工业生产提高了 1.2 倍，出口贸易也急剧增加，从 1937 年的 31.9 亿美元，增加到 1944 年的 153.4 亿美元。从 1941 年 3 月到 1945 年 12 月 1 日，美国根据"租借法案"向盟国提供的货物和劳务共值 500 多亿美元。由于战时各交战国大量购买美国的商品和劳务，黄金不断流入美国，美国黄金储备从 1938 年的 145.1 亿美元增加到 1945 年的 200.8 亿美元，约占资本主义世界黄金储备量的 59%。《战后世界历史长篇》，第 1 册，第 522 页。

历届政府的当政者，其最终目的，均是为了攫取更多的利润和财富，根据美国官方发表的大大缩小的数字，从 1946—1972 年 9 月，美国对外私人直接投资的利润，总计为 1125 亿美元。……实际上，美国垄断资本家每年还以其他名目弄走了大量利润，例如 1971 年，仅以 "特许权使用费" 为名，弄走利润达 22 亿美元之多。[①] 而刘绪贻同志不是从美国当政者的内外政策的总体上，即从全局出发，来看待它的内政措施，却一味强调 "新政" 的连续性，那么，怎样使广大读者特别是青年一代，正确地从了解战后美国现代史的全部真相中，看清楚美国内政措施（包括社会福利措施）的实质和内容，从而激励自己的爱国热情，献身于现代化的社会主义建设呢？正是由于刘绪贻同志在观察历史现象时存在着这种片面性，因而在上引的文章中，作出了如下奇异的结论说："列宁以后的一些伟大的马克思主义者虽然建立了巨大革命功勋，但对这个问题（按刘绪贻同志在同一文章中指的是：没有看到新政是如何和为什么挽救了美国垄断资本主义制度，更没有看到和研究新政以来的福利国家对资本主义社会阶级斗争的影响——笔者）似乎没有足够的认识，也没有认真研究，只一味强调帝国主义，特别是美帝国主义对国内外人民剥削压迫的日益加深，无产阶级贫困化，全世界人民处于江河日下，美帝国主义内外交困，等等"。[②] 请问刘绪贻同志，上述结论中影射的是国内外哪些革命家呢?! 列宁是 1924 年 1 月逝世的，至今已有 60 年了；在这一段历史时期中，国际形势发生了巨大的变化（如第二次世界大战），二战后国际间双边的、多边的关系，十分错综复

---

① 《战后美国经济》，上海人民出版社 1973 年版，第 264 页。

② 刘绪贻：《应当重视罗斯福新政对延长垄断资本主义生命力的作用》，第 464 页。

杂，出现了许多重大的历史事件，难道按刘绪贻同志上述的奇异结论中所提出的两点内容，就能够解释清楚或者避免战后国际范围内许多重大的国际争端和严重的政治斗争、甚至流血战争吗?!刘绪贻同志得出上述结论所采取的立场、观点和研究方法，能说是正确开展现代世界史、现代美国史研究的有效途径吗?!

二 恰当地估价"新政"，重视罗斯福本人的见解

刘绪贻同志在新政问题上的片面观点，是导源于对新政的性质和作用的估价不恰当。为了明辨是非，有必要对新政作扼要的阐述。

所谓新政，是指罗斯福及其智囊团，为了克服1929—1933年严重经济危机所采取的许多改良主义性质的社会、经济政策措施。在拙著《美国通史简编》中，曾作了如下的阐述："概括来说，就是由国家采取救济、改革和复兴的政策，干预社会经济生活，力求使垄断资本主义本身造成的严重经济危机有所缓和"。①刘绪贻同志为了论证和拔高新政的作用，不惜引述哈里·霍普金斯1934年秋季，坐汽车去华盛顿附近跑马场游乐途中，与几位同事闲谈的话。② 不错，霍普金斯在帮助罗斯福办理社会救济工作方面，是有成绩的。但是，我们也应该看到，迟至1935年，"当时有两千多万美国公民直接靠救济过活，还有不知多少

---

① 黄绍湘:《美国通史简编》第586页;《对罗斯福新政评价》，对新政概括的七条内容。

② 刘绪贻:《关于罗斯福新政的几个问题》，《世界历史》1985年第1期，第19页。

人——承包商、制造商、店主、房东等——要间接依靠它。"①
这说明新政措施中救济和以工代赈所起作用是缓慢的;而且,这
种因大批失业而采用的救济和以工代赈的办法,在二战以后,由
于美国经济情况好转,已不再采用,在这方面又有什么连续性
呢?至于霍普金斯谈话中提到的:"社会保障、最低工资与最高
工时"等新政措施,罗斯福本人对此有公正的估价。他于《1934
年第二次炉边谈话》中说:"早自1909年起,大不列颠在许多方
面就已沿着社会保险的道路走在合众国前边去了,……在集体谈
判的基础上建立劳资关系方面,大不列颠比合众国进步得多。"②
这就是说,美国直到这次严重经济危机之后,才在上述两方面开
始起步。而刘绪贻同志为了夸大新政的性质和作用,竟无视罗斯
福本人上述坦率之言。我认为,如果说美国史要联系实际、面向
四化建设,对哈里·霍普金斯个人在从事社会救济事业中的优良
工作作风,作一些介绍,是十分有益的。现摘录一节,供读者参
考。"霍普金斯的救济机关已担负着大约1700万人的生计问题,
开支达15亿美元,但是,这机关本身只包括120人,工资总额
每月仅22000美元。凡了解政府正常工作的人,对这些数字之
低,简直不敢相信。……霍普金斯自己的薪金不到8000美元,
而他担任联邦政府工作前,工资是15000美元,他的妻子和小女
孩,有相当长一段时间,每月只用250美元。……"霍普金斯告
诉记者说:"霍普金斯夫人一直嚷着要件冬季大衣。我不能责备
她"。……霍普金斯一贯办事迅速,"鄙视那些官僚主义程序"。③

①　〔美〕舍伍德:《罗斯福与霍普金斯》上册,商务印书馆1980年版,第115
页。

②　关在汉编译:《罗斯福选集》,商务印书馆1982年版,第74—75页。

③　〔美〕舍伍德:《罗斯福与霍普金斯》上册,商务印书馆1980年版,第78
页。

这种廉洁奉公、强调工作效率的优良作风，对我们建设社会主义事业的人来说，倒是很值得提倡和学习的。

刘绪贻同志对新政性质的拔高超过了罗斯福本人对新政的估价。在1934年9月30日《第二次炉边谈话》中，罗斯福坦率地承认说："英国的保守派报纸以一种可以原谅的口吻对我们说，我们的新政计划有不少只不过是企图赶上英国10年或更早以前就开始的改革而已，这大概并不奇怪吧！"① 罗斯福对于新政的作用，在1943年12月18日向记者作过确切的表示说："对新政这个提法感到腻了，……10年之前，'新政医生'这个内科专家把这个国家的急性内科病医好了……"② 这意味着罗斯福自己曾宣告新政的终结，也确示了新政只是解决急性的严重经济危机的政策措施而已。刘绪贻同志正全力从事新政的研究，但看来对上引罗斯福有关新政的炉边谈话，对罗斯福以上关于新政终结的自述，有的未进行了解，有的是明知而讳莫如深。例如，在他本人主译的《1900年以来的美国史》一书中，专有《新政的消逝》一节；在南京大学对外关系研究室译的〔美〕拉尔夫·德·贝茨著的《1933—1973美国史》上卷中，有《新政的终极》一章的论述；而刘绪贻同志都视而不见。

众所周知，英国作家赫·乔·威尔斯在专程到美国和罗斯福作了长谈之后，再到莫斯科会见斯大林。1934年7月23日，斯大林与威尔斯的《谈话》中，对当时举世瞩目的新政，作了全面的评价。刘绪贻同志在他连续发表的有关新政的文章中，对《谈话》虽亦多次摘引，但仔细研究，是采用了"断句引证、为我所

---

① 关在汉编译：《罗斯福选集》，商务印书馆1982年版，第74—75页。
② 〔美〕威廉·曼彻斯特：《光荣与梦想》，第2册，1974年波士顿版，第292页。

用"的办法。显然，他并不真正理解或不完全同意斯大林对新政性质评价的全部涵义。

综上所述，可以这样说，如果刘绪贻同志在理论上真正理解了《矛盾论》的精髓和斯大林与威尔斯《谈话》的全部涵义的话，就毋须继续固持在新政问题上的偏见了。

三　新政局限性的再剖析

刘绪贻同志强调新政的寿命问题，也即是新政的连续性，就新政的政策措施来说，是缺乏依据的，以1933年6月罗斯福签署的《产业复兴法》为例，它是新政措施中的重要法案。这是美国联邦政府力图对垄断企业、中小企业的生产计划、产品价格、销售市场的分配，工人工资标准和劳动日时数，劳资关系，消费品供应方面，进行控制和调节的措施。这个法案实行一段时间之后，逐渐使企业在危机的困境中得到了恢复，但是，"至1934年，大企业家要求'自行调节'的呼声日益增高"。为了摆脱联邦政府对大企业生产的干预，由美国商会出面，公开指责国家复兴管理局；罗斯福采取妥协办法，解除了署长约翰逊将军的职务，放弃了对某些固定价格的规定，但保守的最高法院迫不及待地于1935年5月27日，宣布《产业复兴法》违宪。[①]这充分说明，在联邦政府运用新政对企业采取的经济措施触及大企业主的根本利益时，就遭到强烈抵制而以失败告终。至于二战后私人垄断资本和国家垄断资本主义的进一步发展，是在新的历史条件下的产物，与新政措施中的《产业复兴法案》并无联系。

---

① 〔美〕贝茨：《1933—1973美国史》上卷，人民出版社1984年中译本，第79—80页。

新政在处理工人工资劳资关系方面，经过工人的要求和斗争，罗斯福制定了比胡佛执政时期有利于工人阶级的法案，如国家正式承认了人民的劳动权益，确定了最低工资、最高工时和劳资之间进行集体谈判等等。这体现了美国的民主原则。对此，罗斯福为了说服当时因实行上述措施而责怪他冒大风险的人，曾坦率地说："在集体谈判的基础上建立劳资关系方面，大不列颠比合众国进步得多"，① 可见，如果夸大这些措施的作用，对美国工人阶级来说，是不公平的。

四　坚持"取其精华，弃其糟粕，为我所用"的原则

当美国建国 200 周年时，美国人民对罗斯福这位在美国历史上惟一四次连任总统的人物，进行颂扬，是理所当然的；同时，美国史学界继承其自由主义传统，对罗斯福的重要政绩，如新政、雅尔塔会议等的评论，意见各异，褒贬不一，也是正常的事。这些丰富的新史料，正是我们应该同心协力，深入研究，取其精华，弃其糟粕，以弥补和充实我们研究工作之不足。但以马克思主义者自诩的刘绪贻同志，近年来在评价我国过去美国史研究方面（包括美国侵华史），缺乏实事求是的公正态度，对在新政问题上极少数由于时代局限性而出现的几句偏颇之言（个人如顾学顺、陈玉玠，集体如北师大世界现代史教研室，北京大学历史系简明世界史编写组，中山大学历史系《世界简史》编写组），抓住不放，攻其一点，十分自负；另一方面，自己则不加分析地摘录一些外来的夸大新政作用的评论，罗列成文，宣扬所谓新政

---

① 关在汉编译：《罗斯福选集》，商务印书馆 1982 年版，第 74 页。

的寿命问题。更有甚者，对美国某些著作中宣扬二战以来"福利国家"、"福利政策"的论述，不加分析，用以强调新政的继续性。他没有擎起被列宁称之为马克思主义理论基石的剩余价值的学说这一犀利武器，正确结合美国在五六十年代，说明由于生产发展和劳动生产率大大提高，在工人的要求和压力下，统治者才逐步提高工资待遇，实行社会福利政策（包括老年保险、失业保险和医疗保险等等福利开支）的具体历史过程；也没有从理论上具体分析阐明，福利基金不管以何种形式出现，归根结蒂，是来源于劳动人民所创造的剩余价值的一部分；更没有分析资产阶级统治者是为了缓和阶级矛盾，巩固自己的统治，才通过国民收入的再分配，推行这些社会福利措施的真实原因。正由于刘绪贻同志在研究新政问题上存在着上述理论方面的弱点，因而，他在《关于罗斯福新政的寿命问题》[①]一文中，认为美国社会的特色和根基是："实际上，新政……在二次大战中基本上保存了下来，在战后继续发展，直到今天，还构成美国社会制度的特色和根基"，[②]显然，这是缺乏阶级分析的。刘绪贻同志曾在美国研究社会学，为此，引用美国社会学家约翰·达尔芬博士1982年对美国社会的论述，作对照比较。约翰·达尔芬根据他的研究，作出结论说："美国是由富豪控制的，富人越来越富，穷人没有由穷变富的机会"，"几乎美国所有的富豪都是继承的"；"美国总产量的一半是由150家公司生产的，这150家公司是由250个家族控制的；富豪有一套增殖制度。"[③]刘绪贻同志以"成熟的、正确的"姿态出现，在《开展美国史研究新局面的有效途径》一文中

---

①　刘绪贻：《关于罗斯福新政的寿命问题》，载《世界史研究动态》1984年第5期。

②　同上，第8页。

③　《美国社会学家谈美国社会不平等现象》，《人民日报》1982年2月5日。

说："……这一时期的另一成就，是在解放以来美国史研究的基础上，根据'百花齐放，百家争鸣'的方针和实事求是的精神，对这一时期以前我国美国史研究中过左的、片面的亦即不太科学的观点，展开有益的讨论，取得了很好的成果。"① 我们不了解刘绪贻同志过去在社会学、美国史方面的论述中，都是完美无缺的呢，还是不可避免地同样存在着这样那样的时代局限性的烙印的！就以上对美国社会的特色和根基的观点而言，与美国社会学家的观点，对照鉴别。请问你的上述观点，是属于"左"的还是"右"的？到底有多少科学性呢？毛泽东同志在《改造我们的学习》中指出："马克思列宁主义是科学，科学是老老实实的学问……"又说："有实事求是之意，无哗众取宠之心"。② 恳切建议刘绪贻同志深思之，并以此共勉！

五　简评：杜鲁门、肯尼迪、约翰逊的政策

罗斯福执政时，一般用"炉边谈话"形式，发表政见。战后美国历届总统，从杜鲁门起，都提出概括其政策的政治口号；杜鲁门主义是美国对外扩张侵略政策的总方针；杜鲁门的"公平施政"，肯尼迪的"新边疆"，约翰逊的"伟大的社会"等口号，其涵义既无完整的理论体系可言，在实施过程中，和他们发表的竞选演说一样，经常言行不一，有时是空头许诺，具有蛊惑性和欺骗性。以杜鲁门的"公平施政"为例，他在回忆录"公平施政"一章中，概括为八个具体方针，其中第一条是："尽快复员不必

---

① 刘绪贻：《开展美国史研究新局面的有效途径》，载《世界历史》1984 年第 5 期，第 19 页。

② 毛泽东：《改造我们的学习》，《毛泽东选集》合订本，人民出版社 1968 年版，第 758—759 页。

要的武装部队"。① 这是二战结束时美国海外军人和亲属所强烈
要求的事。但不久，杜鲁门为了控制西欧地区，独家占领日本，
并在南朝鲜和中国驻军，因而就违反自己的诺言声称："需要放
慢与调整我们军队的复员的速度，以便能够担任我们对世界的新
义务"，② 因而引起驻马尼拉、加尔各答、伦敦、巴黎……美军
士兵的反抗。这说明战后的内政措施，是服从于美国对外扩张政
策的战略方针的。又如，海外军人的复员工作，延至 1946 年 4
月，回国的士兵已接近 700 万人，在解决复员军人的住房问题方
面，因建造的是廉价住宅，私人建筑业不愿投资承包，加以缺乏
建筑材料，国会也拖拖拉拉，到 1946 年 5 月，才通过在两年内
为退伍军人建造 270 万套住房的紧急法案，这当然又引起复员士
兵的不满和抗议；杜鲁门则以 "国会未能坚决制定解决长期住房
需要的立法" 为托辞，将责任一股脑儿推给了国会；并宣布 "由
于房荒，我不得不在 10 月 25 日宣布国内紧急状态的存在"，③
而美国的富豪们，住的是环境幽静的郊外别墅，夏冬还可以到避
暑避寒胜地度假；美国社会生活悬殊，凭杜鲁门的 "公平施政"，
肯尼迪的 "新边疆"、约翰逊的 "伟大的社会" 等口号，能解决
多少问题呢？

至于杜鲁门对工人罢工所采取的镇压手段，对控制物价和通
货膨胀的失效、实行国民健康保险因国会反对而受挫，在他自己
的回忆录中，都有记载，毋庸赘述。杜鲁门在提高最低工资限额
方面，延至 1950 年 1 月，才将工人的最低工资，从 1945 年每小
时 40 美分，提高到 1950 年的 75 美分，也不过是 "小恩小惠"

---

① 《杜鲁门回忆录》第 1 卷，三联书店 1974 年版，第 435 页。
② 同上书，第 462 页。
③ 同上书，第 472 页。

而已。试问杜鲁门的"公平施政"措施，有多少是"新政"措施的延续呢？

　　肯尼迪这位美国年轻的总统执政之后，不听同僚的忠言，轻率批准对古巴猪湾的军事进攻，宣布要"加速发展导弹的全面计划，"将发展空间技术也属于"新边疆"的范围之内，今天看来，其明显的军事目的，已为众所共知。肯尼迪、约翰逊为其阶级立场所局限，不可能吸取杜鲁门在朝鲜作战失败的教训，因而在南越从组织特种部队，扩大对印度支那地区的军事干涉，发展到进行一场与美国本身安全无关大局的灌木林火式战争。肯尼迪反对共产主义在亚洲蔓延的政策，得到第87届国会的大力赞同。1961—1962年，即通过了950余亿美元的巨大国防开支，扩充军备，从而引起通货膨胀，物价高涨。这种因对外侵略而引起的财政赤字政策，和罗斯福新政时期是迥然不同的。肯尼迪为了缓和阶级矛盾，安抚人心，也拨出7亿多美元作公路基金以刺激工程建筑投资；加强了把剩余食品分配给贫穷者的工作，预付了2亿多美元作为退伍军人人寿保险股息，以便提高社会购买力，还把最低工资从每小时1美元提高到每小时1.25美元等等。但是，如果像刘绪贻同志那样，不是从肯尼迪政府所作所为的[①]总体上来分析认识肯尼迪用于对外侵略所耗费的庞大军事费用，和上述用于"新边疆"的社会福利、增加工资，补助退伍军人、人寿保险股息等有限款项，并作对照比较，从而阐明肯尼迪对内对外政策的阶级实质，那么试问怎么能帮助青年一代，正确地全面地认识以上这些复杂的历史现象呢?!

　　约翰逊1965年连任总统后，提出"伟大的社会"的政治口

―――――――――

　　① 〔美〕贝茨:《1933—1973美国史》下卷，人民出版社1984年版，第259—260、322—323页。

号，他要美国人牢记他是一位 "热心教育的总统和关心健康的总统"。① 约翰逊与罗斯福、杜鲁门是深有交往的，为了抬高自己，取得 "超新政" 的声誉，在医疗补贴，增加联邦政府对教育事业的补贴方面，在就任总统后不久，即签署了有关法案，并亲自宣扬；这些法案为老年病人得到补助，为学校教育增加拨款，为历史上最贫穷的阿帕拉契山区提供 9 亿美元的救济费等等，都列入了预算。但与此同时，约翰逊为了满足美国垄断资本家对东南亚地区的掠夺和反对共产主义在印度支那的蔓延，于 1965 年 3 月，悍然向南越增派大量美军，使侵越战争升级。1966 年约翰逊在丹佛露骨地说："我们的对外政策必须始终是我们对内政策的延续……我们能够把湄公河（地区）变成田纳西流域，……因此，政府在美国和在越南的任务首先就是清除障碍（……60 年代的越南共产党，建立一个基础……在越南修筑湄公河流域工程）然后让自由企业开发这个地区的资源，从而发展这个地区的自由。"② 由于战争的逐步升级，从 1966 年初起，每月战费高达 20 亿美元至 30 亿美元之巨。全年战费达 270 余亿美元，财政赤字高达 230 亿美元。③ 同年，约翰逊要求西欧各国参加对越作战遭到拒绝之后，不得不孤注一掷，增派美军，延至 1968 年 4 月 19 日，美国在越南的兵力已增至 54.9 万人。在侵越战争高峰的 1969 年财政年度，美国直接军费开支为 855 亿美元，占联邦政府支出的 46.3%。在肯尼迪——约翰逊政府执政时期（1962—1969 财政年度），军费支出总计为 6695.31 亿美元，军费占联邦

---

① 〔美〕威廉·曼彻斯特：《光荣与梦想》第 4 册，波士顿 1974 年版，第 1041 页。

② 〔美〕拉弗贝：《美苏冷战史话》，商务印书馆，第 255 页。

③ 〔美〕威廉·曼彻斯特：《光荣与梦想》，第 4 册，波士顿 1974 年版，第 1054 页。

政府支出的 60.2%。① 从 60 年代中期以后，由于上述浩大的军费开支，使美国经济形势急剧恶化，出现了美国历史上持续的通货膨胀和美元贬值；约翰逊对 1965 年拟议中的教育、卫生、救济方面的费用，不得不削减。② 侵越战争使约翰逊陷于泥潭之中，美国青年纷纷起来反对征兵，人民反战运动不断高涨；"随着通货膨胀的日益严重，垄断资本家们逐渐地反对起越战来了。对他们来说，这场战争正在成为一种无利可图的投资生意。"③ 各地黑人要求种族平等的反抗斗争，声势浩大，矛盾十分尖锐，残害黑人的三 K 党徒空前增加，人数超过了南北战争后的南部重建时期。当时非暴力主义的黑人领袖马丁·路德·金在斗争中也逐渐认识到：美国是"当今世界最大的暴行承包商"，"他（马丁·路德·金——笔者）还把美国在越南屠杀农民的种种新式武器试验，比之为纳粹分子在欧洲集中营搞的新药和新型试验。"④ 在美国公众面前，约翰逊不断撒谎，出现了"信任危机"，不得人心。上述肯尼迪、约翰逊执政时期的经济、社会、财政情况，和他们实行的政策，与新政时期的具体历史条件大不相同，怎么能说"到约翰逊时代，更将'新政'推向高峰"呢？

战后五六十年代，美国经济经历了一个迅速发展时期，在新的科学技术的推动下，产生了一系列新兴工业部门，传统工业部门，也进行了技术改造，固定资本的大规模更新扩大，发展了生产和扩大了就业，这就为杜鲁门在朝鲜、肯尼迪、约翰逊在越南进行"热战"提供了物质基础。由于以上美国经济的特点，使垄

---

① 《战后美国经济》，上海人民出版社 1973 年版，第 171 页。
② 〔美〕拉弗贝：《美苏冷战史话》，商务印书馆，第 276—277 页。
③ 同上。
④ 〔美〕威廉·曼彻斯特：《光荣与梦想》，第 4 册，波士顿 1974 年版，第 1073 页。

断资产阶级在国内的控制得以加强，并大肆鼓吹"福利国家"，以笼络人心，美国工人运动也处于低潮时期；反映在意识形态领域，出现了各色各样的美化资本主义制度的论著，这是必然的。而我国在十一届三中全会以前，特别是"十年混乱"时期，自己工作上有错误有失误，因而，人们在思想认识上，对外来文化的影响，容易失去应有的识别力。这种社会思潮，必然反映到国内思想理论、史学领域，值得我们重视。

（原载《重庆社会科学》，1985 年第 3 期）

简练揣摩　据理争鸣
——评杨玉圣《美国史研究的反思与改革》

　　1989 年 4 月，中国美国史研究会通报第 44 期上，刊载了杨玉圣同志（以下简称杨）的《美国史研究的反思与改革——读〈美国史纲〉之三》一文（以下简称《杨文》）；① 《杨文》的主旨是：以贬低甚至否定解放以后新中国 30 年间美国史研究的成果为楔子，以歪曲、指责拙作《美国史纲》（以下简称《史纲》）为目标，着重针对我近几年来，写的三篇② 倡议以马克思主义为指导，开创美国史研究新局面的文章，进行指责和挑战。

　　首先要说明的是：近 40 余年来，有机会学习、研究美国史，并在不同时期，出版了 4 本美国通史性质的书以及一些有关美国史专题的论文；由于理论水平限制，缺点错误在所难免，其中也

---

　　① 以后杨将这篇文章和他在 1988 年 12 月在《通报》第 43 期发表的《从小事说起，读〈美国史纲〉札记之二》硬拼凑在一起，在《北京大学研究生院学刊》1989 年第 2、3 期发表，改换了标题，名为《从〈美国史纲〉谈我国的美国史研究》。
　　② 《加强马克思主义学习，重视美国史学史研究》，载《世界历史》1983 年第 4期；《开创美国史研究的新局面》，载《美国历史论文集 1981—1983》，1983 年版；《开创我国美国史研究新局面的浅见》，载《历史研究》1984 年第 1 期。至于《杨文》列举的《对今后我国开展美国史研究的几点浅见》，是在中国美国史研究会苏州第三届年会上的书面发言，内容与《开创美国史研究的新局面》，大致相同。

包括着某些时代的烙印；因而，当读者对自己的著述提出修正意见时，都乐意接受，如《简编》在重印时，尽可能作了挖改，加以更正。当然，对于不同的学术观点，必要时也开展争论。有实事求是之意，无哗众取宠之心，这是我治学的态度。《杨文》的副标题是《读美国史纲札记之三》，文中有"任何人也没有资格以马克思主义权威自居"的话，请问杨：这样不指名、不提事进行攻击，是否感到自己离光明磊落的态度太远了呢，难道就因为我写过4本美国历史的书，特别是3次倡议"以马克思主义为指导，开创美国史研究新局面"，你感到很不舒服，在马克思主义过时论一度甚嚣尘上之际，就用这样的暗箭和手段来对待，这是解决问题的办法吗?!

《杨文》在1989年4月应运而生，以评论拙著《史纲》为由，以反思为名，对马克思主义的基本原则质疑，并涉及如何正确评估美国历史进程、如何正确对待美国史学流派等重大原则问题；且其用意，措辞，脱出学术争鸣的常轨甚远，不得不据理辩驳。是否有当，请读者不吝指正。

一 如何正确对待以马克思主义为理论 指导，研究美国历史的问题

《杨文》说："除马克思、恩格斯写过北美印第安人的专门著作外，很难说马克思主义经典作家有人对这一时期（即《史纲》所叙述的1492—1823年的历史时期——笔者）的美国史，作过详尽的研究或论证。《史纲》所引语录的绝大部分都只是经典作家在文章或书中偶尔提及的，这与马克思、恩格斯对19世纪中叶的美国内战的论述是不尽相同的……"由此可以看出，杨对马克思主义理论，不仅缺乏认真深入的研究、理解和融会贯

通，而且具有强烈的抵触情绪和逆反心理。在杨看来，马克思、恩格斯写的关于"北美印第安人"和对美国内战的论述，还算得上是"专门著作"，因而，"还有相当重要史料价值"。至于马克思花了毕生精力研究的科学成果：资本和剩余价值学说；资本的原始积累；国内市场的形成和发展等马克思主义基本理论，杨显然不认为都适用于分析《史纲》所叙述的美国这一历史时期的历史进程。我认为：上引《杨文》，是他公开表示马克思主义的基本原理，不适用于研究美国历史的一种自白，也是否认马克思主义学说对研究资本主义社会历史具有普遍指导意义的供认。综观《杨文》所持观点，无疑是马克思主义过时论的社会思潮，在美国史研究领域中的突出反映。在这种思想支配下，《杨文》对建国后 30 年间我国众多的美国史研究的著作、译作、论文等成果，采取了责贬甚至否定的态度。杨接着指责说："……其所以如此，……亦与这期间我国学术界普遍受'左'的思潮的影响干扰相关联（着重点是我加的——笔者）；……最主要的是不顾美国的国情，脱离美国的具体历史条件，用马克思主义经典作家的个别论断生搬硬套……"；"譬如习惯于用欧洲阶级斗争的模式来套美国历史上的社会矛盾、阶级斗争，这不仅不够严肃，而且近乎荒唐……;"我不同意《杨文》对新中国成立 30 年间的美国史研究，采取如此抽象的、不公正的、贬低的论调；这是一种对我国史学成果不加具体分析、区别对待的非历史主义态度。它忽视了学术的继承性，是不利于从学术上总结经验、共同前进的错误作法。上引《杨文》的曲解、指责，主要针对拙著《史纲》等著作以及有关论文。关于《史纲》的理论依据，是着重运用《资本论》中有关资本主义发生、发展的基本原理，因而《史纲》所引用 80 项经典作家引文中，以《资本论》的论述较多。西欧各国对美洲进行殖民和掠夺，加快了他们的资本原始积累，促进了资本主义制度的确立、成长，推动了世界市场的形成和发展，美国的历史，是以英属北美殖民地的建立开端的，其本身就是西欧资本原始积累、进行殖民掠夺的产物。北美 13 个英属殖民地的发展和美利坚合众国的建立和成长的历史，从总体上说，也是符合《资本论》所论述的"近代殖民学说"和资本主义经济发展规律的。如果依照上引《杨文》所述，将马克思、恩格斯的学说，只局限在对"印第安人"的著作，和对"19 世纪中叶的美国内战"的论述这样狭窄的范围之内，那么，马克思主义不仅对《史纲》所叙述的历史时期无指导作用，更谈不上对美国全部历史的研究，也具有指导的意义了。这实质上是一种隐晦的美国例外论的腔调。《史纲》在叙述美国西部边疆，成为美国资本主义向纵深，广阔发展的基地和有利条件时，在考察美国式的农业资本主义发展道路的进程时，还参考了列宁的巨著《俄国资本主义的发展》一书中有关论述，加以比较，阐明美国西部广大边疆地域，对美国发展农业和兴办工业，开辟统一的国内市场和发展国外市场的巨大作用，体现了美国历史的特点之一。在改写《史纲》时，我还研读了附录所列马克思主义名著：《共产党宣言》、《社会主义从空想到科学的发展》、《政治经济学批判》、《德意志意识形态》、《路易·波拿巴的雾月十八日》、《哲学的贫困》、《道德化的批判和批判化的道德》、《反杜林论》，列宁的《工人政党对宗教的态度》、《给美国工人的信》，斯大林的《马克思主义和民族问题》等书中结合《史纲》叙述时期（1492—1823 年）的美国历史实际，运用有关的精辟的理论观点，在广泛收集史料（包括美国史学流派的资料）的基础上，经过综合、鉴别、分析，以严谨的学术态度，朴实的文字，辩证地阐述了美国这一时期的历史进程。主观上力求体现历史唯物主义基本原理和美国具体历史相结合。全书适当地选用了少量经典作家的引文，《杨文》指责"《史纲》

所引语录的绝大部分都只是经典作家在文章或书中偶尔提及的"
与事实不相符。

二 评《杨文》对西方史学理论的错误观点

《杨文》对我们史学界过去的理论研究评估说："在几十年的
历史研究中，我们强调马克思主义学习，这是世界观的一个大改
造，但把一般的历史唯物论等同于具体的史学理论，不无偏颇。
现在学术界经过认真的研究和探索，基本上已承认历史唯物论、
历史理论、史学理论是既相联系、又有区别的，前者对后者有指
导作用，但研究历史时却不能代替之。这是澄清糊涂思想认识的
一个重要突破"。这种说法，涉及到如何运用马克思主义进行史
学理论研究的重大原则问题。我不能同意上述《杨文》这种偏
颇、狭隘看法，即将马克思主义在中国传播发生的巨大威力，仅
仅局限于历史学界的"世界观一个大改造"。

马克思主义的基本原理，是客观世界发展的根本规律的反
映，当十月革命一声炮响，给中国人民送来了马克思列宁主义以
后，由于马克思主义的巨大感召力，在中国大地上发生了翻天覆
地的历史巨变。请问声称"……当然要以科学的马克思主义为指
导"研究历史的《杨文》作者，你在谈论我国几十年来强调马克
思主义学习时，为什么竟没有提到一句马克思主义对中国革命的
巨大影响?! 这种精神状态，原因何在，引人深思! 其次，就历
史研究的范围来说，上述《杨文》中所谓的"一般历史唯物论"
（着重点是我加的——笔者）的提法，其涵义显然是不确切的。
恩格斯曾精辟地概括历史唯物主义的中心思想时说："用历史唯
物主义"这个名词来表达一种关于历史过程的观点，这种观点认
为一切重要历史事件的终极原因和伟大动力是社会的经济发展，

生产方式和交换方式的改变。由此产生的社会划分为不同的阶级，以及这些阶级彼此之间的斗争"。[1] 这是马克思主义唯物史观的高度科学概括，是运用历史唯物主义进行研究的工作者所必须遵循的基本原理，岂能用"一般唯物论"任意替代上述完整的涵义。至于历史理论即历史学，是叙述人类社会历史发展过程、总结历史经验和阐明历史规律的学问，它作为意识形态的一个重要组成部分，也是随着经济基础的发展变化而不断演变、前进的。至于《杨文》所说的史学理论，则是每一个时代的学者，探讨和反映人们对历史运动的看法。古今中外，无论哪一个时代和阶级的历史学家，都有他自己对历史事件、历史现象的见解，就是都运用他的世界观和方法论来阐释历史；换言之，也就是在一定的历史观的支配下记叙历史，并力图总结历史经验、探讨历史规律。在我国，西汉著名史学家司马迁宣称：撰写《史记》的目的是"究天人之际，通古今之变"，这就是他的历史观，"究天人之际"即探索人为与时势的关系，"通古今之变"即窥测历史变化的脉络。宋代思想家朱熹的历史哲学观点是："致广大，尽精微，综罗百代"，也具有窥测历史线索的雄心壮志。但从当时社会生产力发展水平和古人逻辑思维的局限性来看，这种见解只是特定历史时代的一家之言，距离历史科学性甚远。在西方，有系统的历史学是随着资产阶级的兴起而逐步形成的。至于史学理论，18 世纪法国启蒙思想家孔多塞认为：一部历史就是理性发展的历史。19 世纪上半期英国史学家卡莱尔宣扬"英雄与群氓"对立的典型的英雄史观。19 世纪蜚声世界的德国历史学家兰克，标榜"客观主义"和"科学方

---

① 恩格斯：《社会主义从空想到科学的发展》英文版导言，《马克思恩格斯选集》第 3 卷，人民出版社 1972 年版，第 389 页。

法"，实际上为普鲁士容克地主和大资产阶级的政治服务，把历史学变成了史料学。英国著名史学家汤因比提出"文化形态史观"，列举历史上 20 多种文明都已绝灭，认为当今世界还存在 5 种文明中，只有西方基督教文明独放异彩。意大利著名史学家克罗齐在其《历史和编年史》中，强调"精神即历史，在历史存在的每个时刻，精神就是历史的创造者"。以上具有代表性的几位史学家，尽管他们史学观的立足点有所不同，但其共同点，即脱离了其所处具体时代的物质生产条件，忽视了人民群众在历史中的作用，这样来阐释历史，显然带有阶级的偏见，成为唯心史观和英雄史观的代表人物。只有马克思主义批判地继承了前人的一切优秀文化成果，把史学理论发展成为科学。新中国成立后，我国的史学工作者根据马克思主义唯物史观的基本原理，辩证地分析生产力与生产关系经济基础与上层建筑的矛盾运动，从历史实际出发，研究本国的和世界各个国家、各个民族的历史发展，已取得了令人瞩目的成就。而《杨文》在评估我国历史学界几十年的理论学习及其研究成果时，只说"是世界观的一个大改造"，岂非一叶障目，只见树木不见森林。

近几年来，我国史学界对西方史学出现的新情况、新问题以及跨学科研究表示十分关注，希望吸收西方史学中的新成果和西方史学理论中的合理因素，来丰富和发展我国史学。这就是上述《杨文》中提到的史学理论的由来。对于西方史学理论的实质，陈启能同志在《历史理论与史学理论》一文中曾说："……下面我们换一个角度来看开展史学理论研究的必要性。……先说西方，西方的史学思想一般称之谓历史哲学。从西方历史哲学的发展来看，可以看到一种趋向。这个趋向就是把研究的对象，或者说把理论反思对象，从客体转为主体，简单地说，也就是从研究客观历史规律转到探讨主体的认识能力"。① 我同意上述对西方史学理论的客观的介绍。我认为：历史科学以马克思主义为指导，并不排除吸取西方历史研究（包括史学史的研究）中，一些依据新的史料发掘（如考古学的发现和成果），或从新史料研究中取得的新见解、科学成果或科学方法。在拙作《史纲》、《美国通史简编》中，已尽可能采纳了美国史学研究中的新见解、新成果。但我不同意上述《杨文》中将"……历史唯物论、历史理论、史学理论"夹杂在一起所作的粗略的表述，竟认为"研究历史时（历史唯物论）却不能替代之"（指西方史学理论，——重点和括号中文字是我加的——笔者注）的观点，因为这种见解，实质上是扬弃马克思主义，本末倒置地对西方史学不作鉴别、没有限度的有害的论点。邢贲思同志综合地对西方历史哲学作了确切的分析。他说："……但是主体突出究竟有没有一个限度，是在存在决定意识，社会存在决定社会意识的前提下来说主体性的作用，还是逾越这个界限来谈主体性的作用？……主体性的作用要强调，但强调得过分，就会离开唯物主义的普遍原则，当然，也就会离开马克思主义的唯物主义"。我认为，这是对《杨文》上述见解的一针见血的批判。邢又说"……比如有人实际上在宣传这样一种观点：历史是人这个主体选择的结果，而不是具有不以人的意志为转移的客观规律；主体通过实践作出某种历史抉择，造成了历史上的分合聚散、兴衰隆替，造成历史上的多重变奏。这是一种貌似时新而实则陈旧的观点，是历史上重复出现过的偶因论和英雄人物决定历史命运的唯心史观的翻版，只不过这种陈旧的历史观被打上了主体性、选择性这样一些时髦的印记而

---

① 　陈启能：《历史理论与史学理论》，见《光明日报》，1989 年 12 月 8 日。

已。"① 《杨文》提出："千篇一律的阶级斗争，远不能反映丰富多彩的美国历史的真实面貌。其实，广泛、深刻的改革，相对而言，更能从主体上有助于解释美国这个年轻国家的成长"。显然，这也是属于主体论的一类货色。当前，我国史学理论研究还处于起步、探索、争鸣初期，《杨文》作者对此知之甚少，而对西方史学又心向往之，竟公然以"现在学术界"的名义声言，责难我国史学界几十年运用历史唯物主义研究历史为"不无偏颇"，是应该"澄清的糊涂思想"，等等。这充分说明杨的历史观是什么了。

三　简谈美国史学流派和实现"拿来主义"问题

《杨文》中在抄录了几种美国主要史学流派的名称之后发议论说："美国史学硕果累累、不胜计量。……必须承认、过去对美国史学家著作的态度是不够审慎的、甚至近乎轻率、一个学派、一大堆专著、肯定远非一句两句就能简单否定了的。事实上、各个学派更替相袭、或者同时并举、是美国史学繁荣的表征、并以不同的层面丰富和发展了美国史学"。我认为：上述议论是杨对美国史学流派的渊源、性质、内容缺乏常识性的了解，也是轻视近十年来我国老、中、青美国史学工作者运用马克思主义，对美国史学史进行研究，取得了较好成果的无根据的粗俗的指责。

美国史学史的历史较短。1876 年约翰·霍普金斯大学开设历史研究生班，培养了一批专业历史学者，1884 年美国历史协会

---

① 邢贲思：《关于实践唯物主义讨论中的若干问题》，见《光明日报》1990 年 2 月 26 日。

成立，这就是美国历史成为专业的标志。"'一定的文化（当作观念形态的文化）是一定社会的政治和经济的反映。'在资本主义的美国，作为观念形态重要组成部分之一的史学领域、资产阶级的学术观点和影响占统治地位是必然的……"① 美国史学史是美国历史学者对美国历史进程或重大历史事件所进行的评价，它的产生与发展在时间上有一个渐进的顺序，在学术观点和内容方面都存在着差异。早在 19 世纪中叶，乔治·班克罗夫特于 1834—1874 年出版了十卷本美国史，叙述始自新大陆发现，止于美国独立战争胜利结束。他是美国史学的真正奠基人，被人誉为早期学派，或浪漫学派。② 邓宁学派，是以哥伦比亚大学教授威廉·邓宁为代表、并包括他培养的一批学者的学派。邓宁学派研究的主题是重建时期，邓宁本人 1907 年出版了《政治的和经济的重建 1865—1877》，强化了俄亥俄生意人罗德斯和邓宁老师、前南部同盟军士兵伯哲士蔑视黑人的论点，因此又总称罗德斯——伯哲士——邓宁学派，邓宁学派的主要论点是：1. 黑人是低劣种族；2. 重建是由一些有复仇心理、惟利是图的激进的共和党人、政客，用蒙骗手段强加给南部白人的政权，重建剥夺了原来属于南部白人得以支配南部生活的权利，并将这些权利给予了无知的自由民及无耻的"自备毡囊者"和无赖汉。邓宁学派③ 的恶劣

① 黄绍湘：《加强马克思主义学习，重视美国史学史的研究》，载《世界历史》1983 年第 4 期，第 14 页。

② 1882 年班克罗夫特又出版两卷本《美国制宪史》，作为《美国史》的补编，他认为制宪是美国革命的最终阶段，联邦必须维护；他的美国史第 1 卷出版于 1834年，是为"杰克逊民主"制造舆论的著作。

③ 关于邓宁学派歪曲民主重建、宣扬种族偏见的谬论，已受到黑人著名史学家杜波依斯和老左派的批判。自由主义黑人史学家约翰·霍普·富兰克林（1979 年曾来我国讲学）和白人史学家斯坦普也都对它进行批判，可参考黄绍湘：《加强马克思主义学习，重视美国史学史研究》（载《世界历史》1983 年第 4 期）。

影响，至为深远。至 19 世纪末 20 世纪初期，美国资本主义进入垄断阶段，在美国史学界产生了两个重要学派——一是反映美国官方政策和观点的帝国学派，另一个是反映当时改革运动和进步运动思潮的进步学派。① 及至 20 世纪 30、40 年代，美国史学界涌现了一批马克思主义史学家，又称老左派，② 他们重视工人和黑人在美国历史中的作用，这里因限于篇幅对以上学派，不一一阐述。第二次世界大战后第一个 10 年，1945—1955 年，出现了以批判进步学派起家的新保守学派。当时美国杜鲁门政府对内掀起反共、反民主的政治迫害；并助长了麦卡锡主义的产生与猖獗一时，对外实行侵略扩张政策和冷战政策，形成了国际间的紧张局势。新保守学派的观点，强调美国社会和历史是"利益一致的"、"无冲突的"和谐王国。这个学派独霸美国史学 10 年之久。③ 显然，新保守学派是当时美国统治阶级思潮的反映。60 年代中，美国在印度支那地区进行侵略战争，引起社会动荡不安，美国人民掀起反战运动，学生发起反征兵运动，黑人起来争取民权运动，新保守学派宣扬的美国社会历史"和谐一致"的观点，在社会现实面前难以立足，受到了批判。新左派史学应时而生，它是为区别于 30 年代的"老左派"故名。但新左派史学始终未能独霸美国史坛。美国史学流派林立，诸如新经济学派（又称计量学派）、新政治史、新城市史、家庭史、妇女史、心理史学、新劳工史、黑人史、新印第安人史、社区史等学派。

《杨文》说："事实上，各个学派更替相袭，或者同时并举，

① 黄绍湘：《开创我国美国史研究新局面的浅见》，载《历史研究》1984 年第 1 期。

② 同上。

③ 黄绍湘：《开创我国美国史研究新局面的浅见》及《开创美国史研究的新局面》。

是美国史学繁荣的表征，并以不同的层面丰富和发展了美国史学"。这种论调是缺乏实质性分析的肤浅之见。美国史学流派众多，观点分歧，其内容并非都是精华，更非杨所形容的是"硕果累累，不胜计量"。这是美国史学界自己也公认的。我国留美归国的青年学者余志森同志指出：美国史坛流派林立的原因之一是："知识高度商品化是流派得以生长的有利条件。在美国，历史著作如同市场上琳琅满目的商品一样，如不经常更新'换代'，若干年后可能变成无人问津的'滞销'商品，由于这种'价值'规律的作用，使历史学家经常怀有紧迫感，促使他们在研究或著述时，把更新放在重要地位，或在观点上标新立异，或在材料上有所发现，或在选题上出奇制胜，或在角度上花样翻新"。[①] 这是切合美国史学派别林立的实质性的分析，杨在这方面，才显得"抱残守缺、固步自封"。上述介绍、分析美国学派内涵之后，杨是否意识到：自己所描绘的美国历史进程，竟和鼓吹美国社会是无矛盾、无冲突的《利益一致论》的新保守学派的史学观点颇多相似之处?! 杨特别提到新保守学派代表人物丹尼尔·布尔斯廷和他的《美国人》的译本在我国问世。这是有价值的三本参考书，就《杨文》中对美国政治民主以及选举等论说和观点而言，只是凭主观臆断进行美化，而布尔斯廷在这方面却是结合美国历史实际，如实地进行论述的。在《美国人——开拓历程》一书中，布尔斯廷在《绅士政治》一节中写道：18世纪中叶，"弗吉尼亚孕育出来的贵族阶级代议制，正是这一代议制所特有的贵族气质从根子上哺育了美国代议制政体。……弗吉尼亚在整个殖民地时期，一方面对选举权有限制，另一方面又有一项强制进行投票的

---

① 余志森：《流派林立：美国史学的重要特点》，载《世界史研究动态》1987年第4期，第32页。

法律。还有几个殖民地偶尔也制定法规，对符合条件而又不参加投票的选民进行处罚"。"公民代表院的花名册实际上就是主要种植园主的人名录。从教区委员或治安推事到总督行政委员会成员这条政治晋升的道路，从上到下，一层一层全由当地绅士一手控制。没有他们点头，要晋升政治生涯，绝无希望"。①我认为：尽管布尔斯廷在著作中有贬低弗吉尼亚，抬高麻萨诸塞的倾向性，但这些可靠的史料和论述是值得吸收的史学新成果。

　　我们研究美国史学学派的目的，就是选取其中有价值的新史料、有创见的新成果，作为有益的文化营养原料，以丰富和充实我们的美国史学研究。《杨文》脱离美国史学史的实际瞎说一通，怎能对我国美国史学史的研究有所创新呢？在进入改革开放的10年内，我国美国史老、中、青史学工作者，在马克思主义指引下，对美国史学流派，从各个方面展开了有鉴别、有分析的研究，写出了许多篇专论，取得了可喜的成绩；同时，还介绍了大量具有代表性的美国史学史专著（如武大美国史研究室、川大、北大、北师大历史系和世界历史所等单位），都出版了译丛、选译或史学动态等刊物，登载了美国史学的文章和参考研究资料，使国内读者了解美国史学界的动向和研究成果。这是广大世界史工作者辛勤劳动、共同努力的结果。其中有代表性的美国史学史专著或专论有：杨生茂的《试论威廉·阿普曼·威廉斯的美国外交史学》、《论弗雷德里克·杰克逊·特纳的边疆和区域说》，并主编出版了《美国历史学家特纳及其学派》一书。郭圣铭的《西方史学史概论》，简述了美国史学史概况；丁则民的《查尔斯·比

---

　　① 丹尼尔·布尔斯廷：《美国人——开拓历程》，美国驻华大使馆新闻文化处1987年8月香港版，第124—125页。

尔德与美国宪法——美国史学对比尔德关于美国宪法的解释的评论》、《关于十八世纪美国革命史学评介》；张友伦的《评美国资产阶级史学关于美国独立战争性质和原因的几种论点》、《关于独立战争的美国史学》、《初论美国工人运动史学》等；李世洞的《美国研究黑人历史的专家赫伯特·阿普特克》、《美国进步学派》、《美国新保守学派》等；杨立文的《美国内战前南部奴隶制度的性质》一文中，也论述了奴隶制史学。钟文范的《美国新左派述评》，袁华音的《关于美西战争的起源——兼评美国正统派历史学的美西战争起源观》；刘同舜、阴巧云的《论美国战后外交史的三个学派》；游恒的《美国企业史与企业史学派》；余志森、王晴佳的《略论当代美国史学研究之演变》；卞历南的《关于美国邦联时期史学概述》；满云龙的《美国革命史研究中的共和学派》（因限于篇幅，恕未作更多的选录）。这些众多的专论与译作，为国内美国史学史研究作出了贡献。而《杨文》竟无视这些著作和译述的学术价值，妄加扭曲、指责说："……我们长期以来，自我封闭，隔靴搔痒"；"必须承认，过去对美国史学著作的态度是不够审慎的，甚至近乎轻率，一个学派，一大堆专著，肯定远非一句两句就能简单否定了的"；"……没有必要为了倒脏水连同小孩一起泼掉"；"人们对引进先进科技毫无顾忌，但引进外国资产阶级的先进史学成果，却呈神经紧张"等等。杨对我国美国史学工作者在美国史学史研究方面取得的成果，竟如此随意责贬，其目空一切的傲慢态度，当然为勤勤恳恳刻苦钻研、继往开来的青年史学工作者所不取。

作为西方文化思潮重要组成部分之一的美国史学史，其内容确是既丰富又庞杂，对此，我建议：应重温56年前鲁迅提出的"拿来主义"的精神和原则，"要运用脑髓，放出眼光，自己来拿"。^① 只有慎重地鉴别地对美国史学流派进行正确评介，才能取其精华，去其糟粕，为我所用。如果像鲁迅比喻的那样，"大吸剩下的鸦片……"^② "拿来主义怕未免有些危机"，^③ 愿以此与读者共勉。

四 略述写作经历，释《杨文》无稽之谈

《杨文》说："新中国成立到 1979 年以前，我国出版的美国史译著主要是美国老左派如福斯特、丰纳、罗彻斯特、阿普特克、艾伦、摩理斯、哈第等人的作品，其利是对帮助我们正确地分析美国历史有积极作用，其弊是限制了我们的学术视野，并使美国史的解释失之简单化"。我认为：这种评估是似是而非的。在资产阶级意识形态占主导地位的美国史坛，老左派人数不多，但他们能依据马克思主义学说，有重点地对美国革命、美国重建时期、美国工人运动、黑人运动等历史进行独创性的研究，是难能可贵的。杨对这些译著，不加具体分析，作上述指责，实为厌恶运用马克思主义进行美国史专题研究的一种借口。在 50 年代初麦卡锡迫害狂时期，老左派史学家备受各种严重迫害。新中国成立后 30 年间，老左派的重要著作，在不少译述、出版工作者的共同努力下，能及时翻译出版，也是理所当然的。我们应该肯定、尊重和珍惜这一世界史学术领域中的成果。而《杨文》却说，美国老左派著作在新中国传播，"限制了我们的学术视野，并使美国史的解释失之简单化"云云，是不恰当的，这是理论上

---

① 鲁迅：《拿来主义》，载《鲁迅全集》第 6 卷，人民出版社 1958 年版，第31—33 页。

② 同上。

③ 同上。

的逆反心理和学术研究上缺乏"从博而约"的钻研精神作祟所致。面对目前美国史学界学派林立，论点分歧，莫衷一是的局面，则有赖于我们自己以马克思主义为指导，共同进行分析、研究，协力写出具有中国特色的美国史学史的论著。这是完全可能的。对于过去美国老左派译著的存在，不仅不矛盾，而且某些方面，可以收到相得益彰的效果。《杨文》接着说："我国学者撰写的有关论文、著作，主要是在上述学者（指老左派——笔者）成果的基础上写成的，这包括黄绍湘教授的《美国简明史》、《美国早期发展史》、《美国通史简编》在内"。

对于新中国成立 30 年间，我国美国史研究工作者发表的许多论文、著作，我没有进行系统的研究，恕难发言。至于我写的 4 本通史性质的书，以及一些论文，则可以负责地回答，《杨文》上述说法，是轻率的主观臆测，事实上并非如此。《美国简明史》（以下简称《简史》）出版于 1953 年，而其酝酿则在 1944—1946 年我就读于美国哥伦比亚大学研究生院专攻美国史之时。我的任务是尝试以马克思主义为指导，写一本给中国读者阅览的美国简明史。这首先要熟悉美国历史的客观进程，和尽可能收集各种史料，但决不走依附一家之言的捷径，这点在思想上是十分明确的。当时独霸美国史坛的进步学派著名史学家比尔德、康马杰、格林都先后在哥大任教过。我的导师约翰·克劳特，是美国革命史和纽约市史的专家，也是一位进步学派，因而，我首先接触的是美国进步学派的思想；在我动笔撰写《简史》时，老左派的重要著作只有丰纳的《美国工人运动史》第一卷、福斯特的《美洲政治史纲》以及阿普特克有关黑人的小册子已出版，而这些都不是通史性质的书；要依靠"老左派"著作是写不成一本通史著作的。在 1954—1956 年撰写《美国早期史》时（以下简称《早史》），连阿普特克的两本重要著作《殖民地时代》、《美国革命

1763—1783 年》都尚未出版。《简史》、《早史》是在我回国后,将带回来的许多史料,加深研究,并从国内各图书馆搜集了更多的资料,以及在 50 年代初从国外续购了部分美国史书籍,通过了自己的独立思考,才先后完成的。两本书末尾所附不少进步学派、自由主义史学家提供的著作、文献目录,可以佐证。从整体来说,《简史》对国内读者以新的观点了解美国历史,在推动我国研究美国史方面,起过一定的作用,但限于当年水平和时代的局限性,在 1973 年起修改成《简编》时,在结构内容方面,作了较大的修改,50 年代初我动手撰写《早史》时,正值全国知识界掀起学习马克思主义理论热潮,探索理论与实践密切结合蔚然成风之际。在自己理论认识有所提高的基础上,结合自己掌握的美国史资料,经反复考虑,确定了《早史》的章节目。《早史》是断代史著作(自 1492—1823 年),得以扩大篇幅,充实内容。1973 年起撰写《简编》时,已是尼克松访华之后,中美之间学术交流渠道已开始疏通,且有幸收到美国友人赠送的新左派三位著名历史学家林德、科尔柯、威廉斯的新著,特别是林德的《阶级斗争、奴隶制和美国宪法》,对美国史学权威比尔德、珀润顿、特纳的史学观点提出了批评,使我对美国战后史学动向有了进一步理解,便于处理改写《简史》为《简编》中的一些学术问题。《简史》(1953 年三联版)结构较简略,带有美国历史编纂学传统叙述方式的影响,[①] 因而在改写中,重新拟订了《简编》全书的章节目。并接受责任编审的提议,定名为《美国通史简编》。《简编》以美国资本主义的发生、发展为主轴,运用历史唯物主

---

① 《简史》在结构上没有完全体现以资本主义发展为线索,阐明美国历史发展总过程,由于受资产阶级编纂学的某些影响,书中有"和平建国"、"和谐时期"等不妥当的提法。

义的基本原理，阐述了跨度三百多年美国历史发展的总过程，并注重辩证地分析各个时期美国经济、政治（包括军事、外交）等方面的横向联系。《简编》结合历史实际，对凯洛格低值货币论、芝加哥学派和凯恩斯主义经济学说，都从学术理论上作了论述和分析。《简编》所使用参考书有：马列经典著作50种（包括著作和专论），重要参考书目68种（多数是英文著述，包括主要史学流派，并对书的内容，作了简介），一般参考书、工具书38种。其中包括：莫里森、康马杰等合著《美利坚合众国的成长》（第六版），约瑟夫的《美洲印第安人的遗产》，美国新闻记者曼彻斯特的《光荣与梦想》，以及特立尼达已故总理埃里克·威廉斯的《资本主义和奴隶制度》等名著。可见，《杨文》所谓《简编》主要在"老左派"著作基础上写成的，纯属无稽之谈。

五　简介《史纲》学术观点，揭《杨文》
　　随意贬损

《史纲》是在《早史》的基础上，经4年多时间，细心揣摩、修改、扩充而成的。在修改前为了进一步了解美国史学史的新动向，对美国主要史学流派代表作的重要论点，进行收集、鉴别和分析，吸取各学派有创见的新成果。我还带着改写《早史》的目的，组织英文水平高的老教授，向国内读者翻译介绍了二战后美国史学史方面有代表性的五篇重要著作。它们是：约翰·海厄姆：《对"美国利益一致论"的崇拜——使我们历史单一化》；[1] 欧文·昂格尔：《"新左派"与美国历史：当前美国史学动

---

[1]　吴柱存译，载《世界历史译丛》1980年第1期。

向》；① 萨维斯：《六十年代的美国史学》；② 霍华德·津恩《马克思主义与新左派》；③ 菲利普·丰纳：《美国历史学家论美国南部黑奴制度》。④ 同时，为了了解在《早史》这一历史时期美国史学史方面的新成果，我研究了新经济学派、新保守学派、新左派代表人物的有关原著，和美国目前流行的美国史学史专著如迈克尔·坎曼主编的《我们的过去》、约翰·海厄姆的《美国历史的改造》和杰勒德·N. 格罗布和乔治·A. 比拉斯：《美国历史的解释》，以及有关这一历史阶段的美国史学史论文。我作为研究心得，还发表了《六十年代的美国史学》、《评美国"新左派"史学》⑤ 等 6 篇文章，作为修改《早史》的准备工作。

在 1980 年开始改写《早史》为《史纲》时，即确认《早史》的结构无须如《简编》那样作重大改变。由于 60 年代以来，美国史学界十分重视北美印第安人历史状况的研究，在《史纲》中增加了第一章《北美原始居民——北美印第安人》。至于全书内容，是在原结构的基础上以马克思主义为指导，吸收美国史学新成果中有益的养料加以充实，提高质量。如第二章重要修改达70 余处。其中如《史纲》第 31 页，叙述葡萄牙人对巴西的经营，由《早史》第 7 页仅三行不全面的叙述，重新改写扩充为十行，将葡萄牙经营巴西的历史和搜捕、奴役印第安人的行径，作了更确切的描述。又如《史纲》第 63 页增加了克伦威尔颁布《爱尔兰处理法案》，⑥ 较《早史》第 37 页的叙述，更为完备。

---

① 牛其新译，载《世界历史译丛》1980 年第 1 期。

② 牛其新译，载《世界历史译丛》1980 年第 2 期。

③ 载北京师范大学历史系编：《史学选译》第 5 期，牛其新译。

④ 载东北师大美国史研究室编：《美国史译丛》1982 年第 1 期史学专号，牛其新译。

⑤ 载《世界史研究动态》1980 年第 2 期。

⑥ 这是根据（苏）柯斯明斯基《十七世纪英国资产阶级》一书内容改写的。

再就注释（只指有详细诠释的注解）而言，《早史》仅12处，而《史纲》共计47处。增添了对北美殖民地时期重大历史事件，如早期英国的探险活动，英国重商政策的制定和演变，走私贸易扩大到西印度群岛的意义等；对大觉醒运动，独立战争的进程与意义，谢司起义，所谓"危险时期"的阐释，对制宪运动的评价，威士忌酒事件起义，两党制的初步形成，路易西安那的购买和门罗宣言发表等，都作了内容、文字方面的增补或改写。在人物评价方面，着重对杰斐逊、富兰克林、汉密尔顿、裴因等人的评价，作了修改。在具体史料方面，作了不少订正。

我对《史纲》的基本内容，依据研究所得，在史论结合的原则下，力求充实更新：

1. 在增加的"北美洲的原始居民——北美印第安人"专章中，采纳了加里·B.纳什在《红种人、白种人和黑种人》一书中的论点，说明美国历史的渊源，来自印第安人、欧洲人和非洲人的历史传统；运用美国新印第安人史专家如约瑟夫的《美洲印第安人的遗产》、《印第安人的爱国领袖们》和迪·布朗的《把我的心埋葬在伤膝河畔》等书中的新成果，叙述了印第安人文化和生活方式等内容，这就摒弃了美国历史是欧洲史的延伸说，[①] 和费利克斯·柯桓所持的"印第安人文化主体论"。[②] 英国史学家杰弗里·巴勒克拉夫指出："对于土生土长的印第安人来说，美国人常挂在口边的每件事，都是颠倒的！扩张对他们就是收缩，民主就

　　[①] 爱德华·切尼在《其美国历史的欧洲背景》中持此说。在我国流行甚广的美国社会党人西蒙士著的《美国历史中的社会势力》一书中，甚至认为：美国历史的渊源应上溯到希腊、罗马。

　　[②] 费利柯斯·柯桓认为：美国民主制、《独立宣言》以及富兰克林的思想，都可以溯源于印第安人的传统文明，因此，美国人应以印第安人为楷模，完成白人的"美洲化"。

是暴政，繁荣就是穷困，自由就是限制"。[1] 新左派代表人物之
一霍华德·津恩以公正的态度，炽热的感情，描述欧洲殖民者侵
入北美大陆后，印第安人的悲惨遭遇和英勇的反抗斗争。《史纲》
也持这种态度，并贯穿于全书有关章节。

　　2. 在殖民地发展方面：《史纲》着重叙述各殖民地在经济生
活方面的艰苦创业过程，将各殖民地建立前该地区原属哪个印第
安人部族以及白人与印第安人的冲突置于次要地位。在政治方
面，强调各殖民地议会的建立，并介绍了各殖民地议会与英国展
开斗争的史实。新保守学派布尔斯廷认为：美利坚民族突出的是
务实精神，这是确切的。但他认为：清教徒在荒芜之地，以特殊
的使命感从事神学实验，致力于在尘世重建天国，认为与欧洲启
蒙思想无任何联系，这就过分强调了宗教在殖民地发展中所起的
作用，是不妥当的。布尔斯廷为了强调"美洲造就无差别的人"，
具有"新的一致性"，甚至美化麻萨诸塞清教徒迫害异教徒是为
了净化圣地，更是一种偏见。《史纲》在行文中扬弃了这种思想，
并增加了"启蒙思想的传播"一个目，还扩充了少数教派争取宗
教自由的篇幅，以符合北美殖民地发展的历史实际。与此同时，
也吸收了布尔斯廷提出的清教徒统治的麻萨诸塞市政会议的民主
性。此外，对帝国学派为英帝国殖民政策辩护的论点，对新经济
学派罗伯特·托马斯关于1763—1772年英国颁布的《航海条例》
并未带给殖民地人民以沉重负担的论点，对新保守学派罗伯特·
布朗吹嘘麻萨诸塞已接近中产阶级完全民主的论点，凯塞琳·布
朗美化弗吉尼亚民主的论点，我认为都是站不住脚的，未予吸
收。

　　3. 美国革命在美国历史中，是关键性的历史大事。美国学

---

　　① 《泰晤士世界地图集》，三联书店1982年版，第221页。

者关于美国革命的史学著作卷帙浩繁，各史学流派对此观点分歧也特别严重。以至在 1976 年"美国历史学家组织"第 69 届年会中，有些史学家不禁发出"美国革命性质仍是若明若暗，难以捉摸"[①] 的哀叹。这反映了唯心史观的史学著作，往往不分主次，从历史表象着眼，罗列史实，各执其辞，对揭示历史发展的规律性，显得无能为力。如莫里逊等合著的《美利坚合众国的成长》一书，在阐述美国独立战争时，对美国革命的正义性、进步性认识不足，竟从人性论出发，赞美战争期间为英国效劳的效忠派"这一些善良的人，他们所信奉的那些原则也是很可敬的"。[②] 该书并认为：独立战争的胜利，具有偶然性；[③] 同时强调外援是决定战争胜利的主要因素，说什么"如果没有法国的援助，美国就要放弃独立，或者吃一次大败仗"，[④] 等等。《史纲》以历史唯物主义为指导，用大量史实阐释殖民地生产力发展与英国重商主义政策压迫的加强，是引发独立战争的根本原因，也阐明由于独立战争的正义性，它的经过虽然迂回曲折，最后必然取得胜利。进步学派和老左派，搜集大量论述美国革命具有双重意义（即既是争取民族独立的反英斗争，又是殖民地下层群众争取民主的斗争）的资料，是有价值的，因而仍适量选用，如选取了施莱辛格《殖民地商人和美国革命》中，关于商人在抵货运动中的动摇性，和丰纳的《工人与美国革命》中，转引本杰明·拉巴利关于波士顿《倾茶事件》表达人民群众的积极性的资料等。至于进步学派经济决定论的片面性论点的材料，则断然予以扬弃，我尊重新左

---

① 塞缪尔·埃利奥特·莫里森等：《美国历史杂志》1977 年 3 月。
② 塞缪尔·埃利奥特·莫里森等：《美利坚合众国的成长》，天津人民出版社 1980 年中译本，第 229 页。
③ 同上书，第 231、242、243、250 页。
④ 同上书，第 231 页。

派津恩和列米施强调美国革命的人民性的观点，但不同意他们贬低资产阶级在独立战争中起着领导作用的见解。这些在《史纲》中有充分的表述。《史纲》摒弃了帝国学派安德鲁斯和新经济学派罗伯特·托马斯抹杀英国对北美殖民地实施重商主义压迫政策，否认或淡化《航海条例》对殖民地经济上的危害甚至认为殖民地人民反而是受益者的错误观点；也摒弃新保守学派布尔斯廷、罗伯特·布朗否认殖民地内部的阶级冲突和殖民地人民争取民主的必要性，只承认美国革命仅是脱离英国独立的战争的谬误观点。对于新思想史学派代表人物伯纳德·贝林强调美国革命主要是殖民地和宗主国之间意识形态的斗争，而非改造社会的运动，且出于殖民地人民对英国有"颠覆殖民地自由"阴谋的恐惧心理①这种撇开经济因素和社会背景、只提心理上恐惧的观点，也是不能同意的。我认为：进步学派詹姆逊的《作为社会运动看的美国革命》一书，虽篇幅不大，其中论点和材料，仍多可取之处。

4．关于邦联时期（1783—1789 年）与制宪问题：邦联时期是："危险时期"，是美国种族主义史学家约翰·菲斯克在他的《美国历史中的危险时期》专著中提出来的，其目的在于说明制宪运动的必要性。当今著名史学家理查德·莫里斯支持这一说法。进步学派和老左派都否认这一提法，认为邦联时期除一个短暂时期外，经济是繁荣的，对外贸易也是日趋兴旺的；上述菲斯克所提的"邦联时期是混乱和危险"，实为夸大其词。《史纲》在综述各派意见之后，认为由邦联制到联邦制是资产阶级实现和加强其统治进程中历史发展的必然趋势。至于制宪问题，美国史学流派

---

① 伯纳德·贝林：《美国政治的渊源》，1965 年版，第 11 页；《美国革命的思想渊源》，1977 年版，第 86、88—89 页，第 119—123 页。又贝林编：《关于美国革命的小册子》1965 年版序言，第 3、4 页。以上各书，均由哈佛大学出版社出版。

意见分歧极为严重。进步派查理斯·比尔德1913年出版了《美国宪法的经济解释》，指出美国宪法是保障私有财产权的经济文献，颇起振聋发聩的作用，在相当长的时期内，这种说法左右美国史学界。《美利坚合众国的成长》一书1938年、1940年版，认为制宪是对美国革命的大倒退，甚至称它是"热月政变"（法国大革命后期法国大资产阶级于1794年7月发动的推翻雅各宾专政的反革命政变）。1950年新保守学派罗伯特·布朗发表了《查理斯·比尔德和美国宪法》，对比尔德上述一书作了逐条的批驳，但也承认美国宪法是保障有产者权益的文件。以后，新左派司托顿·林德和霍华德·津恩都对布朗的观点提出质疑，认为布朗的论点的前提，即认为制宪时美国人民大多是有产者的说法，根本是错误的。新政治史学派李·本森发表了《特纳和比尔德》专著，亦对布朗论点加以批驳。制宪问题至今仍众说纷纭。《史纲》对各个学派的论点加以分析、鉴别之后，认为：比尔德上述一书中提供的制宪时美国的经济情况，社会矛盾、阶级斗争等有益材料，还是可以吸收的。该书明确指出宪法创制人和一定类型的财产有联系，意图从新建立的制度中直接获得经济利益是中肯的；该书指出社会上四种人——奴隶、契约奴、妇女和没有财产的人都被排斥于制宪会议之外，也是符合历史实际的。但比尔德制定的公式——宪法是拥有公债券动产利益集团（指北部资产阶级）与土地所有者不动产利益集团（指南部种植园主）之间的斗争，是北部资产阶级对南部种植园主的胜利的观点，在美国史学界已被突破。诸如：新左派林德已明确指出，美国宪法是北部资产阶级和南部蓄奴制种植园主要妥协的产物。比尔德观点支持者杰克逊·梅因也认为比尔德制定的这一公式必须修正。美国经济史学家格伦·波特更就美国宪法中有关经济条款作了解释。回顾我写的4本书中，对美国宪法的叙述虽繁简不一，但都从马克思主义国家学说出发，指出宪法的阶级性。如《简史》指出在制宪会议中，最后"两大剥削阶级——商人和奴隶主之间，大州和小州之间都获得了妥协"（第63页）。《早史》指出，制宪会议表现了"特权阶级内部的矛盾运动及他们在对待劳动人民上所表现的一致性"（第320页）。《简编》也指出"美国联邦宪法是剥削阶级内部折衷妥协的产物"（第89页）。《史纲》以马克思主义为指导，对联邦制和"三权分立"作了进一步论述，摒弃了进步学派认为它是美国革命的大倒退的解释。《史纲》从上述各流派纷繁的见解中，吸收了有益的新成果，对制定宪法的社会背景、时代要求，宪法的内容进行分析，指出："从欧洲当时正处于君主专制盛行的历史条件来看，美国宪法的制定，表明在美国移植封建制度的彻底失败，美国宪法的制定具有一定的积极的进步的意义"。（第382页）以上仅是举其要者，介绍说明《史纲》的部分内容和学术观点的由来。杨对美国史学史知识极为贫乏，在一定气候条件下，凭借《史纲》中曾引用80项马列经典作家著述的事实，竟诬称：《史纲》"是那种'六经注我，我注六经'式的庸俗做法"，其厌恶运用马克思主义研究历史的心态，暴露无遗；杨蔑视他人多年艰辛劳动，轻率、武断地指责说："在笔者看来，80年代的《史纲》的价值不能说较之50年代的《美国早期发展史》的价值更大"。如此刻薄、傲慢、强不知以为知的行径，当为公正的学人所诧异。

六　批《杨文》对美国历史发展进程的扭曲

《杨文》说："在我国以往的美国史研究中，……最主要的是不顾美国的国情、脱离美国的具体历史条件，用马克思主义经典作家的个别论断生搬硬套，时时事事倾心于揭露这个资本主义国家是如何对内压迫和剥削，如何对外扩张与掠夺；……如何实事求是地看待这块'资本主义生产的乐土'，这个'资产阶级文明的榜样'？……"

显而易见，"资本主义生产的乐土"、"资产阶级文明的榜样"，就是杨心目中的美国国情，字里行间洋溢着对这块乐土，这一榜样的向往、憧憬之情，为此，首先要澄清被杨作为论据的前述两句话的来历和涵义。

关于"资本主义生产的乐土"，见诸 1888 年 10 月 8 日恩格斯致德国友人康拉德·施米特的信。① 马克思、恩格斯对美国南北战争后经济的飞速发展十分重视；马克思逝世后，恩格斯对这个后起的、新兴的资本主义的国家生产的大发展局面发生浓厚的兴趣。1888 年 8 月 8 日到 9 月 29 日，恩格斯在爱林娜·马克思·艾威林、爱德华·艾威林及卡尔·肖莱马陪同下，远涉重洋，赴美国和加拿大旅行。回国后不久，恩格斯在给施米特的信中说：

① 此信载《马克思恩格斯全集》第 37 卷，人民出版社 1971 年版，第 95 页。罗荣渠教授在《历史研究》（1980 年第 3 期）发表的题为《关于中美关系史和美国史研究中的一些问题》中误写成：恩格斯 1888 年 10 月 10 日在给左尔格信中劝左尔格到美国去看一看，而且后来恩格斯本人果真赴美国一行。历史实际是：恩格斯是在美国之行以后，才给居住在德国的施米特写这封信的。左尔格是马克思、恩格斯的密友，美国工人运动领袖和社会主义运动卓越的活动家。德国 1848—1849 年革命失败后，左尔格于 1852 年即侨迁美国，宣传马克思主义，从事社会进步活动。1860 年他是第一国际美国各支部的领导者之一。1868 年马克思曾委托他代表国际工人协会在美国活动。1870 年左尔格是第一国际美国临时中央委员会的书记。1872 年第一国际总委员会从伦敦移到纽约后，左尔格任第一国际总委员会总书记直到 1874 年。左尔格提供给马克思和恩格斯大量的有关美国经济发展的资料。美国工人运动康满士派的史学家塞利格·珀尔曼称左尔格为"美国近代社会主义之父"。杨玉圣同志近以批判者姿态出现，为何对上述罗教授文中"张冠李戴式"的史实错误未能察觉？关于左尔格的活动，请参阅拙著《美国通史简编》第 305 页以及有关第一国际、左尔格的叙述。又可参阅丰纳等编：左尔格著《美国的工人运动》，1977 年英文版，第 313 页。

"我对美国很感兴趣，这个国家的历史并不比商品生产的历史更悠久，它是资本主义生产的乐土，应该亲眼去实际看一看"。在同一封信中还写道："您谈到的关于谋求大学教职的不幸遭遇，又使我清楚地看到德国大学是多么糟糕。而这就是所谓的'学术自由'……"这里的"它是资本主义生产的乐土"这句话，是恩格斯拿美国和德国来比较时说的。德国和美国都是后起的新兴资本主义国家；但德国是由容克地主和资产阶级控制的后起的军国主义，对内进行资本主义、封建主义双重残酷剥削，对外富于侵略性；而美国是"一个从未经历封建主义，一开始就在资产阶级的基础上发展起来的年轻的国家"。①

"资本主义文明的榜样"，见于列宁 1915 年 12 月写的《关于农业中资本主义发展规律的新材料》一文。列宁原文是："这个国家在很多方面都是我们资产阶级文明的榜样和理想"。② 列宁生活在思想理论斗争十分激烈、尖锐的时代，他的文章，有的是属于批判性的。列宁这篇宏著（此文的中文版译文共 92 页），就是针对当时代表俄国和欧洲社会思想界中，极端民主的、最左的资产阶级派别中的一位知名经济学家吉姆美尔，用貌似社会主义的词句，粉饰他的资产阶级观点，以期捍卫所谓资本主义社会的农业是非资本主义进化的谬论，当时这种观点已广泛传播，并在俄国产生了不良影响。列宁根据美国 1900、1910 年农业中资本主义发展的新材料，以及美国资本主义高速发展的规模及其他特点，对美国的资本主义和农业作了阐述与精辟概括，批判了吉姆美尔那种关于资本主义社会的农业非资本主义进化的反马克思主

---

　　①　恩格斯：《致弗·阿·左尔格》，《马克思恩格斯选集》第 4 卷，第 496 页。

　　②　列宁：《关于农业中资本主义发展规律的新材料》，《列宁全集》第 22 卷，第 1 页。

义的论点。列宁对美国资本主义社会农业中大生产排挤小生产，也作了充分揭露，并得出结论说："尽管农业极端落后，然而工农业的进化规律是很一致的，工农业中的小生产是受到排挤"。[①]这是列宁这篇宏文的精髓所在。《杨文》既没有对上面介绍的恩格斯的书信和列宁宏论的内容真正读懂弄通，却从中挑选出这两句话，即"资本主义生产的乐土"、"资产阶级文明的榜样"（必须指出，《杨文》对这两句话虽加了引号，但为了蒙蔽读者查对原文出处，故意不加注释），并断句取义，随心所欲地作为自己评估、颂扬美国全部历史发展的依据；且运用这两句话，对新中国成立以后几十年来许多美国史研究工作者的成果（我并不认为这批成果是完美无缺的。而是应该以求实的态度，进行探讨、开展争鸣）包括著作、论文、译著等等，全盘否定（见本节前引《杨文》不再重复）；当然，矛头也是针对多次倡议以马克思主义为指导研究美国历史的本人，和拙著《史纲》和《简编》的。这种不是根据时间、地点、条件来确切理解"资本主义生产的乐土"、"资产阶级文明的榜样"两句话的涵义，反而套用这两句话为论据，目空一切地指责甚至否定30年来，我国史学工作者以马克思主义为指导，进行美国史研究所取得的各种成果的做法，真是别具一格的"创举"，其用心可谓良苦矣！

众所周知，由于具体条件不同，资本主义各国的历史和国情千差万别，但对内压迫和剥削，对外扩张和掠夺，是它们赖以生存和发展的共同特点，美国并非例外。美国历史上的资产阶级，在"天定命运"的旗帜下，用诱骗、掠夺手段，残害印第安人，用武力驱逐或围剿等办法，侵占他们长期定居的土地，为了补充

[①]　列宁：《关于农业中资本主义发展规律的新材料》，《列宁全集》第22卷，第92页。

劳动力，又用物资交换或武力绑架等办法，从非洲劫掠大批黑人来到北美，强迫他们成为奴隶，驱使他们从事繁重的劳动，进行剥削和压迫，建立了剥削黑人人身自由，并可以任意拍卖他们的野蛮的、恐怖的统治。美国对黑人和印第安人的压榨和残暴行径，在世界资本主义发展史中实属罕见。在对待下层白人方面，从殖民地时期起，"阶级压迫政治，就不时地狰狞地冒出头来"。[①] 连续发生了1676年弗吉尼亚的培根起义，1689年纽约长岛的莱斯勒起义。建国初期，又有1794年威士忌酒农民起义，由汉密尔顿率领4个州的武装力量将它镇压下去。《简编》对19世纪后半叶高涨的工农运动、第三党运动、印第安人的反抗斗争、美国排华运动的时代背景和进程，都有较详的介绍和分析。以工农运动而言，"在重重剥削和农业危机的打击下，美国农民破产和无产阶级化的进程大为加速……农民在忍无可忍走投无路的时候，展开了声势浩大的斗争"。[②] 至于无产者的罢工斗争更是汹涌澎湃，其激烈程度不亚于欧洲，恩格斯指出：美国当时是"地球上资产阶级的最后一个天堂正在迅速地变为炼狱"。[③] 美国从1886年五一运动开始的一系列罢工斗争震惊全世界。法国学者米歇尔·博德公允地指出："在美国，工会运动是在经历了一连串的危机、罢工和镇压而形成的"。[④] 在对外扩张方面，美国于1898年发动了重新分割殖民地的第一次帝国主义战争——美西

---

① 纳文斯和康马杰：《美国简史》，（纽约1954年版）第19页。（可参考香港今日出版社中译本，倪文斯和甘迈格合著《美国通史》1970年版，第22页。）

② 顾学稼：《论十九世纪末美国农民运动的发展和衰落》，载《美国史论文集》1980年版，第317页。

③ 恩格斯：《致弗·凯利·威士涅茨基夫人》（1886年6月3日），载《马克思恩格斯给美国人的信》，纽约1953年版，第157页。

④ 〔法〕米歇尔·博德：《资本主义史1500—1980》中译本，北京1986年版，第164页。

战争，攫夺了西班牙在西太平洋上的殖民地，把关岛和菲律宾群岛据为己有；老罗斯福介入哥伦比亚共和国内政，制造巴拿马政变，取得巴拿马运河地区的主权。① 香港作家黄枝连谴责说："老罗斯福是美国帝国主义的'开山老祖'"；② "老罗斯福和洛克菲勒的立场、观点是相同的"。③ 美国对内压迫和剥削、对外扩张与掠夺的历史事实是美国所固有的、既不是别人强加的，也非任何人可以随意否认的；上引《杨文》以讥讽口吻，指责和否定30年来我国美国史研究成果的依据，是徒劳的。《杨文》说："美国历史终归有自己的特色"，这点并无分歧。问题在于《杨文》是怎样论说美国历史的。请看《杨文》说："殊不知，从殖民地时期直至19世纪后半叶，美国的工人罢工、社会主义运动等首先是围绕着经济问题、改造政治积弊而进行的"。这显然是违背美国历史发展实情的一种歪曲。我认为，美国的历史进程和特点是：从英国在北美建立第一个永久性殖民据点起，直到19世纪后半叶，为期约三百六七十年不短的历史时间，其历史进程是迂回曲折的。扼要地说，随着北美13个殖民地经济、政治不断发展和英国压迫的加强，13个殖民地人民，掀起了独立革命战争，建成了独立的民族主权国家，即资本主义的美利坚联邦合众国。至于西欧诸强国，都是通过资产阶级战胜封建制度振兴起来的，而美国则是通过殖民地人民的大联合，进行民族解放战争，建立共和国发展资本主义的。这正是美国所具有的历史特色；其方式是以战争形式争得民族独立，也是一场资产阶级革命，为美国资本主义的发展开辟了广阔道路。至19世纪60年

① 贝米斯：《美国外交史》，纽约1939年版，第513—518页；《简编》，第380—381页。

② 黄枝连：《美国203年》，香港1980年版，第439页。

③ 同上书，第441页。

代，美国由两种社会制度——自由劳动制和奴隶制共处的局面，通过南北战争，废除了奴隶制。在全国进入"自由资本主义"阶段之后，资本主义经济迅猛发展，于19世纪末20世纪初进入垄断阶段。美国的独立战争和南北战争，不仅在美国历史中，而且在世界资本主义史中也占有重要地位。法国学者米歇尔·博德的《资本主义史1500—1900》，全书行文仅23万字，阐述了480年世界资本主义发生、发展的历史，对美国独立战争和南北战争的历史意义，都给予足够的重视。① 而《杨文》为了表述自己的阶级协调论观点，竟故意删除上述具有深远历史意义的大事，说什么"从殖民地时期直到19世纪后半叶，美国的工人罢工，社会主义运动等首先是围绕着经济问题、改造政治积弊而进行的"。这是明显地阉割关键性的美国重大历史事件。即以上述《杨文》提到的罢工和社会主义运动而言，也应该进行具体分析，难道1741年还处于殖民地时，纽约烤面包工人举行的第一次罢工，能和美国大机器工业兴起以后，1886年5月1日35万工人大罢工同样看待吗？难道南北战争前在美国传播的空想社会主义，能和19世纪末叶反映无产阶级和资产阶级尖锐对立的社会主义运动的性质等同对待吗？紧接着，《杨文》又套用美国是"资本主义生产的乐土"、"资产阶级文明的榜样"作为论据，表述说："在美国历史上，政治一步步民主化，经济从近代的起飞到现代高速度发展，这两大线索事实上始终是主旋律"。这种说法，无论从理论上、史实上都是站不住脚的。马克思主义认为：经济基础与上层建筑的对立统一构成了社会形态，经济基础起决定作用，而上层建筑又起反作用于经济基础。杨的上述观点，实质上是否认马克思主义的一元论历史观，提出经济、政治并重、同是

---

① 〔法〕米歇尔·博德，同前书，第44、48、49、105、120页。

"主旋律"的二元论历史观。在经济方面,《杨文》将 1830 年美国经济起飞①和 19 世纪末叶的第二次科技革命,②反映不同历史时期经济发展不同内涵的概念, 拼凑起来, 实在是不伦不类。《杨文》随心所欲地又说:"以政治民主而论, 美国从最初的白人男子不完全有选举权, 到 19 世纪上半叶'杰克逊'民主时期享有选举权, 再到 19 世纪下半叶南部重建后黑人男子享有选举权, 乃至 20 世纪初威尔逊'新自由'时期, 连长期被隔绝于政治圈之外的妇女也终于赢得了宪法明文制定的参政权。……""……其实, 广泛、深刻的改革, 相对而言更能从主体上有助于解释美国这个年轻国家的成长……"(着重点是我加的——笔者)。上引《杨文》两段文字, 概括其涵义, 就是说美国是个政治民主的国家, 美国是个实行广泛深刻改革的国家, 而且这些都是一步步、平平稳稳自然而然地实现的。《杨文》这样评估, 是不符合美国历史实际和特色的。先谈美国民主:《简编》、《史纲》都详尽地阐述了美国民主的性质和发展进程。美国的民主是美国人民(包括美国资产阶级众多的进步派)长期艰苦斗争取得的。民主是一个历史范畴, 不是抽象的, 而是具体的。民主的内涵比较广泛,诸如: 政治制度、政党制、公民自由权利等。随着美国资本主义经济的发展, 美国民主也有一个演变过程。上述《杨文》所谈只孤立地涉及选举权一个方面, 难道白人男子的选举权是轻而易得, 不是人民以沉重的代价争取到手的吗? 读过小施莱辛格的《杰克逊时代》的人都知道, 没有 19 世纪 30 年代美国工人为争

---

　　①　即指美国工业化, 这是美国经济学家沃尔特·罗斯托于 1960 年在其《非共产党宣言》中提出来的, 他认为: 一个国家没有到达经济起飞阶段, 不可能发展现代工业。

　　②　"杨文"中"现代高速度发展"一词含糊不清, 根据这段《杨文》下限为 19 世纪后半叶, 只能理解为第二次科技革命。

取改善生活的经济斗争，和广大人民要求民主权利，包括要求普选权的政治斗争，"杰克逊民主"时期白人男子享有选举权也是不可能得到的。至于黑人的人身自由以及选举权，更是来之不易。从19世纪30年代到50年代，废奴运动兴起，开始了解放黑奴的舆论宣传和实际行动；拯救南方黑奴逃到北方的"地下铁道"正义活动蓬勃开展，随后"堪萨斯内战"、"约翰·布朗起义"的流血冲突相继爆发，都是为了废除奴隶制、争取黑人人身自由和平等的公民权利。在《杨文》中表述美国历史进程时，故意撇开南北战争，更谈不到会重视美国历史上正义的废奴运动、约翰·布朗起义等事件了。南北战争以废除奴隶制而告结束，因而在南部重建时期，美国宪法增加了第13、14、15条修正案，废除了奴隶制度，给予黑人以公民权利。黑人的选举权得到法律上的认可。但纸上的东西并不就是现实的东西，南部各州侵犯黑人权利的案件层出不穷，黑人受到种种歧视，种族隔离制度长期存在；黑人备受迫害，惨遭私刑者1885年到1930年即达3256人，1890年密西西比州首先取消了黑人选举权。1910年，南部各州通过缴纳人头税、居住年限限制和文化测验等办法，都剥夺了黑人的选举权。[①] 直到本世纪五六十年代，黑人掀起争取民权的斗争的高潮，美国宪法增加了第24条修正案，取消了缴纳人头税作为选举资格的限制，黑人才真正获得了选举权；美国国会随之通过了取消种族隔离的法案。但直到今天，黑人在就业上仍是"受雇在后，解雇在前"并受其他不平等待遇。这些都是美国资产阶级学者毫不避讳的美国种族不平等的历史事实和国情，《杨文》为了强调美国政治民主，公然对美国历史上的南北战争和美

---

① 霍夫斯塔特、密勒、艾伦、利特瓦克合著：《美国史》第2卷，纽约1943年版，第337页。

国国内长期存在对黑人剥削歧视等真相，讳莫如深，这样的研究态度和方法，是我们今后改革美国史研究的方向吗?!

至于 1923 年美国宪法赋予妇女选举权，也是妇女不屈不挠长期争取妇女平等权利斗争的结果。早于 19 世纪二三十年代，佛朗西斯·赖特女士就提出女权主张。至 1848 年 7 月，在纽约州内举行了由女权运动者伊莉莎白·斯坦东主持举行的第一次女权大会，仿《独立宣言》模式，起草了《妇女独立原则》，要求联邦政府给予妇女参政权。美国觉悟的妇女，积极参加废奴运动；及至 1868 年，宪法第 14 条修正案批准生效，赋予黑人公民权时，美国先进妇女要求宪法第 14 条修正案同样运用于女性，这一合理要求，竟遭到国会拒绝。继之，美国先进妇女积极参加各种社会活动——改革运动、进步运动、禁酒运动等等，1896 年，怀俄明、科罗拉多、犹他、爱达荷州率先给予妇女选举权。1909年 3 月 8 日，美国芝加哥女工为争取平等权益举行了罢工和示威游行。1919 年由国会提出妇女选举权的第 19 条宪法修正案，于 1920 年得到 36 个州批准生效。美国妇女取得宪法明文规定的参政权，是美国妇女百余年艰苦斗争的果实，[①] 而《杨文》却瞎说："及 20 世纪初威尔逊'新自由'时期，连长期被隔离于政治圈之外的妇女，也终于赢得了宪法明文规定的参政权"。事实并非如此! 对美国有声望的总统威尔逊提出"新自由"政治口号的实质，及其内外政策和他对重要问题的政治态度，在国内世界通史美国现代史部分，有关美国现代史的著作、译述中（包括拙著

---

① 60 年代妇女积极投身于民权运动，并建立了全国妇女组织，争取在宪法中增加保证妇女同男子享受平等的宪法第 27 条修正案。1971 年和 1972 年先后由国会众、参两院通过，但迄未获得足够的州（必须 38 个州）的批准，至今未生效。1992年 5 月 20 日，经国会两院通过的第 27 条修正案是 203 年前（1789 年）由麦迪逊提出的、在竞选期间内国会议员薪金不应改变的宪法修正案。1995 年 6 月注。

《美国通史简编》），都有叙述；这些史实在现代世界中、美国史范围内，属于常识性问题。杨从历史系学士到美国史硕士，对这方面的知识理应有所了解，但事实恰恰相反，竟出现了上述不应有的谬误。兹引邓蜀生同志著《伍德罗·威尔逊》一书中有关这方面的论述再予佐证："此外，威尔逊在当时许多重大问题上是站在保守的立场上。美国妇女选举权从1848年7月在纽约举行的第一次妇女权利大会以来，斗争了72年，直到1920年8月26日批准宪法第19条修正案才得到法律上的承认。威尔逊是一直反对妇女获得选举权的"。"1914年，威尔逊担任总统后，404000名美国妇女签名请愿要求妇女取得选举权。威尔逊不加理睬，请愿妇女在白宫附近焚烧了威尔逊的模拟像"。① 对此，我试加分析：《杨文》中发生上述错误的另一个原因，还在于杨对美国宪法如总统的责权，制定宪法修正案的程序、批准手续等重要内容缺少知识，盲目地认为：威尔逊提出了"新自由"，又是在他任期内（1913—1921年）妇女获得了选举权，理所当然地应将这项"功绩"归到威尔逊名下，如此不顾史实，随意下笔，使人不知所云。综上所述，美国人民取得民主权利，都是经过美国人民长期的艰苦斗争取得的，有的甚至付出了血的代价。正是争取正义的美国进步人民，推动着美国历史车轮前进。《杨文》也侈谈"美国人民创造了美国历史，促进了合众国的进步与发展"，为何在表述美国历史进程时，反而抹掉上述这些重大而真实内容呢？

　　再谈谈美国的政治改革。历史的发展是一个复杂的曲折的运动过程，在一定的历史条件下，改革是局部性的，积累式的渐进，对社会进步是有益的。梁启超虽是唯心史观的史学家，但他

---

① 邓蜀生：《伍德罗·威尔逊》，上海人民出版社1982年版，第46页。

于1902年所写的《释革》一文中，对改革与革命所作的辨析有一定见解。他说：所谓改革，是"因其所固有而损益之以近于善"，所谓革命则是从"根底处掀翻之，而创造一新世界"。①《史纲》指出："改革殖民地时期残酷的刑法，也是美国革命的一项成就"。②《简编》对19世纪三四十年代要求改革的知识分子爱默生、索洛等人，赞誉备至，称之为"改革的先驱者"，"肯定他们的活动具有一定的进步意义"；③对斯基德摩和伊文思倡导的土地改革运动也指出它的历史合理性；④对19世纪末美国的黑暗揭发与改革运动，更是以浓墨重彩加以描绘，对其推动历史前进的进步意义予以充分肯定。⑤《杨文》所说："长期以来人们把改革贬之曰改良，进行笼而统之曰改良乃欺骗人民，巩固统治云云"，在拙著中无此提法，不知杨何所依据而出此言?!

七　对《杨文》挑剔《简编》、《史纲》中所谓"奇奇怪怪的结论"的辩驳

《杨文》对《简编》、《史纲》中阐述美国重大历史事件和历史人物的评介，不是实事求是地从指导思想、资料选择等方面进行具体分析，提出中肯意见，而是无端挑剔，指责为"奇奇怪怪的结论"。兹根据问题的重要性，逐项辩驳如下：

---

① 转引自许明龙：《梁启超的法国大革命观》，载《历史研究》1989年第2期。
② 黄绍湘：《美国史纲》，第340页。
③ 黄绍湘：《美国通史简编》，第173—174页。
④ 同上书，第177—179页。
⑤ 同上书，第426—430页。

（一）关于威尔逊“新自由”口号的实质问题

《杨文》对《简编》中关于威尔逊“新自由”口号的实质的全部论述和具体分析，置之不顾，却将《简编》第400页中“威尔逊是在美国政治危机十分严重的关键时刻，被华尔街垄断资本家送进白宫的。……只不过威尔逊以隐晦方式，用蛊惑人心的所谓‘新自由’口号，高唱经济的政治的自由主义……”一段文字，和第404页中“以上我们只揭露了威尔逊对内政策有关的经济政策的一部分，这部分是威尔逊对内政策中的重要内容，就已足够说明威尔逊的‘新自由’是假仁假义的、伪善的，……”以及同页〔美国对墨西哥的武装干涉〕一目中：“列宁曾指出：‘威尔逊的理想化的民主共和国，实际上是最疯狂的帝国主义形式，最无耻地压迫和摧残弱小民族的形式。’威尔逊对外政策的反动性，不像他的对内政策那样隐晦，而是锋芒毕露的，不过，他还是用‘正义’、‘民族自决’、‘社会和平’、‘弱小民族权力’等这些美丽动听的口号，来欺骗世界舆论，把它的对外侵略的本质掩盖起来。”等三处文字，断句取义，拼凑篡改成：“威尔逊之实行‘新自由’乃系‘蛊惑人心’、‘欺骗舆论’，‘是假仁假义的，伪善的’”；杨对《简编》从第400页至404页的全部内容，作了上述篡改、压缩，无理指责说：“结果非但不能对美国的这一重大历史现象予以正确的认识，反倒生出许多奇奇怪怪的结论”，杨的这种手法，令人不齿。我重读了《简编》中关于威尔逊“新自由”的论述以及国内外研究威尔逊“新自由”的史学成果，认为《简编》的分析仍是合适的，并作如下补充。威尔逊在美国历任总统中有其特色：他出生于弗吉尼亚一个有爱尔兰血统的长老会牧师家庭里，曾在北卡罗来纳一所长老会学院读书，深受宗教教义熏陶，后进入新泽西州的北方著名的普林斯顿大学读书。他崇拜英国议会制，钦佩英国保守政治思想家埃德蒙·柏克和曾任三度首相的威廉·格莱斯顿。[①] 他当过律师，任过州长。他在普林斯顿大学的同班同学克利夫兰·道奇和麦克密克后来都成了显赫的大资本家，对他步入政坛、进入白宫都有很大帮助。[②] 他是美国历史上第一位有博士学位、并当过教授、大学校长的总统。美国著名新左派史学家科尔柯认为：从威尔逊早年的经历来看，他是保守主义者。他反对过布赖恩，而与摩根、哈威、瑞安等大资本家有重要联系。霍夫斯塔特也认为：他是被视为自由主义者的保守派。[③] 他一心从政，练就了政客的权术与两面手法。

　　"新自由"是1912年威尔逊以民主党身份参加总统竞选，对抗老罗斯福的"新国家主义"而提出的竞选口号。当时共和党内部不团结，分裂为三派：塔夫脱派、老罗斯福派和拉佛莱特派，分别参加总统竞选。塔夫脱谴责老罗斯福为政治煽动家和激进派，老罗斯福还击说塔夫脱是笨伯和反动派。[④] 威尔逊道貌岸然，宣布不接受大公司捐款，实际上不声不响地接受华尔街大亨道奇的资助。威尔逊在竞选中采取中间路线，抓住1901—1912年各州进步主义的"还政于民"的战斗口号，向大众提出要实现使普通人民免于受大企业和金融资本剥削的自由、获得公平竞争的自由，也就是"新自由"。这次总统竞选，主要是由于共和党

---

　　① 约翰·加拉蒂：《美国史》（第5版）纽约1983年版，第586页。加拉蒂提到威尔逊早年憎恶杰斐逊，霍夫斯塔特在其《美国的政治传统》一书中说：威尔逊赞美埃德蒙·柏克的《法国革命观感录》，因该书对法国革命思想表示仇恨。威尔逊在弗吉尼亚大学读书的时候，都不屑到杰斐逊在弗吉尼亚的蒙蒂塞洛故居去一趟。直到1906年他考虑个人前途，才改变态度，在一次公开集会上赞扬杰斐逊（见该书第314—315页）。

　　② 伦德堡：《美国六十家》，纽约1937年版，第114页。

　　③ 科尔柯：《保守主义的胜利》纽约1963年版，第204—205页；霍夫施塔特：《美国的政治传统》，纽约1974年版，第343页。

　　④ 里贝卡·B.克鲁维尔：《美国史》第2卷，加州1981年版，第608页。

的分裂，也由于威尔逊"新自由"口号的娓娓动听，蛊惑人心，使他进了白宫。在美籍犹太人波士顿律师和社会学理论家布兰代斯的协助下，"新自由"口号发展为纲领性的措施，1913—1916年，通过了一些立法，即《安德乌德·西蒙斯关税法》、《所得税法》、《联邦储备法》和《克莱顿反托拉斯法》等，《简编》对这些立法的意义、内容，都作了分析（参阅该书第396—397页，400—406页），此处不再赘述。现侧重就"新自由"所宣扬的主要重点：即"恢复企业竞争"，和近来美国史学家对"还政于民"的评述，补充介绍于后。

威尔逊以悲天悯人的口吻，对小人物宣布，"新自由"旨在拯救竞争，他说："美国的工业已不像从前那样自由了……仅拥有一点小资产的人发觉要介入角逐更加困难，与大亨们较量愈来愈不容易。为什么？因为这国家的法律未能阻止强者摧毁弱者"。[1] 他以此来争取小人物的支持。其实，威尔逊的立场，并不站在小人物一边，而是站在大企业一边。他说：他是赞成大企业的，他只是反对托拉斯。[2] "我不怕大公司，不管它多大，但我怕坏企业，也不管它多小，只要它腐烂了，它的行为和活动就要受到贸易法管制"。[3] 这些话表示他对大小企业一视同仁。实际上，美国经济进入垄断阶段以后，资本的积聚和集中的规律，是不以人们的意志为转移地在起着作用，大企业实力大，又有各种优越条件，小企业是无法与之竞争的，因此，"新自由"所提出的扶助小企业、恢复企业竞争，只是竞选时期的空头支票。"新自由"的一些措施，实际上加强了垄断资本的发展，如降低

---

① 威尔逊：《新自由》，纽约1914年版，第15页。转引自霍夫施塔德：《美国思想中的社会达尔文主义》，台北1981年中译本，第132页。

② 科尔柯：同前书，第132页。

③ 科尔柯：同前书，第207页。

关税率，使美国商品能打入国际市场，整顿美国的货币和银行制度，也增强了美元在国际上的竞争力。1914 年 12 月威尔逊在致国会咨文中宣称：管制企业的立法已经完成使命，"新自由"已告终止。这充分说明，在"新自由"口号下，抑制企业间的竞争是无法兑现的。《美国企业史》作者塞利格曼认为："'新自由'的《克莱顿反托拉斯法》和《佘尔曼反托拉斯法》，同样含糊其词，令人捉摸不定".① 研究威尔逊的专家林克指出："威尔逊领导的反托拉斯活动的新鲜事，是几家重要联合企业的负责人，为避免起诉而急于接受政府下达的改组命令"而已。② 威尔逊和大企业特别是摩根财团的关系一直密切，只不过威尔逊表面上为了维持教授、学者的尊严，不直接出面，而是让他的密友豪斯上校充当他和大企业之间联系的中间人而已，这还不是欺骗舆论的好手法吗？

美国许多著名史学家，都从威尔逊对待劳工、黑人、妇女的具体事例，说明他早已把竞选时"还政于民"的战斗口号置之脑后了。在对待劳工方面：1913 年 3 月到 5 月，世界产业工人同盟领导的新泽西帕特森 25000 名纺织业工人罢工达 14 周之久。纽约一些有声望的绅士上书给威尔逊，请求派一个国会调查团来了解实际情况，并反映这次工人罢工仅仅是因为举行和平示威，即被处以罚款和监禁，是违犯人权的行为，威尔逊置之不理。③ 1915 年时，美国工人中有 3/4 的人每周赚不到 15 美元，只有 1/10 的工人每周能赚到 20 美元的工资。1914 年有 3500 名工人死于可以避免的工伤事故；有 7 万余工人在矿场、工厂受伤。在

---

① 塞利格曼：《美国企业史》，上海人民出版社 1975 年中译本，第 328 页。

② 阿瑟·林克、威廉·卡顿：《美国史》上册，中国社会科学出版社 1983 年中译本，第 151 页。

③ 菲利普·丰纳：《美国工人运动史》第 4 卷，纽约 1965 年版，第 367 页。

钢铁工厂、铁路工作的工人，仍每周 7 天工作，每日 12 小时；1916 年夏天，美国铁路 40 万工人，为要求八小时工作制，威胁要举行一次大罢工，当时已迫近 1916 年总统竞选，第一次世界大战亦已爆发，运输任务紧急，威尔逊才劝说国会，通过《亚当逊法》，规定八小时工作制是所有铁路工人工作的标准制度，超过的时数可获半数工资。[1] 但该法又规定，在未经政府调查前，禁止罢工，这就使 1914 年已通过的《克莱顿法》承认罢工的合法性，受到了限制。至于限制童工问题，是美国进步人士长期为之奋斗、呼吁，亟待解决的严重问题。据官方统计，1910 年全国共有童工 200 万人在工厂、矿场工作。在成衣业工作的童工，每周工资仅 2 美元，在玻璃厂和纺织厂工作的童工，每周工资不到 3 美元；大约有 49.5% 的童工每天工作达 10 小时，约 25% 的童工每日工作达 9 小时，大约 20% 的童工每日工作 8 小时。[2] 由于许多社会改革家的努力，在 1904—1914 年期间，许多州都制定了禁止使用 12 岁或 16 岁以下的童工，并限制工作时间不能超过 8—10 小时，更不能作夜班工或有危险性的工作。但各州执行得很差，因而改革家们就渴望联邦政府能制定一项限制雇佣童工的法律。[3] 林克揭露说，"当全国童工委员会的《童工法案》于 1914 年在众议院通过时，威尔逊拒绝为它能得到参议院批准而斗争，因为他认为它是违反宪法的"。[4] 可是到了 1916 年，"总统竞选已经开始，社会正义力量的代言人告诉威尔逊说，他们认为：亟待通过的童工法和《联邦工人赔偿法》，是对他进步主义的决定性考验。过去，威尔逊从未说过一句支持这些法案的话。

---

①　波以耳和摩理士：《未透露的劳工的故事》，纽约 1955 年版，第 184 页。

②　同上书，第 184 页。

③　加拉蒂：同前书，第 573 页。

④　林克等：同前书，第 148 页。

现在，他对参议院民主党领袖们施加重大压力，并使该法案于 8 月得到通过。"① 在对待妇女选举权方面，本文已另有阐述，现再摘录林克等书中对这几方面的见解作为佐证："他（指威尔逊——笔者）还拒绝支持妇女选举权修正案，因为他认为，选举资格由各州决定"；② 新左派科尔柯指出："在劳工政策方面，威尔逊是赞成实行'开放工厂制'的。"③ 所谓"开放工厂制"，即资方可以招收非工会会员的工人入厂工作，不受工会章程的任何限制，以便于抵制和破坏工会运动。而工人为了改善生活条件，自 19 世纪 50 年代起，就为争取实行"封闭工厂"而斗争。所谓"封闭工厂"，就是限制只有工会会员的工人，才能入厂工作，这就可以阻止企业主随意雇佣一般失业劳工，并降低工资定额，同时，也保证了工人之间的紧密团结，不致受企业主或工贼的挑拨离间。霍夫斯塔特也指出："威尔逊是敌视工人的"。④

威尔逊在对待黑人问题上，也最能说明他的政治态度的两面性。威尔逊出生于南部，受世俗影响，对黑人是憎恶的。在竞选总统时，为了争取黑人选票，对黑人好话说尽，许诺当选后提高他们的权利。在当选之后，国会里南方州的议员即发动在政府机构中实行种族隔离运动，凡反抗种族隔离的即被解雇，仅在亚特兰大邮局一处，就有 35 个黑人因此而失业。当时政府机构、旅馆、厕所都实行种族隔离制度，威尔逊坚信种族隔离制度对黑人、白人都有利。一位黑人编辑抱怨说："威尔逊许诺给我们'新自由'，可是正相反，我们得到的不是一片面包，而是一块石头"。甚至布克·华盛顿也承认：黑人比以往任何时候都更加失

① 林克等：《未透露的劳工的故事》，第 153 页。
② 同上书，第 148 页。
③ 科尔柯：同前书，第 207 页。
④ 霍华德·津恩：《美国人民史》，纽约 1980 年版，第 343 页。

望，生活方面也更为艰苦。杜波依斯在 1912 年竞选时曾支持威尔逊，之后也在《危机》杂志上抨击威尔逊的政策。1914 年 11 月《波士顿监护人》的一位战斗性强的编辑威廉·特罗特率领一个代表团到白宫，抗议政府实行种族隔离制度，威尔逊指责他是诽谤，引起特罗特大怒，和威尔逊展开面对面的抗争。[①] 威尔逊对黑人这种口是心非、出尔反尔的态度，足以说明 1912 年竞选时提出的"新自由"是蛊惑人心的口号，也足够暴露"新自由"对黑人政策是"假仁假义的、伪善的"。至于"新自由"的外交政策，威尔逊是以"正义"、"民族自决"、"社会和平"、"弱小民族权力"等美丽动听的辞藻，来掩盖他的对外扩张侵略的本质。历史的事实是：威尔逊政府 1913 年入侵墨西哥，竟声称：他讨伐的仅是韦尔塔个人，连保守的老共和党议员洛奇都"不禁大为愤慨"，并且瞧不起威尔逊。[②] 1916 年威尔逊派潘兴率领一支讨伐军侵入墨西哥，攻打比利亚。1914 年美军侵入尼加拉瓜，建立了海军基地，并取得了对尼加拉瓜三个小岛为期 99 年的租借权。1915 年，美海军陆战队占领海地，全面控制其政治、经济、教育大权，直至 1934 年才撤军。1916—1924 年，美海军陆战队占领多米尼加，成立殖民政府，实行军事统治。1917 年，威尔逊政府根据普拉特修正案（1898 年，美西战争后，美国占领了古巴，1901 年强迫将美参议员普拉特提出的修正案，纳入古巴宪法，这条修正案规定，美国有出兵干涉古巴内政的权利）第三次出兵占领古巴。威尔逊打着加强泛美主义的旗帜，用武装干涉控制了加勒比海地区和中美洲，连美国正统的著名外交史学家贝米斯也直言不讳，称威尔逊超过他前任的任何总统，是对拉丁美

---

① 加拉蒂：同前书，第 591 页。

② 〔法〕莫鲁瓦：《美国史》，上海人民出版社 1977 年中译本，第 64 页。

洲最大的武装干涉者。[①]《杨文》作者对上述常识性史实并不了解，竟替威尔逊在其任期内进行的武装干涉受到各国学者应有的批评叫屈，其迷信"新自由"口号，可谓甚矣哉!

(二)　对老罗斯福在改革运动中的评价问题

《杨文》从《简编》中摘录了:"老罗斯福是所谓'改革家'，不过是资产阶级及其御用的新闻界、资产阶级学者之流吹捧起来的"一段文字，加以指责。历史的实际是:老罗斯福执政时期(1901—1909年)，美国已由自由资本主义过渡到垄断阶段，托拉斯控制了全国的经济命脉，它们的巧取豪夺，操纵市场，损害全国大多数人民的利益，因而改革运动、进步运动风起云涌，美国统治阶层深感忧虑。作为总统的老罗斯福怎样对待呢? 小施莱辛格写道:"罗斯福一开始就觉察到，他可以对托拉斯或者对关税有所行动，那就会引起一场叛乱;他选择了托拉斯改革，认为这是比较得人心的问题，不太冒犯国会，而且又是惟一能够运用行政权力的问题。1902年初，作为一系列显示能量的第一炮，他命令对北方证券公司提出反托拉斯诉讼"。[②] 北方证券公司是J.P.摩根、哈里曼和希尔联合经营的铁路控股公司，它无论在规模上、影响上都不如洛克菲勒的美孚石油公司和摩根的美国钢铁公司(这是当时两大对峙的实力最强的公司，形成两个"金融帝国")。老罗斯福这次起诉，既未解散北方证券公司，也未援引舍尔曼反托拉斯法，给予摩根、哈里曼和希尔三人以处罚，不过是制造声势，提高了他个人的威信，赢得了"反托拉斯炮手"的

---

①　贝米斯:《美国拉丁美洲政策》，纽约1967年版，第198页。

②　小阿塞·施莱辛格主编:《美国共和党史》，上海人民出版社1977年中译本，第224页。

称谓,① 这正是老罗斯福发挥他"政治煽动家那种领导艺术"②
的妙处。美国有些学者据此即将老罗斯福誉为改革家,进步主义
者,但历史实际并不是这样简单的。《简编》正确地分析老罗斯
福"反托拉斯战"从一个侧面反映了摩根财团同洛克菲勒财团之
间的激烈竞争。众所周知,老罗斯福是靠以摩根为主的财团们的
资助而当选的,和摩根财团有密切的联系,而他从 1900 年以后,
就和洛克菲勒财团对立。现在根据美国史学家研究的新成果,
《简编》中的论点得到进一步的证实。老罗斯福于 1905 年即与摩
根家族达成非正式的君子协定,老罗斯福回避对摩根的美国钢铁
公司的起讼,以答谢摩根的合作。③ 老罗斯福总的政治态度是:
经济集中和托拉斯的出现都是不可避免的,他声明不怕大企业,
他只一再强调托拉斯有好有坏,并按其是否由垄断控制和资方是
否蔑视公共利益,为衡量托拉斯的标准,这些主张显然是和垄断
财团的根本利益一致的。老罗斯福认为:洛克菲勒的美孚石油公
司是属于坏的托拉斯范围之内,因此,1907 年他对美孚石油公
司起诉。而老罗斯福从未触犯摩根的美国钢铁公司和国际收割机
公司,因为据说他从未获得充足的证据,证明它们是垄断企业,
或者非法地压制竞争。④ 同时,老罗斯福还通过立法程序,由国
会通过《海普朋条例》,加强铁路管理,给"州际商务委员会"
以更大的调整运价的权力,这些做法,实际上是有利于这些垄断
企业的。而纽约新闻记者、所谓进步主义理论家赫伯特·克罗莱
1909 年出版的《美国生活的希望》,1914 年出版的《进步的民

---

①　科尔柯:同前书,第 69 页。

②　小阿瑟·施莱辛格:同前书,第 225 页。

③　莫里森、康马杰、洛伊希腾堡合著:《美利坚合众国简史》纽约 1977 年版,
第 516 页。

④　林克等:同前书,第 128 页。

主》，都竭力颂扬老罗斯福提出的"新国家主义"，肯定了老罗斯福作为"改革家"的地位；老罗斯福的友人约瑟夫·毕希普，1920年出版的《西奥多·罗斯福及其时代》，曾获得老罗斯福本人生前的合作，树立了老罗斯福改革家的形象；另一位朋友查理斯·沃希伯恩1926年出版的《罗斯福和1912年竞选》，内容也是如此。这两人都是以学者身份为老罗斯福作政治宣传的。老罗斯福改革家的头衔，就是这样获得的。我认为：当时美国经济已处于垄断阶段，作为总统的老罗斯福，虽然一再声称要反托拉斯，实际上，对于垄断资本势力，没有进行过根本性的改革。老罗斯福对那些揭露社会黑暗的改革家是深恶痛绝的，就在他进行反托拉斯的时候，1906年4月14日，他引用班扬的《天路历程》中描述"耙粪者"的话，来咒骂改革家是"耙粪者"，和老罗斯福同时代的改革家拉佛莱特，从来没有相信他是一个真正的改革家。① 拉佛莱特评论老罗斯福的改革说："这种开炮，先是朝一个方向放，随之又朝另一个方向放，只见空气中硝烟弥漫，炮声隆隆，完全混淆和模糊了行动路线，可是一旦烟消云散，总是免不了引起很大的惊奇，原来成就真少得可怜"。新左派史学家科尔柯在引用这段话之后以嘲讽的口吻说："自然拉佛莱特是错了。成就是很大的，但是达到了保守的目的。"② 另一位著名的黑暗揭发者林肯·斯蒂芬斯在其自传中，揭露老罗斯福强制推动某些管理企业的措施，从不和当时的改革派领袖们磋商，而是和大企业家奥尔德里奇、洛奇、卡斯特或摩根磋商。③ 研究1896—1946

---

① 德怀特·L.杜蒙德：《现代美国（1896—1946年）》，商务印书馆1984年中译本，第172页。

② 科尔柯：同前书，第112页。

③ 林肯·斯蒂芬斯：《自传》，纽约1931年版，第516页。卡斯特系宾夕法尼亚州铁路大王。

年美国现代史的著名学者杜蒙德，称老罗斯福为职业政客。[①] 研究富兰克林·罗斯福的著名经济学者巴鲁克·塞利格曼指出："虽然罗斯福（指老罗斯福——笔者）在早期的政治生涯中，曾经倡议过几桩社会立法，但他绝谈不上是一位改革家"。[②] 曾经是新保守学派后来是自由主义学者的霍夫斯塔特在其《美国的政治传统》一书中，用一章 40 页的篇幅，分析老罗斯福出身、所受教育、政治思想和所接触的人物之后认为：他是被认为进步派的保守主义者；霍夫斯塔特又指出：在塔夫脱（老罗斯福的继任者，是以保守主义著称的）任期内，提出反托拉斯案件共 90 起，而老罗斯福提出的对托拉斯起讼的案件只有 54 起，[③] 所不同的是，塔夫脱和老罗斯福所恃的垄断财团的背景不同而已。

由上可见《简编》对老罗斯福的评价是符合历史实际的，《杨文》加以指责只能说明相对当时的历史实际不是视而不见就是缺乏研究。

（三）关于美国两党制的阶级性问题

杨对《简编》中关于美国两党制的全部论述不予理会，特意从《简编》第七章（该章论述从美西战争到第一次世界大战爆发期间的美国史）剖析这一时期美国两党恶劣行径的一个目："美国两党制——民主的骗局"，以及该书有关论述中，纂录成下列文字："对两党制的论述，则立足于'戳穿'其阶级实质，证明它是'民主骗局的典型'"。这是《杨文》公然否认政党的阶级

---

① 杜蒙德：同前书，第 132 页。
② 塞利格曼：同前书，第 325 页。
③ 霍夫斯塔特：同前书，第 295 页。

性，也不顾《简编》中所谈历史事件的时间和实际情况，故意挑
剔的实例之一。美国宪法中未提到政党。《简编》对美国两党制
的形成、发展、巩固的演变过程，作了明晰的勾勒（请参阅《简
编》第 102—106 页、137—138 页、145—150 页、211—212 页，
288—290 页、373—376 页）。对 19 世纪 60 年代南北战争前，两
党制形成和巩固时期，两大党在对内对外政策上，都有着差别，
作了介绍；并对南北战争后，两党之间在重大的政策上，差别逐
渐缩小，也略举史实，作了说明。长期以来，美国资产阶级两大
党通过多层次竞选，对全国进行统治，调和了资产阶级内部不同
集团和政治势力之间，角逐和争夺经济利益、政治权力的种种矛
盾；无论哪个政党上台，其总政策都是有利于资产阶级根本利益
的。当然，美国人民在长期不断奋斗争取下，也得到了宪法所赋
予的、和为统治阶级所同意的一定的基本民主权利，以四年一度
的总统选举为例，每个公民有投票选举两大党中任何一党的总统
选举人的权利，再由总统选举人投票选举已由两党确定的总统候
选人。总统、副总统候选人、总统选举人的产生，事实上，都由
垄断资本势力，在幕前幕后，加以控制、推选确定的。仅此一
端，美国政治民主的局限性和虚伪性已暴露无遗。《简编》对美
国两党制在理论上和史实上都作了必要的叙述和分析。在第七章
一个目："美国两党制——民主的骗局"中，对 20 世纪初垄断资
本势力和当时的党魁在政治、经济上互相勾结、利用，作了扼要
描述。现再摘引下列史料，加以充实。当 19 世纪末 20 世纪初，
美国进入帝国主义阶段时，美国资产阶级历史学家林克认为：当
时美国处于一场"政治震荡"。他指出："最令人不安的是市、州
及国家各级责任制政府的崩溃；大城市中贫民窟、犯罪和贫困的
蔓延；对劳动人民尤其是妇女和儿童的剥削；工业和金融的日益
集中；特别是涌现出深刻影响人民命运而又超脱人民控制的铁

路、大公司和金融帝国等巨大经济集合体。"① 美国经济史学家菲特和里斯指出:"从南北战争结束到西奥多·罗斯福就任总统这35 年内,几乎所有的政治家都严重地丧失原则性,热衷于钩心斗角,疯狂地猎取官职。他们想要当政,不是出于为公众服务,而是为了争权夺利。在这一方面,共和党人和民主党人基本上没有什么差异。"② 著名新闻记者林肯·斯蒂芬斯调查了圣路易、芝加哥、费城等大城市的政治情况,写出《城市的耻辱》一书,揭露政客和企业家结成同盟,狼狈为奸,玩弄政党这一工具,进行出卖选票,特许权、执照和豁免权等等欺诈行为。林克和卡顿又写道:"城市重大经济利益集团,用钱买得对政党核心集团的控制权,从而将美元变成选票,'将财产变成政权'"。③ 这一时期两党制的腐败,彻底暴露美国民主政治的虚伪性,这在美国史学著作、当时文学作品、新闻报道中都有栩栩如生的反映。正是当时社会的黑暗、两党制的腐败,激起成千上万的人投入了风起云涌的改革运动、进步运动,林克称之为"全国政治大起义"。④《简编》中有关这方面的分析,观点上和上述论述是一致的。《杨文》作者厚爱美国这块"资本主义乐土"上的民主政治,竟对马列主义国家学说中,政党具有鲜明的阶级性的理论,公然提出挑衅,这样,杨的政治立场是什么,就昭然若揭了。

(四) 关于汉密尔顿的评价问题

在历史人物评价方面,《杨文》提出《史纲》中说:"汉密尔

---

① 林克等:同前书,第 61 页。

② 吉尔伯特·C. 里斯和吉姆·E. 里斯合著:《美国经济史》,辽宁出版社 1981年中译本,第 382 页。

③ 林克等:同前书,第 86 页。

④ 同上书,第 76 页。

顿的主张，在许多方面足以妨碍资本主义的发展"，是"奇奇怪怪的结论"之一。这是杨对汉密尔顿的政策措施，特别是对美国史学史有关对汉密尔顿的评述无知的缘故。汉密尔顿自1786年倡导召开制宪会议，直到1804年格斗逝世，是美国建国初期政坛重要人物之一。汉密尔顿在对美国建立何种政体的重大问题上，是崇仰君主制，以英王乔治三世政体为楷模的。在1787年制宪会议中，他草拟的联邦宪法意见书，主张建立极端集权的政府，因过于保守，未提交大会讨论。建国以后任财政部长，提出征税、举债筹款，建立银行等措施，以增加国家财政收入，稳定金融和信用，结束独立战争后财政的紊乱状况，但其办法有利于商业集团、投机家获得暴利，严重地损害了广大劳动人民的利益。汉密尔顿的《关于制造业报告》，提出劳动分工、使用机器、雇佣妇女与儿童、鼓励外国移民等措施；由政府实施保护关税，提供奖金，以鼓励制造业（具体提出17种轻工业）的发展，但由于当时美国经济处于农业为主的时期，此报告未经国会通过。他在政治上反对民主政治，仇恨、咒骂人民是野兽。1794年，他亲率大军，镇压了宾夕法尼亚西部边疆，酿制威士忌酒、因抗缴不合理的国产税的农民起义。在土地政策这个关系到美国西部农业发展的关键性问题上，汉密尔顿纯粹从联邦政府财政收入着眼，对西部广阔的土地，主张维持大块土地面积出售的办法；汉密尔顿反对允许东部贫苦人民向西迁徙，反对把西部土地按小块面积出售，更反对西部土地上的居民，逐步建立起与东部平等的州。① 汉密尔顿的主张，鼓励了富有投机商和土地投机公司的土地投机热，他本人也

---

① 摩理士：《争取美国自由的斗争》，纽约1944年版，第260、263页。

参加土地投机。[①] 在二战前美国众多史学著作中大多对汉密尔顿贬多于褒，加以推崇的寥寥无几；[②] 从美国建国初期到杰克逊执政时期，在史书中汉密尔顿都被描绘成为美国民主之敌，反动势力、特权利益之友。南北战争后，由于大企业的兴起，美国史学家对汉密尔顿的评价有所转变。在两次世界大战期间，美国史学界对汉密尔顿的评价褒贬不一。胡佛等共和党人一般对汉密尔顿加以颂扬，而罗斯福新政派则认为：杰斐逊是汉密尔顿的对立面，杰斐逊的政治主张才是符合他们当前为之奋斗的内外政策的目标的。只是在二次大战后新保守学派崛起，美国史坛才对汉密尔顿予以肯定。格罗布和比拉斯在《美国历史的解释》中指出："自从第二次世界大战以后，新保守学派将美国历史描绘成为平静和单调的过去以来，美国历史不再呈现集团间或严峻的阶级间的差异了。美国历史中过去被推崇的英雄人物杰斐逊、林肯、威尔逊和富兰克林·罗斯福的英雄气概减弱了……相反地，过去被认为是反派人物——汉密尔顿、洛克菲勒和卡内基也不那么邪恶了，他们被描绘为建设性的人物，对国家作出了巨大的贡献"。[③] 这种客观的评述，应引起我们的深思。由于二战后新保守思潮的弥漫，英国和美国的大百科全书对汉密尔顿条目的写法迥然不同，大英百科全书指出汉密尔顿崇拜英国，袒护、包庇、效忠派等等，而美国大百科全书则推崇汉密尔顿，强调他一生的成绩方面。

《史纲》摒弃了《早史》根据进步学派和老左派将汉密尔顿

---

① 《史纲》，第396页，转引自克劳特、福克司合著：《独立的完成》，纽约1944年版，第55页。

② 理查德·莫里斯：《亚历山大·汉密尔顿及国家的创建》序言，纽约1957年版，第7页。

③ 格罗布和比利亚斯：《美国历史的解释》序言，第15页。

说成"反动"的提法，吸收了当今研究汉密尔顿生平的著名历史学家理查德·莫里斯（他是推崇汉密尔顿的，他就是美国大百科全书汉密尔顿条目的撰稿人）的新成果。理查德·莫里斯对汉密尔顿的对内外政策有肯定也有批评，如莫里斯认为：麦迪逊对偿还债务的提案（对旧公债原来持有者，和当时套购的投机者区别对待）是有道理的；[①] 莫里斯也揭露汉密尔顿在约翰·杰伊赴英谈判时，他竟向英国驻美公使哈蒙德泄露机密，使美方谈判陷于不利地位。[②] 我认为：莫里斯这些见解都是中肯的。《史纲》保留了《早史》原来取材于自由主义史学家、进步学派、老左派批评汉密尔顿等反对把西部土地按小面积出售给移民，并在西部土地上建立与东部平等的州的主张，也揭露了葛文罗·摩理士和汉密尔顿等人掀起的土地投机热等有说服力的资料，[③] 因而概括说"西部无垠土地的开辟，和广大而统一的国内市场的形成，是促进美国资本主义发展的最有利的条件之一，汉密尔顿的主张在许多方面足以妨碍美国资本主义发展的。"现在看来仍然是正确的。《杨文》对此加以指责，显然是对上述评论的来龙去脉，缺乏起码的历史的、美国史学史的知识所致。

（五）关于《杨文》中提到的"杰克逊'反银行斗争'是为了笼络民心"

按这一见解，是根据阿瑟·宾宁在《美国经济生活史》一书的内容。他认为：杰克逊否决由国会通过的《银行法案》并附带一份强硬的咨文，"意在成为竞选文件"；宾宁分析说："这种文

---

① 理查德·莫里斯：同前书，第286页；《史纲》，第407页。
② 理查德·莫里斯：同上书，第383页；《史纲》，第437页。
③ 《史纲》，第396、425—426页。

件实在是为大众看的……这样，延长银行寿命问题成为 1832 年竞选的一个政治争论。"①巴萨特赞扬杰克逊民主，但在其《美国简史 1492—1929》中也认为杰克逊的否决咨文是"一个精明的竞选文件"。②小施莱辛格的《杰克逊时代》也将杰克逊否决延长第二银行年限的事，和 1832 年竞选联系起来分析，指出：这策略极为成功。这也是总统和国会之间争取权利的斗争。③《早史》是把杰克逊这次《否决银行法案》和 1832 年总统竞选活动联系起来分析的。《简编》只是节约篇幅概括言之而已。宾宁、巴萨特、小施莱辛格都是自由主义史学家，并不是老左派。

（六）关于"三权分立"的性质问题

1979 年《简编》第一版中，有"三权分立掩盖了剥削阶级专政的实质"一语，在 1983 年版中已经改为："三权分立是资产阶级的政治原则和政权分工的形式。"三权分立是资产阶级民主制的一种形式，它是特定的历史、社会政治条件的产物；原《简编》初版说"三权分立掩盖了剥削阶级专政的实质"，从列宁的国家学说理论来衡量，也是适当的。

结　束　语

研究美国历史，宜坚持实事求是、深入钻研的治学态度。在学术研究中，存在不同观点或出现意见分歧，是正常的事。在必要时，应以史实为依据，严肃而认真地开展正常的学术争鸣，这

---

①　阿瑟、宾宁：《美国经济生活史》，商务印书馆 1947 年中译本，第 238、239 页。

②　巴塞特：《美国简史（1492—1929）》，纽约 1929 年版，第 412 页。

③　小施莱辛格：《杰克逊时代》，纽约 1945 年版，第 8、9 章。

是繁荣史学研究的方法之一。而《杨文》在其所持观点的支配下，脱出争鸣常轨，对建国以来属于运用马克思主义问世的著作、译作、论文等，进行全面挑战。其论述扭曲美国历史，盲目崇扬美国史学流派和西方史学理论。行文强词夺理，出言不逊，还散播某些宗派气息；否定一切的傲气，令人叹为观止。这不仅是文风问题，无疑是缺乏史德的突出表现。为此，呼吁历史学界重视和弘扬我国崇尚史德的优良传统。我更期望史学工作的青年一代，以开拓的眼光，求实的精神，继往开来，使美国史的学术研究，怒放奇葩！

（原载《兰州学刊》1990 年增刊，收入本集时略有增删）

尊重历史实际，为提高学术水平而奋斗

——评黄安年《读黄绍湘新著〈美国史纲（1492—1823）〉》

书评是严肃的科学研究工作之一，社会和读者要求书评的作者对所评论的作品进行认真审读，深入了解作品的全部内容，且出于公心，不媚俗，不阿谀，不虚美；评论者如能运用科学的理论，以公允的态度撰写书评，无疑是上乘之作。著作者对于来自各方的评议，原则上应采取欢迎态度，对不同意见，应忠实于真理，不宜虚与委蛇，必须坦诚地申述己见，以期相互切磋，有益于学术繁荣。黄安年教授发表于《世界历史》（1988年第2期），对拙著《美国史纲（1492—1823）》的书评（以下简称"黄评"），①物换星移，已9个年头；我之所以保持沉默，是考虑到在国内长期学术禁锢之后，需要有宽容气氛；况且，学术问题的是非曲直也需要时间来检验。

近年学术界有人提出要展开学术著作质量万里行，对伪劣作

---

① "黄评"又以《浅论美国早期发展史》为题，收入其著作《美国社会经济史论》，山西教育出版社1993年版。拙著《美国史纲（1492—1823）》简称《史纲》；《美国简明史》，简称《简史》；《美国早期发展史》简称《早史》，"黄评"简称为《早期》；《美国通史简编》简称《简编》。

品，进行打假的问题。① 同时，也有人提出："一个宽容的时代，正是一个十分需要真正批判的时代"。② 这就促使我对"黄评"的内容值得商榷之处，提出辨析，并就教于广大读者。

一

"黄评"中有些意见很中肯，如提出"以公元1492年前作为美国早期历史开端更为适宜"，拙著实际上总的方面，是以印第安人早于1万年至2.5万年前在北美繁殖和活动的历史开端的（见《史纲》第4、18页），书名1492年后未注"前"字，是我的疏漏。又如指出对于宗教、妇女、教育、文化的研究，虽然增加了篇幅，但仍嫌缺乏综合性整体论述，确有进一步进行深入综合研究的必要。再如提出个别材料如杰斐逊的墓志铭不宜重复使用，当年哈佛、耶鲁是学院不宜称为大学等等，我都虚心接受。

至于译名不统一和不规范问题，从便利读者着想，确是应予避免的。但有些译名是历史形成的，例如乔治亚殖民地是为了纪念英王乔治二世而建立的，英王乔治是通译，将乔治亚殖民地和州译为佐治亚，值得商榷。至于罗得岛译为罗得艾兰，那么，长岛、斯塔腾岛也应译为长艾兰，斯塔腾艾兰了，岂不贻笑大方？

"黄评"并未就全书整体方面如思想内容、学术见解、表达方式、文字改动等诸方面，与《早史》作认真细致深入的比较，即笼统地说："《史纲》和《早史》相比，增加了《北美洲的原始居民——北美印第安人》专章，全书由40万字扩充为47万字"。"黄评"又轻率地说："这些细微而又重要的修改全书有100多

---

① 钟国兴：《不知"道"》，《光明日报》1995年3月21日。
② 《也说不宽容》，《中华读书报》1995年5月10日。

处"。《史纲》全书究竟修改了多少处，是客观存在。现挑选《史纲》第二章（相当于《早史》第一章，是全书中改动内容最少的一章）为例，经亲自核对，在这章里，较之"黄评"提出的重要得多的修改即达120多处，其中至关重要、较大的修改、补充约30处，[①]（因限于篇幅，举例从略）"黄评"上述显然与事实相悖的判断，是对作者、读者和学术交流不负责任的表现。

在修改开始时，经过缜密揣摩，决定《早史》总的结构基本保留；我修改《早史》是采取提高质量、深化内涵的方针，现择要提出几个实例，以窥见一斑。

（一）关于印第安人方面

《史纲》增加了《北美洲原始居民——北美印第安人》专章，对印第安人在美国历史的地位有更深入的表述（限于字数，内容从略）。

（二）关于北美殖民地发展史、美国革命史方面

北美殖民地的发展由于自身的特殊具体条件，几经沧桑，经历了160多年的漫长进程。13个殖民地先后创建的时间相隔120多年，各殖民地具有民族、宗教信仰、文化、风俗习惯等不同的特色，各殖民地统治形式、经济发展水平也不相同，加以英国在建立北美殖民地历史时期内，国内政治几经变革，以及英国与其他殖民国家在争夺海外商业霸权和殖民地的战争格局的变化，对各殖民地的成长有着不同的影响与作用，但它们最本质的殖民地

[①]　黄绍湘：《简练揣摩，据理争鸣——评杨玉圣"美国史研究的反思改革"》，《兰州学刊》1990年增刊（下简称"揣摩"），第22页认为该章修改达70余处，不准确。

性质则是相同的，各殖民地与宗主国的矛盾，构成它们资本主义发展的主要障碍。尽管北美殖民地社会内部矛盾与冲突连续不断，但由于殖民地生产力的发展，英国压迫的加深，宗主国与殖民地之间矛盾占主导地位，北美殖民地人民终于发动了争取民族独立的战争来解决这一主要矛盾。这是美国殖民地历史的自然发展过程。可是，二战后美国新保守主义流派抹杀殖民地社会阶级矛盾与冲突的存在，更否认独立革命的必要性。布尔斯廷又片面地强调北美的特殊环境"造就无显著差别的人"①"无差别的社会"。②至于美国独立战争，他竟扬言"今天，人们普遍接受的看法是，并非美国人打赢了，而是英国人认输了，或者可以说是英国人干脆自动放弃了。"③他甚至认为独立战争"是以仇恨和流血为代价换取国家的建立。美国人犯了典型的时代错误。"④这样，就把美国人民6年半的艰苦战争的伟大意义全盘勾销。这种错误论点已经遭到美国史学界的批判。

但是，美国著名新社会史学者卡尔·U.戴格勒在《重写美国史》一文中认为新保守主义流派已经"声名狼藉",⑤未免过于乐观。《史纲》抵制了新保守主义的观点，吸收了老左派阿普特克在《殖民地时期美国人民史》和《美国革命——美国人民史》以及摩理士的《争取美国自由的斗争》中所作的马克思主义分析，适当选用进步学派论著的论点，并吸收新左派霍华德·津恩和列米施强调人民作用的观点，特别需要提出阿普特克在《美

---

①　布尔斯廷：《美国人——开拓历程》，美国驻华大使馆新闻文化处 1987 年版，第 211、424 页。

②　布尔斯廷：《美国人——建国历程》，第 192 页。

③　布尔斯廷：《美国人——开拓历程》，第 211、424 页。

④　布尔斯廷：《美国人——建国历程》，第 495 页。

⑤　卡尔·U.戴格勒：《重写美国史》，载《奴役与自由：美国的悖论》，贵州人民出版社 1993 年版，第 414 页。

国革命——美国人民史》一书中写的序言，是一篇有分量的关于
美国革命史学史的论述，有分析，有批判，使人受益匪浅。《早
史》对殖民地创建、发展史叙述不够全面，在历史陈述和理论分
析均感不足。《史纲》大量补充史料，把殖民地史和美国独立革
命史视作密切联系，辩证地发展着的整体，从下列三个方面予以
充实、提高。首先历史活动是群众的事业，没有一个生产者阶
级，殖民地社会就无法生存下去。英国在印第安人初步开拓的北
美大陆沿海一带先后建立了殖民地，迫使陷于战祸、贫困、宗教
纷争的欧洲，将劳动人民中的"剩余人口"输出到北美，成为一
个生产者阶级。那些移民先驱者抵美后寿命平均延续不到两
年，[①] 其生活艰苦可想而知，但移民们仍是流尽汗水，将荒地变
为良田。是他们开展反封建的代役租斗争，甚至发生武装冲突，
使代役租在有些殖民地征收成为不可能的事。是人民群众的"非
法"占地运动抵制了英王在北美移植封建制度的计划，[②] 又是他
们早于资产阶级进行反压迫斗争，沉重地打击了英王及其代理人
的统治，还是他们打响了第一枪，引发了殖民地人民的反英武装
斗争。人民普遍参与了美国独立革命是取得胜利的根本保证。其
次，美国独立革命不是突然爆发的，它是对立统一体内部矛盾斗
争由量变的积累转化为质变的飞跃。北美殖民地建立的时间与具
体情况不同，在殖民地初期，彼此之间的联系还不如对外交往来
得密切。但各殖民地存在共同的本质性的东西，如殖民地生产力

---

　　① 加里·M. 沃尔顿：《美国殖民地时期的经济》；载格伦·波特编：《美国经济
史百科全书》第 1 卷，北京师范大学历史系编：《史学选译》1989 年总第 15 期，有
译文。

　　② 17 世纪英王在北美建立了 8 个业主殖民地，即马里兰、新罕布什尔、特拉
华、缅因、卡罗来纳（当时未分南北）、纽约、新泽西、宾夕法尼亚，企图移植封建
制度。

的增长，议会民主制逐渐成熟，一个新的美利坚民族逐渐形成。这些都要突破限制它们发展的英国的束缚。这是殖民地社会合乎规律发展的结果。再次，殖民地内部经济、政治、上层建筑各个领域的普遍联系和发展，殖民地和宗主国矛盾错综复杂与日益尖锐化，必须有横的方面剖析和适当的分期，有助于说明民族形成的渐进性，并反映殖民地由分散走向独立的阶段性特点。

（三）关于制宪方面

对制宪问题，美国史学界意见极为分歧。进步学派查理斯·比尔德1913年出版的《美国宪法的经济解释》在长达数十年间是左右美国史学界的权威之作。我在写《早史》时，由于对马克思主义的基本原理有一定的认识，并未对比尔德关于美国宪法的解释全部接受，而是采取拿来主义，取其精华、去其糟粕，为我所用。我认识到进步学派否认上层建筑的反作用，是"经济决定论"者，与马克思主义历史唯物主义有本质的区别。比尔德制定的公式——宪法是拥有公债券利益集团（指北部资产阶级）对土地所有者不动产利益集团（指南部种植园主）的胜利，是不符合实际的。因为比尔德忽视宪法中关于含蓄地允许奴隶制存在并追缉逃奴的条款是北部资产阶级对南部种植园主的让步。我从《简史》开始，就从马克思主义国家学说以及历史实际出发，指出在制宪会议中，最后"两大剥削阶级——商人和奴隶主之间，大州和小州之间都获得了妥协"（第63页）。《史纲》对此认识上更为深化，强调"为争取统治阶级步调的一致，商人向奴隶主让步，资产阶级内部取得了妥协"，[①] 并以大量的篇幅，分析宪法中关于奴隶制的内容。比尔德这一公式，，在二战后受到美国史

---

① 《史纲》，第376页。

学界的普遍批判。比尔德观点的支持者杰克逊·梅因也认为比尔德上述公式应予修正。这就是"黄评"所谓美国学术界对宪法的评介已突破了比尔德解释的梗概。但"黄评"竟无视《早史》、《史纲》的实际内容，提出《史纲》也要突破比尔德对于宪法的公式，真是无的放矢。

（四）在杰斐逊、裴因和汉密尔顿的评价方面

对杰出人物的评价，应把他们放在当时的历史进程之中加以全面考察。杰斐逊和裴因都是美国早期历史中有卓越贡献的思想家。《史纲》增加了对他们的篇幅，突出地介绍杰斐逊的进步思想和毕生的社会实践活动以及裴因坎坷的一生和晚景的凄凉。《史纲》扬弃了布尔斯廷对他们偏激反感的观点。布尔斯廷早在1948年他写的《托马斯·杰斐逊失去了的世界》一书中，即诽谤杰斐逊"陷入思想混乱的泥沼"。[①]继而在1965年公然污蔑杰斐逊起草的《独立宣言》是《麦克伦郡宣言》的仿制品，说："模仿其精神，搬用其观点，逐字抄袭其词"，同时用恶毒的语言，大肆攻击托马斯·裴因说："同这份文件相比，托马斯·佩因的《常识》显得多么可怜、无知、恶毒、短视、失度!"[②]所谓《麦克伦郡宣言》是这样一件事：早于1774年5月，北卡罗来纳的边疆农民在麦克伦郡沙洛乡曾作出一项决议：凡是过去英王允许成立的，在殖民地行使职权的一切军事的及行政的委员会均正式无效。[③]康玛杰是美国文献史的权威，在其《美国历史文献》一

---

①　转引自约翰·海厄姆：《对"美国一致论"的崇拜——使我们的历史单一化》，载《世界历史译丛》1980年第1期，第31页。

②　布尔斯廷：《美国人——建国历程》，第467页，该书中裴因译佩因。

③　《史纲》，第264页，转引自雷特耳士：《美国文化的渊源》，纽约1945年版，第656页，该页第40注警告切勿将"麦克伦郡决议"与"麦克伦郡宣言"相混淆。

书中指出："麦克伦郡的决议曾被委托由北卡罗来纳代表团呈交大陆会议，但并未交出。"1819年，这个决议案仿用独立宣言中的辞句，加以修饰后以报告形式公开发表，成为"麦克伦郡宣言"神话，沸沸扬扬起来。以后经过调查证实当时并未发表这样的宣言，从而确定该宣言没有真实性。[①] 对于这样一个伪造的文件，历史学家应该严肃对待，而布尔斯廷却歪曲历史，大肆攻击杰斐逊起草的《独立宣言》和裴因的《常识》，这是布尔斯廷对待美国民族优秀文化虚无主义态度的表现。至于汉密尔顿，拙著《简史》、《早史》对他评价偏低。《史纲》吸收了当今美国著名历史学家理查德·莫里斯等研究汉密尔顿的新成果，综合进步学派、老左派的正确分析，作出较为公允的评价。[②] 如增加了《关于制造业的报告》专目，以及将《早史》所用的有些"反动"字眼改为"保守"，[③] 对他仍进行四点批评：其一，汉密尔顿君主制倾向、亲英思想、等级思想严重，生活贵族化。他咒骂人民是野兽。他对制宪会议提的意见书中主张最高行政首脑、参议院议员均为终身职，法官终身职，各州的法律如与联邦宪法相违背即无效。由于他的意见书太右，未提交大会讨论。其二，他的偿债计划是劫贫济富政策，有利于以廉价搜刮到手大量公债券的达官显贵、投机家，而不利于一般市民及退伍士兵，他们是公债券的原来持有者。他征收酒税（国产税）的措施，激发了酿酒农民的反抗。其三，在土地政策上：他主张仿效加拿大当时的土地政策，

----

① 康玛杰：《美国历史文献》，纽约1943年版，第64号文献，载第98页。

② 黄绍湘：《汉密尔顿》，载《外国历史名人传》近代部分上册，中国社会科学出版社，重庆出版社1981年版，第422—430页。

③ 见《史纲》第424、425、427页（《早史》第358、360、361页），"黄评"所云《早史》第374、340页"反动"均另有所指。《早史》第396页根本无"反动"二字。

即将大量的土地赏赐给那些效忠于统治者的官吏。[①] 其四，
他的亲英外交有损美国利益：1793 年当约翰·杰伊被汉密尔
顿派赴英国谈判时，汉密尔顿竟向当时英驻美公使哈蒙德透
露美国绝对不和欧洲国家结盟（当时瑞典、丹麦均表示愿
和美国结盟共同抗英），[②] 致使英国在谈判中态度强硬，美
国陷于不利地位。二战前美国史学界对汉密尔顿贬多于褒，
二战后新保守主义流派对汉密尔顿翻了案，我适当地提高对汉密
尔顿的评价，是出于认识上的改变，决非"黄评"中所谓"扬杰
抑汉。"

二

　　"黄评"第二部分提出："马克思对历史规律作了简要的概
括：多样性的统一"。
　　现经查对，"多样性的统一"这句话是在马克思遗稿《政治
经济学批判》导言一文第三节关于政治经济学方法里出现的。马
克思的原意说得很清楚：在政治经济学研究中存在两种不同的研
究方法。第一种是 17 世纪资产阶级经济学者在分析经济现象时
常用的方法。即在考察某一国家时，总是"从作为全部社会生产
行为的基础和主体的人口开始。似乎是正确的，但是，更仔细的
考察起来，这是错误的。如果我抛开构成人口的阶级，人口就是
一个抽象；如果我不知道这些阶级所依据的因素，如雇佣劳动、

---

　　① 莫里逊和康玛杰：《美利坚合众国的成长》，纽约 1940 年版，第 259 页；莫
里逊三人合著：同前书，（1969 年英文本第 312 页。）
　　② 理查德·莫里斯：《亚历山大·汉密尔顿及国家的创建》，纽约 1957 年版，第
383 页；贝米斯：《美国外交史》，纽约 1938 年版，第 101 页；《史纲》，第 439 页。

资本等等，阶级又是一句空话。"① 上述研究方法，只是看到事物片面的表面的联系，因为没有经过思维行程的抽象，"蒸发"出来的仍然是一个"混沌的关于整体的表象"。第二种是马克思研究政治经济学的科学方法，和上述方法有本质的不同：从具体开始，充分地占有材料，分析事物的各种发展形式，探寻这些形式之间的内在联系，运用科学抽象力，从复杂的现象中抽出最简单、最本质的东西，然后以它为起点，对研究对象的各个属性、各个方面进行分析和综合，由抽象逐步上升为具体的整体。这时的事物，"已不是一个混沌的关于整体的表象，而是一个具有许多规定和关系的总体了。"② 于是马克思说："具体之所以具体，因为它是规定的综合，因而是多样性的统一。因此它在思维中表现为综合过程，表现为结果，而不是表现为起点，虽然它是现实中的起点，因而也是直观和表象的起点。"③ 这一科学的抽象方法，在马克思的巨著《资本论》中得到更完善的运用。

不难看出，"多样性的统一"这句话是马克思论述经济学研究方法时说的。黄安年同志随意引用，并不加注释，说它是"马克思对历史规律作了简要概括"，这与《导言》中的原意风马牛不相及，因而是不严肃、不负责任的。

必须指出，马克思是在写《导言》（1857—1858）之后，才在《政治经济学批判》序言（1859年1月）中作出著名完整的关于人类社会历史发展规律光辉论断的。马克思说："人们在自己生活的社会生产中发生一定的、必然的、不以他们的意志为转

---

① 马克思：《政治经济学批判》导言，《马克思恩格斯选集》第2卷，人民出版社1972年版，第102—103页（关于该文详情参见《马克思恩格斯选集》第2卷，第654页，注81）。

② 同上。

③ 同上。

移的关系，即同他们的物质生产力的一定发展阶段相适合的生产关系。这些生产关系的总和构成社会的经济结构，即有法律的和政治的上层建筑竖立其上，并有一定的社会意识形态与之相适应的现实基础。物质生活的生产方式制约着整个社会生活、政治生活和精神生活的过程。不是人们的意识决定人们的存在，相反，是人们的社会存在决定人们的意识。"① 马克思从生产力与生产关系、经济基础与上层建筑的矛盾运动的原理出发，提出了社会五形态说；及至晚年时期，马克思在研究人类学和东方社会的理论基础上，又提出东方社会可以跳越资本主义的"卡夫丁峡谷"，进入世界历史。这是马克思对人类社会历史发展规律更完整的概括，其主要内涵可以表述为：世界历史过程是统一性和多样性的辩证统一；其统一性就在于人类社会发展的共同规律性；由一种社会形态过渡到另一种更高的社会形态的必然趋向；其多样性主要表现为不同国家和地区发展的各自特点和不平衡性、不同步性。美国是典型的资本主义社会，美国历史上的多样性，是决不能脱离资本主义社会的一般规律去进行研究和表述的；美国的历史，仍然受生产力与生产关系、经济基础与上层建筑的矛盾运动、阶级斗争等规律制约的。

显然，"黄评"中将"多样性的统一"这一句话，作为马克思对历史规律作出的简要概括，是与马克思关于社会历史发展规律的内容和涵义完全不相符合，是对理论的扭曲。

"黄评"还提出几个"至关重要的问题"，兹综合、整理，择要进行探讨。

---

① 《马克思恩格斯选集》第 2 卷，第 82 页。

（一）英属北美殖民地资本主义发生、发展问题

"黄评"说："早期美国基本上是英国资本主义在北美殖民地的移植"。其实，北美殖民地资本主义是由西欧移民在北美这片虽经印第安人初步开垦，但仍是草莱未辟的大地上，披荆斩棘，从农业垦殖开始，然后转向畜牧业、手工业发展起来的。它是具体而又复杂、充满矛盾但又合乎规律地发生、发展的自然历史进程。"黄评"的"资本主义移植说"表面上似乎是创新，实质上强调外因决定论，既不符合英国的历史，也不符合北美殖民地的历史发展实际。

16、17世纪英国社会正处于从封建制向资本主义社会过渡的转型期。英国还是一个以农业为主、出产小麦和牲畜的地带，农业居民构成人口的基本部分。[①] 境内资源缺乏，许多必需品都自波罗的海诸国、西欧其他国家输入，[②] 且英国是一个后起的殖民国家，1620—1635年发生严重经济危机，1629—1633年谷类歉收，英国政府拿不出资金直接投入殖民地的建立事业，只能将建立殖民地的工作交给股份公司或业主去办。

17世纪初北美殖民地初创时期，来到北美殖民地的殖民者都是冒险家，有英国的绅士、投机商人、富有者，他们是为了在殖民地进行掠夺；而大多数移民，是以英国人为主的西欧劳动者，既有出于逃避欧洲经济和政治压迫的动因，也有逃避宗教迫害者，如17世纪20、30年代涌向北美的英国移民，大多是逃避斯图亚特王朝宗教迫害的清教徒。移民以破产的农民居多，手工

---

① 据英国重农学派格雷戈里·金（Gregory King）统计，1688年英国人口按职业区分，农业人口为4265000人，从事加工工业人口为240000人，商业人口为246000人，见〔苏〕卢森贝著《政治经济学史》，三联书店1959年版，第77页。

② 英国自波罗的海诸国购买海军船舶用品及钾碱（用于织布业），自南欧购买食糖、盐、酒等日用品，自荷兰进口鱼类。

业者和技工为数极少。移民来到这片荒榛未辟的广漠大地，要生存和生活首先必须解决吃、喝、住、穿的问题。他们最早的社会实践是披荆斩棘，接受印第安人的农业技术，以家庭为单位，邻里互助，用粗糙的农具从事农业生产，过着比在欧洲社会低得多的生活。欧洲连年战祸，驱使劳动人民以定期的奴仆（即契约奴）的身份，源源不绝地到北美殖民地来，成为 17 世纪的主要奴隶。①

17 世纪 70 年代英国在战胜荷兰之后，垄断了黑人奴隶贸易，同时，北美南部殖民地种植烟草、谷物、兰靛，便大规模地输入黑奴。黑奴代替契约奴成为南部主要劳动力。农业是殖民地的经济基础，由于英国对殖民地工业发展的控制，直到 1775 年 90％的人口主要务农，新英格兰也不例外。

最早建立的弗吉尼亚殖民地还经历了饥荒年代，"头一年内，105 名移民中就饿死了 67 人。"② "弗吉尼亚殖民地成了送死的地方。……送去了一船又一船不带给养的移民，但因营养不良，衣着单薄，房屋简陋，这些人逐渐患病死去。"③ 由乘"五月花号"的清教徒建立的最早殖民据点普利茅斯的移民，也经历了苦难的折磨，陷于饥馑，移民死亡半数，幸存者赖印第安人的救济，得

---

① 契约奴是 17 世纪最普遍的奴隶，参见 Arlhur Ceeil Bining 著：《美国经济生活史》中译本，第 50 页；（日）猪谷善一著：《美国社会经济史》，第 47 页。最初契约奴与奴隶无异，参见加里·纳什著：《红种人，白种人和黑种人》，新泽西 1974 年版，第 164—165 页；摩理士著：《争取美国自由的斗争》，纽约 1944 年版，第 26 页注。18 世纪，爱尔兰人、苏爱人、德意志人等非英籍移民大批以契约奴身份来美，劳动期满即转向西部成为垦荒农民。

② 沃尔顿：《美国殖民时期的经济》，载格伦·波特编：《美国经济史百科全书》第 1 卷，北京师范大学历史系编：《史学选译》1989 年版，第 15 期。

③ 〔美〕布卢姆等：《美国的历程》上册，商务印书馆 1995 年中译本，第 30 页。

以生存下去。这些活生生的历史实例，足以证明"早期美国基本上是英国资本主义在北美的移植"是违背历史事实的。

至于北美殖民地资本主义的发展，是由多种因素促成的。首先，北美殖民地具有得天独厚的地理环境，水资源和自然资源丰富，十分有利于发展农业和工业。来到北美殖民地的勤劳、刚毅的英国、西欧移民以他们的劳动创造了历史。殖民地创建不久，就有敷余商品粮出口外销，直接卷入国际市场之中。北部殖民地转向海洋贸易，以造船业为龙头，发展成为最有活力的产业中心。其次，殖民地商人资本家善于利用英国政治动荡和英国对西、荷、法争夺霸权的商战契机，发展经济。17 世纪双方因经济上既有互补性，政治上又有共同统治劳动人民的需要，双方矛盾还不突出。北部殖民地的掌权者参与贩奴贸易，获取的利润，作为资本原始积累；资本主义发展虽较宗主国慢了半拍，还是紧紧跟上。当然，殖民地的商业经营，经济管理，某些生产工具的制造等等，有的是取法于西欧的。及至英国战胜法国，取得海上霸权以后，英国加紧对北美殖民地进行全面压迫与控制，殖民地内部矛盾让位于民族矛盾。生产关系一定要适合生产力发展的规律起决定性作用，殖民地各阶层人民突破英国殖民统治枷锁的要求，日益紧迫，北美殖民地争取民族独立的战争的爆发，乃是历史发展的必然。"黄评"抽去了北美殖民地最本质的属性，忽视殖民地和宗主国最根本的矛盾，以及北美殖民地经济发展中的自身特点，提出"英国资本主义移植说"是经不起论证的。

（二）美利坚民族形成问题

"黄评"提出："在某种意义上不是民族产生了革命而是革命产生了民族"这个独特论点值得商榷。

对美国革命的评价，《史纲》指出："美国革命既是世界历史上第一次大规模的殖民地反民族压迫的独立战争，又是美国广大人民在民族独立战争过程中争取美国社会政治民主化的运动，因此，在性质上是资产阶级民主革命。"① 这和国内大多数学者的评价基本上是一致的。

美利坚民族的形成不是纯学术问题，是历史实际问题。美利坚民族的形成是长期的渐进过程。美利坚民族是在西欧移民到达北美百余年的特定环境中共同生活，共同进行征服大自然以及反抗宗主国的压迫中逐步形成的。称作美利坚民族的形成，或者美利坚民族初步形成都是可行的，因为它在独立战争胜利之后还继续发展着。黄安年教授所著的《美国的崛起》（中国社会科学出版社1992年版，以下简称《崛起》），在民族形成问题上的立论是"黄评"论点的根据，因此拙文不得不涉及。在《崛起》中这一立论混乱。首先，表现在章节的安排上。第三章"美国独立战争"，第四章"美利坚合众国的产生"均未阐述美利坚民族的形成，直到第五章"建国初期巩固新生共和国的斗争"，才在第三节"清教的传播和美利坚民族的形成"中以"美利坚民族的形成"作为一个目出现。试问美国独立战争，如果不是在美利坚民族已形成的基础上坚持了6年多，怎能最后取得辉煌胜利？其次，按常理推论，既提出一个新论点，在全书中无论是集中的论述，还是散见的有关文字，都应环绕着它，从理论上、史实上充分加以阐述、论证。而《崛起》全书论点自相矛盾，② 刚提出这个独特论点以后，马上又修正它，说什么来到新大陆的西欧各国

---

　　① 《史纲》，第337页。

　　② 《崛起》，第166—167页关于美利坚民族形成的独特论点与同书第53、96、97、103、105、109、218页自相矛盾。

移民"随着殖民地经济的发展和各种族居民间经济文化生活的相互交往，反对英国殖民统治共同斗争的加强，逐渐形成了一个远离欧陆，为了北美大陆共同利益联合起来的新民族的群体——美利坚民族雏形。"① 两者的内涵互相排斥，违反逻辑推理。再次，《崛起》第 166、167 两页中接连着六次摘引马克思、恩格斯、列宁、斯大林经典著作，但无助于说明上述独特论点；紧接着还搬来布尔斯廷混淆美利坚民族和美利坚合众国的似是而非的论点②来佐证，更是画蛇添足。"不是民族产生了革命，而是革命产生了民族"的提法，是站不住脚的。

（三）关于资本主义进入壮年期问题

"黄评"对《史纲》中提出杰斐逊的政治思想"代表上升时期资产阶级的进步性"竟也持异议，并烘托说："言外之意'近代史的尾声'在 19 世纪末 20 世纪初，自由资本主义向垄断资本过渡成为'下降时期'丧失进步性或走上反动性了"。按"资本主义上升时期"的提法，始见于空想社会主义者傅立叶，他辩证地断言"每个历史阶段都有它的上升时期，但是也有它的下降时期。"③ 世界银行在其《1987 年世界发展报告》中指出："经济自由主义在 1820 年到 1870 年是上升阶段，在 1870—1913 年是衰落阶段，从 1913 年到大约 1950 年几乎处于垂死阶段"。④ 就我所知，中外学术界将资本主义生产方式的确立并占主导地位的 18

---

① 《崛起》，第 166 页、167 页引用布尔斯廷那段话，并不在《美国人——建国历程》第 283 页，而是在该书第 495 页，引文中第一个"美国人"应译作"美洲人"。

② 同上。

③ 恩格斯：《反杜林论》，《社会主义从空想到科学的发展》，《马克思恩格斯选集》，第 3 卷，第 301、412 页。

④ 世界银行《1987 年世界发展报告》，中国财政经济出版社 1987 年版，第 42 页。

世纪初到 19 世纪六七十年代这一百多年资本主义大发展时期，称为资本主义上升时期者并不乏人。甚至德国与马克思主义相对抗的资产阶级社会学家马克斯·韦伯在其名著《新教伦理精神》中也使用"资本主义上升时期"①这一术语。这本来在理论上史实上都无可非议。实际上"黄评"作者有其真正意图。"黄评"紧接着说："实际上从历史发展来看，19 世纪末近代世界的结束和 20 世纪初现代世界的到来是历史的进步，正在这个历史的大转折时期出现农村向城市，自由资本向垄断资本，一次技术革命向二次技术革命的伟大变革。这是历史的进步而不是倒退，是资本主义向更高阶段的发展，整个说来资本主义正进入壮年期而不是暮年期。"

首先，从资本主义发展史来看，它由自由竞争进入垄断，由一般垄断发展形成国家垄断，说明资本主义基本矛盾日益加深，资本主义社会问题日益严重。"黄评"作者上述的议论脱离现实，它撇开资本主义社会的阶级关系，单纯从科技促进生产力发展角度片面看问题，实际上掩盖了资本主义生产社会化与私人占有方式的基本矛盾，看不到资本主义社会在精神上和道德上的贫困，违背了马克思主义的生产力和生产关系的矛盾运动推动历史前进的基本原理，因而陷入惟生产力论的窠臼。其次，"黄评"将资本主义发展拟人化也是不妥当的。陶大镛在"探索现代资本主义的发展阶段"一文中，对此作了精确的分析："作为一个社会形态，它的全部生产力远没有发挥出来，它肯定还有生命力"，"因此，我们不应低估资本主义生产力在世界范围的发展潜力。与此同时，我们也不能据以轻率地妄下结论，肯定资本主义刚进入'中年期'、'盛年期'或成熟阶段，甚至断言什么'这个阶段至

---

① 马克斯·韦伯：《新教伦理精神》，四川人民出版社 1987 年版，第 169 页。

少还会延续一二百年'，这类说法是缺乏根据的。"①

（四）关于美国早期历史下限问题

"黄评"提出有1776年、1789年、1815年诸说，我认为都不合适。1776年，将美国独立革命腰斩为两段，显然不恰当。1789年美国建国伊始，远未摆脱殖民地状态。第二次反英战争结束后的第一年1815年，只是一个历史转折年代。战后此时，美国基本上还是一个落后的农业国，工业化水平不高，南北部经济发展的分野还不十分显著。

我认为：从1815年到19世纪中叶美国南北战争的漫长历史过程中，选择一个下限的界标，那就以1823年门罗宣言的发表最为恰当，因为20年代是美国经济转型期。美国发生了"交通革命"，植棉业西移，"棉花王国"的出现，群众性的西进运动的高涨，将大片荒原辟为良田；当时美国三个主要区域：工业的北部、奴隶制的南部和垦殖的西部的格局初步形成（《史纲》第521页）。门罗是美国建国史中经济转型、政治变革的关键人物，门罗执政时期是美国政治稳定、国内团结、承前启后的重要过渡时期。门罗是"弗吉尼亚王朝"（因杰斐逊、麦迪逊、门罗三位总统均系弗吉尼亚人，故称）最后一名总统，也是由国会预选会（或称国会核心会议）提名当选的最后一位总统。1824年门罗卸职时，国会预选会提名总统候选人的制度受到挑战。新的两党提名制度正在酝酿之中。门罗宣言的提出，更是美国第二次反英战争后美国在外交政策上国家主义最突出的表现，它揭橥美国不干涉欧洲事务，也敢于提出不允许欧洲国家再干涉美洲事务。应当

---

① 陶大镛全文载《北京师范大学学报》1989年第6期。拙文摘自黄风志：《当代资本主义若干问题研究概述》，载《世界史研究动态》1992年第8期，第4页。

承认，在当时美国实力不足的情况下，门罗宣言显然标志着美利坚资产阶级合众国的巩固，和在国际事务中取得发言权的发轫。我认为，《史纲》把这一影响十分深远的历史重要事件，作为美国初期建国史的终端，是无可非议的。

在当前美国，有关美国史的史料不断扩展，研究手段日新月异，我国的美国史研究是任重而道远。在同行之间要充分展开正常的学术争鸣，才能不断提高学术水平。我相信，经过大家的努力，在下一个世纪内，我国美国史的研究必将百花齐放，达到新高度。

拙文失当之处，真诚欢迎读者和同行批评指正。

（载《世界历史》1997 年第 3 期）

让科学理论指导美国史研究

——解读黄安年著《美国的崛起》中引录的
马克思、恩格斯有关历史规律的论述

　　黄安年著《美国的崛起》（以下简称《崛起》）① 是一本研究
17 到 19 世纪末的美国史专著，著者一再宣称它是自己坚持以马
克思主义为指导，从事多年教学和研究的成果之一，特别令人瞩
目的是导言中第三节第二目中那段引录的马克思、恩格斯揭示的
历史规律的论述，因为该书是以它为指导思想。反复钻研后，我
认为：作者从马克思、恩格斯在不同的环境、不同时间发表的四
种不同著作中抽出一些论述，内容虽都至关重要，但侧重点各有
所不同，硬把它们拼凑成为"多样性统一"历史规律，窃以为不
可。对此，本文谨提出自己的看法，对该书的内容则不予置评。

　　《崛起》写道："古今中外历史家、政治思想家对历史的发展
轨迹有着许多表述。马克思对历史发展规律作了最精辟最简要的
概括：'多样性的统一'。马克思、恩格斯认为一般历史规律只是
'一种近似值，一种倾向，一种平均数'。马克思说：'极为相似
的事情，但在不同的历史环境中出现就引起了完全不同的结果。
如果把这些发展过程中的每一个都分别加以研究，然后再把它们

---

① 《美国的崛起》，中国社会科学出版社 1992 年版。

加以比较，我们就会很容易地找到理解这种现象的钥匙。'但是，使用一般历史哲学理论这一万能钥匙，那是永远达不到这种目的的。但是，也如恩格斯所说，历史的多样性：'丝毫不能改变这样一个事实，历史进程是受内在的一般规律支配的'。"①

必须指出：《崛起》擅自改变原著作原文用词并随意剪裁，犯有根本性错误：首先，把恩格斯一人在 1895 年致康·施米特信中的话当成马克思和恩格斯共同提出的历史规律。（在本文第二节中作了解读）。事实上，马克思早于 12 年前（1883 年）即已逝世，两人根本不可能再在一起提出共同意见了。且《崛起》作者对恩格斯的见解，掐头去尾，又不加注，使读者无法理解，笔者也花了许多时间，才查证到的。其次，第二次摘录马克思引文，也采取了截肢术，前面删去马克思提供的生动例子，后面删掉一句很重要的话"这种历史哲学理论的最大长处就在于它是超历史的。"以致使马克思原文意义含混不清，难于理解。第三，将恩格斯关于必然性和偶然性的完整的论述，精辟的见解，腰斩成两段，原文并不长，却分别嵌入在《崛起》相隔两页的文字之中（一截置第 20 页，一截置第 22 页），并断章取义，将恩格斯原文用以代替"这种差别"的"它"字，擅自换为"历史的多样性"。

其实，恩格斯原文在自然段的第一句开宗明义就指出："社会发展史却有一点是和自然发展史根本不同的，"并作了论证。为避免文字重叠，下面前后相继使用"这种差别"和"它"字是顺理成章的。按理不应出现此类误读、误导。

恩格斯在"马克思《资本论》第三卷编者序"中说："研究科学问题的人，最要紧是对于他所要利用的著作，学会照著者写

---

① 《崛起》，第 20—21 页。

这个著作时本来的样子去研读，并且最要紧是不把著作中没有的东西包括进去"。忠实于原文，引用文字应有根有据，这是我们研读经典著作应有的态度。《崛起》的作者的治学态度是不严肃的，不科学的。

笔者现将《崛起》上引经典著作原文分成四个命题，按前后顺序加以介绍和解释。

第一，"多样性的统一"。

"多样性的统一"是马克思在1857年8月底到9月写的《政治经济学批判》导言中作为科学研究正确的方法提出的，并未探讨历史发展规律。《导言》是马克思1857—1858年的经济学手稿的开头部分，是他一篇没有完成的《总导言》草稿，《导言》的要点以后都纳入马克思的经典巨作《政治经济学批判》和《资本论》之内。《导言》是1902年在马克思的文稿中发现的。①

在《导言》第三部分"政治经济学的方法"中，马克思指出：在政治经济学的研究方法方面，存在着两条道路：第一条道路是17世纪资产阶级经济学家在分析经济现象时常用的方法，另一条道路是马克思倡导的科学研究方法。马克思对资产阶级经济学家研究方法的批判是和对他自己的科学研究方法的阐述交叉进行的。马克思并未全盘否定资产阶级的研究方法，但批评它的严重不足。资产阶级经济学家虽然从实在和具体开始，但却抽去其中本质的属性，如谈人口时，抽去阶级这一本质的属性；谈阶级时，抽去雇佣劳动、资本等本质属性；谈资本时又抽去雇佣劳动、价值、货币、价格等本质属性，以致所谈空洞无物，什么也不是。再如他们"从民族、国家、若干国家开始"也是一样，"最后总是从分析中找出一些有决定意义的抽象的一般的关系"，

---

① 参考《马克思恩格斯选集》第2卷，人民出版社1972年版，第654页注81。

如分工、货币、价值、需要、交换价值等等，更把这些简单的东西上升到国家、国际交换和世界市场，形成各种经济学体系。马克思批评这一条道路因为没有经过思维行程中的科学抽象，"蒸发"出来的仍然是"一个混沌的关于整体的表象"。这种研究方法抛开事物本质的区别，抹杀一切历史差别，"把完整的表象蒸发为抽象的规定"，如生产一般、劳动一般等等，这种抽象只能是"空洞的抽象"；然后把各种的经济范畴按表面形式结合在一起，构成肤浅的联系进行分析和综合。马克思指出：这种方法"似乎是正确的，但是更仔细地考察起来，这是错误的。"①

至于马克思的科学研究方法则与上述资产阶级经济学家的研究方法截然相反。马克思强调科学抽象。马克思说："分析经济形式，既不能用显微镜，也不能用化学试剂。二者都必须用抽象力来代替。"② 科学的抽象与非科学的抽象泾渭分明，其区别在于：前者抓住了对象的本质内容，是客观事物本质的反映，而后者则抽去了本质的东西，对事物作出片面的扭曲的反映。科学抽象的运用对一切研究工作都是关键。

马克思指出："研究必须充分地占有材料，分析它的各种发展形式，探寻这些形式的内在联系。只有这项工作完成以后，现实的运动才能适当地叙述出来。"这就是说：研究必须从具体开始，掌握大量材料，运用抽象力，从复杂的现象中抽出最简单、最本质的东西，然后以它为起点分析它的一切特点，内在联系和矛盾运动规律，不断进行分析和综合，由简单上升到越来越复杂的具体。这就是科学研究的具体—抽象—具体的完整过程。马克

---

① 参考《马克思恩格斯选集》第 2 卷，人民出版社 1972 年版，第 102、103 页。

② 同上书，第 206 页。

思所指出"最一般的抽象总只是产生在最丰富的具体的发展的地方。"由抽象上升为具体的整体，"已不是一个混沌的关于整体的表象，而是一个具有许多规定和关系的丰富的总体了。……具体之所以具体，因为它是许多规定的综合，因而是多样性的统一，……抽象的规定在思维行程中导致具体的再现。"① 这是两种方法的根本区别，两种不同的方法导致不同的结果。

马克思和恩格斯多次强调，社会发展的终极原因和根本动力，不应当到人们的意识形态和政治领域中去寻找，而应当到经济领域，到生产方式中去寻找。马克思和恩格斯早于1845—1846年他们合写的《德意志意识形态》中就阐述了社会存在决定社会意识、生产力决定生产关系和经济基础决定上层建筑的原理，第一次提出了社会经济形态依顺序地由低级过渡到较高级的社会形态嬗变学说。到了1858年8月至1859年1月马克思在《政治经济学批判》序言中对社会发展规律又作出了经典式的著名论述，恩格斯给予高度评价，认为这是马克思一生中两大发现中的第一个发现，指出："正像达尔文发现有机界的发展规律一样，马克思发现了人类历史的发展规律"。② 1881年，马克思在研究人类学和俄国农村公社的理论基础上提出新的论点：俄国的农村公社和资本主义生产是同时代的东西，俄国公社所处的历史环境和西方毫无共同之处，因此不必把多样化发展的世界历史简单地嵌入欧洲模式中去。《资本论》中有关资本主义原始积累的理论概括不能机械地应用到俄国。在一定条件下，俄国"它能够不通过资本主义生产的一切可怕波折而吸收它的一切肯定的成

----

① 以上引文分见《马克思恩格斯选集》第2卷，第103、107、217页。
② 《马克思恩格斯选集》第3卷，第574页。

就"; "有可能不通过资本主义制度的卡夫丁峡谷"。① 马克思从更广阔的视野出发，揭示出世界历史发展的统一性和多样性的辩证的统一关系，其统一性即人类社会发展的共同规律性，人类社会历史统一于生产力的发展和社会基本矛盾运动。其多样性主要表现为不同国家和地区由于历史环境不同而发展的各自特殊性。这就是统一性寓于多样性之中，多样性中存在着统一性。这样，马克思对人类社会形态由低级到高级过渡的历史规律作了更精辟、更全面的阐述，历史唯物论拓展到一个新的高度。

《资本论》从资本主义社会中最基本、最常见的经济细胞——商品着手，详尽地分析了资本主义商品经济的诸多范畴，生产和生产关系，政治上层建筑，思想意识，甚至也涉及家庭关系，揭示了资本主义社会形态的活动规律和发展规律，《资本论》堪称运用"多样性统一"科学思维研究方法的典范。

第二，《崛起》提出"马克思、恩格斯认为一般历史规律只是一种近似值，一种倾向，一种平均数"。

19世纪90年代，德国广泛地流行庸俗政治经济学，大学发出一阵鼓噪声，抹杀资本主义商品经济和前资本主义的商品经济之间质的差别。这正反映德国资本主义先天不足，德国学者既为资本主义制度辩护，又为封建制度辩护，硬把价值规律、利润率贬为一种虚构。康·施米特也陷入这种偏向之中，恩格斯于1895年3月12日在伦敦写给施米特一封信，这封信就是针对施米特在这些问题走上岔路作出的解释。恩格斯指出施米特"对价值规律的责难涉及从现实观点来看的一切概念。……一个事物的概念和它的现实，就像两条渐近线一样，一齐向前延伸，彼此不断接近，但是永远不会相交。两者的这种差别正好是这样一种差别，

---

① 《马克思恩格斯全集》第19卷，人民出版社1964年版，第431、438页。

这种差别使得概念并不无条件地直接就是现实，而现实也不直接就是它自己的概念"。概念和现实"也只是渐近线似地接近"。恩格斯又指出一般利润率也是同样，"它在每一个瞬间都只是近似地存在着。如果利润率有一次在两个企业中分毫不差地实现了，如果两个企业在某一年内得出的利润率完全相同，那么这是纯粹的偶然性，在现实中，利润率是根据各行各业、各个年度的各种不同情况而变化的，一般利润率只是作为许多行业和许多年度的平均数而存在。但是，如果我们竟想要求利润率（比如说14.876934……）在每一行业和每一个年度直到 100 位小数都完全是一样，不然就把它贬低为虚构，那我们对利润率和经济规律的本质就误解得太不像话了——它们没有任何其他的现实性，而只是一种近似值，一种倾向，一种平均数，但不是直接的现实。"[①] 上述引证，显然说明恩格斯丝毫没有如作者所指出的在谈论一般历史规律。只要有一点辩证法的思维方法，有一点马克思主义政治经济学常识的人，都不难理解上引恩格斯这段话的涵义。利润的性质，是雇佣劳动者创造的剩余价值的转化形式。利润是同投入生产的资本相比的、表现为全部资本的产物的剩余价值。利润率是以百分数表示的生产的剩余价值量和全部资本的比例；由于资本主义生产存在着激烈的竞争，使企业内部和不同企业之间的利润率趋于平均化。平均利润率是马克思政治经济学的概念之一，也是《资本论》认识和剖析资本主义经济关系的运动规律的要点之一，向我们提供深入揭示资本主义经济关系的历史和现状的范例。

历史上社会现象中往往出现一些特殊现象。例如我们通常都认为一年有 365 天。其实，它是一个近似值，因为实际上地球绕

---

① 以上引文分别见《马克思恩格斯选集》第 4 卷，第 515、516 页。

太阳公转一周所用的时间为 365.2422 天，并不是整整 365 天。为了解决这个实际困难，公元前 46 年儒略历法引入闰年。① 每四年增添额外的一天。难道我们能把一年 365 天这一近似值称为历史规律吗?! 这正说明以马克思主义为指导不能徒托空言，而是要对具体问题进行具体分析。史学研究者从搜集大量史料开始，到剖析具体史实，都要作到以马克思主义的科学理论和方法为指导，达到历史的多样性和统一性的有机结合。规律是人们看不见、摸不着的，可是，科学的抽象思维是"最美的花朵"。② 难道可以认为它是虚构的吗？马克思说："如果事物的表现形式和事物的本质会直接合而为一，一切科学就都成为多余的了。"③

第三，《崛起》提出："马克思说：'极为相似的事情，但在不同的历史环境中出现，就引起了完全不同的结果，如果把这些发展过程中的每一个都分别加以研究，然后再把它们加以比较，我们就会很容易地找到理解这种现象的钥匙。但是，使用一般历史哲学理论这一万能钥匙，那是永远达不到这种目的的'。"

这段引文见诸马克思 1877 年写的《给祖国纪事杂志编辑部的信》，但《崛起》引用这段文字时，前后均有删节，又不对历史哲学加以必要的解释，使读者坠入五里雾中。其实，马克思著作原文引喻得当，说理清晰，并不难懂。原文举古代罗马平民遭遇的实例：在古代罗马的历史发展过程中，那些原来耕种自己小

---

① 儒略历法一直使用到 16 世纪。但到了 1582 年发生问题。因地球绕日公转一周实际时间是 365.2422 天，也不是每四年增加额外一天解决得了的。真实长度 365.2422 和近似长度 365.25 天的微小差异累计起来已达 10 天。为了消除这个差异，罗马教皇格列高利十三世改行新历，将 1582 年 10 月 4 日的次日定为格列高利历 10 月 15 日，中间取消 10 天。可参考黄秋斌《历史上的 10 天为何不翼而飞》，载 1996 年 4 月 29 日《光明日报》。

② 《马克思恩格斯选集》第 3 卷，第 462 页。

③ 《马克思恩格斯全集》第 25 卷，人民出版社 1972 年版，第 923 页。

块土地的自由农民，"使他们同他们的生产资料和生活资料分离的运动，不仅蕴含着大地产形成的过程，而且还蕴含着大货币资本形成的过程。"但是，结果"罗马的无产者并没有变成雇佣工人，却成为无所事事的游民。"与此同时，他们"发展起来的生产方式，不是资本主义的生产方式，而是奴隶占有制的生产方式。"①上面我引述的马克思原著的话，并不难理解。我认为，如果我们从历史实际出发，在马克思主义指导下，运用科学的抽象思维，认真观察和思考，对古代罗马农民被剥夺的具体情况和过程与欧洲封建社会末期的具体历史环境中的重要情节分别加以研究、分析和比较，而不是囫囵吞枣，我们就会很容易找到理解这种现象的钥匙而作出圆满的答案的。

至于《崛起》的上引文字却在"但是"以后转到另一层意思中去。西方史学思想一般称历史哲学。笔者体会此处指的是黑格尔历史哲学。必须指出：引文删去最后一句"这种历史哲学理论的最大长处就在于它是超历史的。"（中译本这句话前面是逗号，并不是句号——笔者）为了理解马克思原话的涵义，笔者对黑格尔哲学体系及其历史哲学试作简要介绍于后。

黑格尔（1770—1831）是德国古典唯心主义集大成的代表人物。黑格尔哲学中的辩证法，经过马克思批判的改造，成为马克思主义哲学的来源之一。黑格尔哲学整体结构的中心思想是绝对精神自我辩证发展。黑格尔认为绝对精神是世界的本原，它先于客观物质世界并独立于物质世界而存在发展。绝对精神的自我发展过程有三个阶段：逻辑阶段、自然阶段、精神阶段。黑格尔哲学体系有三个组成部分：逻辑学、自然哲学和精神哲学。这三个

① 以上引文见《马克思恩格斯全集》第19卷，人民出版社1972年版，第131页。

组成部分是和上述绝对精神自我发展过程的三个阶段相对称的。历史哲学属于精神哲学范围。黑格尔是按三段式——正题、反题、合题的原则处理他的哲学体系三大阶段的。逻辑阶段是绝对精神发展的第一阶段，最后出现了绝对观念，作为纯粹思维，自在自为地发展着。绝对精神发展的第二阶段是自然阶段，绝对观念将自身异化为自然界，此时才出现空间形式。逻辑阶段是正题；自然阶段是反题，否定了正题。绝对精神发展的第三阶段是精神阶段，绝对观念由异化的自然又重回到本身——绝对精神方面来。此时才出现时间形式。精神阶段是合题，是对否定的否定，正题反题达到统一，是"无反之合。"黑格尔认为合题是深刻的、丰富的，全面的正题，达到了"绝对真理"的完成。

黑格尔凭着思辨、猜想推测的非凡才能，在唯心主义基础上，研究了概念的辩证法，并且猜到事物（现象、自然界、社会）的辩证法。黑格尔哲学中逻辑学卷中提出质量互变、对立统一等辩证思维规律和本质、现象等辩证法基本范畴。逻辑学是黑格尔哲学中的精华、革命的部分。黑格尔哲学的辩证法受到马克思和恩格斯的极端重视和高度评价。[①] 恩格斯在总结辩证唯物主义发展过程时所作的评语最具代表性。恩格斯指出："黑格尔第一次——这是他的巨大功绩——把整个自然的、历史的和精神的世界描写为一个过程，即把它描写为处在不断的运动、变化、转变和发展中，并企图揭示这种运动和发展的内在联系。"[②] 在哲学史上，黑格尔留下了一笔可观的遗产。但是，黑格尔是既有巨

---

① 马克思在《资本论》第二版跋中称："综合地有意识地叙述辩证法一般的运动的形态的，还要算他（指黑格尔——笔者）最早。"恩格斯在《卡尔·马克思政治经济学批判》中称黑格尔"是第一个想证明历史中有一种发展、有一种内在联系的人"。

② 《马克思恩格斯选集》第3卷，第63页。

大功绩也有重大败绩的哲学家。关键在于他的辩证法是概念辩证法，头脚倒置，对说明现实世界的实际问题根本是不适用的。黑格尔的"绝对观念"、"绝对精神"、"世界精神"是超时空、超自然、超人类、超社会的纯粹思维，自我运动和发展着，它是超历史的。这种前提就是站不住脚的。一切科学研究的对象只能是物质世界，历史不外是自然史和人类史。自然界的历史在时间上无始无终，在空间上无边无际。人类所栖身的地球是客观世界微小的一个成员，但它的形成就在40—50亿年之前。自然界的物质性已由地质学、天文学、古生物学等科学的进展所证实。德国著名物理学家爱因斯坦说："相信有一个离开知觉主体而独立的外在世界是一切自然科学的基础。"① 自然界充满着运动着的物质、物体，任何物体的存在和运动，都要经历一定的时间和占有一定的空间。爱因斯坦提出相对论，揭示物质运动与时间和空间的密不可分。可是黑格尔的辩证法是概念的自我发展，这种概念的自我运动是永远不知在什么地方发生的；自然界、历史上所显露出来的辩证的发展，只是概念自我运动的痕迹。黑格尔哲学显然颠倒了现实存在与思维的关系。至于人类史，它的前提当然是人，人的起源，人的发展和进步。人是社会历史和文化活动的主体。可是，在黑格尔那里，"历史哲学、法哲学、宗教哲学等等也都是以哲学家头脑中臆造的联系来代替应当在事变中指出的现实的真实的联系，把历史（其全部和各个部分）看做观念的逐渐实现。这样看来，历史是不自觉地、但必然是为了实现某种预定的理想目的而努力；……是为了实现他的绝对观念而努力，而达到这个绝对观念的坚定不移的意向就构成了历史事变中的内在联系。"② 历史不过是

---

① 《爱因斯坦文集》第 1 卷，第 292 页。
② 《马克思恩格斯选集》第 4 卷，第 242 页。

检验他的逻辑结论的工具。黑格尔对世界历史由低级到高级的嬗变史的见解很古怪，他认为这与物质生产方式无关，而是世界精神在时间中合理地体现其自身的过程中所做的选择。世界精神最初垂青东方民族，以后转向希腊、罗马民族，最后选择了最成熟的日耳曼民族为其体现者。这分明是贬低东方民族，宣扬日耳曼民族的优越性，为普鲁士君主制度祝福，这是黑格尔从他哲学家头脑中虚构的先验式的原则。黑格尔自己也承认：他的历史哲学考察的仅仅是概念的前进运动。他对世界历史由低级到高级的嬗变的规律茫然无知，归之于世界精神的选择是不足为奇的，黑格尔创立的三段式，虽然其中包含辩证的因素，也是概念化的先验公式，他用三段式随意乱套客观现实事物，牵强附会，谬误百出。黑格尔的辩证法本来是在批判形而上学中发展起来的，结果黑格尔哲学的唯心主义体系窒息了他的辩证法，他的历史哲学陷入形而上学，思想混乱。马克思和恩格斯对黑格尔历史哲学的唯心主义给予严厉的批判。马克思在《资本论》第1卷第2版跋中指出："在黑格尔看来，思维过程，即他称为观念而甚至把它变成独立主体的思维过程，是现实事物的创造主，而现实事物只是思维过程的外部表现。我的看法则相反，观念的东西不外是移人人的头脑并在人的头脑中改造过的物质的东西而已。"在黑格尔那里，"辩证法是倒立着的。必须把它倒过来，以便发现神秘外壳中的合理内核"。① 马克思剔除了黑格尔哲学中的唯心主义糟粕，使辩证法从神的启示成为人的启示，由头脚倒置变为两脚着地；使辩证法和唯物主义高度统一，大放光芒。

黑格尔哲学企图使客观现实服从于他的概念运动，历史的真实性被歪曲、被颠倒到如此程度，如果我们仍寄希望于黑格尔的

----

① 《马克思恩格斯选集》第2卷，第217、218页。

历史哲学，把它当作万能的钥匙，来解释古罗马无业游民和日耳曼无产者形成的原因这样严肃的问题，那岂不是南辕北辙，永远达不到目的吗?!

第四，《崛起》提出："但是，也如恩格斯所说历史的多样性，'丝毫不能改变这样一个事实，历史进程是受内在的一般规律支配的。'"

此处"历史的多样性"是《崛起》作者篡改恩格斯原文杜撰的，拙文前面对此已作了解读，不赘述。就字面理解，恩格斯原文大意是：社会领域和自然领域虽有根本不同之处，但这种差别丝毫不能改变这样一个事实：历史进程同样是受内在一般规律的支配。恩格斯这段话是马克思主义经典著作中的名言，有深刻的内涵，仅仅从字面了解是不够的，必须领会它的深层底蕴。这就要求我们对辩证唯物主义关于必然性与偶然性这对哲学范畴有准确的认识。基于个人粗浅的体会，拙文试图对上述恩格斯名言作出一些探讨。

在哲学史上，除了唯物主义和唯心主义的对立和斗争以外，还存在着辩证法和形而上学的对立和斗争、辩证法和唯物主义结合或和唯心主义结合。唯物主义和唯心主义的斗争同辩证法和形而上学的斗争，是交织在一起的。16世纪开始，由于生产水平较前提高，自然科学进入分类研究阶段，一直延续到18世纪。英、法哲学家相继将自然科学研究的方法移入哲学领域，发展了形而上学唯物主义的思想方法。自然界是提供辩证法的试金石，自然提供了非常丰富的、日益增加的资料，证明自然界是始终辩证地而不是形而上学地运行着的。有些自然科学家自发地倾向辩证法、唯物主义，努力认识和掌握自然界发展的内在客观规律，取得了突出的科学成就。达尔文就是其中最杰出的一位。达尔文（1809—1882）多年从事有机界、动植物的考察和研究工作，发现被确定为某个物种，在一定时空中运动和发展过程中，某些必然性状机能逐步退化，变成该物种内可有可无的性状，久而久之，必然转化为偶然性，成为新物种。反之亦然。每个物种的内部各个个体之间，存在无数偶然性的差异，在物种发展过程中，由于受到复杂的内因和外部条件的影响，原来偶然性的差异增长到突破该物种的特性时，就形成了新物种，由偶然性转化为必然性。达尔文这一发现给形而上学的自然观以最有力的打击。科学史上许多新发现都是科学家从物种偶然性的变异中逐步探索才发现其背后的必然性的。

马克思和恩格斯吸取和概括了自然科学的新成果，丰富和发展了马克思主义哲学。辩证唯物主义既承认必然性的客观性，也承认偶然性的客观性，认为必然性和偶然性是相互对立的两极，必然性和偶然性不仅相互依存，而且可以相互转化。因此，必然性和偶然性的对立只有相对的意义。正如恩格斯所提出的："被断定为必然的东西，是由纯粹的偶然性构成的，而所谓偶然的东西，是一种有必然性隐藏在里面的形式，……"①

辩证唯物主义是关于自然界、人类社会和思维发展的最一般规律的科学。辩证唯物主义关于必然性和偶然性的原理既适用于自然界也适用于人类社会和思维，但自然界与人类社会却有不同。在自然界中，发生作用的是各种盲目的、不自觉的动力（撇开人对自然界的反作用不谈），而一般规律在这些动力的相互作用之中。无论在自然界无数的偶然现象中或在那些可以证实自然界偶然性内部仍存在规律的最终结果中，都没有任何预期的、自觉的目的。可是，在人类社会历史领域则不相同，进行活动、起作用的是人；人是地球上最高级的生命，人具有思维能力，他们

---

① 《马克思恩格斯选集》第4卷，第240页。

的活动都有自觉的意图和预期的目的。恩格斯在提出人类社会发展史不同于自然发展史这种差别对历史研究尤其对个别事变史研究的重要性后，着重阐明这种差别"丝毫不能改变这样一个事实，历史进程是受内在的一般规律支配的。"《崛起》将"这种差别"改为"历史的多样性，"很明显，是曲解恩格斯原话的内涵的。

更重要的是，恩格斯的论述并没有在此打住，他在下面还继续作出精彩的论述。社会历史活动是由大量的人们参与的，各个人有自己自觉的期望的目的，但有些既定目的或不切实际或缺乏实现的手段，其结局只有少数人的预期得以如愿以偿，许多人预期的目的都难以兑现；在大多数场合下甚至彼此冲突、互相矛盾。恩格斯指出："在历史领域内造成了一种同没有意识的自然界中占统治地位的状况完全相似的状况。"然而，"历史事件似乎总的说来同样是由偶然性支配着的，但是，在表面上是偶然性在起作用的地方，这种偶然性始终是受内部的隐蔽着的规律支配的，而问题只是在于发现这些规律。"[1]

令人遗憾的是，《崛起》恰恰把恩格斯对历史领域偶然性受内部隐蔽着的规律支配这样十分重要的论断撇开，而将其放到近两页后面作为作者的历史观泛论的脚注。

人类社会历史是由人们谱写的，历史规律是通过人们错综复杂的有意识的活动表现出来的。在社会历史领域内科学规律的发现就更困难一些。因而社会历史领域的研究者对必然性与偶然性的认识思想特别混乱，在马克思和恩格斯创立辩证唯物主义和历史唯物主义以前，形而上学者把必然性和偶然性看成是毫无联系、绝对对立的两极。由此产生两种极端相反的错误认识。一种

---

① 《马克思恩格斯选集》第4卷，第243页。

观点断言自然界和社会的一切现象都是纯粹的必然性，否认偶然性的存在，实际上只能把必然性矮化，甚至神秘化而导向宿命论。马克思批判了这种观点。马克思指出："如果'偶然性'不起作用的话，那么世界历史就会带有非常神秘的性质。这些偶然性本身纳入总的发展过程中，并且为其他偶然性所补偿。但是，发展的加速或延缓在很大程度上是取决于这些'偶然性'的。"① 另一些哲学派别则肯定自然界和人类社会所发生的一切都具有纯粹的偶然性，偶然性支配一切。在历史领域内则宣扬"偶然论"，似乎人类历史发展是由少数人的主观意志决定，历史不过是偶然事件的堆积。这些唯心主义者否认偶然性中隐藏着客观规律性，陷入不可知论。有些更炮制英雄史观，强调少数人头脑中偶然迸发的思想火花照亮了黑暗的大地，成为历史发展的决定力量。

上述恩格斯的话，就是针对偶然论者的错误的观点提出的论述，深刻中肯，启发人们深省。

马克思主义关于必然性与偶然性的辩证法对我们的启示是：正确估计形势，从纷纭多变的现象中，牢牢掌握事物发展的必然性，防止和克服不利因素导向必然性的轨道。做好各项工作，以达到改造主观世界和客观世界、促进社会进步的目的。

走笔至此，全文结束。对如此严肃的理论问题，笔者本不敢妄加评论。然而，"让科学理论指导美国史研究"是我们大家共同的目标；任重道远，笔者略尽绵薄，责无旁贷。拙文中如有不妥，任何误读、误导都将导致负面影响，因此，敬请读者、专家、同行和《崛起》作者指正。

（原载《中国社会科学院研究生院学报》1999 年第 2 期）

---

① 《马克思恩格斯选集》第 4 卷，第 393 页。

作者主要著译书目

（一）著作

《美国简明史》　36余万字　1953年三联书店出版，1955年重印一次。

《美国早期发展史》　40余万字　1957年人民出版社出版，精装本。

《美国通史简编》　63余万字　1979年人民出版社以平装精装两种，第一次印刷三万册，1983年作少量修订后重印一次，已脱销。

《美国史纲》　55余万字　重庆出版社1987年8月出版，以平装精装两种版本出版。已脱销。

《右翼社会党》　与戴文葆、黄季方合编，1956年世界知识社出版，10余万字（作者署笔名"黄葆桢"。）

（二）译作

《大英帝国》　英国皇家学会出版。1940—1941年曾为国立编译馆翻译此书。

作者年表

1915 年 5 月 10 日　出生于长沙，祖籍湖南临澧。襁褓时随父母迁居北京（旧称北平）。

1920—1923 年　接受家庭教师启蒙教育。

1923—1927 年　与姐弟一起考入北平第七小学初小三年级，后转入北平师范大学附小毕业。

1927—1930 年　以优异成绩考入北平师范大学附属女中初中一年级。

1930 年夏　北平女附中由北平女子师范大学接管。原女附中领导人发起护校运动，抵制接管无效，鼓励成绩优异学生转校。

父亲黄右昌辞去北京大学法律系教授兼系主任职务，出任国民党政府立法委员，举家迁往南京。适大姐黄湘留在北平，完成北平法学院本科学业。坚持留在北平。

同年秋　考入北平私立笃志女子中学高中一年级插班生。

1931 年夏　因不满意笃志女中校方强迫学生作祷告、谢主等宗教仪式，准备另行择校。适母亲来北平照料黄湘伤寒病，奉母命考入国立盐务专科学校。

同年秋　九一八事变后参加北平学生卧轨请愿行动，开始阅读左翼文学作品。

1934 年春　因被同学推选为班代表，要求校方撤换一不称职教员，被记大过，愤而离校，准备功课投考国立清华大学。

同年秋　以优异成绩考入清华大学外语系二年级插班生。

1935 年秋　由外语系转入历史系。

同年冬　参加一二九和一二一六北平学生救亡爱国运动；随后参加校内外救亡宣传等活动。

1936年2月　南下扩大宣传团第二团在高碑店被军警围攻，押解回北平。在高碑店车站上成立了民族解放先锋队，成为最早的民先队员。

同年6月　在清华校园内参加中国共产党。

同年　在校内任救国会委员，主编救亡刊物《觉报》；并兼任北平学生救国联合会的统战工作（当时称交际）。

1937年2月　被选派为华北学生献旗团，向国民党三中全会请愿、献旗，要求团结抗日、一致对外。遭软禁、威胁、利诱。暗中与救国会曹孟君等人与南京大、中学生取得联系。

同年3—6月　参加清华民校妇女识字班工作，同时赶写毕业论文。

同年6月　清华大学历史系毕业。

同年7月　七七事变、平津沦陷。因急性盲肠炎发作，切除后在校医院休养，由刘震等同志帮忙最后离校。

同年8月　与同学一起赴天津、烟台、济南抵达武汉。因身体虚弱，参加力所能及的救亡工作。

同年9月　由平津同学会（原北平中共地下党负责人蒋南翔、杨学诚、杨述等人领导）派往长沙开展救亡工作。住在曹国枢（原清华救国会委员）、曹国智（原为北平学联委员，北平师范大学代表）家中，共同开展湖南省劳动服务团工作（在日军空袭后抢救难民、伤员以及其他救亡工作）。9月底劳动服务团解散，回到汉口，住在自南京撤退到汉口的家中。

同年10月　按平津流亡同学会负责人之一杨学诚的要求，随父母到长沙，开展救亡工作，在湖南省抗敌后援会从事宣传组织工作。

同年11月　由湖南省抗敌后援会吕振羽、陈克难等同志派往常德，与常德中学殷廷禄、马文馨等进步同学联系，召开时事座谈会，筹组文抗会常德分会。同学爱国情绪高昂，工作顺利。

同年12月　当返回长沙汇报工作时，曾住过的马文馨同学的家被抄查，进步同学受监视。湖南省抗敌后援会由国民党文化棍易君左等人把持。吕振羽等人都被排挤出去。

1938年？月　由父亲介绍到陈渠珍主管的难民救济处工作，参与筹建保育院、教养院。

同年2—6月　赴湘西凤凰县建立妇孺教养院。因对学员学习、纪律要求过严，引起学员不满。同时湘西有瘴气，引起肺部感染，难以久留。辞职回长沙。

同年7月　通过父亲的社会关系，在湖南省地方行政干部学校妇女组训委员会（由省主席张治中之女张素娥负责）担任编纂教材和对外联络工作。

同年10月至1939年4月　长沙大火前行政干校迁湘西泸溪县。配合当地小图书室，开展救亡活动，湖南省政府改组，行政干校撤销，被遣散。其间与毕中杰结婚，此后共同从事地下工作和学术研究，育有二女一子。

1939年5月　由湘西经贵州到重庆。

同年6—12月　经曹孟君介绍，在私立两江体专附中部任英文教员。因该校校长与王枫（我的直接介绍人）失和，不得已离职。

1940年2—6月　在私立求精中学任英文教员。因思想活跃、联系教员与同学较广泛，未被续聘。

同年6月至1941年6月　由清华大学校友旷璧城介绍在私立清华中学任英文教员，以进步思想影响同学。至今当时高中部同学汪国桢、佘春华等人仍有书信联系，皖南事变后，校方延至暑假不发聘书。

同年10月至1944年夏　参加由毕庆芳、潘菽、毕中杰等人领导的以集纳编议社命名的秘密读书会，以各种形式每月座谈国内外形势。

1941年7月至1944年　由清华同学蒋全涛同志介绍到私立树人中学任英文教员。她本人到重庆中共办事处工作。

1943年3月　经南方局领导同意并给予部分资助，通过国民党政府教育部自费留学考试，得以用官价购买赴美留学的外汇。

1944年8月　由重庆搭机到加尔各答，经孟买乘海轮经印度洋，绕澳洲南部和新西兰再沿中美洲西岸到旧金山登陆，历时一个半月旅程。

同年9月　在纽约哥伦比亚大学研究生院主修美国历史，并到美共主办的杰斐逊社会科学院学习美国工人运动史和美国黑人史。一面学习，一面在美共中国局书记徐永煐同志领导下，在留学生中开展进步活动。

1945 年 4 月　董老必武同志到纽约访问，对华人学者作公开讲演，在他遭到部分右派分子诘难时，与陈善祥（上海女青年会总干事）等进步同学一起维持会场秩序，保护董老的人身安全。

同年　为史沫特莱撰写《朱德传》口译有关革命根据地报刊中重要资料，结识美国进步同学白琴妮 Jeanne Pearlson 等人，介绍国内形势。

同年 6 月　团结中国进步学者和同学联名和以个人名义致函杜鲁门，呼吁他改变援蒋反共政策。并化名为《华侨日报》撰稿。

1946 年 6 月　完成以"威廉·麦克莱的政治哲学思想"为题的毕业论文，受到导师约翰·克劳特（一位进步学者）的好评。

同年　在美国著名马克思主义学者菲力普·丰纳指导下，购买研究和撰写美国史的必要书籍。

1947 年 2—9 月　乘海轮回国，在青岛潜心从事美国史的研究与写作，作一些力所能及的地下工作。在青岛高级商业职业学校担任英文教师。

同年 10 月至 1948 年 2 月　经二弟黄宏嘉（现任中科院院士、上海科技大学名誉校长）介绍，到台湾省台南工学院任英文教授。

1948 年 2 月　回青岛。

1949 年 6 月至 1951 年 6 月　青岛解放后，由中共青岛市委分配到山东大学文史系任教授，讲授美国史、世界史。在历史系作时事报告。同时兼任青岛市妇联执行委员、宣传部副部长，青岛市中苏友好协会宣传部副部长。到青岛几所中学作时事报告。

1951 年 7 月　调至北京中央人民出版社任编审，一面审稿，一面修改《美国简明史》初稿。

1951 年底至 1952 年 8 月　参加广西柳城地区土地改革工作，荣立三等功。

1952—1953 年　在北京参加亚洲及太平洋和平会议工作。《美国简明史》出版，并开始撰写《美国早期发展史》。

1953 年底　担任东城区普选宣传员；在人民出版社内担任文化教员。

1954 年　与戴文葆、黄季方合著《右翼社会党》。

1955 年 4 月　担任北京东城区的辩证唯物主义宣传员。

1955年7月至1956年5月　赴太原等地调查肃反对象历史问题两次。

1956年8月　调至中共中央政治研究室研究美国历史。

1957年　《美国早期发展史》由人民出版社出版。受聘至军事外交学院开设《美国历史》讲座。

1957—1958年　担任内部刊物《思想动态》某些外文稿件的翻译及撰写工作。

1958年5月　下放到北京市周口店农村劳动锻炼并作调查等工作。

1960年3月　调至北京大学历史系任教授，参加编写世界历史教材讨论。

1961—1963年　为北大历史系、外语系、国际政治系开设美国史讲座。

1964年　患结肠肿瘤症，在中苏友谊医院住院手术后，健康缓慢恢复。

1966年　"文化大革命"开始。

1969年　北大教师下放江西鲤鱼洲劳动。因身体虚弱，由工宣队决定留校作后勤工作。

1970年　为北大工农兵学员开设《美国历史知识讲座》，并辅导马克思主义六本必读书的讲解工作。

1973年　尼克松访华后，开始作《美国简明史》修改扩充工作。恢复与美国友好人士及美国史学界的来往。继续撰写《美国通史简编》。

1976年10月　"四人帮"垮台，参加北大历史系对"四人帮"罪行的批判。

1977年8月　调到中国社会科学院世界历史研究所工作。

1979年10月　《美国通史简编》出版。

同年冬　参加在武汉举行的世界史学术讨论会，与会者成立了中国美国史研究会，被推选为第一任理事长。

1980年　在北京召开中国历史学会，被推选为理事。

同年　招收美国史研究生两名。

1982—1984年　兼任中国大百科全书外国史卷的北美大洋洲部分的主编。

1985年10月至1986年9月　由美国科学院的美中学术交流委员会等单位安排，作为中国社会科学院学术交流知名学者，访问美国。在母校哥伦比亚大学及耶鲁、哈佛、纽约州立大学等七所大学讲学访问，开展学术交流。

1987 年 5 月 《美国史纲(1492—1823)》由重庆出版社出版。

同年 10 月 参加由国家教委委托、由外国语学院代办的纪念美国宪法制定 200 周年学术讨论会，担任中方主要发言人。

1987 年 8 月 由中国社会科学院离休。

1988 年夏 招收美国史博士生一名。

1991 年 1 月 赴美探亲期间在华盛顿学院讲学两周。

1991 年 10 月 由中华人民共和国国务院发给表彰在社会科学作出突出贡献的荣誉证书并获特殊津贴。

1996 年 6 月至 1998 年 8 月 赴美探亲，完成了"尊重历史实际，为提高学术水平而奋斗"、"美国总统选举的新特点"、"让科学理论指导美国史研究"等三篇文章。

1997 年 中国社会科学院研究生院续聘为该院世界史专业教授。

1999 年 4 月 《美国历史上两次总统弹劾案》一文写成。

2000 年 3 月 《北约新战略，波黑战争、科索沃战争简析》一文写成。